STUDIENKURS POLITIKWISSENSCHAFT

Lehrbuchreihe für Studierende der Politikwissenschaft an Universitäten und Hochschulen

Wissenschaftlich fundiert und in verständlicher Sprache führen die Bände der Reihe in die zentralen Forschungsgebiete, Theorien und Methoden der Politikwissenschaft ein und vermitteln die für angehende WissenschaftlerInnen grundlegenden Studieninhalte. Die konsequente Problemorientierung und die didaktische Aufbereitung der einzelnen Kapitel erleichtern den Zugriff auf die fachlichen Inhalte. Bestens geeignet zur Prüfungsvorbereitung u.a. durch Zusammenfassungen, Wissens- und Verständnisfragen sowie Schaubilder und thematische Querweise.

Jessika Eichler

Die Rechte indigener Völker im Menschenrechtssystem

Normen, Institutionen und gesellschaftliche Auswirkungen

Onlineversion
Nomos eLibrary

Die Deutsche Nationalbibliothek verzeichnet diese Publikation in der Deutschen Nationalbibliografie; detaillierte bibliografische Daten sind im Internet über http://dnb.d-nb.de abrufbar.

ISBN 978-3-8487-6483-9 (Print)

ISBN 978-3-7489-0530-1 (ePDF)

1. Auflage 2022

To Leni,
the biggest piece of happiness on earth,
my best teacher and student,
you will always be missed,
I lost you too soon.

To Adrián,
for his empathic support and friendship
in difficult times

To Cathal and Seánna,
co-editors you can only dream of

To Marie-Claire Foblets
for her constant, competent and most cordial advice

To the Law & Anthropology Department at the Max Planck Institute,
Sciences Po Nancy & Paris (CERI),
trAndeS, Institute for Latin American Studies, FU Berlin
for their very kind interest and for generously hosting me

To Alexander Hutzel and his team
for their invaluable editorial assistance

Vorwort

Mit ihrer umfassenden Darstellung des Rechts der indigenen Völker hat Jessica Eichler einen Markstein bei der Behandlung komplexer Formen des gesellschaftlichen Zusammenlebens gesetzt. Indigene Völker sind eine Erscheinungsform solchen Zusammenlebens, die sich nicht in klare Raster einfassen lässt. Im klassischen Völkerrecht des 19. Jahrhunderts, und bis in das 20. Jahrhundert hinein, war die Behandlung von „eingeborenen Völkerschaften" zwar vielfach ein politisches Problem, stellte aber im eigentlichen Sinne kein rechtliches Thema dar. Das Volk eines Staates bildete eine rechtliche Einheit, Unterscheidungen zwischen verschiedenen Volksgruppen wurden mit Misstrauen betrachtet und wurden deswegen im Allgemeinen als rechtlich unerheblich betrachtet. Überdies bestand eine grundlegende Diskrepanz. Die Kolonialgebiete der führenden europäischen Mächte unterstanden durchweg einem einzelstaatlichen Sonderregime, dessen Regeln allein von politischer Zweckmäßigkeit bestimmt waren. Feste Rechtspositionen wurden den Angehörigen der Kolonialgebiete nur auf wenigen unteren Rangstufen zuerkannt, grundsätzlich waren die dort lebenden Menschen lediglich Objekt der Politik. Einen prinzipiellen Neuanfang brachte das 20. Jahrhundert. Nach dem I. Weltkrieg bildeten sich in den unter die Obhut des Völkerbundes gekommenen früheren deutschen und osmanischen Herrschaftsgebieten erste völkerrechtlich abgestützte Strukturen heraus. Aber erst nachdem sich seit dem II. Weltkrieg der Gedanke individueller Menschenrechte Bahn gebrochen hatte und durch die UN-Charta den verbliebenen Kolonien ein Blick in eine eigenständige Zukunft eröffnet worden war, konnte überhaupt daran gedacht werden, den Menschen in der sog. „Dritten Welt" und ihren ethnischen Gemeinschaften bestimmte Rechtspositionen im Rahmen des Völkerrechts zuzuerkennen.

Auch unter dem Vorzeichen der Weltorganisation der Vereinten Nationen war der Weg zu einem neuen Weltverständnis beschwerlich. Die Europäische Menschenrechtskonvention von 1950 kannte den Bezugspunkt Minderheit nur als Verbotsnorm gegen Diskriminierung. Einen vorsichtigen Schritt in eine neue Richtung machte 1966 der Internationale Pakt über bürgerliche und politische Rechte, indem er den Angehörigen von bestimmten Minderheiten begrenzte kulturelle Rechte zusprach (Artikel 27), wiederum ohne Anerkennung einer kollektiven Dimension. Den Durchbruch brachten schließlich die beiden ILO-Konvention 107 von 1957 und vor allem die ILO-Konvention Nr. 169 von 1989, wo allerdings nur von „Bevölkerungen" und nicht von „Völkern" die Rede war. Terminologisch bedeutete die Verabschiedung der Erklärung über die Rechte der indigenen Völker durch die UN-Generalversammlung im Jahre 2007 einen signifikanten weiteren Fortschritt. Rechtlich allerdings bleibt dieses grundlegende Dokument auf der Stufe der bloßen Empfehlung, da eben bis zum heutigen Tage die UN-Generalversammlung nicht zum Weltgesetzgeber aufgestiegen ist. Umstritten war dieses Regelwerk vor allem deswegen, weil es von „Selbstbestimmung" der indigenen Völker spricht, was allerdings nicht im völkerrechtlichen Sinne als Recht auf Unabhängigkeit und ggf. Sezession verstanden werden, sondern lediglich eine Art interner Autonomie gewährleisten sollte. Inhaltlich sieht im Übrigen die Erklärung eine Fülle von Sonderrechten vor, die kaum einen Wunsch übrig lassen.

Eine Hauptsorge der Autorin ist, wie vor allem diese Rechte der Erklärung durchgesetzt werden können. Sie muss sich damit abfinden, dass im Allgemeinen der Rechtsweg für die als soft law formulierten Versprechungen verschlossen ist. Der besondere Wert ihres Werkes besteht aber darin, im Detail aufzuzeigen, welch vielfältig Organisationsformen die Weltorganisation entwickelt hat, um auf „sanfte“ Weise, vor allem in Verhandlungsprozessen, über Sondergremien, mit Hilfe von Berichterstattern, in geduldigen Entwicklungsschritten den erstrebten Zustand herzustellen. Ein besonderes Implementierungsverfahren sieht die Erklärung von 2007 nicht vor. Aber zur Verfügung steht jedenfalls das für alle Staaten geltende UPR-Verfahren (UPR – Universal Periodic Review), wo regelmäßig Fragen des Minderheitenschutzes aufgeworfen werden.

Die Hauptproblemzonen sind bekannt. Viele Staaten achten weder die kulturelle Eigenständigkeit der auf ihrem Boden lebenden indigenen Völker, noch genießen die traditionellen Landrechte ausreichenden Schutz. Vielfach werden von den zuständigen hauptstädtischen Gremien Entscheidungen erlassen, die in gröblicher Weise in überlieferte Substanzrechte eingreifen. Vor allem gegen Gesetze kann letzten Endes nur eine Verfassungsgerichtsbarkeit Abhilfe schaffen, wie sie nur in wenigen Staaten vorhanden ist. Gefordert werden deswegen vor allem vorherige Konsultationen und das Erfordernis vorheriger Zustimmung bei identitätsprägenden und sonstigen tiefgreifenden Entscheidungen: Die Erklärung von 2007 verlangt „free, prior and informed consent“ durch die Repräsentativgremien der betroffenen Völker.

Insgesamt legt das Werk Zeugnis für ein neues Menschenrechtsdenken ab, wo nicht das individualistische Staat-Bürger-Verhältnis im Mittelpunkt steht. Lange Zeit hatte sich in den Anfangszeiten der Menschenrechtsbewegung die Debatte vor allem auf die Unterscheidung zwischen den Menschenrechten der ersten Generation – bürgerliche und politische Rechte – und solchen der zweiten Generation – wirtschaftliche, soziale und kulturelle Rechte – konzentriert. Die westliche Welt setzte eher auf die klassischen Freiheitsrechte, die mit ihrer unmittelbaren Geltung als wirkungskräftiger galten als die Rechte der zweiten Generation, die als weitgehend der willkürlichen Gestaltungsmacht des Staates ausgeliefert angesehen wurden. Zunehmend hat sich aber in den letzten Jahren die Einsicht durchgesetzt, dass die Rechte beider Gruppen untrennbar miteinander verwoben sind. Auch – und gerade – die Freiheitsrechte besitzen ein starkes ökonomisches Potential, zum möglichen Vorteil wie Nachteil der indigenen Völker. Das vorliegende Werk zeigt dies in exemplarischer Weise. Indigene Völker bilden menschliche Gemeinschaften, in denen die spezifische Identität durch eine Gemengelage von Zielvorstellungen beherrscht wird, die mit ihren politischen Hintergründen herangezogen werden müssen, um ein ausgewogenes Verständnis zu erreichen.

Die Autorin nähert sich ihrem Thema mehrdimensional und pluridisziplinär. Sie versucht, auf diese Weise ein Gesamtbild zu entwerfen, das weit hinausgeht über eine dürre Deskription, sondern die Fülle der Lebenswirklichkeit einbezieht. Rechtswissenschaft, politische Wissenschaft und Soziologie dienen als Bewertungsmaßstäbe. Praktische Erfahrungen, die sie in Lateinamerika gesammelt hat, helfen ihr bei dem Vorhaben, eine solche Gesamtsynthese herzustellen.

Hervorstechend bei ihrem holistischen Ansatz ist, dass nicht lediglich die maßgebenden Rechtstexte vorgestellt werden, sondern dass auch deren Entstehungsgeschichte in breitem Umfang zur Sprache kommt. Darüber hinaus, versucht die Autorin, die tatsächliche Wirksamkeit aller einschlägigen Bemühungen um den Schutz der indigenen Völker nachzuzeichnen. Der Gesamtbefund ist, wie ausgeführt, eher dürftig, was das relevante Material im positiven Recht angeht. Seitdem die Vereinten Nationen begonnen haben, ihre Funktionen aktiv wahrzunehmen, sind ständig zwei widerstreitende Konzeptionen aufeinandergeprallt. Für eine konservative Denkweise fällt dem Staat die Aufgabe zu, nach dem Prinzip der Gleichheit für die Befriedigung aller berechtigten Bedürfnisse seiner Bürger Rechnung zu tragen, ohne dabei auf ethnische Besonderheiten Rücksicht zu nehmen, soweit es dabei nicht um rassische Diskriminierung geht. Die gegenläufige Position macht hingegen geltend, dass die Identität überkommener ethnischer Strukturen bewahrt bleiben müsse, so dass Minderheiten wie insbesondere indigene Völker einen Sonderstatus erhalten müssten. Die Autorin würdigt diese unterschiedlichen Standpunkte in ausgewogener Weise, auch wenn sie durchweg stärkere Sympathien für den „moderneren“ Ansatz hervortreten lässt. Auf internationaler Ebene herrscht nach anfänglichem Zögern mittlerweile ein breiter Konsens über die Notwendigkeit der Anerkennung der Lebensbedürfnisse der indigenen Völker.

Das Werk ist als Lehrbuch konzipiert. Diesem Charakter trägt es durch kluge Gedankenführung Rechnung. Für didaktische Zwecke sind immer wieder zusammenfassende Zwischenergebnisse eingefügt. Diese Teilstufen erweisen sich für den Leser als durchaus nützlich, weil ja die Arbeitsweise mit unterschiedlichen Disziplinen stets nach einer Gesamtwürdigung verlangt. Das Buch kann damit als Modellstück pluridisziplinärer Forschung dienen.

Professor Dr. Dr. h.c. Christian Tomuschat, Berlin

Inhalt

Abbildungsverzeichnis

Verzeichnis der Begriffsklärungen

Abkürzungen und Akronyme

ACHPR	Afrikanische Kommission der Menschenrechte und der Rechte der Völker (African Commission on Human and Peoples' Rights)
ACtHPR	Afrikanischer Gerichtshof für Menschenrechte und die Rechte der Völker (African Court on Human and Peoples' Rights)
CANZUS	Kanada, USA, Australien, Neuseeland
CAT	VN-Übereinkommen gegen Folter und andere grausame, unmenschliche oder erniedrigende Behandlung oder Strafe (UN Convention against Torture and Other Cruel, Inhuman or Degrading Treatment or Punishment)
CAT	VN-Fachausschuss gegen Folter und andere grausame, unmenschliche oder erniedrigende Behandlung oder Strafe (UN Committee against Torture)
CCPR	VN-Menschenrechtsausschuss (UN Human Rights Committee)
CEACR	ILO-Sachverständigenausschuss zur Durchführung der ILO-Übereinkommen und Empfehlungen (Committee of Experts on the Application of Conventions and Recommendations)
CED	VN-Ausschuss über das Verschwindenlassen (UN Committee on Enforced Disappearances)
CEDAW	VN-Fachausschuss zur Frauenrechtskonvention (UN Committee on the Elimination of Discrimination against Women)
CEDAW	VN-Übereinkommen zur Beseitigung jeder Form von Diskriminierung der Frau (UN Convention on the Elimination of All Forms of Discrimination against Women)
CERD	VN-Fachausschuss zur Anti-Rassismus-Konvention (UN Committee on the Elimination of Racial Discrimination)
CESCR	VN-Fachausschuss zum Sozialpakt (UN Committee on Economic, Social and Cultural Rights)
CIDOB	Bolivianischer Bund indigener Völker (Confederación de Pueblos Indígenas de Bolivia)
CMW	VN-Fachausschuss zum Schutze der Rechte aller Wanderarbeitnehmer:innen und ihren Familienangehörigen (UN Committee on the Protection of the Rights of all Migrant Workers and Members of their Families
COICA	Koordinationsstelle indigener Völker des Amazonasbecken (Coordinadora de Pueblos Indígenas de la Cuenca Amazónica)
CONAIE	Ecuadorianischer Bund Indigener Nationalitäten (Confederación de Nacionalidades Indígenas del Ecuador)
CRC	VN-Fachausschuss zur Kinderrechtskonvention (UN Committee on the Rights of the Child)
CRPD	VN-Fachausschuss für die Rechte von Menschen mit Behinderung (Convention on the Rights of Persons with Disabilities)

CSR	Soziale Unternehmensverantwortung (Social Corporate Responsibility)
ECtHR	Europäischer Gerichtshof für Menschenrechte (European Court of Human Rights)
ECOSOC	VN-Wirtschafts- und Sozialrat (UN Economic and Social Council)
EMRIP	VN-Expertenmechanismus zu den Rechten indigener Völker (UN Expert Mechanism on the Rights of Indigenous Peoples)
FPIC	freie, vorherige und informierte Zustimmung (free, prior and informed consent)
IACHR	Interamerikanische Kommission für Menschenrechte (Inter-American Commission on Commission on Human Rights)
IACtHR	Interamerikanischer Gerichtshof für Menschenrechte (Inter-American Court of Human Rights)
IASG	Inter-Agency Support Group on Indigenous Issues
ICCPR	Zivilpakt (International Covenant on Civil and Political Rights)
ICED	Internationales Übereinkommen zum Schutz aller Personen vor dem Verschwindenlassen (International Convention for the Protection of All Persons from Enforced Disappearance)
ICERD	Internationales Übereinkommen zur Beseitigung jeder Form von Rassendiskriminierung (International Convention on the Elimination of All Forms of Racial Discrimination)
ICESCR	Sozialpakt(International Covenant on Economic, Social and Cultural Rights)
ICMW	VN-Konvention zum Schutz der Rechte aller Wanderarbeitnehmer und ihrer Familienangehörigen (UN International Convention on the Protection of the Rights of all Migrant Workers and Members of their Families)
ICRC	VN-Kinderrechtskonvention (UN Convention on the Rights of the Child)
ICRPD	VN-Konvention über die Rechte der Menschen mit Behinderung (UN Convention on the Rights of Persons with Disabilities)
IHRL	Internationaler Menschenrechtsschutz (International Human Rights Law)
ILA	International Law Association
ILO	Internationale Arbeitsorganisation (International Labour Organisation)
IWGIA	International Work Group for Indigenous Affairs
NHRI	Nationale Menschenrechtsinstitutionen (National Human Rights Institutiton(s))
OEIGWG	Zwischenstaatliche Arbeitsgruppe zu Transnationalen Konzernen und Sonstigen Unternehmen (Open-ended intergovernmental working group on transnational corporations and other business enterprises with respect to human rights)

OHCHR	Hohes Kommissariat der Vereinten Nationen für Menschenrechte (Office of the High Commissioner for Human Rights)
ONIC	Nationale Indigene Organisation von Kolumbien (Organización Nacional Indígena de Colombia)
PFII	VN-Ständiges Forum für indigene Angelegenheiten (UN Permanent Forum on Indigenous Issues)
SR	Sonderberichterstatter:in über (die Lage der) Menschenrechte indigener Völker (Special Rapporteur on the Rights of Indigenous Peoples)
UDHR	Allgemeine Erklärung der Menschenrechte Universal Declaration of Human Rights
UNDRIPS	VN-Erklärung zu den Rechten indigener Völker (UN Declaration on the Rights of Indigenous Peoples)
UNDROPS	VN-Erklärung für die Rechte von Kleinbauern und -bäuerinnen und anderen Menschen, die in ländlichen Regionen arbeiten (UN Declaration on the Rights of Peasants and Other People Working in Rural Areas)
UPR	Universelle Periodische Berichterstattung (Universal Periodic Review)
WGDD	VN-Arbeitsgruppe zu dem Entwurf einer Erklärung (UN Working Group on the Draft Declaration)
WGEID	VN-Arbeitsgruppe über gewaltsames und unfreiwilliges Verschwindenlassen (Working Group on Enforced or Involuntary Disappearances)
WGIP	VN-Arbeitsgruppe über Indigene Bevölkerungen (UN Working Group on Indigenous Populations)

Kapitel I: Einleitung

Die Einbettung der Rechte indigener Völker in das internationale Menschenrechtsschutzsystem kann wohl als eine der Neuheiten des sich im ständigen Wandel befindenden Völkerrechts angesehen werden. Gleichzeitig sind jene Rechte umgeben von einer fragmentierten, *soft law*-dominierten Organisationsstruktur (vgl. Gómez Isa 2016), welche anhand von Sondermandaten, Mehrebenen-Mechanismen und allgemeinen Menschenrechtsausschüssen operiert. Trotz jüngster rechtlicher Formalisierungsbestrebungen auf VN-Ebene und im interamerikanischen Menschenrechtssystem bleiben die Rechte indigener Völker einem systematischen, rechtlich bindenden Schutze fern.

soft law:

Im Gegensatz zum hard law bezeichnet das soft law rechtlich nichtverbindliches Recht. Obwohl Staaten eine grundsätzliche Willenserklärung nach gutem Glauben abgeben, folgt auf die Annahme bspw. einer Erklärung kein Ratifizierungsakt mit seinen technischen Implementierungsverpflichtungen und der offiziellen Integration in die innerstaatliche Rechtsordnung. Allerdings können soft law-Instrumente in einem weiteren Verhandlungsverfahren zur Annahme eines rechtlich verbindlichen Vertrages führen (vgl. hierzu bspw. UDHR → ICCPR, ICESCR). Soft law-Dokumente reflektieren gewöhnlich einen wachsenden, breiten Konsens der internationalen Gemeinschaft und können durchaus als politische Absichtserklärungen verstanden werden.

Sondermandate wie der VN-Expertenmechanismus zu den Rechten indigener Völker (EMRIP), dem VN-Ständigen Forum für indigene Angelegenheiten (PFII) und der:dem Sonderberichterstatter:in über die Lage der Menschenrechte indigener Völker (SR) verfügen über hinreichende Interpretationskompetenzen (vgl. Art. 42, *VN-Erklärung zu den Rechten indigener Völker* (*UNDRIPS*); vgl. Clavero 2008; Rodríguez-Piñero 2009; siehe auch Burger 2009), stoßen jedoch auf fehlendes Bewusstsein und institutionelle Anerkennung, sowohl auf Staatenebene als auch innerhalb des Völkerrechts.

Mehrebenen-Mechanismen erweisen sich letztendlich aufgrund fehlender internationaler Gerichtshöfe mit entsprechenden dezidierten Menschenrechtsmandaten als relevant: indigene Rechte werden daher mittels regionaler Gerichtshöfe und Kommissionen klagbar. Hierzu zählen insbesondere das interamerikanische Menschenrechtssystem einschließlich Gerichtshof (IACtHR) und Kommission (IACHR), das afrikanische System der Menschenrechte und Rechte der Völker, sich zusammensetzend aus Kommission (ACHPR) und Gerichtshof (ACtHPR) und der europäische Gerichtshof für Menschenrechte (ECtHR), welche zu gewissen standardsetzenden Prozessen beitragen.

Individual- und Staatenbeschwerdeverfahren:

Bei Verstößen gegen die Rechtsvorschriften der Abkommen sehen diese bzw. die Fakultativ-Protokolle Klagemöglichkeiten vor. Im Falle der Individualbeschwerden müssen zunächst innerstaatliche Rechtsmittel ausgeschöpft werden. Zunehmend können auch betroffene Gruppen Klagen einreichen (vgl. jeweiliges

Abkommen). Staatenbeschwerden werden von einer Vertragspartei gegenüber einem rechtsverletzenden Vertragsstaat vorgebracht. Manche Abkommen erfordern eine Erklärung des Staates zur Einwilligung zu jener Prozedur.

Schließlich finden die Rechte indigener Völker Eintritt in die Rechtsprechung allgemeiner VN-Menschenrechtsgremien. Dies kann aufgrund von Überschneidungen mit anderen Gruppenrechten wie dem Minderheitenschutz (Art. 27, *Zivilpakt* (ICCPR)) oder mittels nicht personengebundener materieller oder prozeduraler Rechte wie der Nicht-Diskriminierung, Teilhabe, Bildung oder Gesundheit geschehen. Allgemeine Kommentare der Fachausschüsse, Entscheidungen in *Individual- und Staatenbeschwerdeverfahren* oder Staatenberichte tragen hierbei maßgeblich zur Aufnahme indigener Rechte in die internationale Rechtsprechung bei. Dies lässt auf einen breit gefächerten, wenn auch sporadischen Schutz der Rechte indigener Völker schließen. Neben etablierten zivilen, politischen, wirtschaftlichen, sozialen und kulturellen Rechten bilden dezidierte Verbote zu rassistischer Diskriminierung und Folter sowie personengebundene Frauen- und Kinderrechte, die Rechte von Menschen mit Behinderung, verschwundener Personen oder Wanderarbeitnehmer:innen und ihrer Familien wesentliche Klagemöglichkeiten für indigene Einzelpersonen, Gruppen oder Gemeinschaften (vgl. hierzu Rechtsprechung der Vertragsorgane, und zwar *VN-Fachausschuss* zum Zivilpakt (Menschenrechtsausschuss (CCPR); VN-Fachausschuss zum Sozialpakt (CESCR); VN-Fachausschuss zur Anti-Rassismus-Konvention (CERD); VN-Fachausschuss zur Frauenrechtskonvention (CEDAW); VN-Fachausschuss gegen Folter und andere grausame, unmenschliche oder erniedrigende Behandlung oder Strafe (CAT); VN-Fachausschuss zur Kinderrechtskonvention (CRC); VN-Ausschuss zum Schutze der Rechte aller Wanderarbeitnehmer:innen und ihrer Familienangehörigen (CMW); VN-Ausschuss für die Rechte von Menschen mit Behinderungen (CRPD); VN-Ausschuss über das Verschwindenlassen (CED)).

(VN)Fachausschüsse:

Hierbei handelt es sich um Vertragsorgane (der Menschenrechtsabkommen); bspw. fungiert der Menschenrechtsausschuss als Vertragsorgan des Zivilpaktes. Neben der I) Überprüfung der Staatenpraxis mittels der Universellen Periodischen Berichterstattung (UPR) sowie II) dezidierter Einzelberichterstattung durch die Staaten zur Umsetzung des Abkommens und III) ad hoc-Entscheiden bei der Anrufung der Ausschüsse über dezidierte Verfahren, legen die Fachausschüsse die Rechtsvorschriften der Verträge im Rahmen Allgemeiner Kommentare oder Empfehlungen aus.

Solche institutionellen Entwicklungen im Völkerrecht können jedoch kaum getrennt von systemischen, gesellschaftspolitischen Fragen betrachtet werden. Dies betrifft sowohl (I) zivilgesellschaftliche Strömungen einschließlich indigener Bewegungen, basierend auf jahrzehnte- und jahrhundertealten kollektiven Forderungen, als auch (II) neueste politische Tendenzen in der Rohstoffindustrie, Infrastruktur, landwirtschaftlich-orientierten Rodungen und ähnlichen Maßnahmen. So müssen derartige rechtliche Formalisierungsprozesse im Lichte globaler, neo-liberaler Machtausübung gesehen werden, welche Regierungen bei der Unterzeichnung internationaler Menschenrechtsverträge und strengeren Verpflichtungen für den dritten Sektor maßgeblich beeinflussen.

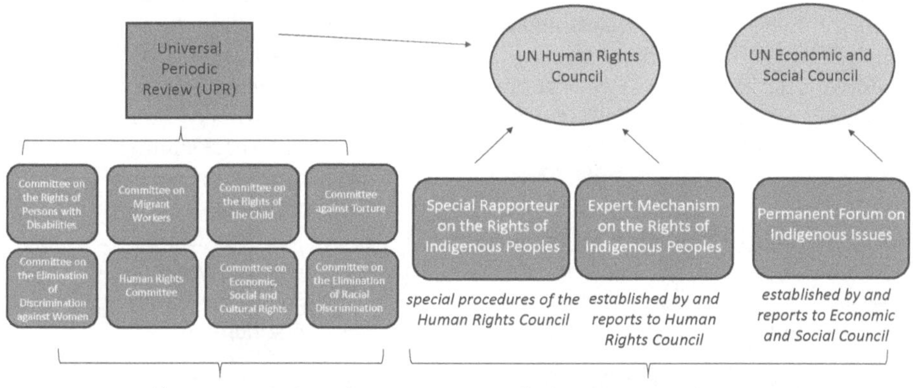

Abbildung 1: VN-Menschenrechtsmechanismen zu den Rechten indigener Völker. Quelle: Eigene Darstellung

1.1 Indigene Bewegungen und die Einbettung kollektiver Forderungen in UNDRIPS

Betrachtet man zunächst den zunehmenden Einfluss (I) indigener Bewegungen auf globaler Ebene, so lassen sich zwei konträre Prozesse beobachten. Einerseits können wir von einer (a) stetigen, globalen Verrechtlichung sprechen, wobei jüngste Entwicklungen auf eine (b) höhere Akzeptanz von *soft law*-Normen hinweisen. Zivilgesellschaftliche Akteure einschließlich indigener Repräsentant:innen trugen entscheidend zur rechtlichen Formalisierung von kollektiven Forderungen bei; die Wahrhaftigkeit und daran angelehnte Legitimität der resultierenden jüngsten Normen bilden daher eine Besonderheit im Völkerrecht (vgl. Charters/Stavenhagen 2012). Beschäftigen wir uns nun in einem ersten Schritt mit jenen Verrechtlichungsprozessen im Völkerrecht. Dabei spielen konzeptionelle Fragen zur Verrechtlichung von *Kollektivnormen* eine wesentliche Rolle.

Kollektivnormen:
In den ersten menschenrechtlichen Völkerrechtsnormen (vgl. UDHR, ICCPR, ICESCR) oder klassischen Instrumenten des 18. Jahrhunderts (Déclaration des Droits de l'Homme et du Citoyen und Bill of Rights (US)) wird vornehmlich von einem Schutz der Rechte des Individuums ausgegangen. Der Gruppen- und Kollektivrechteschutz etablierte sich erst im späten 20. Jahrhundert mit dem Minderheitenschutz in der internationalen Gemeinschaft. Kollektivnormen – auch Menschenrechte der dritten Generation genannt – werden nun stetig verrechtlicht, bspw. im Falle indigener Völker oder Umweltrechten.

Beginnend mit dem Übereinkommen 107 „über den Schutz und die Eingliederung eingeborener Bevölkerungsgruppen und anderer in Stämmen lebender oder stammesähnlicher Bevölkerungsgruppen in unabhängigen Ländern“ der Internationalen Arbeitsorganisation (ILO) (1957) traten erste rechtliche Verpflichtungen in Kraft. Diese orientierten sich allerdings vornehmlich am staatlichen Souveränitätsgedanken und einer assimilierenden rechtlichen Sprache, fern von einem ganzheitlichen Rechtsschutz (vgl. Eide 2012; Rodríguez-Piñero 2005) und der Anerkennung kollektiver Rechtssubjekte. Mit der Ratifizierung des ILO-Übereinkommen 169 „über eingeborene und in Stämmen lebende Völker in unabhängigen Ländern“ (1989) näherte man sich einer umfangreichen Anerkennung indigener Rechte und damit Autonomiebestrebungen, selbstbestimmter Entwicklung, Land- und Ressourcenrechten, Konsultation und Zustimmung. Schließlich wurde mit der VN-Erklärung zu den Rechten indigener Völker (2008) ein finaler internationaler Standard ins Leben gerufen; hierbei handelt es sich um eine weitere Vertiefung von Staatenpflichten, durch welche besondere Formen von Zustimmung, Dialog und Zusammenarbeit auf Augenhöhe angestrebt werden sollen.

Trotz Einschränkungen – gerichtet auf die „territoriale Unversehrtheit oder politische Einheit souveräner und unabhängiger Staaten“ (Art. 46(1)) – erweisen sich die Normen der Erklärung als inklusive Antwort auf derzeitige und wiederkehrende menschenrechtliche Herausforderungen. Diese mögen Vulnerabilitäten hervorrufen, welchen durch den dezidierten Schutz bestimmter Gruppen entgegengewirkt werden kann; darunter fallen v. a. Frauen, Jugendliche, Kinder und Menschen mit Behinderung (vgl. Art. 2, 21, 22, 44).

Ein besonders schwerwiegendes Ausmaß wird bei der Verletzung von Land- und Ressourcenrechten erreicht (vgl. bspw. EMRIP 2020; PFII 2018; PFII 2007). Dementsprechend bilden indigene Forderungen nach Konsultations-, Dialog- und Zustimmungsprozessen nach dem *bona fide*-Prinzip eine wesentliche Neuerung. Dabei gewinnt die Zustimmung eine neue rechtliche Bedeutung: Statt der allgemein als Ziel von Vereinbarungen und Konsultationen angesehenen Zustimmung wird dieser rechtlich bindender Charakter verliehen, und zwar bei zwangsweisen Umsiedlungen, bei der Lagerung oder Entsorgung gefährlicher Stoffe in indigenem Land oder Gebieten oder bei militärischen Aktivitäten mit Ausnahme von Rechtfertigungen auf Basis eines erheblichen öffentlichen Interesses (Art. 10, 29, 30(1)). Auf ähnliche Art und Weise schützen kollektive Nutzungs- und Erwerbungsrechte indigenes Land, Gebiete und Ressourcen, wobei den Bräuchen, Traditionen und Grundbesitzsystemen Beachtung geschenkt werden muss (26(3)). Ebenso erweist sich die Zustimmung bei Konfiszierungen von Land, Gebieten und Ressourcen sowie kulturellem, geistigem, religiösem und spirituellem Eigentum als rückwirkend relevant für diverse Wiedergutmachungs-, Rückerstattungs- oder Entschädigungsmaßnahmen (Art. 11(2), 28(1)).

bona fide:

Das bona fide-Prinzip („in gutem Glauben“) zeigt sich insbesondere im Zusammenhang mit Verhandlungs- und Konsultationsprozessen als relevant. Dabei spielt die Absicht (mens rea) der Akteure eine entscheidende Rolle: sind Staat und Unternehmen zu einem aufrichtigen Dialog bereit, wird dieser in einer möglichen anschließenden Vereinbarung aufgenommen? Das Zustimmungs- bzw.

Vetorecht können in jenem Falle als wesentliche Gewährleistungsmaßnahme dienen.

Weitere Fortschritte wurden bei der Etablierung diverser rechtspluralistischer Modelle erreicht (vgl. bspw. Tauli Corpuz 2019a). Dies betrifft v. a. die Anerkennung von unter anderem indigenen Institutionen, Repräsentations- und Organisationsinstanzen einschließlich eigener Verfahren und Entscheidungsinstanzen (Art. 18, 34; vgl. ebenso PFII 2021). Im Lichte weitreichender Autonomieforderungen gewinnen jene internen Entscheidungsinstanzen und Repräsentationsebenen eine wesentliche Bedeutung: Diese greifen bei Fragen zur Autonomie und Selbstverwaltung innerer und lokaler Angelegenheiten (Art. 4), der Bewahrung und Stärkung ihrer eigenen Institutionen einerseits und Teilhabe am Leben des Staates und der weiten Gesellschaft mittels ihrer eigenen Institutionen (Art. 5) anderseits. Das Recht auf kollektive Selbstbestimmung erhält dabei eine besondere Wirkungskraft, sowohl prozedural anhand von jenen Organisations- und Institutionalisierungsprozessen als auch als eigenes Recht, welches unterschiedlichste eigene rechtliche Dimensionen annimmt, wie Entscheidungen über politischen Status und wirtschaftliche, soziale und kulturelle Entwicklung (Art. 3).

Trotz bereits etabliertem Völkerrecht (vgl. Art. 1 *Zivil-* und *Sozialpakt*), welches sich an „Völker" richtet und somit ebenso indigene Völker als Rechteinhaber:innen adressiert, richtet die Erklärung jenes Recht hier explizit auf indigene Völker aus und damit den in Art. 4 und 5 festgelegten Zusatzbestimmungen. Damit wird ein fundamentaler Standard einschließlich eines pluralistischen Verständnisses des *Entwicklungs*begriffs geschaffen. So wird einem neo-liberalen Wirtschaftsmodell auf zwei Weisen entgegengewirkt, und zwar auf Basis von selbstbestimmten, selbstdefinierten Entwicklungsformen wie dem *Buen Vivir/Vivir Bien* (vgl. Ecuadorianische Verfassung; Escobar 2014; Gudynas 2011; Solón 2017) und mittels Prioritäten und Strategien bei Gesundheits-, Wohnungs- und anderen Wirtschafts- und Sozialprogrammen (Art. 23). Somit werden klassische, programmorientierte Menschenrechte mit einem Graswurzelansatz im Rahmen der Erklärung vereint. Jedoch bleiben bei solch verschiedensten Ansätzen mögliche gegensätzliche Interpretationen und Anwendungen bestehen; die volle Ausübung des Rechtes auf Selbstbestimmung und Nicht-Zustimmung (Veto-Recht) mag bei der Umsetzung von Sozialprogrammen nicht gewährleistet sein.

Entwicklung:

Das Recht auf Entwicklung unterliegt unterschiedlichen, sogar gegensätzlichen, Interpretationen, insbesondere hinsichtlich seiner Deutung durch Staaten oder indigene Völker. So sind so genannte Entwicklungsprojekte, einschließlich Infrastruktur- oder Bildungsprojekten, mit selbstbestimmten Formen und Lebensmodellen wie dem Buen Vivir/Vivir Bien zu kontrastieren. Während ersteres vornehmend auf Gewährleistungen rund um die negativen Auswirkungen jener Projekte abzielt, geht es bei letzterem gewöhnlich um Erfüllungspflichten.

Ähnliche Unvereinbarkeiten werden von der Erklärung explizit adressiert: So dürfen die einzelnen Rechtsvorschriften nicht gegen geltende Menschenrechte, Freiheiten oder die VN-Charta verstoßen (Art. 46(1)). Dezidierte Querschnittsprinzipien legen den Interpretationsrahmen weiter fest, und zwar die Grundsätze der Gerechtigkeit, der Demokratie, der Achtung der Menschenrechte, der Gleichheit, der Nichtdiskriminierung, der guten Regierungsführung und des guten Glaubens (Art. 46(3)). Die oben genannte staatliche Souveränität sowie territoriale Unversehrtheit oder politische Einheit souveräner und unabhängiger Staaten (Art. 46(1) bildet dabei eine wesentliche Einschränkung indigener Rechte. Jedoch wird jenen Einschränkungen mittels zwei möglicher Schwellenwerte eine geringere Wirkung beigemessen: Bei der in der Erklärung eingebetteten Standards handelt es sich um Mindestnormen (Art. 43); ferner dürfen jene Standards keine bereits etablierten oder in Zukunft erworbenen Rechte indigener Völker mindern oder beseitigen (Art. 45). Zusätzliche Hürden mag das individualrechtliche Menschenrechtssystem mit sich bringen, denn für das Völkerrecht ferne indigene Rechtsideen und Regelungsrahmen erfordern dezidierte Schutzmechanismen.

Gewisse Einbettungsmöglichkeiten indigener Rechtssysteme werden anhand von unterschiedlichen prozeduralen und substanziellen Vorschriften (ansatzweise) gewährleistet. Und zwar spiegeln sich rechtspluralistische Grundideen und Prinzipien in dezidierten Verfahren und Schutzmaßnahmen zu indigenen Rechtssystemen und Rechtsgewohnheiten (Art. 34, 40); indigener kollektiver Identität und Angehörigkeit (Art. 9, 33(1)); Bräuchen, Spiritualität, Traditionen, Verfahren und Praktiken (Art. 34); kulturellen Traditionen einschließlich der Erscheinungsform ihrer Kultur (Art. 11(1)), sowie Traditionen, Bräuche und Riten zu bekunden, zu pflegen und weiter zu entwickeln und zu lehren (Art. 12(1)) wider.

Neben jenen spezifischen, rechtspluralistischen Ansätzen wirken *indigene Autonomie* und Selbstbestimmung in transzendentaler Weise und erweitern oder spezifizieren somit klassische Individualrechte.

indigene Autonomie:

Autonomieforderungen indigener Völker können wohl als die umstrittensten Forderungen aus Staatensicht gelten. Neben kultureller Eigenständigkeit, Entwicklungsformen oder rechtlichen Justizsystemen werden politische und territoriale Formen der Autonomie gewöhnlich als kollidierend mit staatlicher Souveränität gesehen. Im weitesten Sinne reflektiert die indigene Autonomie transzendentale Bestrebungen nach einer Dekolonisierung jeglicher Dimensionen indigenen Lebens.

Dies betrifft bereits völkerrechtlich etablierte Rechte oder Menschenrechtsgenerationen (vgl. Vasak 1977; Tomuschat 2014), die von *UNDRIPS* aufgegriffen werden und weitere Nuancen annehmen. Jene klassischen, individualrechtlichen Menschenrechte umfassen u. a. das Recht auf Bildung (Art. 14, 15, 21), kulturelles Leben (Art. 11, 12, 14, 15, 16, 31, 32, 36), Gesundheit (Art. 17, 23, 24, 29) soziale Sicherheit (Art. 21), Wohnen (Art. 21), Sanitärversorgung (Art. 21) körperliche und seelische Unversehrtheit, Freiheit und Sicherheit (Art. 7) oder die uneingeschränkte Teilhabe am politischen, wirtschaftlichen, sozialen und kulturellen Leben des Staates (Art. 5). Ähnlich betrifft dies personenspezifische Rechte, v. a. in Bezug auf Frauen (Art. 21, 22, 44), Jugendliche (Art. 21, 22), Kinder (Art. 7,

14, 17, 21, 22), ältere Menschen (Art. 21, 22) und Menschen mit Behinderung (Art. 21, 22).

1.2 UNDRIPS im Lichte globaler Zusammenhänge und neo-liberaler Tendenzen

Die rechtlichen Akzente der VN-Erklärung (vgl. allgemein Eichler/Doyle/Howard 2022) weisen darüber hinaus auf ein verstärktes Bewusstsein über die (II) vielschichtigen Konsequenzen globaler Marktentwicklungen hin. Emblematisch hierfür steht das Konsultations- und Zustimmungsverfahren (Tauli Corpuz 2020; Anaya 2013; Anaya 2011; Anaya 2009; EMRIP 2020; EMRIP 2018; EMRIP 2011), die so genannte *freie, vorherige und informierte Zustimmung* (FPIC), welche bei diversen Maßnahmen Anwendung finden muss (vgl. hierzu Eichler 2019; Wright and Tomaselli 2019; Doyle 2017).

Free, prior and informed consent **(FPIC):**

Völkerrechtliche Debatten weisen kein klares Bild zur rechtlichen Natur des Zustimmungsprinzips auf. Dieses gilt häufig als Ziel einer Konsultation, in manchen Fällen ist die Zustimmung rechtlich verbindlich, wie im Falle von Zwangsumsiedlungen oder der Lagerung oder Entsorgung gefährlicher Stoffe. Der Land- und Ressourcenkontext erweist sich als primordial für die wirkungsvolle Anwendung und Respektierung der Zustimmung.

Wenngleich die Zustimmung dabei in den meisten Fällen lediglich als Ziel verstanden wird, so entspricht sie einer existenziellen Notklausel im Falle der Nichtbeachtung und möglichen Vetokraft bei Verletzung des guten Glaubens.

Die Wichtigkeit jenes Rechtes wurde bei der 12. Sitzung des VN-Expertenmechanismus zu den Rechten indigener Völker (vgl. EMRIP 2019) erneut betont und in die Debatten und resultierende Studie eingebracht. Diverse Stellungnahmen indigener Repräsentant:innen zeigten auf, wie jenes Recht seit seiner Verabschiedung durch ILO C169 nicht an Bedeutung verloren hat und vielmehr auf Entwicklungen systematischer und schwerwiegender Natur antwortet. Vielfältige Verletzungen sind dem, laut indigenen Repräsentant:innen, zuzuschreiben: Darunter fallen u. a. Zwangsumsiedlungen, territoriale Enteignungs- und Siedlungspolitik (bspw. PFII 2012b; PFII 2018), Deregionalisierungspolitik und weite geopolitische Vereinbarungen, Deportationspraktiken, extern definierte Grenzen, landbezogene Kriminalisierung (Tauli Corpuz 2020) und Verfolgung einschließlich Gewalttaten und Traumatisierung, Mord und völkermordrelevanten Praktiken, welche auf die Anwendung von Sicherheitsmaßnahmen in Entwaldungs- und Landraubfällen zurückzuführen sind. Folglich haben die Repräsentant:innen weitreichende Auswirkungen auf indigene *Governance*-Systeme und Autonomie(bestrebungen) bezeugen können, genauso wie Folgen auf zwischenstaatliche Verhandlungsräume der Vereinten Nationen, Verfahrensmodalitäten von Repräsentationsmechanismen, Anerkennungsformen und letztendlich kollektive Selbstbestimmung (vgl. Anaya 2004 zu indigener Selbstbestimmung, Tauli Corpuz 2019b; ebenso Barelli 2011).

Wenngleich menschenrechtliche Folgen ähnliche Muster aufweisen, so lassen sich globale Dynamiken kaum einem einzigen Sektor zuschreiben. Zu den gravierendsten Tendenzen gehören dabei die Rohstoffausbeutung (vgl. Lander 2014), insbesondere hinsichtlich Erdölschöpfung und Bergbau (vgl. Vindal Ødegaard/Rivera Andía 2019; Carvajal 2016), Mega-Infrastrukturprojekte oder andere „Entwicklungsprojekte" (vgl. Burchardt/Dietz 2014), sowie jüngste Entwicklungen bzgl. landwirtschaftlich-motivierter Rodungen, v. a. im Amazonasgebiet (vgl. Stuckert/Gentili 2019). Der Schutz indigener Rechte nimmt hierbei ambivalente Gestalt an: Der Staat als Haupt-garant der Menschenrechte unterliegt häufig sektorspezifischen Interessen, vergibt weit reichende Konzessionen an den Dritten Sektor und unterwandert somit seine Pflichten gegenüber den Rechteinhaber:innen. (Quasi)Staatliche menschenrechtliche Instanzen wie *Ombudsman-Mechanismen* oder *staatliche Menschenrechtsinstitutionen (NHRI)* wird eine mindere Rolle zugeteilt; häufig finden Verfahren oder Programmimplementierungen sowie diverse Operationalisierungen ohne die Beteiligung jener Menschenrechtsverteidigungsorgane statt.

Ombudsman-Mechanismen and Nationale Menschenrechtsinstitutionen (NHRI):
Hierbei handelt es sich um unabhängige oder quasi-staatliche Menschenrechtsverteidigungsorgane. In lateinamerikanischen Kontexten werden diese häufig als Defensoría del Pueblo *bezeichnet. Ombudsman-Organe sind häufig dazu mandatiert, Aufklärungsarbeit zu leisten, Studien zu erstellen, im Falle individueller Beschwerden zu ermitteln, sowie die innerstaatliche Politik mit Hinblick auf ihre Menschenrechtskonformität zu überprüfen.*

In diesem Lichte nehmen indigene Völker, ihre Repräsentant:innen und Organisationen ungleiche Verhandlungspositionen ein. Weitere gravierende Auswirkungen lassen sich von sozialen Strukturen ablesen: anhaltende soziale Folgen für indigene Gemeinschaften hinsichtlich Kompensationszahlungen, ungleichen Partizipationsmöglichkeiten, Personaleinstellungen in Rohstoffprojekten hinterlassen langfristige Schäden. Diese sind häufig eng mit ungleichen Entscheidungsbefugnissen und Möglichkeiten verwoben, insbesondere in Führungsstrukturen. Demzufolge prägen Partizipationsdefizite und Ungleichheiten beim Zugang zu Konsultationsprozessen lokale Kontexte. Ähnliche Beobachtungen lassen sich bei Bestandsaufnahmen zu sozioökonomischen Auswirkungen als fester Bestandteil vieler Konsultationen machen. Personalbesetzung, Auftragsvergabe und letztendliche Diffusion der Ergebnisse bleiben völkerrechtlichen Standards fern und treffen die Besonderheiten indigener Entscheidungsinstanzen, sprachlicher Bedingungen, Zugangsmöglichkeiten, kultureller Bedürfnisse usw. selten.

Dementsprechend vergibt der Expertenmechanismus eine Reihe an Empfehlungen, welche einen hohen Landrechtsbezug aufweisen (EMRIP 2020; EMRIP 2018; EMRIP 2012a; EMRIP 2012b; EMRIP 2011; PFII 2018; PFII 2007). Neben dem Recht indigener Völker auf Teilhabe und FPIC, fordert EMRIP ebenso Maßnahmen in grenzüberschreitenden Zusammenhängen; somit gewinnt das Recht auf intergemeinschaftliche Beziehungen, einschließlich über staatliche Grenzen hinweg, an Bedeutung. Weitere verwandte Rechte finden hier direkten Ausdruck bzw. erstmals Erwähnung, und zwar die Bewegungsfreiheit über indigene Territorien hinweg, gerichtet auf den Erhalt von Lebensräumen, Handel oder traditionelle Lebensweisen; rechtliche Sicherheit und ihr Beitrag zur intergemeinschaftlichen Konfliktlösung und der Stärkung indigenen territorialen Regierens.

Zeitgenössisch relevante Bezüge werden zudem zu klimatischen Veränderungen hergestellt (vgl. Tauli Corpuz 2017; PFII 2008): Hier bringen traditionelles Wissen und indigene Teilhabe neben ihrem Eigenwert als indigene Rechte (PFII 2019) eine weitere Dimension ein, und zwar die der Ökosystemerhaltung. Diese bildet zudem eine wesentliche Strategieressource, welche bei ungleichen Verhandlungsbedingungen sich einem Dialog auf Augenhöhe zumindest annähern lässt. Wie oben aufgezeigt, bilden jene Verhandlungspositionen wesentliche Grundvoraussetzung bei der Wahrnehmung von indigenen Rechten. Dies betrifft ebenso eine erhöhte Bewusstseinslage über den *internationalen Menschenrechtsschutz* (IHRL) und die Möglichkeiten zur Klage auf staatlicher, regionaler und internationaler Ebene. Das Recht auf eine vollständige Informationslage geht insofern über Konsultationsverfahren hinaus und entwickelt eine transzendentale Dimension.

Internationaler Menschenrechtsschutz (IHRL):

Der Internationale Menschenrechtsschutz umfasst v.a. die Mechanismen des Hohen Kommissariats für Menschenrechte der Vereinten Nationen mit seinen Sonderprozeduren wie der Universellen Periodischen Berichterstattung, den Sonderberichterstatter:innen, unabhängigen Expert:innen, Arbeitsgruppen, sowie den Menschenrechtsvertragsorganen HRC, CESCR, CERD, CAT, CEDAW, CRC, CMW, CRPD, CED.

Auf ähnliche Weise werden der kollektiven Selbstbestimmung weitere rechtliche Nuancen zugeschrieben: Insbesondere im Falle von Landstadtfluchtbewegungen entwickeln sich neue menschenrechtliche Bedürfnisse; nur schwierig können die Beziehung zu indigener Kultur und Identität im Lichte assimilierender Politik aufrechterhalten werden und erfordern demzufolge Maßnahmen zur Umsetzung der Selbstbestimmung. Dies schließt außerdem Unterstützungsstrukturen im urbanen Umfeld ein, um jenen spezifischen Bedingungen gerecht zu werden. Landrechtedebatten greifen ebenfalls sich stetig intensivierende Konflikt- und Fluchtsituationen auf und damit einhergehende kulturell angemessene Dienstleistungen sowie die Gewährleistung von angemessenen Lebensbedingungen.

Eine finale landspezifische Beobachtung lässt sich mit Hinblick auf das vielschichtige Recht auf Entwicklung machen (vgl. oben geführte Debatte zu relevanten *UNDRIPS*-Rechtsvorschriften, Art. 3, 23). Einerseits bedeutet dies im programmorientierten top-down Jargon erhöhte Entwicklungs- und Investmentmöglichkeiten für indigene Völker im ländlichen Raum nach den eigenen Entwicklungskonzepten indigener Völker; dabei spielen auch globale Entwicklungen wie die nachhaltigen Entwicklungsziele eine wachsende Rolle. Andererseits sollen indigene Angelegenheiten Einbettung in den internationalen Entwicklungssektor finden; besondere Aufmerksamkeit soll dabei staatlicher Förderung geschenkt werden, welche der Vertreibung, Umsiedlung oder Wiederansiedlung indigener Völker verschrieben ist (OECD 2018). Der Expertenmechanismus entwickelt im Rahmen der Studie, welche die in der Erklärung angeführten Rechtsvorschriften in höchstem Maße kontextualisiert, an soziale Strukturen anpasst und vielschichtige Maßnahmen im Rahmen positiver Staatenverpflichtungen aufzeigt, transzendentale Ansätze. Ein Querschnittsthema bildet dabei die inklusive Teilhabe indigener Völker auf Augenhöhe, ihre Einbindung in Prozesse, sowie die Relevanz wirtschaftlich-sozialer Bedingungen beim Zugang jener rechtlichen Gewährleistungen.

Eine der wohl fundamentalsten Forderungen indigener Völker und gleichzeitig eines der wohl umstrittensten Rechte aus staatlicher bzw. unternehmerischer Sicht bilden Kollektivrechtsregime. Die vorherig diskutierten Rechte auf Selbstbestimmung und Entwicklung stehen in diesem Zusammenhang für die wohl weitreichendsten Rechte. Neben dem erwähnten Souveränitätsgedanken seitens des Staates und einer dominanten unternehmerischen Lobby zur Ausweitung staatlicher Konzessionen und neoliberaler Wirtschaftspolitik stellen Kollektivklagen eine wesentliche Möglichkeit zur Durchsetzung von Kollektiv- und Gruppenrechten dar. Dies mag neuere rechtliche Entwicklungen betreffen wie umweltrechtliche Fragen (vgl. bspw. Zivilrechtsstreit des peruanischen Landwirts *Saúl Lliuya gegen die RWE AG* Az. 5U 15/17 OLG Hamm). Dabei scheint das vornehmlich am Individualrecht orientierte internationale Menschenrechtssystem nur schwerlich auf die Bedürfnisse von Gemeinschaften einzugehen. Neben den prozeduralen Hürden bei der Einklagbarkeit von Kollektivrechten (vgl. Eichler 2019; Buchanan 1993) erweisen sich Art. 27 des *Zivilpaktes* sowie ähnliche Quasi-Gruppenrechte als limitierend oder wenig erschöpft. Die langwierigen Verhandlungen zur Annahme eines Zusatzprotokolls des *Sozialpaktes* zu Individualbeschwerdeverfahren illustrieren jene zögerliche Annahme einklagbarer Rechte und die Furcht vor einer vierten Instanz neben exekutiven, legislativen und judikativen Maßnahmen, nämlich dem völkerrechtlichen Menschenrechtsschutzsystem. Eine der Schwierigkeiten bei der Einklage von Gruppenrechten mag darüber hinaus gewissen Ambivalenzen unterstehen (vgl. Minderheitenregime des Europarates, Jovanović 2012; Angst 2015); Richtlinien, Kommentare und das Fallrecht geben ein vielschichtiges Interpretationsbild ab, beginnend mit der Definition des *Rechtssubjekt*es.

Kollektives Rechtssubjekt:

Nur stetig können wir von einer Erweiterung und Übertragung der Rechte des Individuums auf das kollektive Rechtssubjekt sprechen. Hierbei geht es grundsätzlich um Fragen der Klagebefugnis (prozedurale Dimensionen), jedoch ebenso um substanzielle Rechte wie die des kollektiven Landeigentums, Ressourcenrechten, kultureller und spiritueller Identität, Autonomieforderungen, sowie indigenem Gewohnheitsrecht. Insbesondere die Teilhabe, Autoregierungs- und Autonomieformen erfordern eine Reform des Indigene-Staat-Nexus.

Menschenrechtliche Garantien im Falle indigener Rechte stoßen dabei auf ähnliche prozedurale Hürden und wenig etablierte Interpretationen, eine Ausnahme hierzu bildet insbesondere das Interamerikanische Menschenrechtssystem (siehe v. a. IACtHR-Entscheide *Mayagna (Sumo) Awas Tigni Community vs. Nicaragua; Yakye Axa Indigenous Community vs. Paraguay; Yatama vs. Nicaragua;*

Moiwana Community vs. Suriname; Sawhoyamaxa Indigenous Community vs. Paraguay; Saramaka People vs. Suriname; Xákmok Kásek Indigenous Community vs. Paraguay; Kichwa Indigenous People of Sarayaku vs. Ecuador; Norín Catrimán y Otros vs. Chile; Indigenous Kuna Peoples of Madungandí and Emberá and their Members vs. Panama; *Punta Piedra Garífuna Community and ist Members vs. Honduras*, *Garífuna Community of Triunfo de la Cruz and its Members vs. Honduras*, *Xucuru Indigenous People and its Members vs. Brazil*; *Indigenous Communities of the Lhaka Honhat (Our Land) Association vs. Argentina*; IACHR-Rechtsprechung: *Indigenous and Tribal Peoples' Rights over their Ancestral Lands and Natural Resources: Norms and Jurisprudence of the Inter-American Human Rights System; Indigenous Report N° 40/04 Case 12.053 Merit. Maya Indigenous Communities of the Toledo District Belize; Members of the Otomí-Mexica Indigenous Community of San Francisco Xochicuautla vs. Mexico; Indigenous Communities of the Xingu River Basin, Pará vs. Brazil; Mary and Carrie Dann vs. US*). Anzumerken ist an dieser Stelle die Situierung indigener Rechte fern von klassischen Menschenrechtsschutzsystemen mit Ausnahme der VN-Erklärung; dies trägt maßgeblich zu fehlenden Wahrnehmungsmöglichkeiten der Rechteinhaber:innen bei, v. a. hinsichtlich des VN-Menschenrechtssystems als Klageinstanz. Gründe sind vielschichtiger Natur; jedoch erweist sich ein gewisser staatlicher Unwille, insbesondere hinsichtlich territorialer Kollektivrechte und Bestrebungen zu politischer Unabhängigkeit, sowie dem Vetorecht. In diesem Sinne entwickelt die Annahme der Erklärung ebenso eine dekolonisierende Funktion, denn als selbstverständlich erachtete staatindigene Völkerdichotomien werden mit der indigenen Bewegung und ihrer Verrechtlichung fundamental in Frage gestellt und fordern eine Reartikulation auf staatlicher, regionaler und internationaler Ebene.

1.3 Indigene Rechte im Rahmen der Dekolonialisierungspolitik und globalen Machtstrukturen

Diese allmähliche Verrechtlichung indigener Kollektivrechte unter dem Schirm des VN-Menschenrechtsapparats kann nicht alleinig globalen Bewegungen zugeschrieben werden. Richtungsweisend sind hierbei v. a. Verfassungsreformen und komplexe Verhandlungsprozesse auf staatlicher Ebene bzw. in regionalen, multilateralen Formen und Zusammenschlüssen. Einer der wohl einflussreichsten Vorreiter in jenen neuen Prozessen der Identitätspolitik, Übergangsjustiz, Aufarbeitungsprozessen und kollektivem Gedächtnis, restorativer Justiz einschließlich Memoranda und v. a. tiefgreifender Dekolonialisierung und Transformationen globaler Ungleichheiten – bspw. zwischen Globalem Norden und *Globalem Süden* – sind lateinamerikanische Staaten. Ein besonderes Augenmerk liegt dabei auf den Andenstaaten.

Globaler Süden:

Hierbei handelt es sich um eine Dichotomie (Globaler Süden <-> Globaler Norden) im Lichte wirtschaftlich-politischer Machtverteilung. Obwohl eine geografische Annäherung an den Begriff möglich ist (bspw. Lateinamerika, Afrika, Indien), so geht es vornehmlich um ein makro-politisches Konzept und seine

Relevanz für die Erklärung globaler Ungleichheiten, was u.a. Nahrungsmittelsouveränität, den Ressourcenhandel oder die Klimagerechtigkeit angeht.

Seit den 1990er Jahren lässt sich hier eine stetige Institutionalisierung einer responsiven Dekolonialisierungspolitik beobachten. Einerseits müssen jene umfangreichen staatlichen Reformen im Postkonfliktkontext verstanden werden, häufig im Rahmen postautoritärer Politik (vgl. hierzu diverse Ansätze zu Amnestiegesetzen: Gargarella 2015). In diesem Zusammenhang ließen sich indigene Rechte geschickt in breitere menschenrechtliche Reformen einflechten, teilweise in Form eigenständiger Menschenrechtskataloge. Dezidierte Repräsentationsinstanzen, *Rechtspluralismus* oder indigene Entwicklungsmodelle illustrieren dies. Allerdings zeigen jüngste Entwicklungen eine Wende hin zu neuen, staatsrechtlichen Grundideen, nach denen indigene Völker stetig zu Akteuren und erweiterten Rechtssubjekten werden.

Rechtspluralismus:

Neben dem staatlichen Recht können diverse Rechtsquellen koexistieren, wie indigenem Recht oder Religionsrecht. Eine wesentliche Frage dabei betrifft den Stellenwert oder die Position jener Rechtsordnungen im Verhältnis zum Staatsrecht, insbesondere dem Verfassungsrecht. Entscheidende Fragen dabei betreffen bspw. Hierarchien bei kollidierendem Recht, Auslegungsautoritäten und dergleichen.

Yrigoyen Fajardo systematisiert jene Tendenzen im Rahmen staatsrechtlicher Grundüberlegungen (2016), und zwar identifiziert sie drei Phasen jener verfassungsrechtlichen Entwicklungen, I) multikultureller Konstitutionalismus (1982), II) plurikultureller Konstitutionalismus (1989–2005), und III) plurinationaler Konstitutionalismus (2006–2009). Jene rechtstheoretischen Paradigmen hinterfragen zentrale Ideen lateinamerikanischer Staatsmodelle des 19. Jahrhunderts, das koloniale Erbe und die damit einhergehende Vormundschaft gegenüber indigenen Völkern (vgl. Yrigoyen Fajardo 2016; ebenso Clavero 2010). Für die erste Phase (1982–1988) des multikulturellen Konstitutionalismus prägend erwiesen sich die kulturelle Vielfalt, multikulturelle und multisprachliche gesellschaftliche Restrukturierungen, das individuelle und kollektive Recht auf kulturelle Identität, wobei Rechtspluralismus an sich noch keine explizite Anerkennung fand (vgl. Yrigoyen Fajardo 2016). Während die zweite Phase des plurikulturellen Konstitutionalismus (1989–2005) zunächst identität-relevante Rechte konsolidiert, so tragen konzeptionelle Neuheiten wie die der multiethnischen/multikulturellen Nation und des plurikulturellen Staates zu einer Re-Definition des Staates bei (vgl. Yrigoyen Fajardo 2016). Die wohl innovativste Veränderung in jenem Zusammenhang betrifft die Einführung rechtlichen Pluralismus und eine Abwendung von rechtlichem Monismus; des Weiteren mussten sich multikulturelle und indigene Rechte gegenüber einer Verrechtlichung neo-liberaler globaler (Wirtschafts)Politik behaupten (vgl. Yrigoyen Fajardo 2016; vgl. hierzu die Verfassungen Perus und Chiles). Die dritte Phase des plurinationalen Konstitutionalismus (2006–2009) lässt sich im Kontext der Annahme von *UNDRIPS* verstehen; ein wesentliches Fundament neben einem ganzheitlichen Ansatz zu indigenen Rechten wurde anhand von Sozialrechten und einer gestärkten Rolle des Staates, einschließlich indigener Wirtschaftsmodelle geschaffen, sowie der Formalisierung von Selbstbestimmung, neuen Autonomien und diverser pluralistischer Ansätze (vgl. Yrigoyen Fajardo 2016; vgl. insbesondere die Ecuadorianische und Bolivianische Verfassung).

Andererseits lassen sich jene Transformationen auf regionaler Ebene abbilden. Als regionaler und global tätiger Akteur versteht sich die Organisation Inter-Amerikanischer Staaten unter anderem als Vermittlungs- und Repräsentationsinstanz; als Dachorganisation reflektiert und prägt sie Demokratisierungsprozesse. Bereits im Zeitalter der Militärdiktaturen in verschiedenen lateinamerikanischen Staaten spielte insbesondere die IACHR eine entscheidende Rolle: durch adhoc-Besuche konnten in-situ Beobachtungen allmähliche Öffnungen der Regime bewirken, teilweise systematische Menschenrechtsverletzungen in ihrem Ausmaß verhindern (vgl. Huneeus/Madsen 2018). Zuletzt übernahmen zivilgesellschaftliche Akteure ähnliche Funktionen in Form von rechtlicher Mobilisierung in einem vornehmlich individualrechtlich orientierten Menschenrechtssystem (vgl. Cavallaro et al. 2019): Dies geschah einerseits mittels einer Auflockerung des von der Amerikanischen Menschenrechtskonvention ins Leben gerufenen Menschenrechtsschutz durch die Einbeziehung des kollektiven Rechts auf Kultur und andererseits durch einen auf Unterschiede gerichteten Gleichheitsansatz (vgl. Engle 2011; IACHR in Report on the Situation of Human Rights of a Segment of the Nicaraguan Population of Miskito Origin).

Jenseits der Menschenrechtspraxis lassen sich derartige Entwicklungen ebenso in rechtstheoretischen Debatten ablichten. Emblematisch hierfür steht das *Ius Constitutionale Commune en América Latina* als Ansatz eines transformativen Konstitutionalismus, welcher mittels sozialer Prozesse Antworten auf Menschenrechtsfragen und den Rechtsstaat im postautoritären Lateinamerika gibt, mit besonderer Berücksichtigung von Fragen zur Demokratie und damit verbundenen sozialstrukturellen Dimensionen wie Armut, tiefliegenden Ungleichheiten oder ethnischen Kluften (vgl. Bogdandy et al. 2017). Ähnlich greifen der *Neoconstitucionalismo* und *Nuevo Constitutionalismo Latinoamericano* verfassungsrechtliche Erfahrungen lateinamerikanischer Staaten auf (vgl. Viciano Pastor/Martínez Dalmau 2011; Barrios-Suvelza 2018); hierbei wird sich klar von verfassungsrechtlichen Entwicklungen des Globalen Nordens differenziert. Dies spiegelt sich v. a. in ihrer Ausrichtung auf wirtschaftliche, soziale und kulturelle Rechte wieder, jedoch ebenso in der Betonung von partizipativer Demokratie, der Anerkennung von kollektiven Rechtssubjekten als politische Akteure, den Rechten indigener Völker und der Etablierung des *plurinationalen Staates* und einer stärkeren staatlichen, wirtschaftlichen Intervention gegen den Neoliberalismus und der freien Marktwirtschaft (vgl. Bogdandy et al. 2017). Die Rechte indigener Völker gewinnen in jenen Debatten eine besondere Bedeutung: Jene Neuerfindung(en) des Staates und Transformationen im lateinamerikanischen Raum entsprechen v. a. einem dekolonialisierten Verständnis des Staates, einem neuen Verständnis von Autonomien und Selbstbestimmung, Teilhabe und seiner rechtspluralistischen Ausrichtung wie die der Rechtsstaatlichkeiten (vgl. Barrios-Suvelza 2018; Ávila Santamaría 2011). Die tiefe Einbettung indigener Instanzen in der Exekutive, Judikative und Legislative weisen auf eine graduelle Umordnung von indigenen Rechtssubjekten hin, welche dem kolonialisierten Staat die Stirn bieten (vgl. ebenso PFII 2012b), und zwar durch den Zugang zu seinen Institutionen einerseits und der Einführung indigener Instanzen innerhalb des staatlichen Systems anderseits.

Plurinationaler Staat:

Der Plurinationale Staat (Ecuador, Bolivien) des 20. Jahrhunderts kann als eine institutionalisierte und kodifizierte Antwort auf die langanhaltende Exklusions- Diskriminierungs- und Marginalisierungspolitik gegenüber indigenen Völkern verstanden werden. Dazu gehört eine umfangreiche Anerkennungspolitik, die Etablierung dezidierter Kapitel zu den Rechten indigener Völker und ihrer Transversalisierung innerhalb der Verfassungen. Dies kann zudem als Versuch angesehen werden, die homogenisierende Idee des Staates auf indigene Nationen zu erweitern.

Jene regionalen Verrechtlichungsprozesse lassen sich allerdings kaum alleinig auf postautoritäre Entwicklungen in den jeweiligen Staaten beschränken; vielmehr sind Antworten in globalen Machtgefügen zu suchen, häufig in Form desaströser Gegengewichte und schwacher demokratischer Kontrollen. Wirtschaftlich motivierte Interventionen in staatliche Angelegenheiten finden ebenso in jüngsten inter-staatlichen Beziehungen Ausdruck; exemplarisch hierfür stehen Entwicklungen in Venezuela, wiederkehrende Konflikte im Nahen Osten und Maschrek-Staaten. Verheerende Folgen lassen sich dabei auf Ebene der Bevölkerung feststellen; indigene Gemeinschaften zeigen sich aufgrund ihrer Abhängigkeiten von Lebensraum und überlebenswichtigen Ressourcen als besonders gefährdet und vulnerabel. Jene Auswirkungen lassen sich gewöhnlicherweise auf globale Machtverschiebungen, fortwährende Ungleichheiten, jedoch ebenso auf detaillierte Eintrittsbedingungen und Regulierungen des globalen Weltwirtschaftssystem zurückführen (vgl. Washington Consensus, WHO-Ordnungsrahmen).

Dem Globalen Süden kommt dabei eine besondere Rolle zu: trotz Ansätzen wie dem „special differentiated treatment“ und entsprechenden wirtschaftlichen Sonderbedingungen werden sozio-ökonomische Ungleichheiten kaum gelindert. Internationale Organisationen nehmen in diesem Sinne eine zweischneidige Rolle an, als Überwachungsorgane von staatlichen Rechtsgaranten und als aktive Vorantreiber marktgetriebener Logiken. Für den Globalen Süden bedeuten jene neuen Formen des Multilateralismus ein trügerisches Amalgam von Anerkennungspraktiken. Dies äußert sich in der Formalisierung ihrer neuen Souveränität im Kontext ihrer erlangten Unabhängigkeit und der Verrechtlichung ihrer Gleichheit vis-à-vis anderen Staaten, insbesondere (Super-)Mächten (vgl. Badie 2018). Dabei beeinträchtigen vier wesentliche Faktoren eine Art Souveränität unter Gleichen: eine Art Widerstand im Sinne des Status Quo seitens der Mächtigsten, Club- oder Elite-Bestrebungen als Mittel der Exklusion seitens der Großen, eine Form von sozialer Kontrolle der Institutionen durch alte Ideologien und Wandlung jener Institutionen hin zu oberflächlichen Diskursen anstatt wahrhaftigem Regieren (vgl. Badie 2018). So unterstehen nahezu alle Teilnehmer des Welthandelssystems jenen formalisierten Formen der Ausbeutung, welche sich auf die Ebene des Individuums und indigener Völker projizieren lassen.

Nicht zu verkennen sind jedoch Bestrebungen im Bereich der globalen Sozialstandards (vgl. bspw. Bilchitz/Deva 2013; Burger 2014; García Muñoz 2019; Dann/Riegner 2017), einschließlich von Unternehmensverantwortung in Form von Soft Law. Neben *UNDRIPS* verpflichten sich zunehmend multilaterale Akteure des Globalen Handels wenngleich niedrigschwelligen, selbst definierten Normen. Exemplarisch hierfür stehen die VN-Leitprinzipien für Wirtschaft und Menschenrechte („Ruggie-Prinzipien"), einschließlich ihres dreisäuligen *Sorgfaltspflichts*-Models „Schutz, Respekt, Wiedergutmachung", das Mandat einer:s Sonderberichterstatter:in für Menschenrechte und Unternehmen und der von der offenen interregionalen Arbeitsgruppe OEIGWG neulich überarbeiteten Vertragsentwurf „Legally Binding Instrument to Regulate, in International Human Rights Law, the Activities of Transnational Corporations and Other Business Enterprises". Allerdings finden die Rechte indigener Völker darin kaum Erwähnung. Diese werden – wenngleich oberflächlich – im Rahmen eines Kommentars des gleichen Gremiums ausgelegt, und zwar aufgrund der spezifischen Herausforderung für u. a. indigene Völker bzw. als Rechteinhaber:innen, welche besonderer Aufmerksamkeit bedürfen (vgl. OHCHR 2011).

Sorgfaltspflicht:

Anders als die staatlichen Verpflichtungen im Business & Human Rights-Bereich gelten für den Unternehmenssektor die deutlich schwächeren Sorgfaltspflichten (due diligence obligations) und damit eine fehlende Gewährleistung von Grundrechten. Allerdings tragen internationale Prinzipien wie die Ruggie-Leitprinzipien zu einer zunehmend detaillierten Rechtsordnung bei.

Genauer ausgelegt und angewendet werden indigene Rechte gemäß den Leitprinzipien vom VN-Expertenmechanismus EMRIP: Zum einen stellt der Mechanismus besondere Schutzpflichten des Staates in Beziehung zum Dritten Sektor auf, zum anderen werden Verpflichtungen jenes Dritten Sektors detailliert interpretiert (vgl. EMRIP 2012b). Demnach gehen Staaten erhöhte Verpflichtungen über Territorien und (außerterritoriale) Zuständigkeit ein sowie besondere Verantwortlichkeit bei Staat-Unternehmens-Verknüpfungen (2012b). Des Weiteren wird indigene Teilhabe im Rahmen von bspw. Konzessionen zu „Entwicklungs"projekten und Landrechten einschließlich Fällen von Landenteignungsprozessen (*land grabbing*) gestärkt und somit indigene Völker als Akteure auf Augenhöhe anerkannt (vgl. EMRIP 2012a; PFII 2007); letztere Bedingung erweist sich als entscheidend im Lichte eines niedrigen Stellenwerts von Menschenrechten und der Position gegenüber indigenen Völkern in Rohstoffprojekten und ähnlichen mächtigen Sektoren. Sonderkonditionen erweisen sich als ebenso existentiell im Falle von Extremsituationen, in denen private Sicherheitskräfte und Einheiten ähnlich er Armee staatliche Unterfangen unterstützen (vgl. EMRIP 2012b); dies fällt in Situationen von sexueller Gewalt gegenüber indigenen Frauen und Mädchen sowie Vergewaltigungen besonders ins Gewicht (vgl. ebenso Tauli Corpuz 2015; Stavenhagen 2007).

land grabbing:

Landenteignungsprozesse und damit verbundene Vertreibungen bilden eine häufige Verletzung indigener Kollektivrechte. Dies geschieht in vielen Fällen in Vereinbarkeit mit geltendem, innerstaatlichem Recht trotz völkerrechtlicher Verpflichtungen oder aber wird durch den Dritten Sektor ohne ausreichende Überprüfung durch den Staat durchgeführt oder von diesem legitimiert.

Zudem nimmt EMRIP den Dritten Sektor in seine Pflicht: Dies betrifft v. a. gerichtliche und außergerichtliche Beschwerdeverfahren und die Berücksichtigung indigener Rechte und Bedürfnisse in jeglichen Phasen des Prozesses und die Respektierung kulturell angemessener indigener (Entscheidungs)Mechanismen, einschließlich von Sprache, räumlicher Lage oder Ängsten vor Repressalien (vgl. EMRIP 2012a). Dabei haben laut EMRIP gerichtliche Mechanismen bestimmte Prozeduren zu befolgen, insbesondere was Rechtsbeistand, aktive Diskriminierung oder systematische Barrieren angeht (vgl. EMRIP 2012b). In Bezug auf außergerichtliche Beschwerdeverfahren gibt EMRIP vor, Ungleichheiten zwischen den Parteien zu adressieren sowie traditionelle Mechanismen der Streitbeilegung wie restorative und andere Justizmodelle zu berücksichtigen (vgl. EMRIP 2012b). Die SRin weitet jenes Verständnis auf den Konsultationsprozess aus, hier erweisen sich entsprechende Schutzmaßnahmen als wesentlich zur Vermeidung von Ungleichheiten: Staaten werden daher dazu angehalten, Ungleichheiten und Machtgefälle zu überwinden, bspw. mit Hinblick auf technische und finanzielle Voraussetzungen, Informationszugang und politischem Einfluss (Tauli Corpuz 2020). Dabei spielen vor allen Dingen Zugangsmöglichkeiten, Expertenwissen und Ressourcen sowie Vereinbarkeit mit dem IHRL als transzendentale Prinzipien eine tragende Rolle. Entsprechend detailliert legt der Expertenmechanismus existierende Sorgfaltspflichten für den Dritten Sektor aus, mit starker rechtspluralistischer Ausrichtung; ähnlich wie beim Recht auf Konsultation und FPIC erweist sich hier ein prozeduraler Tiefsinn als ausschlaggebend für die Einrichtung und Umsetzung von kollektiven Klagemöglichkeiten. Weiter gefasst können entsprechende Verfahren und Bedingungen die Position indigener Völker in Verhandlungs- und Streitbeilegungsprozessen stärken. Der Dritte Sektor wird in diesem Sinne auf Basis indirekter für ihn geltende staatliche Verpflichtungen und eigener Sorgfaltspflichten zu einem Paradigmenwechsel angehalten und zu einem dekolonialisierten Ansatz der Unternehmenspolitik bewogen.

1.4 Anerkennung, Pluralisierung und Reartikulation der Beziehung zwischen Staat und Gesellschaft

Die Durchsetzung indigener Rechte lässt sich allerdings kaum auf rechtliche Rahmen und ihre Institutionalisierung im Staatsrecht, Interamerikanischen Recht oder Völkerrecht reduzieren. Globale wirtschaftliche Machtausübung und damit neoliberale und neokoloniale Strömungen erfordern soziale Transformationen und bevölkerungsübergreifende, dekolonialisierende Bewusstseinsprozesse (vgl. Smith 2012) bis hin zu pluralistischer Anerkennungspolitik.

Exemplarisch hierfür stehen die vom Interamerikanischen Menschenrechtsgerichtshof und Kommission verordneten Entschädigungsmaßnahmen der Wiedergutmachung im Falle systematischer Menschenrechtsverletzungen gegenüber indigenen Gemeinschaften, gewöhnlich im Zusammenhang von Massakern im Rahmen militärischer Interventionen. Einerseits findet hier das internationale Strafrecht Anwendung, insbesondere bei schweren Verbrechen, entsprechenden Zuschreibungen der Verbrechen auf bestimmte Personen(gruppen) und Verantwortungsebenen (vgl. bspw. Rechtsprechung des Internationalen Strafgerichtshof, Ad-Hoc-Internationale Straftribunale für das ehemalige Jugoslawien und Ruanda). Andererseits gilt es, die vielschichtigen Bedürfnisse und Forderungen der Opfer in Betracht zu ziehen und gesellschaftlichen Zusammenhalt zu ermöglichen; indigene Gemeinschaften zeigen hier besondere kollektive, kulturelle Bedürfnisse (bspw. *Coc Max y Otros (Masacre de Xamán) vs. Guatemala, Río Negro Massacres vs. Guatemala; Plan de Sánchez Massacre vs. Guatemala; Las Dos Erres Massacre vs. Guatemala; Ituango Massacres vs. Colombia*). Gesellschaftliche Transformationen und Aufarbeitungen werden u. a. durch die Suche nach verschwundenen Opfern, Bestattungsmöglichkeiten, Ermittlung des Tatbestandes, relevante Datenerhebungen, offizielle Register und der Identifizierung von Opfern; medizinische und psychologische Betreuung der Opfer; Rückkehrmöglichkeiten, „Entwicklungs-“, Wohnungs-, Trinkwasser- und Infrastrukturprogramme, ganzheitliche Entschädigungen; öffentliche Schuldbekenntnisse und Entschuldigungen, Bekenntnisse und Anerkennung internationaler Verantwortung; und sozio-kulturelle Maßnahmen erreicht.

Letztere scheinen im Lichte vielschichtiger Schäden und Spätfolgen für die Sozialstrukturen der Gemeinschaften und gegenüber der Gesellschaft ein wesentliches kollektives Anliegen zu bilden. Hierzu zählen bspw. das öffentliche Errichten von Museen, Mahnmalen, Gedenktafeln und Fotogalerien der Opfer; eine angemessene, zugängliche Verbreitung der Urteile, sowie ihrer Diffusion mittels diverser Medien wie Radioprogrammen über jene Verbrechen, öffentlicher Veranstaltungen und Stellungnahmen Verantwortlicher und derzeitiger Repräsentant:innen des öffentlichen Lebens und des Staates; staatliche Programme zum Erhalt oder Weiterentwickeln indigener Kultur, Bildungsmaßnahmen, einschließlich interkultureller, bilingualer Erziehung; dezidierte Bildungsinitiativen wie Stipendien und Unterstützungen für Familien der Opfer, Diplome über menschenrechtliche Bildung, einschließlich Abhandlungen der vorliegenden Fälle (vgl. oben genannte Fälle und folgende IACtHR-Entscheide *Case of the Massacres of El Mozote and surrounding areas v. El Salvador; Case of the Santo Domingo Massacre v. Colombia; Case of the Rochela Massacre v. Colombia; Case of the Mapiripán Massacre v. Colombia*). Jedoch können ebenso strafrechtliche Maßnahmen gegenüber der Täterschaft wesentlich zur Aufarbeitung beitragen, dies betrifft sowohl materielle als auch intellektuelle Autor:innen der Massaker, einschließlich rigoroser Strafverfolgung, diverser Bildungsmaßnahmen wie der Aufnahme jener Themen und Menschenrechtsmodule in Curricula des Militärs und diversen angemessenen Schutzmaßnahmen für Opfer und Akteure des Justizsystems.

In der Tat erfordern Entschädigungs- und Wiedergutmachungsprozesse die Annahme vielschichtiger Maßnahmen; indigene Gemeinschaften in ländlichen Gebieten weisen bei strategisch-militärischen Operationen oder dem Ressourcenraub in neuester Zeit besondere Vulnerabilitäten auf. Entsprechend vorherrschend sind dabei pluralistische Justizmodelle und rechtpluralistische Instanzen, welche internationale Strafrechtsmodelle mit Graswurzel-Justiz und den besonderen Bedürfnissen der Opfer vereinen. Solche hybriden ad-hoc Justizsysteme, so genannte *Wahrheits- und Versöhnungskommissionen* (vgl. IACHR 2014) bilden die Grundlage für soziale Annäherungsprozesse und die Anerkennung von Straftaten; diese reichen nicht selten in die Kolonialzeit zurück bzw. zeichnen sich durch neo-koloniale Muster aus. Ebenso lassen sich bottom-up, Konflikttransformationen und Aufarbeitungen, orientiert an den Betroffenen, auf dem afrikanischen Kontinent beobachten; emblematisch hierfür steht das so genannte *Gacaca*-Rechtssystem in Ruanda als ein wesentliches Merkmal der Genozid-Aufarbeitung. Allerdings sehen sich indigene Völker nicht alleinig von militärisch-angetriebenen Operationen und Völkermorden der letzten vier Dekaden bedroht. Ähnlich setzen sich sklavenartige (Arbeits)Verhältnisse bis in die heutige Zeit fort: so werden in heutigen Hacienda-Systemen indigene Völker als Kollektive weiterhin bevormundet und Schuldknechtschaftspraktiken systematisch ausgesetzt (vgl. IACHR 2009). Der Überwindung generationsübergreifender Traumata wird dabei nur begrenzt Einhalt geboten (vgl. Bubenechik 2014; Buelens/Craps 2008); vielmehr bilden diese einen relevanten Teil des kollektiven Gedächtnisses und gewöhnlich indigener, kollektiver Identität:en. Als dementsprechend schwierig gestalten sich soziale Heilprozesse, kollektives (Selbst)Bewusstsein bis hin zu Ausgangslagen in Verhandlungen rund um Land- und Ressourcenrechte.

Wahrheits- und Versöhnungskommissionen:

Angesichts der Kolonialgeschichte, allerdings auch im Lichte jüngster Genozide an indigenen Völkern, sowie systematischem Verschwindenlassen politischer Gegner:innen im Kontext von Militärregimen wurden Wahrheits- und Versöhnungskommissionen als mögliche Instanz für die Geschichtsaufarbeitung mit einem besonderen Fokus auf den Opfern jener Verbrechten etabliert. Darunter zählen bspw. erfolgreiche Initiativen auf dem amerikanischen Kontinent und zwar in Peru, Guatemala, Chile, Argentinien, Uruguay, Brasilien, Kolumbien, El Salvador, Honduras, Mexico, Surinam, Paraguay, Bolivien, Ecuador, Grenada, Panama, Haiti, Kanada.

Eine opferorientierte Vergangenheitsaufarbeitungs- und Wiedergutmachungspolitik gehört wohl zu den fundamentalsten, generationsübergreifendsten Anliegen indigener Völker. Diese informiert zudem heutige kollektive Forderungen nach Gerechtigkeit und Entschädigungen. Jedoch liegen heutigen indigenen Interessen in nicht geringerem Maße breiter gefächerte gesellschaftliche Transformationen zu Grunde. Dabei spielen die oben diskutierten Kollektivrechte und dezidierte Menschenrechtsklauseln eine tragende Rolle. Gemeint sind hier insbesondere eine differenzierte, Anti-Diskriminierungspolitik und eine Institutionalisierung sowie gesellschaftspolitische Verinnerlichung positiver Diskriminierung. Dabei gilt es, indigene Identität zu stärken, verfassungsrechtlich zu verankern, jedoch auf ähnliche

Weise gesellschaftliche Legitimität und Konsens zu erreichen. Neben Yrigoyens dreistufigem Phasenmodell bieten weitere rechts-, sozial- oder politiktheoretische Ansätze Einblicke in die Komplexitäten heutiger Identitätspolitik (vgl. ebenso Gargarella 2017).

Exemplarisch hierfür stehen wohl zweifellos Denkrichtungen, welche nur schwerlich politische Forderungen mit sozialen Anliegen vereinbaren. Dies spiegelt traditionelle Kluften zwischen zivilen und politischen Rechten einerseits und wirtschaftlichen, sozialen und kulturellen Rechten andererseits wider (vgl. bspw. Tomuschat 2014). Schwerlich kann jedoch indigene politische Teilhabe effektiv gefördert werden, wo Informations- und Bewusstseinsprozesse soziale Ungleichheiten nicht überwinden und demnach indigenen Repräsentant:innen die Zugänglichkeit inklusiver Partizipation verwehren. So diskutieren Fraser und Honneth eine zweidimensionale Konzeption von Gerechtigkeit im Zeitalter der Identitätspolitik; diese umfasst sowohl die Idee der Umverteilung als auch Anerkennung, genauer gesagt die Vereinbarung von Ansprüchen auf soziale Gleichheit und Anerkennung von Unterschieden (2003). Die Realitäten kultureller Vielfalt finden nur zögerlich Eintritt in Verrechtlichungsprozesse und der ihnen unterliegenden Anerkennungspolitik. Dementsprechend fordert Tully im Rahmen multikulturalistischer Debatten und dem Aufgreifen jener in verfassungsrechtlichen Zusammenhängen eine auf Souveränität basierende Auffassung kulturell diverser Rechtssubjekte sowie die Teilnahme dieser an Dialog und Austausch (2006). Jene Konzeption trotzt post-imperialen Vermächtnissen und Logiken (vgl. Tully 2006); in der Tat werden so pluralistische Ansätze der *Identitäts-Anerkennungspolitik* fundamental beeinträchtigt.

Identitäts-Anerkennungspolitik:

Einen wesentlichen Einstiegspunkt in eine größenflächige Anerkennung bilden Fragen rund um die Identität. Als Antwort auf eine egalitäre Identitätspolitik mit einer nur geringen Annäherung an Pluralismus und Diversität bleiben die besonderen Bedürfnisse von Minderheiten und indigenen Völkern weitgehend unbeachtet. Nur schwerlich eröffnen die Institutionen des Staates Möglichkeiten über die Gleichheit und Nichtdiskriminierung hinaus.

Die Idee des souveränen Rechtssubjekts im besonderen Falle indigener Völker findet zunehmend Gehör. Kymlicka theorisiert dies in Form gruppendifferenzierter Rechte und ihrer kollektivistischen, kommunitaristischen Ausrichtung, welche sich von individualistisch orientierten Ansätzen differenziert (1996). Jene theoretischen Grundgedanken ermöglichen somit einen Paradigmenwechsel hin zu selbstbestimmter, kollektiver indigener Identität und ihrer Repositionierung als souveräne Rechtskategorie in einem am Individuum orientierten Rechtssystem. Nicht jedoch verwehrt dies persistenten gesellschaftlichen Strömungen mehrheitsorientierter Gesellschaften Einfluss auf die Stellung indigener Völker und ihrer Rechte; dies wird bspw. von wirtschaftspolitischen Entscheidungen reflektiert. Eine Art gesellschaftliche Verinnerlichung politischer Propaganda zur Rohstoffpolitik wie der Idealisierung bestimmter „Entwicklungs-“Agenden und der Ignoranz gegenüber indigenen Konzepten und Lebensmodellen (siehe obige *Buen Vivir/Vi-*

vir Bien-Debatte) weist auf ein arbiträres Verhältnis zu verfassungsrechtlichen Fortschritten hin.

Augenscheinlich bilden jene gesellschaftlich eingebetteten Formen des Pluralismus eine mögliche Antwort auf jene harmonisierende, monistische und mehrheitlich akzeptierte Anerkennungspolitik und ihrer Ausrichtung auf den Gleichheitsgrundsatz anstatt der Verfolgung differenzierter Ansätze. Die externe Anerkennung einer pluralistischen Gestaltung oder institutionellen Abbildung der Gesellschaft nimmt dabei eine zweiförmige Gestalt an. Zum einen gilt es, indigenen sozialen, politischen, wirtschaftlichen, kulturellen und rechtlichen Systemen und Organisationsformen innerhalb der staatlichen Struktur angemessen Gehör zu verschaffen. Dies mag sich bspw. in gestärkter Repräsentation durch Quoten, Sonderrechte und Prinzipien oder indigene subsidiäre Instanzen, ähnlich wie in föderalistischen Staatsformen, äußern. Zum anderen schließt dies die vehement geforderten Autonomien, selbstbestimmte Entwicklungsformen und ähnliche unabhängig existierende Instanzen ein. Jene Manifestierungen entwickeln sich parallel zum staatlichen Leben; i. d. R. schränken lediglich menschenrechtliche Standards ein vollkommen unabhängiges Funktionieren und Operieren indigenen institutionellen Lebens ein. Letztere Standards nehmen allerdings keine unstrittige Rolle ein; ähnlich wie kollidierende rechtliche Normen innerhalb eines Menschenrechtssystems (vgl. bspw. Smet/Brems 2017) ergeben sich hier normspezifische Auseinandersetzungen.

Die wiederaufkommende Frage zum Stellenwert indigener Organisationsformen gegenüber staatlichen Instanzen stellt sich nun hier. Dabei geht es ausdrücklich nicht um die strategische Nutzung dominierender Justizsysteme und existierender (transnationaler) Beratungs- und Fürsprache-Netzwerke und Strukturen durch soziale Bewegungen oder andere repräsentierende Organisationen (vgl. de Sousa Santos/Rodríguez-Garavito 1995), sondern um Autonomien im wahrhaftigen Sinne des Wortes, einschließlich rechtlicher Prozeduren, Rechtsformen und Rechtsinterpretationen nach indigener kollektiver Auffassung. Ein solches ganzheitliches Verständnis eines pluralistischen Systems bleibt somit gewöhnlicherweise dem staatlichen Recht, seiner Auslegung und Anwendung enthalten. Ein weiteres Hindernis bildet hierbei sicherlich die intrinsische anti-hegemoniale Ausrichtung gegenüber der Globalisierung (vgl. de Sousa Santos/Rodríguez Garavito 1995) bzw. der von ihr geschaffenen Legitimität staatlicher Instanzen mittels eines sich selbst erhaltenen Souveränitätsdiskurses. *UNDRIPS* bildet demzufolge einen wichtigen Gegenpol und Ressource zur Legitimität, Implementierung und Operationalisierung kulturell-spezifischer Menschenrechte wie die der indigener Völker.

Sousa Santos problematisiert jene rechtlichen Zwischenräume oder Räume zwischen Rechtsordnungen; Interaktionen und Intersektionen zwischen den Rechtssystemen lassen sich in jener „Interlegality" platzieren (1987). Diesen Interaktionen und Zwischenräumen unterliegen Machtstrukturen und der Selbsterhalt staatlichen Rechts und seiner Verbreitung mittels der Rechtsprechung. Staatlichem Recht wird stets eine gewisse Zentralität und entscheidende politische Eigenschaften zugeschrieben: All dies erfordert im Gegenzug Sozialisierungsprozesse, welche sich als ausschlaggebend für die Annahme von Normen erweisen und diese reproduzieren (vgl. de Sousa Santos 1987). Denn aufgrund der Verinnerlichung und Sozialisierung bestimmter Größenordnungen, Projektionen und Symbolisierung des staatlichen Rechtssystems finden jeweils andere Größenordnungen usw. keine Anerkennung als „Recht" (vgl. de Sousa Santos 1987). Die Anerkennung indigener Rechtsformen im Rahmen des Rechtspluralismus trifft insofern auf häufig unverhandelbare gesellschaftliche Positionierungen und die damit einhergehende fehlende Bereitschaft zur Toleranz und Annahme paralleler Instanzen und Rechtsprechung.

Eine solche fehlende Offenheit gegenüber und Akzeptanz von „außerordentlicher" Rechtsprechung, insbesondere was indigenes Recht und Rechtssysteme anbelangt, lässt sich im Wesentlichen auf die kolonialen Ursprünge staatlichen und damit geltenden Rechts zurückführen. Rivera Cusicanqui platziert jene rechtlichen Anfänge staatlichen Rechts in den Kontext kolonialer Legitimität; erstere sind von kultureller und zivilisatorischer Konfrontation geprägt (2010). Seit der frühen Kolonialzeit um 1530 zeichnet sich der rechtliche Wortschatz durch seinen (Differenzen) kaschierenden Ton aus und zwar im Sinne egalitärer Ideologien und in Ignoranz der Rechte einer (numerischen) Mehrheitsbevölkerung (vgl. Rivera Cusicanqui 2010). Dies würde bald in einer gesellschaftlichen Verinnerlichung und Common Sense münden, basierend auf unterschwelligen Konzepten, dem Glauben an ethnische Hierarchien und intrinsischen Ungleichheiten zwischen den Menschen (vgl. Rivera Cusicanqui 2010). Seit der *Terra Nullius*-Doktrin (vgl. ebenso PFII 2012b) und damit vertraglich legitimiertem Landraub gegenüber indigenen Völkern, steht das Recht in einem zwiespältigen Licht und nimmt nicht selten mittels des Gleichheitsdiskurses eine diskriminierende Funktion an. Auf ähnliche Weise etablierte jene Doktrin ein arbiträres Landregime mit der unterliegenden Annahme (vgl. ebenso PFII 2012b), dass die Kolonialmacht Souveränität über kolonialisiertes Land ausübe, wobei indigene Völker selbst lediglich über Nutzungsrechte verfügen dürften (vgl. Samson/Gigoux 2016). Aus jenem kolonial begründeten Rechtsrahmen entwickelt sich nun ein mehrheitsfähiges Selbstverständnis in diversen Staaten; pluralistische Ansätze finden darin nur zaghaft Zuspruch, geschweige denn bevölkerungsübergreifende Verbreitung und Verinnerlichung.

Terra Nullius-Doktrin:

Mit der so genannten „conquista" begann ein umfangreiches Besiedeln indigener Gebiete, vor allem in ressourcenreichen Gegenden. Von indigenen Völkern bewohntes Land wurde gewöhnlich aufgrund fehlender schriftlicher Dokumentation als unbewohntes Land bezeichnet und neuen Verhandlungen unterzogen. Jenes so genannte Niemandsland wurde Teil der Kolonialerrungenschaften, somit ein klassischer Fall der historischen Enteignung.

Eine entscheidende Rolle könnte dabei u. a. Rechtsquellen beigemessen werden; nicht schriftliche Quellen bergen ein hohes Maß an Pluralismus und Vielfalt; dies fällt insbesondere in nicht-synchronen Gesellschaften wie Bolivien ins Gewicht (vgl. Rivera Cusicanqui 2005; Bloch 1971). Jene Besonderheiten zeichnen Rechtspluralismus weiter aus und mögen in ihren Unterschieden zum staatlichen Recht eine weitere Hürde zu überwinden haben. In der Tat zeichnen sich insbesondere indigene Rechtsformen in ihrer Verschiedenheit zum dominierenden Recht aus: Indigenes Gewohnheitsrecht, Traditionen und entsprechende Regierungsformen wurden nicht als legitime Rechtsquellen anerkannt (vgl. Samson/Gigoux 2016). Dies bringt gleichzeitig Lücken mit sich, für einen inklusiven gesellschaftlichen Vertrag, welcher bis heute gültige Normen und Landregime maßgeblich stützt. Antworten sind jedoch ebenso jenseits von Rechtsquellen zu finden. Ein pluralistisches Rechtsverständnis durchzieht Normen per se, so wie verfassungsrechtliche Entwicklungen im Andenraum zeigen. Allerdings zeigen sich Interpretationen und Implementierungsfragen sowie komplexe Transmissionsprozesse als ebenso bedeutsam und letztendlich entscheidend für die ganzheitliche Anerkennung indigenen Rechts, indigener Rechtssysteme und Organisationsformen, sowie indigener kollektiver Sonderrechte.

1.5 Aufbau und Ansätze des Lehrbuches

Das vorliegende Werk betrachtet die Rechte indigener Völker im Völkerrecht mittels eines tridimensionalen, interdisziplinären Ansatzes. Dieser kombiniert einerseits rechtswissenschaftliche Debatten zur Verwurzelung, Interpretation und verwandten konzeptionellen Fragen rund um indigene Rechte mit einem institutionellen Verständnis. In der Tat lässt sich jenes neuartige völkerrechtliche Regime nur schwerlich unabhängig von internationalen Akteuren und Mechanismen, ihren Diskursen, Dynamiken und unterschiedlichen Herangehensweisen erfassen. Eine besondere Bedeutung lässt sich außerdem der gesellschaftlichen Resonanz jener Normen sowie ihrer Verbreitung, Übersetzung und Verinnerlichung, jedoch auch Rückspiegelungen und so genannten Vernacularisierungsprozessen (vgl. bspw. Merry 2006) beimessen; diese treffen nicht selten auf mehrheitsgestützten Widerstand und gefährden so die stetige Annahme eines noch wenig etablierten Menschenrechtsregimes.

Zunächst nähern wir uns den Rechten indigener Völker auf völkerrechtlichem Wege (Kapitel II). Anfängliche Fragen zu Rechtskategorien und ihrer Einbettung in erste rechtliche Instrumente öffnen dabei eine wesentliche Grundsatzdiskussion. Jenem konzeptionellen Wandel und seiner Kodifizierung sind keine geringe Beachtung zu gewähren: die Position indigener Völker im Verhältnis zum Staate wirkt sich auf eine Reihe von (Sonder)Rechten aus, sowohl existierende allgemeine Menschenrechte und Autonomie- oder so genannte Entwicklungsbestrebungen als auch spezifische indigene Rechte im Rahmen der ILO-Abkommen C107 und C169. Der Einführung eines neuen Akteurs in staatliche und internationale Systeme und Organisationen wird dabei eine besondere Bedeutung beigemessen, insbesondere dem Wandel von assimilierenden Ansätzen hin zur einer Anerkennungspolitik.

Basierend auf jenen ersten Kodifizierungsinitiativen widmen wir uns der indigenen Bewegung und ihrer Institutionalisierung in Form von Arbeitsgruppen und anderen Prozeduren bis hin zur Annahme der VN-Erklärung (Kapitel III). Angesichts des langwierigen Verhandlungsprozesses rund um *UNDRIPS* konnten diverse Initiativen, Programme und Verhandlungskoalitionen das Instrument maßgeblich formen. Dies gilt insbesondere für indigene Repräsentant:innen und Organisationen, welche in Form von anerkannten VN-Foren, informellen Initiativen und Ausschüssen Einfluss auf den Entwurfsprozess nehmen konnten. Die finale Annahme der Erklärung und entsprechende Neuheiten im Rahmen eines neu geschaffenen Regimes der Rechte indigener Völker werden mit besonderem Augenmerk verfolgt. Ähnliches gilt für Fragen der Implementierung durch eine Vielzahl von Akteuren, genauso wie Herausforderungen hinsichtlich staatlicher Souveränität oder verfassungsrechtlicher Grenzen und Möglichkeiten.

Der von der Erklärung etablierte Rechtsrahmen verdient einen detaillierten Exkurs (Kapitel IV). So widmen wir uns der Besonderheit indigener Kollektivrechte und ihrer Relevanz in einem an Individualrechten orientierten IHRL-System. Als ebenso relevant erachten wir die Einbettung indigener Rechte in existierende politische, zivile, wirtschaftliche, soziale und kulturelle Rechte sowie personen- und nicht personen-spezifische Rechtsrahmen. Darüber hinaus platzieren wir indigene Rechte in breite, völkerrechtliche Debatten und entwickeln ein Verständnis über substanzielle Aspekte hinaus, nämlich ihrer Bedeutung in anderen rechtlichen Instrumenten, einschließlich *hard* und *soft law*-Normen. Solche Formen der Standardisierung erweisen sich als ausschlaggebend für die Verfestigung und transzendentale Kodifizierung indigener Rechte im Völkerrecht.

Jene Manifestationen indigener Rechte in externen Rechtsrahmen beschränken sich nicht auf die internationale Ebene bzw. VN-Instrumente. Vielmehr weisen regionale Menschenrechtsmechanismen dezidierte Fähigkeiten der Verrechtlichung indigener Belange auf sowie eine umfangreiche Rechtsprechung (Kapitel V). Das Interamerikanische Menschenrechtssystem kann wohl als Rollenmodell der Standardsetzung mit Hinblick auf indigene Rechte bezeichnet werden. Jedoch entwickeln sich – wenngleich stetig – Standards und ihre Interpretation im afrikanischen Menschenrechts- und „Völkerrechtssystem"; aufgrund konzeptioneller Besonderheiten rund um den Begriff der Völker ergeben sich hier weitere Chancen der rechtlichen Einebnung und Erweiterung des Menschenrechtsschutzes. Im europäischen Menschenrechtssystem bedarf insbesondere der Minderheitenschutz unserer Aufmerksamkeit; wesentliche übergreifende Rückschlüsse können hier auf die Rechte indigener Völker gezogen werden bzw. verhelfen der Etablierung eines rechtlichen Rahmens.

Schließlich beleuchten wir globale Kontexte, ihre Relevanz für die erfolgreiche Einbettung indigener Rechte und fortbestehende Schwierigkeiten im Lichte neoliberaler, neokolonialer Machtstrukturen (Kapitel VI). Als Gegenpol zu verstehen sind indigene Rechtsordnungen innerhalb des Völkerrechts sowie indigene Repräsentant:innen als solche, und zwar als neue Akteure des Multilateralismus und globalen Regierens. Der stetige Einfluss indigener Völker in internationalen Organisationen, Foren der internationalen Gemeinschaft und regionalübergreifenden Dekolonialisierungsbestrebungen verdient an dieser Stelle eine besondere Erwähnung. Auf ähnliche Weise lassen sich weitgreifende Schlüsse hinsichtlich der Bedeutung jener Bestrebungen für Pluralisierungs- und Diversifizierungsprozesse der Gesellschaft ziehen. Indigene Rechte und rechtspluralistische Modelle erfordern sowohl Verrechtlichungs- und Institutionalisierungsmaßnahmen als auch gesellschaftliche Einebnung und Internalisierung. In diesem Sinne bedürfen Debatten rund um die Rechte indigener Völker im Völkerrecht weiterer Auseinandersetzungen auf staatlicher bzw. gesellschaftlicher Ebene.

Verständnis- und Debattierfragen zum Kapitel „Einleitung"

I) *Diskutieren Sie, wie die Rechte indigener Völker im Rahmen von hard law und soft law-Instrumenten kodifiziert werden konnten.*

II) *Inwiefern kann man im Falle der Rechte indigener Völker von einer Fragmentierung des Völkerrechts sprechen?*

III) *Welche Rolle spielen „externe" Rechtsrahmen, insbesondere Menschenrechtsabkommen (ICCPR, ICESCR, ICERD etc.) bei der Standardisierung von jenen Rechten?*

IV) *Nennen Sie Hauptakteure und Institutionen, welche sich dem Schutz der Rechte indigener Völker federführend widmen. Welche Arten der institutionellen Dynamik und ihre Auswirkungen auf Interpretationen ergeben sich dabei?*

V) *Beschreiben Sie, wie sich die Position indigener Repräsentant:innen und Organisationen als Akteure des Multilateralismus im Laufe der Jahrzehnte gewandelt hat.*

VI) *Zeigen Sie, inwiefern sich indigene Kollektivrechte von bisherigen Menschenrechtsstandards (nicht) unterscheiden.*

VII) *Welchen Einfluss üben regionale Menschenrechtssysteme bei der Standardisierung der Rechte indigener Völker, insbesondere Interamerikanische Institutionen, aus?*

VIII) *Beschreiben Sie die Bedeutung indigener Rechte im Lichte eines globalen Neoliberalismus und der Rohstoffpolitik.*

IX) *Welche Bezüge lassen sich zwischen den Rechten indigener Völker und der Dekolonialisierungspolitik herstellen?*

X) *Inwiefern wirkt sich die Annahme jener Standards auf gesellschaftliche Entwicklungen aus, bspw. hinsichtlich eines Pluralismus- und Vielfaltsansatzes?*

Literatur zur Einführung

Anaya, James (2004): Indigenous Peoples in International Law, Oxford: Oxford University Press.

Ghanea-Hercock, Nazila/Xanthaki, Alexandra (Hrsg.): Minorities, Peoples and Self Determination: Essays in Honour of Patrick Thornberry, Leiden: Brill, Nijhoff.

Lennox, Corinne/Short, Damien (Hrsg.): Handbook of Indigenous Peoples' Rights, Abingdon: Routledge.

Samson, Colin/Gigoux, Carlos (2016): Indigenous Peoples and Colonialism: Global Perspectives, Cambridge/Malden: Polity.

Thornberry, Patrick (2013): Indigenous Peoples and Human Rights, Manchester: Manchester University Press.

Interaktives Online-Lernspiel zum Kapitel 1 „Einleitung“:

→ https://create.kahoot.it/share/kapitel-einleitung-die-rechte-indigener-volker-im-volkerrecht/f2b65243-b610-4e2f-a656-449cb7437877

Kapitel II: Erste Schritte der Standardisierung: konzeptionelle Fragen und deren Einbettung in das Menschenrechtsregime der Internationalen Arbeitsorganisation

Zusammenfassung

Die ILO Abkommen N°107 und 169 lassen eine stetige Anerkennung der Rechte indigener Völker beobachten. Zunächst prägte eine assimilierende, integrationistische Sprache das Regime bis zur letztendlichen Verrechtlichung pluralistischer Kollektivansätze. Der Beziehung zwischen Staat und Gesellschaft, insbesondere dem Indigene-Staat-Nexus, wird hierbei genauer Beachtung geschenkt. Komplementäre Rechtsrahmen im Bereich der Zwangsarbeit und zu indigenen Arbeiter:innen vermitteln weitere Kenntnisse über den dabei zugrundeliegenden Nichtdiskriminierungsschutz und die De-Kolonisierungspolitik. Neue Entwicklungen rund um die Rechte von Kleinbäuer:innen und Arbeitenden in ländlichen Regionen einschließlich indigener Völker bieten schließlich Antworten auf zukünftige globale Herausforderungen wie Nahrungsmittelsicherheit, Schutz der Biodiversität und sozialen Ungleichheiten.

Das völkerrechtliche Regime über die Rechte indigener Völker der Internationalen Arbeitsorganisation weist wie wohl keine andere Rechtsordnung konzeptionelle Fortschritte mit weitreichenden rechtlichen Konsequenzen auf. In der Tat finden „Indigene Völker“ als Rechteinhaber:innen erst spät Eintritt in die Rechtsprechung, und zwar mit dem *Übereinkommen C169 über eingeborene und in Stämmen lebende Völker in unabhängigen Ländern* aus dem Jahre 1989. Hiermit erhalten Indigene erstmals den rechtlichen Status von „Völkern“. Der Begriff an sich wurde wenig später in den rechtlichen Sprachgebrauch aufgenommen; im Rahmen der Verhandlungen rund um die *Abschlusserklärung und das Aktionsprogramm von Wien aus dem Jahre 1993* setzten sich v. a. zivilgesellschaftliche Bewegungen für eine offizielle Annahme des Begriffes ein (vgl. Stavenhagen 2011). Lange haben indigene Völker jene Rechtskategorie eingefordert, zu unterscheiden von ethnischen Gruppen oder Minderheiten (vgl. Stavenhagen 2011), wenngleich diese komplementäre Rechtskategorien bilden. Wesentliche Kontroversen mit Hinblick auf die beiden Rechtskategorien bzw. Rechtsordnungen haben entsprechend unterschiedliche Verhandlungspositionen einher gebracht und die Etablierung gemeinsamer politischer Strategien erschwert (vgl. Gilbert/Hadden/Ghanea 2005).

Schon der *Zivil-* und der *Sozialpakt* aus den 1960er Jahren verdeutlichen die rechtlichen Auswirkungen jenes rechtskategorischen Wandels. Der gemeinsame Artikel signalisiert dies in besonderem Maße:

> „*Alle Völker haben das Recht auf Selbstbestimmung. Kraft dieses Rechts entscheiden sie frei über ihren politischen Status und gestalten in Freiheit ihre wirtschaftliche, soziale und kulturelle Entwicklung.*“ (Art. 1(1) *Zivil- und Sozialpakte*)

Die dabei eingebetteten Rechte auf Selbstbestimmung, politischen Status und Entwicklung gelten als die wesentlichsten und umfassendsten Forderungen des indigenen Kollektivrechteregimes. Hier sei jedoch ebenso anzumerken, dass das 1989er-Instrument keine Referenz zu jener Selbstbestimmung enthält; indigene Völker untersagten demensprechend weitläufig ihre Unterstützung und Bekräftigung des Abkommens (vgl. Malezer 2020). Vielmehr schränkt das C169-Instrument weitreichendere rechtliche Auswirkungen der „Völker"-Definition ein; so darf der Ausdruck „nicht so ausgelegt werden, als hätte er irgendwelche Auswirkungen hinsichtlich der Rechte, die nach dem Völkerrecht mit diesem Ausdruck verbunden sein können" (Art. 1(3), ILO C169).

Als ebenso relevant erweisen sich die im Gemeinsamen Art. 1 der Pakte eingebetteten Land- und Ressourcenrechte (vgl. ebenso Art. 47 *Zivilpakt* und Art. 25 *Sozialpakt*):

> *„Alle Völker können für ihre eigenen Zwecke frei über ihre natürlichen Reichtümer und Mittel verfügen, unbeschadet aller Verpflichtungen, die aus der internationalen wirtschaftlichen Zusammenarbeit auf der Grundlage des gegenseitigen Wohles sowie aus dem Völkerrecht erwachsen. In keinem Fall darf ein Volk seiner eigenen Existenzmittel beraubt werden"* (Art. 1(2)) *Zivil- und Sozialpakte*).

Mit Hinblick auf diese weitgreifenden Forderungen lässt sich ein gewisser staatlicher Widerstand feststellen; langwierige Debatten zur Auslegung des rechtlichen Konzeptes der „Völker" waren die Folge, einschließlich der Frage zu den legitimen Begünstigten jener Rechte (vgl. Fitzmaurice 2012; Xanthaki 2010; Gilbert 2006). Ähnliche Debatten zum vielschichtigen rechtlichen Begriff der Völker bilden sich auf regionaler Ebene ab, insbesondere im afrikanischen Menschenrechtssystem (vgl. insbesondere Dersso 2006).

Rechteinhaber:innen:
Die Kategorisierung der Rechteinhaber:innen (rights holders) ist den Pflichteninhaber:innen (i.d.R. Staaten) entgegen zu stellen. Rechteinhaber:innen werden aufgrund ihres Zuganges zu den Menschenrechten als solche betitelt. Obwohl Rechteinhaber:innen prinzipiell jegliche Menschenrechte ausüben können, so kann dies durch vertragliche Verpflichtungen ihrer jeweiligen Jurisdiktionen bedingt werden.

2.1 Die Rechte indigener Völker im rechtsgeschichtlichen Kontext: Entwicklungen vor Verabschiedung des ILO C107-Abkommens

Bereits die 1945 verabschiedete Charta der Vereinten Nationen bezieht sich auf „Völker" bei der Etablierung von Grundprinzipien und erster (kollektiver) Menschenrechte; diese finden allerdings keine direkte Anwendung in regulierenden Instrumenten, ihrer Einklagbarkeit sind ebenso Grenzen gesetzt. Eine allgemeine reservierte Haltung in der Nachkriegszeit bildet sich hierbei insbesondere im Gleichheitsgrundsatz ab und der fehlenden Berücksichtigung von bspw. Ethnizität; Indigene wurden oftmals zur Assimilierung in die dominante oder Mehrheitsgesellschaft gezwungen (vgl. Stavenhagen 2011). Nichtsdestotrotz werden u. a. die Grundsätze der Gleichberechtigung und Selbstbestimmung der Völker in zwischenstaatlichen Beziehungen (Art. 1) explizit anerkannt. Jene Grundsätze der Gleichberechtigung und Selbstbestimmung erweisen sich ebenso bei der Verwirklichung anderer Menschenrechte und Grundfreiheiten, bei der Verbesserung von Lebensstandards, Vollbeschäftigung und soziowirtschaftlichem Fortschritt und Aufstieg sowie der Lösung internationaler Probleme als ausschlaggebend (Art. 55). Allerdings mögen dabei entsprechende Interpretationen weite Unterschiede aufweisen: Es handelt sich stets um eine auf Staaten und staatliche Souveränität gerichtete Rechtsordnung und einen Friedensgedanken vornehmlich beschränkt auf zwischenstaatliche Ebenen (vgl. bspw. Begrifflichkeiten „Staaten" und „Völker" in Art. 80). Andererseits wird klar zwischen Nationen (gemeint: Staaten) und Völkern unterschieden; eine weite Auslegung würde dementsprechend eine Anwendung jener Rechte auf indigene Völker ermöglichen.

Kritisch betrachtet werden v. a. staatliche Abspaltung, ähnlich wie Autonomien und Selbstregierung; letztere finden im Zusammenhang mit der Verwaltung von Hoheitsgebieten erneut Erwähnung, wobei die Interessen der Völker bzw. Einwohner Vorrang haben, ihre politischen Bestrebungen und Selbstregierung berücksichtigt werden müssen (Art. 73). Ebenso hier zeigen sich erste Konfliktlinien zwischen staatlicher Autonomie und der politisch-territorialen Selbstbestimmung indigener Völker. Derartige rechtliche Konflikte währen bis heute fort (vgl. bspw. Einleitung). So wurde jenes Recht angewandt bzw. in Verbindung mit Befreiungsbewegungen und Unabhängigkeitskämpfen diverser Dekolonialisierungsprozesse gebracht (vgl. Stavenhagen 2011). Insofern wurde das kollektive Recht auf Selbstbestimmung häufig in Verbindung mit staatlicher Abspaltung und Souveränitätsgedanken gebracht und wird seither gefürchtet.

Nur schwerlich finden daher die Rechte indigener Völker Eintritt in den IHRL mit Ausnahme der Selbstbestimmung, Entwicklung und politischem Status des *Sozial- und Zivilpaktes*, welche Völkern im Allgemeinen vorbehalten sind. Die *Allgemeine Erklärung der Menschenrechte* (UDHR) aus dem Jahr 1948 bildet dabei keine Ausnahme. Zwar finden Völker in der Präambel des Instrumentes explizit Erwähnung als Völker der Vereinten Nationen; dies lässt sich jedoch kaum im Sinne indigener Kollektivrechte lesen. Lediglich die gemeinschaftliche Ausübung verschiedener Rechte (Art. 17, 18), sowie Pflichten gegenüber der Gemeinschaft (Art. 29), weisen auf einen wenngleich schwachen Kollektivstandard hin. Ähnlich verdienen die verwandten Gruppenrechte (vgl. Debatten zu Art. 27 *Zivilpakt*) dezidierte Widmung: Dies betrifft die oftmals geschützten ethnischen und religiösen Gruppen (Art. 26(2)); Gruppen im Allgemeinen werden zudem explizit als Rechteinhaber:innen erwähnt (Art. 30). Die wiederkehrende Frage von Veto-, Land und Territorialrechten sowie autonome Regierungsformen bleiben dem Menschenrechtsschutz, geschweige denn dem Völkerrecht, weitgehend fern. Denn trotz der Erwähnung kolonialer Erfahrung einschließlich barbarischer Taten in der Präambel der Erklärung, konditioniert der Gleichheitsgrundsatz der Erklärung weitere relevante Rechte wie die kulturelle Ausübung der Staatsbürgerschaft oder individuelle Eigentumsrechte (O'Sullivan 2019).

In der Tat zeigten sich Staaten zunächst reserviert bei der Anerkennung indigener Rechte bzw. der rechtlichen Verankerung der Rechtskategorie „indigene Völker“ als solche. Dies lässt sich besonders am ersten relevanten ILO-Abkommen ablesen, dem *Übereinkommen C107 über den Schutz und die Eingliederung eingeborener Bevölkerungsgruppen und anderer in Stämmen lebender oder stammesähnlicher Bevölkerungsgruppen in unabhängigen Ländern* aus dem Jahre 1957. Als Bevölkerungsgruppen würden indigene Völker weder Zugriff auf den weitreichenden Schutz von völkergebundenen Rechten bekommen, noch etabliert sich hiermit ein Regime der Spezialrechte, so wie ersichtlich bei Frauenrechten (CEDAW), Rechten des Kindes (ICRC), Personen mit Behinderung (ICRPD) usw. Dabei wurden erste Ideen der Etablierung indigener Rechte bereits im Jahr 1921 aufgenommen; sowohl im Zusammenhang von dezidierten Studien zur Situation indigener Arbeiter als auch in einem institutionellen Rahmen, dem Expertenausschuss zur Arbeit von Ureinwohner:innen und damit der Etablierung erster Standards (vgl. Xanthaki 2010). Hierzu zählten insbesondere Vorgängerabkommen zur Rekrutierung indigener Arbeiter sowie Standards zu Arbeitsverträgen in den 1930er Jahren und anschließende Verhandlungsprozesse des ILO-Abkommens C107.

V. a. der koloniale Kontext erweist sich als prägend für die assimilierende rechtliche Sprache jenes ersten maßgeblichen Instruments und seiner jahrzehntelangen Anwendung. In jener Zeit waren indigene Völker in manchen Staaten mehrfachen Formen der Dominanz ausgesetzt, und zwar als nicht anerkannte Bevölkerungsgruppen der (Mehrheits)Gesellschaft und gegenüber aufrechterhaltenen Kolonialstrukturen und Mächten. Dementsprechend setzte sich eine Sprache der Anpassung und Einebnung in gesellschaftliche Strukturen durch. Anhaltende Stigmata des Kolonialisierungsdiskurses fanden somit direkten Einstieg in die neu geschaffene Rechtsordnung. Emblematisch hierfür steht die Definition jener in Stämmen lebenden Bevölkerungsgruppen: Diese orientieren sich u. a. an einer „weniger fortgeschrittenen Stufe“ (Art. 1(a)) hinsichtlich sozialer und wirtschaftlicher Verhältnisse im Vergleich zur übrigen Gemeinschaft. Während dies teilweise Grundgedanken von Umverteilungspolitik bzw. der Wahrnehmung sozialer und wirtschaftlicher Kollektivrechte widerspiegelt, so lassen sich indigene alternative Entwicklungsparadigmen und pluralistische Formen, einschließlich Wirtschaftsmodelle, kaum hiermit vereinbaren bzw. können nur schwerlich Anerkennung finden. Ähnliche Vergleiche werden zu indigenen kulturellen, sozialen und wirtschaftlichen Einrichtungen bzw. denen des Staates gezogen: diese gelten als richtungsweisend bei der externen Bestimmung indigener Identität und ihrer rechtlichen Anerkennung: entscheidend hierbei ist der Grad der Übereinstimmung der Lebensweise mit jenen indigenen Einrichtungen (Art. 1(b)). Das Abkommen setzt somit indigene Kollektividentität in ein direktes Verhältnis zu staatlichen Institutionen bzw. sozio-wirtschaftlicher Situation nach extern bestimmten Parametern. Insbesondere indigenen Völkern im urbanen Raum und größerer Nähe zu staatlichen Einrichtungen und (Mehrheits-)Gesellschaft mag somit wenig Zugang zu jener ersten Rechtsordnung gewährt worden sein. In der Tat legt das Abkommen in diesem Sinne explizit fest, dass jene Gruppen oder Personen „noch nicht in die nationale Gemeinschaft eingegliedert sind“ (Art. 1(2)).

Eine verwandte Debatte öffnet sich mit der Frage der selbstbestimmten, kollektiven Identität. Während das derzeitige Rechtsregime, insbesondere mit Hinblick auf *UNDRIPS*, subjektive Merkmale als ausschlaggebend für indigene Identität erklärt, erweisen sich die vom *C107*-Abkommen aufgestellten Kriterien als klare extern bestimmte Definitionen. Als grundlegendes Recht wird der indigenen Selbstbestimmung hierbei demzufolge kein Raum gegeben; vielmehr hängt der rechtliche Status jener Rechteinhaber:innen zum einen von extern bestimmten Kriterien durch den Staat ab, zum anderen von der inhaltlichen Ausrichtung dieser, zumeist ohne indigene Beteiligung. Ein maßgebender Standard beim Zugang zu indigenen Rechtsordnungen mittels eines anerkannten Rechts-Status wurde des Weiteren von einer Studie aus den Jahren 1981 bis 1983 des VN-Sonderberichterstatters Martínez Cobo gesetzt. Die „Studie zu Problemen der Diskriminierung gegenüber indigenen Bevölkerungen" versteht dementsprechend indigene Gemeinschaften, Völker und Nationen als solche, solange diese I) eine historische präkolumbische, Präinvasionskontinuität zu ihren Territorien aufweisen, II) sie sich von anderen Teilen der Gesellschaft, so wie von indigenen Völkern selbst wahrgenommen, unterscheiden (subjektives Merkmal), III) sie sich als nicht dominierende Teile der Gesellschaft auszeichnen, IV) sie einen Bund mit zukünftigen Generationen schließen (vgl. Martínez Cobo 1982). Weitere Einzelmerkmale umfassen gemeinsame Ahnen; Kultur, einschließlich Religion, dem Leben in einem tribalen System, Mitgliedschaft in einer indigenen Gemeinschaft, Kleidung und Lebensraum; Sprache und Gruppenbewusstsein (vgl. Martínez Cobo 1982). Die Studie erwies sich als prägend für weitere Entwicklungen: emblematisch hierfür steht die weitgehende Annahme jener Kriterien durch die im Jahre 1982 etablierte *VN-Arbeitsgruppe über Indigene Bevölkerungen*, kurz WGIP (vgl. Thornberry 2002).

Ein weiteres, prägendes Instrument bildet die ILO-Studie aus dem Jahre 1953 „Lebens- und Arbeitsbedingungen der Ureinwohner:innen in Unabhängigen Staaten": Es wird unterschieden zwischen verschiedenen theoretischen Standards und zwar Sprach-, Kultur-, und Gruppenbewusstseinskriterien sowie multiplen und funktionellen Kriterien (vgl. ILO 1953). Ihr zugrunde lagen zahlreiche Versuche seitens der Staaten, indigene Völker eigens zu definieren; die ILO basierte nun jene Kriterien vornehmlich auf empirischer Grundlage (vgl. Thornberry 2002). Entsprechend werden unterschiedliche Positionen staatlicher Bündnisse dargestellt, bspw. zur Präferenz sprachlicher oder kultureller Kriterien oder jedoch einer verstärkten Einbettung von Gruppenbewusstsein bzw. kollektiver Identität(en); aufgrund der fehlenden Definitionen in lateinamerikanischen Kontexten zu jener Zeit gewannen die Kriterien eine besondere Bedeutung (vgl. ILO 1953). Subjektive Kriterien wurden im Zusammenhang des Gruppenbewusstseins explizit in Erwägung gezogen und können zu jener Zeit bereits als fortschrittlich verstanden werden: Allerdings bedingten bestimmte, festgelegte Kriterien ein solches Gruppenbewusstsein und konnten somit die selbstbestimmte Kraft indigener Völker merklich einschränken. Objektive Kriterien finden bspw. bei der Anwendung des multiplen Kriteriums Anwendung. Nach der Studie werden hierbei unterschiedliche Identitätskriterien auf bestimmte demografische Gruppen angewendet; indigenen Rechtssubjekten kommt dabei entsprechend nur eine geringe Rolle bei der Definierung jener Gruppenkategorien zu.

Bis zum heutigen Tage hat neben den Martínez Cobo-Kriterien und entsprechenden Maßgaben der *UNDRIPS* keine allgemein anerkannte Definition Anerkennung finden können. Dem mögen einerseits die Grundsätze des Pluralismus und der Diversität zugrunde liegen, andererseits hat man versucht, ein möglichst inklusives Regime zu schaffen – strenge Ausschlusskriterien einer Definition könnten somit wesentlichen Zugang zu existierenden Rechtsordnungen verhindern. Völkerrechtlich könnte ein solches Fehlen rechtlicher Definitionen jedoch ebenso als problematisch betrachtet werden (vgl. Scheinin 2005); Klagemöglichkeiten könnten ohne klare Rechtssubjekte stark eingeschränkt werden. Betrachten wir zunächst die exklusive Wirkungskraft des ersten internationalen Instruments, wobei innerhalb jenes Regimes zahlreiche Grundrechte kodifiziert wurden.

2.2 Indigene Rechte und ihre Kodifizierung im Abkommen N°107 der Internationalen Arbeitsorganisation

Indigene Rechte finden nur mühselig Eintritt in das *C°107*-Regime. Das Instrument ist durchwoben von Kompromissen. Emblematisch hierfür stehen zahlreiche Klauseln, die auf „den Schutz und die Eingliederung der genannten Bevölkerungsgruppen“ (vgl. Präambel, Art. 2, 4, 5) abzielen; die darunter aufgeführten Rechte folgen in diesem Sinne einer Rationale der (neo)kolonialen Vormundschaft entgegen der kollektiven Selbstbestimmung. Insbesondere die richtungsweisende Präambel verdeutlicht die Ausrichtung jener Rechte auf den so genannten Fortschritt der innerstaatlichen Gemeinschaft und ihre Eingliederung in diese. Ausnahmen hierbei bilden Zwangsmaßnahmen oder Gewalt (Art. 2(4)). Das Abkommen ist des zudem geprägt von „Entwicklungs-“Paradigmen, und zwar in staatsorientierter Weise; dabei kam bestimmten Berufsgruppen, Technokraten und der wirtschaftlichen Planung eine Hauptrolle bei der Definierung staatlicher Interessen zuteil (vgl. Xanthaki 2010). Indigene Perspektiven kamen dementsprechend selten zum Tragen; vielmehr wurden indigene Bräuche und Systeme als konträr zu wirtschaftlichem und sozialem Fortschritt verstanden (vgl. bspw. heutiger Bolsonaro-Diskurs zur Rohstoffindustrie, Infrastrukturprojekten und der landwirtschaftlichen Grenze in indigenen Territorien). Transzendental lässt sich auf Basis der *travaux préparatoires* feststellen, dass das ursprüngliche Gleichgewicht zwischen der Integration einerseits und dem Schutz indigener Rechte andererseits nicht beibehalten werden konnte; vielmehr spiegelt das Abkommen einen integrationistischen-assimilierenden Ansatz wider (vgl. Xanthaki 2010). Der internationale Menschenrechtsschutz hingegen weist sich durch einen exklusiven Fokus auf Schutzmaßnahmen aus; staatliche oder (mehrheits)gesellschaftliche Interessen finden lediglich in Ausnahmeregelungen, bspw. im Falle abdingbarer Rechte Fuß (vgl. ICCPR und CAT).

2.2.1 Die Bedeutung von Sonderrechten in der C107-Rechtsordnung

Ähnlich lässt sich bemerken, dass ganzheitliche Ansätze von Spezialrechten fehlen; stattdessen treten besondere Maßnahmen oder positive Rechte nur in Kraft, sobald bspw. die „soziale, wirtschaftliche und kulturelle Lage (…) sie daran hindert, in den Genuss ihres Landes niedergelegten Rechte zu gelangen" (Art. 3, vgl. ebenso Präambel). Dies wurde bereits im Vorfeld gefordert; hier wurden explizit Probleme indigener Völker genannt, welche sich durch ihre sozialwirtschaftliche Natur auszeichneten: Indigene Völker wurden in diesem Zusammenhang als Arbeitskraftressource verstanden, ihr effektiver Einsatz als bedeutender Beitrag zur innerstaatlichen Wirtschaft (vgl. Thornberry 2002). Es sei hier festzustellen, dass sich das Abkommen nahezu ausschließlich auf jene Lage, einschließlich ihrer Lebens- und Arbeitsbedingungen sowie verwandter Umstände, richtet. Damit gelten bestimmte Bedingungen für das Genießen jener Rechte; die Bestimmung weist zudem auf die geringe indigene Autonomie bei der Bestimmung jener Lage und dem vollen Genießen von Menschenrechten hin. Bräuche und Traditionen finden damit bspw. wenig Berücksichtigung. Ein ganzheitlicher Menschenschutz bleibt demnach außer Acht; dies gibt bspw. die Weltkonferenz über Menschenrechte mit der *Abschlusserklärung und dem Aktionsprogramm von Wien aus dem Jahre 1993* vor: Nach dieser sind alle Menschenrechte „allgemeingültig, unteilbar, bedingen einander und bilden einen Sinnzusammenhang" (Art. I(5)). Eine solche Perspektive spiegelt ohne Zweifel den Geist der Zeit wider: Die internationale Menschenrechtscharta mit der Allgemeinen Erklärung der Menschenrechte, dem *Zivil-* und dem *Sozialpakt* illustrieren dies. Aufgrund unterschiedlicher staatlicher Vorstellungen und Bündnisse mündete die *UDHR* nicht in einem einzigen Abkommen; dezidierte Rechte und Rechtskategorien wurden jeweils von den beiden Pakten kodifiziert (vgl. Clapham 2015; Tomuschat 2014).

Spezialrechte werden in diesem Sinne nur ad-hoc wirksam, sie drücken dabei keine gruppenspezifische Orientierung an sich aus. Das Abkommen legt hier bspw. für die Dauer derartiger Schutzmaßnahmen explizit fest: „bleiben nur so lange in Kraft, als ein Bedürfnis nach besonderem Schutz besteht, und nur in dem Maße, in dem dieser Schutz sich als notwendig erweist" (Art. 3(2)(b)). Als problematisch kann sich dies ebenso hinsichtlich struktureller Ungleichheiten oder anderer Formen der Marginalisierung erweisen. Jene Einzelfallregelungen greifen nur schwerlich im Falle vielschichtiger Diskriminierung oder Benachteiligung, einschließlich langfristiger, wenig greifbarer Auswirkungen. In der Tat richtet sich jene neue Rechtsordnung vornehmlich an den Genuss allgemeiner Rechte innerhalb staatlicher Strukturen, sowohl gesellschaftlich als auch institutionell. Eine Art Lokalisierung oder Vernacularisierung (vgl. Merry 2006) und die damit einhergehende Anpassung an oder Berücksichtigung von lokalen Bedingungen beschränkt sich vornehmlich auf das jeweilige staatliche System.

Indigene Institutionen und Lebensweisen finden in der Tat nur begrenzt Erwähnung; pluralistische Rechtsmodelle bleiben dem Abkommen sichtbar fern. Trotz expliziter Bezüge auf „eigene Gebräuche oder Überlieferungen" oder „Sonderrecht" (Art. 1(a)) finden diese nur begrenzt Erwähnung oder eigenen Raum der rechtlichen Artikulation im Rahmen von bspw. dezidierten Normen. Vielmehr etabliert und fördert die neue Rechtsordnung einen egalitären Ansatz und seine homogenisierenden Auswirkungen; dies verdeutlicht Art. 2(2)(a): „diesen Bevölkerungsgruppen zu gestatten, von den Rechten und Möglichkeiten, welche die innerstaatliche Gesetzgebung den übrigen Teilen der Bevölkerung gewährt, gleichberechtigt Gebrauch zu machen". Ähnlich gilt es, laut Abkommen, „einen Zustand der Absonderung" (Art. 3(2)(a)) zu vermeiden bzw. diesen nicht zu schaffen. Hier werden demzufolge indigene Pluralismen – wie von UNDRIPS gefordert – sowie sich überschneidende Rechte explizit ausgeschlossen. Obwohl religiöse und kulturelle Werte genauso wie soziale Verhaltensregeln beachtet werden sollen (Art. 4(a)), so spricht das Abkommen in jenen Zusammenhängen ebenfalls von einem Ersatz jener „überlieferten Werteordnung und ihren Einrichtungen" (Art. 4(b)), soweit dies als angemessen und mit Zustimmung jener Bevölkerungsgruppen geschieht.

Allerdings lässt das Abkommen Ausnahmen zu, insbesondere hinsichtlich indigener Sonderrechte sowie Pflichten: Hierbei sind „deren Gewohnheitsrechte zu berücksichtigen" (Art. 7(1)). Zwei Einschränkungen werden jedoch ebenso in diesem Zusammenhang deutlich gesetzt. Zum einen dürfen jene Bräuche und Einrichtungen nicht gegen die innerstaatliche Rechtsordnung oder „Eingliederungspläne" verstoßen, zum anderen können dabei Individualrechte und Pflichten jener indigenen Völker gegenüber der innerstaatlichen Gemeinschaft nicht eingeschränkt werden (Art. 7(2), (3)). Ähnliches gilt für strafrechtliche Bräuche und damit verbundene Verhaltensregeln; diese sind zu berücksichtigen bzw. anzuwenden, solange eine Vereinbarkeit mit der innerstaatlichen Rechtsordnung gegeben ist (Art. 8(a), (b)). Im Gegenzug muss allerdings jene staatliche Rechtsordnung kulturelle Besonderheiten berücksichtigen (Art. 10(2)), ohne dass hierbei jedoch das Maß an Berücksichtigung oder der Stellenwert und die Anerkennung indigener Justiz(Systeme) Eintritt in jene Standards bekämen.

2.2.2 Partizipation und Beteiligung bei der Ausübung von Land- und Ressourcenrechten: Konservative Anfänge

Eine weitere wesentliche rechtstheoretische Debatte rund um das Abkommen betrifft das Recht indigener Völker auf Partizipation und Beteiligung. Aufgrund der komplexen Natur inter- und intrainstitutioneller Beteiligungsprozesse erfordert jenes Recht insbesondere im Falle indigener Sonderrechte die Kodifizierung umfangreicher Normen. Dies illustriert ein dezidierter EMRIP-Bericht zu jenem Thema und den darin unterschiedenen internen und externen Dimensionen der Partizipation: Dabei beziehen sich derartige „interne Partizipations- und Teilhaberechte" vornehmlich auf kollektive Entscheidungsprozesse im Rahmen indigener Entscheidungsmechanismen, einschließlich indigener Parlamente (vgl. bspw. Samediggi in den skandinavischen Staaten) und indigenem Regieren im Allgemeinen, während die „externe Teilnahme" sich auf Wahlprozesse im staatlichen System, parlamentarische Prozesse, direkte Teilhabe am Regieren und an hybriden Regierungsformen, staatlich etablierte Ausschüsse, nicht staatliche Foren und internationale Prozesse bis hin zu Konsultationen einschließlich FPIC beziehen mag (vgl. EMRIP 2010).

Letztere bilden eine Sonderform der Partizipation (vgl. Einleitung) mit starker prozeduraler Ausrichtung, ad-hoc-Funktionsweise und Einsatz bei der Annahme gesonderter Maßnahmen und bei der Durchführung von Rohstoffausbeutungs-, Infrastruktur- oder anderer „Entwicklungs"projekte. Das *C107*-Abkommen hingegen etabliert lediglich eine Dimension indigener Beteiligung, es geht in diesem Kontext ebenso um die Eingliederung indigener Völker. Dementsprechend drückt sich die Teilhabe in Form von bloßer Mitwirkung aus; trotzdem werden hierbei indigene Entscheidungsmechanismen sowie die aktive indigene Beteiligung (an diesen) gefördert, solange diese nach dem Wahlprinzip etabliert wurden (Art. 5(a), (b)). Autonomiefragen und die Wahrnehmung politischer Selbstbestimmung werden von dem Abkommen demzufolge nicht nur prozedural eingeschränkt, und zwar bei der Berücksichtigung indigener Prozeduren, sondern ebenso in ihrer Reichweite über die staatlichen Strukturen hinaus.

Direkte Anwendung finden Teilhaberechte wohl besonders deutlich mit Hinblick auf Land- und Ressourcenrechte. Obwohl jene Spezialregime wie die der Konsultation und Zustimmung innerhalb der oben genannten Wahl- und Entscheidungsrechte keine direkte Erwähnung finden, so werden wesentliche Partizipationsrechte im besonderen Fall der Land- und Ressourcenrechte kodifiziert. Diese beschränken sich nicht auf traditionell genutztes Land; vielmehr weist sich laut ILO-Sachverständigenausschuss zur Durchführung der ILO-Übereinkommen und Empfehlungen (CEACR) die derzeitige (jeweils aktuelle) Beziehung indigener Völker zu jenem Land und Ressourcen trotz kurzweiliger Einnahme als entscheidend (vgl. MacKay 2002). So genanntes besiedeltes Land unterliegt dementsprechend indigenen Kollektiv- und Individualrechten und entsprechender Anerkennung (Art. 11). Jene Sonderrechte zeichnen sich ebenso durch prozedurales Detail aus: Bei der Übertragung von Grundeigentums- und Bodennutzungsrechten gilt das Gewohnheitsrecht indigener Völker, solange dieses innerstaatliches Recht nicht verletzt, auf die Bedürfnisse jener Völker eingeht und ihre soziowirtschaftliche Entwicklung nicht einschränkt (Art. 13(1)). Pluralistische Ansätze werden somit ebenfalls im landrechtlichen Zusammenhang eingeschränkt, weisen hier einen entmündigenden Ansatz auf, insbesondere was die Gestaltung eigener Entwicklungsprozesse angeht. Allerdings etabliert das Abkommen in Bezug auf jenes Gewohnheitsrecht ebenso positive Präventionsmaßnahmen: Diese greifen im Falle des Erwerbs von Eigentums- und Nutzungsrechten durch nicht-indigene Personen (Art. 13(2)).

Ein weiteres, wesentliches rechtliches Fundament wird mit dem Zustimmungsrecht in Land-relevanten Angelegenheiten gelegt: Es gilt die freiwillige Zustimmung indigener Völker mit Hinblick auf Zwangsumsiedlungen (Art. 12(1)). Im Gegensatz zu neueren rechtlichen Entwicklungen (vgl. UNDRIPS und Auslegungen durch die VN-Spezialorgane und IACtHR *Saramaka*-Entscheid) wird jene Zustimmung jedoch eingeschränkt und kann nicht als Vetorecht (vgl. Interpretationen der SR:innen) verstanden werden. Dies gilt für die Ausnahmesituationen der staatlichen Sicherheit, staatlichen Wirtschaftsinteressen oder der Gesundheit indigener Völker. Die Realitäten neo-liberaler Rohstoffausbeutung ließen eine Ausschöpfung jener Sondersituationen erahnen. Jene weit gefassten Gründe mögen in der Tat Rückschlüsse auf die geringe Bedeutsamkeit der Zustimmung im Rahmen des ILO-Abkommens C107 ziehen lassen. Positiv seien hier umfangreiche Entschädigungsmaßnahmen erwähnt: Dies schließt bei Verlust von Grund und Boden entsprechend ähnliches Land ein sowie Geld- und Sachleistungen bzw. voller Schadensersatz bei Verlusten durch Umsiedlung (Art. 12(2)–(3)).

2.2.3 Allgemeine Menschenrechte und ihre Relevanz für die ILO C107-Ordnung

Einen letzten Schwerpunkt machen so genannte konventionelle Menschenrechte aus, jenseits indigener Sonderrechte. Dies betrifft die für das ILO-Abkommen charakteristischen Anwerbungs- und Beschäftigungsbedingungen ohne Diskriminierung (Art. 15). Ähnlich finden daran angelehnte Rechte auf Berufsausbildung, Handwerk und ländliche Gewerbe expliziten Ausdruck im Rahmen des Abkommens (Art. 16–18). Dabei wird neben egalitären Ansätzen ebenso ein positiver Schutz verfolgt, bspw. in der Berücksichtigung besonderer Bedürfnisse. Hier wird allerdings wiederholt eingeschränkt, und zwar bedingt die „kulturelle Entwicklungsstufe“ indigener Völker die Annahme solcher Sondermaßnahmen und entgeht somit einer systematischen Bekämpfung bestehender Ungleichheiten und einem dezidierten Kollektivrechtsschutz. Geprägt von einem kolonialistischen Unterton, durchzieht eine Rationale der gesellschaftlichen Angleichung mittels sozial-wirtschaftlicher oder hier kultureller Faktoren, „Entwicklungsstufen“ oder höhere Lebensstandards das Abkommen. Ähnlich unterwirft das Abkommen jene ad hoc-Bestimmungen in verschiedensten menschenrechtlichen Zusammenhängen dem übergeordneten Ziel der sozialen, wirtschaftlichen und kulturellen Eingliederung.

Entsprechende konventionelle Standards werden ebenfalls im Bereich der sozialen Sicherheit und dem Gesundheitswesen etabliert (Art. 19–20) auch mit Hinblick auf das Bildungswesen und Informationsmittel (Art. 21–26). Ausnahmen bilden hierbei die Förderung indigener Sprachen sowie gesonderte Maßnahmen zum Abbau von Vorteilen seitens der (Mehrheits)Gesellschaft. Erwähnt sei hier das kürzlich verabschiedete Abkommen *ILO-C190 über die Beseitigung von Gewalt und Belästigung in der Arbeitswelt*, einschließlich eines dezidierten Antidiskriminierungsschutzes. Dabei geht das Abkommen stets widersprüchlich mit jenen Sondermaßnahmen um: „geeigneten Maßnahmen zum Schutze der Muttersprache oder Stammessprache“ (Art. 23(3)) steht der „allmähliche Übergang von der Mutter- oder Stammessprache zur Landessprache“ (Art. 23(2)) entgegen. In Anlehnung an die allgemeine Ausrichtung der ILO-Abkommen zeigen sich ebenso im Falle des *ILO-Übereinkommen C107* wirtschaftliche, soziale und kulturelle Rechte als besonders etabliert; neue rechtliche Dimensionen und Sonderbedingungen werden vornehmlich im Bereich der Land- und Ressourcenrechte und damit verbundenen Teilhaberechten geschaffen. Erste rechtspluralistische Ansätze wie das indigene Gewohnheitsrecht und Entscheidungsstrukturen seien ebenfalls erwähnt, wobei diese breiteren gesellschaftlichen Einebnungsmaßnahmen untergeordnet werden und somit eine Sonderklassifizierung nur geringe rechtliche Wirkungskraft entfaltet.

Über das Abkommen C107 hinaus hat die Allgemeine Konferenz der ILO eine Reihe von Anträgen angenommen, mit direktem Bezug zum Instrument; diese mündeten schließlich in der Empfehlung 104 „betreffend den Schutz und die Eingliederung eingeborener Bevölkerungsgruppen und anderer in Stämmen lebender oder stammesähnlicher Bevölkerungsgruppen in unabhängigen Ländern“, ebenfalls aus dem Jahre 1957. Jene Empfehlungen zielen vor allen Dingen auf gesonderte Maßnahmen und ausspezifizierte Sonderrechte ab; diese umfassen v. a. Grund- und Bodenrechte, Anwerbungs- und Beschäftigungsverhältnisse, Berufsbildung, Handwerk und ländliche Gewerbe, soziale Sicherheit und Fürsorgemaßnahmen, Gesundheitswesen und Bildungswesen, sowie Sprachen und andere Verständigungsmittel. Zudem etabliert die Empfehlung einen gesonderten Schutz für halbnomadische Bevölkerungsgruppen, einschließlich der Berücksichtigung ihrer besonderen Lebensweise. Ein besonderes Augenmerkt gilt es, auf Land- und Sprachenrechte der Empfehlung zu werfen.

So sollen bspw. „bis zur Einführung besserer Anbaumethoden eine den Erfordernissen der Halbnomadenwirtschaft entsprechende Landreserve gewährleistet werden“ (Art. II(3)(1)). Im Bereich der Sprachenrechte ergeben sich weitere Fortschritte, wenngleich erstere gewöhnlicherweise mit Hilfe konventioneller Medien ausgeführt werden. Demnach werden Staaten dazu angehalten, bspw. Möglichkeiten zur schriftlichen Wiedergabe zu schaffen (Art. IX(33)(b)), zweisprachige Wörterbücher (Art. IX(33)(d)) und Lesebücher herauszugegeben bzw. erscheinen zu lassen (Art. IX(33)(c)). Ähnliches gilt für das Bildungswesen: Zwar sind wissenschaftliche Untersuchungen zur Übermittlung der geeignetsten Methoden zu erstellen (28) sowie Lehrkräfte mit anthropologischen und psychologischen Methoden zur Berücksichtigung kultureller Verhältnisse vertraut zu machen (29), jedoch werden ebenso Curricula klar vordefiniert, d. h. Programme implementiert statt indigene Bildungs- und Wissenssysteme selbstbestimmt zu fördern. Dies spiegelt die Orientierung des Abkommens wider, insbesondere in Anbetracht jener kodifizierten Prozesse der Einebnung und Anpassung an mehrheitsgesellschaftliche Programme, Konzepte und Ziele.

2.3 Das C107-Regime und seine gesellschaftspolitische Wirkungskraft? Integrations- und Assimilierungsformen und ihre Verrechtlichung

Anders als moderne Instrumente des IHRL versucht das Abkommen, gesellschaftspolitische Ziele mit Grundrechten einschließlich Sonderrechten zu vereinbaren bzw. letztere weiten mehrheitsorientierten Bestrebungen zu unterwerfen. Die Begriffe der Integration und Assimilierung verdienen hierbei gesonderte Aufmerksamkeit (vgl. Rodríguez-Piñero 2005 zur Entwicklung jener Begriffe und ihrer Umformung durch das C169-Regime).

Bereits im Vorfeld in den 1950er Jahren wurden begriffliche Unterscheidungen vorgenommen. Und zwar sollte die kulturelle Autonomie gesellschaftlicher Einheiten im Sinne des allgemeinen Wohls respektiert werden (vgl. Thornberry 2002). Dabei geht es bei jener (mehrheits)gesellschaftlichen Orientierung nicht nur um die Bestrebungen einer sozialen Homogenisierung, sondern die Gewährleistung fundamentaler Rechte im Lichte des weiten Gemeinwohls. Es lassen sich demnach zwei transzendentale Ansätze feststellen. Zum einen betrifft dies eine bedingte Gewährleistung von Rechten mit temporären oder strukturellen Einschränkungen, abhängig von den Bedürfnissen anderer gesellschaftlicher Gruppen. Zum anderen lässt sich ein paternalistischer Unterton nicht nur im Geist der Zeit sehen, sondern die Kodifizierung fundamentaler Rechte wird hiermit wesentlich beeinflusst. Dies mag die frühen Vertragsentwurfsprozesse betreffen und die geringe Beteiligung indigener Völker an jenen Instrumenten. Damit verbunden ist die Untergrabung bestimmter Rechte; insbesondere pluralistische Rechtsformen, das Gewohnheitsrecht und Fragen der indigenen Repräsentation in inner- und außerstaatlichen Institutionen und Entscheidungsmechanismen. Neben den zuvor diskutierten Einschränkungen des Abkommens mit Hinblick auf einen ganzheitlichen Menschenrechtsschutz, weist das Instrument in der Tat sehr klare Bezüge zu staatlichem oder mehrheitlichem Interesse auf, dazu zählen mitunter das „Interesse der beteiligten Länder" (Präambel), die „Interessen der nationalen Gemeinschaft" (Art. 8) oder „die Landessicherheit (...) oder Interesse der wirtschaftlichen Entwicklung" (Art. 12(1)).

2.3.1 Indigene Völker und die Gesamtgesellschaft: Integrations- und egalitäre Ansätze

Indigene Völker und ihre Rechte werden also im Verhältnis zur Gesamtbevölkerung oder Gesellschaft verstanden. Letztere wird gewöhnlicherweise als „dominante" oder „Mehrheitsgesellschaft" gesehen (vgl. Stavenhagen 2011). Dabei nimmt die vom Abkommen explizit eingeforderte Integration indigener Völker mehrere Formen an: Diese verkörpert eine Art Antithese der kollektiven Selbstbestimmung, welche wiederum indigenen Völkern Formen der Kontrolle über wirtschaftliche, soziale und kulturelle Entwicklung gewährleisten soll (vgl. Barsh 1987). Ähnliches lässt sich in der Staatenpraxis beobachten: Entsprechend wendeten sich Staaten von der Integration ihrer Einwohner:innen ab; regierende Eliten modernisierten ihre Gesetze entsprechend, in den Amerikas und jenseits des amerikanischen Kontinents. Dies führte letztendlich zur Anerkennung wesentlicher Identitätsrechte und der Menschenwürde, bspw. mit Hinblick auf ihre eigenen Angelegenheiten (vgl. Wiessner 1999). Die in Art. 1(1) der Sozial- und Zivilpakte verankerte Selbstbestimmung nimmt also eine besondere Bedeutung ein: Sie beschreibt den Paradigmenwechsel hin zur Selbstbestimmung und Kontrolle, eine grundsätzliche Abwendung von der Integration (vgl. Eide 2006). Dies spiegelt sich ebenso im Entwurfsprozess des Abkommens und seinem Verlauf wider: So wurde die Integration zunächst als Maßnahme zur Sicherung des Überlebens indigener Völker verstanden und später mit Zerstörung, Absorption, Ethnozid oder gar als schwerwiegende Menschenrechtsverletzung angesehen (vgl. Barsh 1987). Ein jener Sinneswandel lässt sich historisch erklären; insbesondere koloniale Kontexte prägten die Jahre vor der Annahme des Abkommens bis hin zu einem Unabhängigkeitsdiskurs, u. a. gestützt durch indigene Bewegungen.

Damit verbunden ist ein egalitärer Ansatz; dieser vermittelte zunächst die Möglichkeit der gesellschaftlichen Akzeptanz, gleicher Teilhabebedingungen und

Nichtdiskriminierung beim Zugang zu allgemeinen Menschenrechten innerhalb des Sonderregimes indigener Rechte. Im Lichte der Anforderungen und Erwartungen an indigene Sonderrechte wirkt jener egalitäre Ansatz allerdings einschränkend. Dies spiegelt zudem Tendenzen in der Entwicklung indigener Rechte wider: Der VN-Unterausschuss zur Verhinderung von Diskriminierung und zum Schutz von Minderheiten (*Sub-Commission on the Prevention of Discrimination and Protection of Minorities*) nahm hierbei eine prägende Funktion ein; der zunächst gewählte Schwerpunkt Diskriminierungsprävention sollte zunächst Exklusion und Marginalisierung beenden, gleichzeitig Integration und Gleichheit in der Gesellschaft schaffen (vgl. Eide 2006). Entsprechende Reformen müssen allerdings im Zusammenhang des allgemeinen Menschenrechtssystems verstanden werden, einschließlich ersprießlicher Wechselwirkungen. So trug jener Unterausschuss erheblich zum Formierungsprozess des Anti-Rassismus-Abkommens (ICERD) bei und folgte später der Verrechtlichung politischer und ziviler Rechte durch den Zivilpakt (ICCPR), einschließlich der Minderheitenklausel Art. 27 (vgl. Eide 2006). Dies warf entsprechend Aufmerksamkeit auf indigene Rechte; jene fanden schließlich in einem gesonderten Auftrag des besagten Martínez Cobo genaueren Ausdruck und erste Anerkennungsmaßnahmen.

Jene Veränderungen sind ebenso einer verstärkten indigenen Präsenz in VN-Foren zuzuschreiben (vgl. bspw. Stavenhagen/Charters 2012). Dazu zählen diverse Sonderorgane wie die genannte Arbeitsgruppe WGIP, der Freiwillige Fonds der Vereinten Nationen für indigene Völker und schließlich das PFII, jedoch ebenso einflussreiche Einzelpersonen wie Erica-Irene Daes, Miguel Alfonso Martinez, Augusto Willemson Diaz, Martinus Cobo, Francisco Capotorti and Luis-Enrique Chavés. Weitere Entwicklungen lassen sich jedoch v. a. dem neuesten Instrument indigener Rechte zumessen, der UNDRIPS (vgl. hierzu Folgekapitel). Die Erklärung steuerte jenen Prozessen in besonderem Maße bei, und zwar durch die Relevanz indigener Notlagen für Menschenrechte im Allgemeinen und die Selbstbestimmung in besonderer Hinsicht sowie der Paradigmenwechsel des indigenen Diskurses von der Assimilierung im Angesicht der Diskriminierung hin zur nachhaltigen Autonomie im Lichte der Assimilierung (vgl. Eide 2006; Falk 2000).

Diverse Formen der Integration durchziehen zudem die Auslegungen des Sachverständigenausschusses und somit das Staaten-Beobachtungssystems. Ein wiederkehrendes Element betrifft die Integration in den Arbeitsmarkt und der damit verbundenen Berücksichtigung von sprachlicher, bildungsbezogener und anderer Benachteiligung ethnischer Gruppen einschließlich indigener Migrant:innen (Direct Request Colombia 109th session 2020). Ähnlich wird die soziale Integration erwähnt, und zwar im Lichte sozialer Exklusionspraxis und Maßnahmen im Kampf gegen Hunger und Armut (Direct Request Angola 106th session 2017, 104th session 2015, 103th session 2014). Einhergehend mit sozialer Inklusion und Arbeitsmarktintegration erweist sich soziale Sicherheit als verwandtes Recht, insbesondere mit Bezug auf eine dezidierte Politik und Programme für indigene Völker (Direct Request Argentina 105th session 2016). In anderen Zusammenhängen bezieht sich der Ausschuss in ähnlicher Weise auf eine institutionelle Dimension der Integration: Und zwar soll eine harmonische Integration unterschiedlicher lokaler (indigener) Regierungsmechanismen in indigenen Gebietseinheiten gewährleistet werden (Direct Request Colombia 81st session 1994). Der Sachverständigenausschuss verweist des Weiteren auf die Wandlung des Integrationsbegriffs mit der Verabschiedung des C169-Abkommens. Zunächst wurde in den frühen 1990er Jahren von einer schrittweisen Integration jener „Bevölkerungsgruppen" gesprochen (Direct Request Iraq 80th session 1993). Mit der Annahme der C169-Konvention wird im Gegensatz zur Integration in „nationale Gemeinschaften des Staates" vielmehr vom Respekt für die kulturelle Identität indigener Völker, ihren Werten und Teilhabe ausgegangen (General Observation 108th session 2019). In der Tat entwickelt der Ausschuss eine neue Herangehensweise: Bei Anwendung des Integrationsbegriffs durch lokale Instanzen weist er einerseits auf die staatliche Verpflichtung zur Einhaltung gleicher Möglichkeiten für indigene Völker hin, andererseits auf das Ziel der Integration mittels des Rechts, eigene Prioritäten zu setzen (Direct Request Argentina 93rd session 2005).

2.3.2 Indigene Kollektividentitäten und ihre Berücksichtigung durch das 107er-Abkommen

Eine weitere verwandte Debatte betrifft das Recht auf indigene (Kollektiv)Identität(en). Integrations-, Assimilierungs- und anderer Anpassungsdruck erweisen sich insbesondere im Falle der indigenen Kollektividentität als relevant. Das Recht indigener Völker auf ihre einzigartige Identität fand demnach bereits früh Erwähnung: Damit verbunden ist die Frage der Umsetzung, und zwar inwiefern dies bspw. zur Teilnahme in eigenen oder staatlichen Institutionen sowie Kontrolle über soziale und wirtschaftliche Bedingungen ermächtigt (vgl. Barsh 1987). Eine der größten Herausforderungen für die Aufrechterhaltung jener Identitäten bildet der an Integration- bzw. Assimilierung orientierte Ansatz des Abkommens bzw. seiner Weiterentwicklung im Rahmen der C169-Konvention.

Allerdings setzt sich der Sachverständigenausschuss ebenfalls mit der Integrationsidee, namentlich im Kontext indigener Kollektividentitäten, auseinander. So fordert der Ausschuss bspw. dazu auf, Maßnahmen zur Förderung der kulturellen, sozialen, wirtschaftlichen und spirituellen Integration der Gemeinschaftsmitglieder anzunehmen (Direct Request Costa Rica 92nd session 1993). Ähnlich spricht sich der Ausschuss im Falle strafrechtlicher Angelegenheiten für strafmildernde Maßnahmen aus und geht auf den Grad der Integration jener Person in die (Wald)Gemeinschaft (integración silvícola) (Direct Request Brazil 95th session 2006) bzw. ihrer allmählichen Integration (Direct Request Brazil 77th session 1990) ein. Jene Fälle weisen auf einen klaren kollektiven Ansatz bei der Auslegung diverser Rechte; dies könnte zudem die externe Dimension, nämlich die Position kollektiver Rechte gegenüber der (Mehrheits)Gesellschaft, dauerhaft stärken.

2.3.3 Das ILO C107-Abkommen, sein globaler Einfluss und der Beginn eines Reformprozesses

Der Einfluss des Abkommens erstreckt sich über zahlreiche Staaten der Welt, wobei die Minimalstandards des Abkommens gelten. Dies betrifft die heutige Vorzeigeregion Lateinamerika einschließlich des dortigen Menschenrechtssystems;

mehr als die Hälfte der 27 Vertragsmitglieder bildeten Lateinamerikanische Staaten. Allerdings entschieden sich in den 1990er Jahren zahlreiche jener Staaten für einen erweiterten Schutz im Rahmen des C169-Instruments, darunter Argentinien, der Plurinationale Staat Bolivien, Brasilien, Kolumbien, Costa Rica, Ecuador, El Salvador, Mexiko, Paraguay und Peru. Damit verlor ebenso das restriktive Regime des ILO-C107-Abkommens rechtliche Wirkung in jenen Staaten, welche inzwischen mittels der C169-Standards auf Einhaltung jener Rechte vom Sachverständigenausschuss CEACR überprüft werden. Nichtsdestotrotz können strengere Auslegungen des C107-Abkommens gegenüber den verbleibenden Vertragsstaaten durch jenen Ausschuss ausgeglichen werden. Leider werden jene Erfolge von aktueller Staatenpraxis geschmälert: Verschiedene Regierungen haben seither mittels vereinzelter Rechtsvorschriften assimilierende Programme ins Leben gerufen (vgl. Swepston 1989). Die Gültigkeit des Völkerrechts einschließlich der Auslegungen durch mandatierte Vertragsorgane bildet einen häufigen Diskussionspunkt zwischen internationalen und staatlichen Gerichtshöfen oder anderen (quasi)rechtlichen Instanzen. Diesem beugt zwar das Staatenüberwachungssystem durch den Sachverständigenausschuss vor, jedoch bildet das Abkommen selbst aufgrund des (gesellschaftlich) integrierenden Ansatzes wenige Möglichkeiten zu Interpretationen nach menschenrechtlichen Kriterien.

Schlussendlich erlaubte ein Expertentreffen im Jahre 1986 einen grundsätzlichen Reflexions- und schließlich Revisionsprozess des C107-Abkommens. Dieser wurde begründet mit jenen zuvor diskutierten Einwänden zur integrationsorientierten Rechtssprache des Instruments und insbesondere den destruktiven Auswirkungen eines solchen Ansatzes auf die Lebensweise indigener Völker (vgl. Thornberry 2003) sowie eines konzeptionellen Widerstandes gegenüber Kollektivrechten im Allgemeinen. Im Rahmen des Entwurfsprozesses wurden neben der üblichen dreigliedrigen ILO-Struktur von Staaten, Arbeitgebern und Arbeitnehmer:innen ebenso Repräsentant:innen indigener Völker konsultiert (vgl. Swepston 1989). In der Tat müssen jene Verhandlungsprozesse im Kontext der globalen Bewegung indigener Völker gesehen werden: In den 1990er-Jahren formierten bzw. institutionalisierten sich indigene Organisationen in VN-Foren; Vorläufer wie die WGIP regten dabei diverse Normprozesse an. Diese begründen einerseits die jahrzehntelangen Multi-Akteur-Verhandlungen bis hin zur Annahme von UNDRIPS und legitimieren gleichzeitig jene Deklaration und ihren Kollektivrechteansatz. Das neue C169-Instrument bildet somit einen wesentlichen Meilenstein in völkerrechtlichen Entwicklungen und einen rechtlich verbindlichen parallelen Schutz zur Erklärung und OHCHR-System.

2.4 Von „Bevölkerungen" und „Stämmen" zu „indigenen Völkern" im Abkommen N°169 der Internationalen Arbeitsorganisation: Verrechtlichungsprozesse

Ähnlich wie das C107-Abkommen bettet die aktuelle Rechtsordnung des C169-Instruments die Rechte indigener Völker in das allgemeine Völkerrecht ein. Allerdings weist das C169-Übereinkommen stärkere Beziehungen zum IHRL-System auf, einerseits auf Basis seiner Bezugnahmen zur *UDHR* und internationalen Verträgen (ICESCR, ICCPR und ICERD), andererseits aufgrund der damit verbundenen Relevanz der Menschenrechtsüberwachungsgremien durch das Hohe Kommissariat für Menschenrechte der Vereinten Nationen (OHCHR). Als besonders aussagekräftig erweist sich die in der Präambel verankerte Anerkennung indigener Forderungen danach, „Kontrolle über ihre Einrichtungen, ihre Lebensweise und ihre wirtschaftliche Entwicklung auszuüben und ihre Identität, Sprache und Religion zu bewahren und zu entwickeln“. Ein klarer Kontrast zum an der Integration orientierten C107-Regime lässt sich hier beobachten; die kollektive Selbstbestimmung nimmt eine merklich gestärkte Rolle in der neuen Rechtsordnung ein. Allerdings lassen sich ebenso auf die Gleichheit ausgerichtete Grundsätze wiederfinden. Im Gegensatz zum C107-Regime finden jene Gleichheitsklauseln nicht nur temporär Anwendung, sondern sollen langfristig implementiert werden, teils inspiriert durch den Gedanken, als eigene Völker weiterhin zu existieren (vgl. Yupsanis 2010; Nettheim 1988). In der Tat zeichnen sich der gleiche Fragen häufig durch ihre strukturelle Natur aus; sie betreffen tiefgreifende gesellschaftliche Fragen der Anerkennung, Teilhabe und sozialen Gerechtigkeit. Sonderrechte bleiben der Präambel weitestgehend fern. Zum einen sollen grundlegende Menschenrechte lediglich „im gleichen Umfang auszuüben“ sein, zum anderen wird der funktionelle Ansatz des Instruments umschrieben; in letzterer Hinsicht wird der Beitrag indigener Völker zur „kulturellen Vielfalt und sozialen und ökologischen Harmonie der Menschheit sowie zur internationalen Zusammenarbeit und zum internationalen Verständnis“ hervorgehoben.

2.4.1 ILO-Abkommen C107 und C169 im Vergleich

Der Schutz des Abkommens reicht in verschiedenster Hinsicht über die Gewährleistungen des C107-Abkommens hinaus; dies beginnt mit der Definition der Rechteinhaber:innen. Anders als das C107-Instrument richtet sich der Menschenrechtsschutz an Völker, und zwar „in Stämmen lebende Völker in unabhängigen Ländern“ (Art. 1(a)) sowie „Eingeborene“ (Art. 1(b)) und solche klare Unterscheidungsmerkmale im Verhältnis zur (Mehrheits)Gesellschaft aufweisen, insbesondere bzgl. ihrer sozialen, kulturellen und wirtschaftlichen Verhältnisse (Art. 1(a)). Allerdings weitet das Abkommen jene objektiven Merkmale auf subjektive Kriterien aus; entscheidend ist demnach das „Gefühl der Eingeborenen- oder Stammeszugehörigkeit“ (Art. 1(2)). Wie bereits diskutiert (vgl. zu Definitionsdebatten insb. die Einleitung des Kapitels), schränkt das Abkommen die Anwendung des Begriffs der Völker allerdings eindeutig ein: So können indigene Völker nicht auf die mit dem rechtlichen Begriff der Völker verbundenen Rechte gemäß dem Völkerrecht zugreifen (Art. 1(3)). Hier sei anzumerken, dass es sich hierbei strikt um die Anwendung bzw. Auslegung des C169-Übereinkommens handelt; davon sind demnach die Rechte indigener *Völker* als solche, so wie in anderen Instrumenten verankert, nicht einbegriffen. In der praktischen Anwendung erweist sich dies allerdings als klare Einschränkung, denn das C169-Übereinkommen gilt als das anerkannteste und derzeit gültige Instrument rechtlich verbindlicher Natur.

Ähnlich wie im Falle des „Vorgänger-“Instruments C107 währen gewisse Widersprüche fort. Dies wird bspw. im Falle des Rechtes auf Unversehrtheit klar erkennbar; jenes Recht erweist sich sowohl in seiner individuell- als auch kollektiv-rechtlichen Dimension als fundamental. Denn neben der individuellen psychischen und physischen Unversehrtheit gewinnt jenes Recht insbesondere in seiner kollektiven Gestalt an Bedeutung für indigene Völker. Im Gegensatz zu UNDRIPS wird zwar kein allgemeines Völkermordsverbot ausgesprochen, jedoch entwickelt das Gebot der Achtung der Unversehrtheit eine klare kollektive Dimension (zu den Besonderheiten indigenen Genozids vgl. Clavero 2011; Short 2010; Eichler/Bacca 2020). Das Übereinkommen schreibt zunächst ein allgemeines Zwangs- und Gewaltverbot hinsichtlich jeglicher Menschenrechte und Grundfreiheiten fest (Art. 3(2)). Mehrstufige Ansätze ergeben sich bei der Etablierung spezieller Maßnahmen zur Umsetzung jenes Rechtes (vgl. hierzu *respect, protect, fulfill*-Verpflichtungen; u. a. Tomuschat 2014). Zum einen durchwebt der Gleichheitsgrundsatz das Abkommen ,(Art. 2(2)(a), siehe auch Art. 8(3)). Jener Gleichheitsgrundsatz gilt jedoch ebenso im übertragenen Sinne, und zwar im Kontext allgemeiner menschenrechtlicher Verpflichtungen und Grundfreiheiten, welche indigenen Völkern ohne Diskriminierung zugesprochen werden müssen, einschließlich genderbasierter Formen (Art. 3(1)). Zum anderen soll gegenüber indigenen Völkern als (positive) Maßnahme gelten, die Gewährleistung der Unversehrtheit ihrer "soziale(n) und kulturelle(n) Identität, ihre(r) Bräuche und Überlieferungen und ihrer Einrichtungen" zur vollen Verwirklichung ihrer ESC-Rechte zu zusichern.

2.4.2 ILO Abkommen C107 im Detail: Verrechtlichungsprozesse und Schwerpunkte

Das Abkommen etabliert zudem ein weites Verständnis körperlicher Unversehrtheit jenseits von Menschenrechtsverletzungen wie physischer oder psychischer Gewalt. Entsprechende Maßnahmen betreffen demzufolge die „Beseitigung bestehender sozioökonomischer Gefälle (…) zwischen eingeborenen und anderen Angehörigen der nationalen Gemeinschaft“ (Art. 2(2)(c)). Kritisch lässt sich jenes Recht allerdings im Sinne neokolonialer Tendenzen beleuchten. Denn trotz der Wichtigkeit soziowirtschaftlicher Rechte droht hier die Einschränkung kollektiver Selbstbestimmung über eine besondere Lebensweise und alternative Wirtschaftsmodelle, einschließlich autonomer Sozialsysteme. Weitere relevante Entwicklungen betreffen im weiten Sinne Zwangsverpflichtungen zu persönlichen Dienstleistungen (Art. 11); jenes Recht gewinnt insbesondere im Lichte neokolonialer, sklavenähnlicher Arbeitsbedingungen neue Bedeutung. Das damit verwandte Verbot von Zwangsanwerbungssystemen und Schuldknechtschaft (Art. 20(3)(c)), genauso wie das der gesundheitsgefährdenden Arbeitsbedingungen (Art. 20(3)(b)) und sexueller Belästigung im Rahmen von Chancengleichheits- und Gleichbehandlungsklauseln (Art. 20(3)(d)) erweitern den Schutz vor Verletzung der Unversehrtheit.

Das damit verbundene kollektive Recht auf Autonomie(n) und Selbstbestimmung findet vielfältigen Ausdruck im Rahmen des Übereinkommens. Seitdem o. g. Martínez Cobo-Bericht wird eine Politik des Pluralismus, (Möglichkeiten zur) Selbstversorgung und Eigenmanagement stetig vorangetrieben (vgl. Xanthaki 2010). Kulturelle Rechte sowie institutionelle Fragen gelten hier als emblematisch für jene Dimensionen kollektiven Selbstbestimmungsrechts. So gilt es, bei

Schutzmaßnahmen gegenüber Einzelpersonen, Einrichtungen, Eigentum, Arbeit, Kultur und Umwelt, den „frei geäußerten Wünschen der betreffenden Völker" nicht zu widersprechen (Art. 4(2)). Neben dieser vornehmlich negativ rechtlichen Klausel gibt das Abkommen Anerkennungsmaßnahmen vor, bspw. hinsichtlich ihrer „sozialen, kulturellen, religiösen und geistigen Werte und Gepflogenheiten" (Art. 5(a)). Dabei ist für die „Unversehrtheit der Werte, Gepflogenheiten und Einrichtungen" (Art. 5(b)) Sorge zu tragen. Neben jenen kulturellen Kollektivrechten kodifiziert das Übereinkommen das Recht indigener Völker, „ihre eigenen Prioritäten für den Entwicklungsprozess (...) festzulegen und so weit wie möglich Kontrolle über ihre wirtschaftliche, soziale und kulturelle Entwicklung auszuüben" (Art. 7(1)). Jenes Recht ist von vielschichtiger Natur; es erstreckt sich über ihr „Leben, ihre Überzeugungen, ihre Einrichtungen und ihr geistiges Wohl und das von ihnen besiedelte oder anderweitig genutzte Land" (Art. 7(1)).

Weite Debatten zu interner und externer Selbstbestimmung lassen sich hier ablichten: Während erstere Form sich auf Autoregierungsformen und Autonomie bezieht, steht letztere für den Formierungsprozess unabhängiger Staaten (vgl. Stavenhagen 2011). Obwohl sich vorwiegend interne Selbstbestimmungsformen im Rahmen des Übereinkommens in Erscheinung treten, so berühren insbesondere territoriale und Landfragen die externe Dimensionen der Selbstbestimmung. Ein übergreifendes Verständnis der Selbstbestimmung äußert sich außerdem in der „wirtschaftlichen Eigenständigkeit und Entwicklung (...) die Bewahrung ihrer Kultur (...) und tragfähige und gerechte Entwicklung": damit rückt das Übereinkommen jene kodifizierten Rechte stärker in den Anwendungsbereich der nachhaltigen Entwicklungsziele, eine bedeutende Forderung indigener Völker (vgl. Dorough 2020). Hiermit erlangt das Instrument zudem eine neue Dimension der sozialen Gerechtigkeit (vgl. Dorough 2020); diese untermauert vor allen Dingen indigene ganzheitliche Lebensphilosophien oder Religionen bei der Erhaltung alternativer Wirtschaftsmodelle oder inklusiver, kommunitaristischer Sozialsysteme.

Ähnliche Rechte gelten für die „Entwicklung" aus staatlicher oder externer Perspektive, etwa Pläne oder Programme; eine vergleichbare Beteiligung indigener Völker ist hier vorgesehen, und zwar in verschiedensten Phasen jener Programme mitzuwirken (Art. 7(1)). Wie bereits geäußert etabliert das Übereinkommen gewisse Hürden hinsichtlich der vollen Ausschöpfung und des Genusses indigener Autonomie- und Sonderrechte. Dazu zählt die erwähnte Beseitigung extern definierter sozioökonomischer Gefälle, jedoch ebenso die „Ausübung der allgemeinen Staatsbürgerrechte" (Art. 4(3)); diese dürfen durch jene Sondermaßnahmen nicht beeinträchtigt werden. Darüber hinaus sind im weiten Sinne der Selbstbestimmung erste rechtspluralistische Ansätze erkennbar. Exemplarisch hierfür steht die negative Verpflichtung „deren Bräuche oder deren Gewohnheitsrecht" (Art. 8(1)) Beachtung zu schenken und das damit verbundene Recht „ihre Bräuche und Einrichtungen zu bewahren" (Art. 8(2)). Ähnlich betrifft dies strafrechtliche Maßnahmen; dementsprechend müssen „übliche Methoden" zur Ahndung jener Handlungen beachtet werden (Art. 9(1)).

2.4.3 Das Teilhabe- und Konsultationsrecht als Kernanliegen des Abkommens

Eine der zentralsten Bestimmungen des Übereinkommens findet sich allerdings in Art. 6 zum Teilhabe- und Konsultationsrecht indigener Völker wieder. So wurde Art. 6 bereits als Herz des Abkommens bzw. als Schlüsselklausel bezeichnet (vgl. Xanthaki 2010). Hier erweisen sich verfahrensrelevante Aspekte als besonders diskussionswert. Jene Verfahren müssen laut Konvention mittels so genannter „repräsentativer Einrichtungen“ im Falle gesetzgeberischer oder administrativer Maßnahmen abgehalten werden (Art. 6(1)(a)). Die Rolle indigener Organisationen und Entscheidungsmechanismen in jenen Verhandlungsprozessen repräsentiert in der Tat eines der zentralsten Elemente. Umgekehrt gilt es, Rechte zur Teilhabe am staatlichen (Wahl)System zu etablieren: Erneut durchzieht der Gleichheitsgrundsatz jene rechtliche Dimension, und zwar muss eine Beteiligung auf „allen Entscheidungsebenen an auf dem Wahlprinzip beruhenden Einrichtungen sowie Verwaltungs- und sonstigen Organen“ (Art. 6(1)(b)) indigenen Völkern und anderen Bevölkerungsgruppen ermöglicht werden. Allerdings kodifiziert das Übereinkommen ebenfalls positive Rechte in Form expliziter Maßnahmen. Dazu zählt insbesondere eine Verpflichtung zur Schaffung von Mitteln zur vollen Entfaltung „ihrer eigenen Einrichtungen und Initiativen“ sowie die Bereitstellung entsprechender Ressourcen (Art. 6(1)(c)).

Zudem durchziehen erste transversale Prinzipien das Konsultationsrecht, wie später durch VN-Sondermechanismen gefestigt und ausdifferenziert. Dazu zählen v. a. der gute Glaube und „eine den Umständen entsprechende Form“ und das dezidierte Ziel des „Einverständnisses oder Zustimmung bezüglich der vorgeschlagenen Maßnahme“ (Art. 6(2)). Diese geben einen weiten Konsens in der internationalen menschenrechtlichen Rechtsprechung wieder, wobei die Prinzipien nur teilweise den inzwischen etablierten Bedingungen der freien, vorherigen und informierten Konsultation und Zustimmung entsprechen (vgl. hierzu insbesondere PFII 2005; vgl. ebenso Tauli Corpuz 2020). Ähnlich wie in UNDRIPS wird die Zustimmung im Übereinkommen allerdings lediglich als Ziel verstanden, nicht als Recht per se; hierbei werden vom Übereinkommen zudem keine Ausnahmen gewährt. Jenes Verständnis widerspricht im Großen und Ganzen der ganzheitlichen Idee der Konsultation, ihrer Prozessorientierung, als neues Model von Beziehungen zwischen indigenen Völkern und dem Staate, dem Dialog und der Kooperation, fern ab von einer Konzeption der Konsultation als reine Formalität (Tauli Corpuz 2020). Daran angelehnt ist die Zustimmung als bindend zu erachten, bei der Nichterfüllung darf das physische oder kulturelle Überleben indigener Völker nicht gefährdet werden (Tauli Corpuz 2020).

Eine weite Interpretation der Konvention würde allerdings erlauben, das C169-Übereinkommen im zwingenden Einklang mit anderen internationalen Instrumenten zu interpretieren bzw. dürfte sich ersteres nicht nachteilig auf diese auszuwirken (Art. 35); dies zeigt sich besonders relevant für das Konsultationsrecht (vgl. Dorough 2020). In diesem Sinne kann das Abkommen als Allgemeiner Standard gelten bzw. repräsentiert dieses einen gewissen minimalen Schwellenwert zur Erfüllung indigener Forderungen (vgl. Fitzmaurice 2012; Xanthaki 2010; vgl. ebenso ILA 2010). Weitere Nuancen gewinnt das Konsultationsrecht in Verbindung mit indigenen Land- und Ressourcenrechten. Hierbei gilt neben dem Beteiligungsrecht an natürlichen Ressourcen und entsprechenden Nutzungs-, Bewirtschaftungs- und Erhaltungsrechten (Art. 15(1)) ebenso das besondere Konsultationsrecht, und zwar vor jeglichen Maßnahmen der Ressourcenerkundung oder Ausbeutung, welche die Ressourcen oder Rechte des Staates betreffen (Art. 15(2)). Eine entsprechende Beteiligung gilt ebenso für den Nutzen, den Ersatz oder etwaige Schäden solcher Tätigkeiten (Art. 15(2)).

Die Wahrhaftigkeit jener Konsultationen bleibt jedoch zweifelhaft; so geht es bei dem genannten Recht vornehmlich um eine Feststellung dazu, inwiefern die Interessen indigener Völker beeinträchtigt werden (Art. 15(2)): Dies bleibt eine subjektive Beurteilung, welche häufig mittels arbiträrer Verfahren festgestellt wird. Ähnliche Untersuchungen gelten hinsichtlich der „sozialen, geistigen, kulturellen und Umweltauswirkungen geplanter Entwicklungstätigkeiten"; entsprechende Ergebnisse gelten für die Durchführung als „grundlegend", wenngleich nicht rechtlich verbindlich (Art. 7(3)). Letztendlich werden jene Entscheidungen vom jeweiligen Staat getroffen, nach eigenen Ermessensstandards und häufig unter Beteiligung des Unternehmenssektors; daher wird das Konsultationsrecht von indigenen Völkern gewöhnlicherweise als Legitimationsinstrument für die (konfliktfreie) Durchsetzung der Rohstoffausbeutung wahrgenommen und klassifiziert. In der Tat scheinen sich Konflikte fortzusetzen; weitere Kontroversen betreffen das Recht indigener Völker auf Untergrund-Ressourcen, welches keinen direkten Ausdruck im Übereinkommen findet (vgl. Fitzmaurice 2012).

Nichtsdestotrotz gelten besondere Ausnahmegründe bei jenen unilateralen Entscheidungen des Staates; diese verleihen dem Konsultationsrecht Nachdruck, sowie eine besondere rechtliche Wirkung. So gelten u. a. ein Aussiedlungsverbot und entsprechende Zustimmungspflicht bei so genannten als notwendig angesehenen Umsiedlungen (Art. 16(1)). Hier sei jedoch anzumerken, dass jene Umsiedlungen trotz nicht erlangter Zustimmung durchgesetzt werden können, solange diese „durch die innerstaatliche Gesetzgebung festgelegte Verfahren, ggf. einschließlich öffentlicher Untersuchungen", legitimiert bzw. autorisiert werden (Art. 16(2)). Zusätzlich gelten Ersatzmaßnahmen im Falle des Verlustes oder Schadens sowie Rückkehrmöglichkeiten (Arts 16(3)–(5)). Das Zustimmungsrecht erfährt nach Übereinkommen demnach klare Einschränkungen und kann unter keinen Umständen als absolutes Recht verstanden werden, Fortschritte lassen sich auf Basis von UNDRIPS und IACtHR-Entscheiden feststellen. Ähnlich wird die Zustimmung gewöhnlich als Vetorecht klassifiziert, findet damit nur bedingt Zuspruch in zwischenstaatlichen Gremien (vgl. weitgehende Interpretationen der SR:innen). Zudem lassen die Auslegungen des rechtsprechenden Sachverständigenausschusses auf einen restriktiven Ansatz schließen: So wird die Zustimmung als nicht bindend angesehen bzw. als nicht zwingend zu erreichendes Ziel der Konsultation (vgl. Yupsanis 2010; Clavero 2005). Nichtdestotrotz darf das Konsultationsrecht nicht in einer Weise ausgelegt werden, die seinen wahrhaftigen Charakter im Sinne von *bona fide*-Verpflichtungen einschränken zu drohen würde. Während ausgeprägtere Teilhabe-Rechte in der VN-Erklärung Ausdruck finden, so entwickelt der Sachverständigenausschuss zumindest gewisse Mindeststandards: Hier wird maßgeblich auf verschiedene Ebenen des freien Entscheidens hingewiesen, mitunter Implementierungs- und Evaluationsmaßnahmen und Programme mit direkter Wirkung auf die Rechte indigene Völker (vgl. Yupsanis 2010).

2.4.4 Land- und Ressourcenrechte als wiederkehrende Kollektivforderungen

Trotz der hohen Anforderungen jener Beteiligungsverfahren lassen sich hier weitgreifende, allgemeine Land- und Ressourcenrechte („Grund und Boden") erwähnen. Diese wurden bereits als stärkste Landrechtgarantien des Menschenrechtssystems beschrieben (vgl. Xanthaki 2010). Land- und Ressourcenrechte können zudem als so genannte „Umbrella-Rechte" angesehen werden: Indigene Völker sehen diese als allumfassende Rechte an; dies schließt Grundbedürfnisse zur Erhaltung von Gemeinschaften und Kulturen mit wichtigem Land-Nexus ein (vgl. Dorough 2020). Als grundlegend erachtet wird dabei die besondere Bedeutung des von indigenen Völkern „besiedelte oder anderweitig genutzte Land (...) oder Gebiete" (...) für ihre Kultur und ihre geistigen Werte" (Art. 13(1)). Jene spezielle Beziehung zwischen indigener kultureller oder spiritueller Identität einerseits und indigenem Land und Territorien andererseits findet erst spät Ausdruck im IHRL (vgl. hierzu UNDRIPS und *Sarayaku*-Entscheid); diese zeigt sich jedoch zu hohem Grade relevant für kollektive Forderungen. Die Definition indigenen Landes verdient besondere Erwähnung: So ist das Konzept „Land" dem Begriff „Territorien" gleichzusetzen; diese begreifen die „gesamte Umwelt der von den betreffenden Völkern besiedelten oder anderweitig genutzten Flächen" (Art. 13(2)).

Jene Klausel ist insbesondere für Nomadenvölker und andere Gruppen von Belang, denn westliche, am Individuum orientierte Landrechte beschränken sich i. d. R. auf Eigentumsgedanken bzw. Besitzansprüche. Exemplarisch für jenen besonderen Schutz stehen außerdem Maßnahmen, um die „Umwelt der von ihnen bewohnten Gebiete zu schützen und zu erhalten" (Art. 7(4)). Ein ganzheitlicher Ansatz wird in diesem Sinne zumindest angestrebt. Über jene Ansprüche hinaus gelten also gleichermaßen Siedlungs- und Nutzungsrechte, sowie ähnliche Regime, die sich an Eigenversorgung und traditionellen Tätigkeiten orientieren (Art. 14). Ähnliche Anwendung finden Ressourcenrechte (vgl. hierzu Debatten der vorherigen Abschnitte), sowie besondere Verfahren zur Übertragung von Grund- und Bodenrechten unter indigenen Völkern (Art. 17(1)) und außerhalb der Gemeinschaften unter Voraussetzung der Konsultation (Art. 17(2)).

Gleichzeitig bilden derartige Land- und Ressourcenkontexte wesentliche Konfliktherde; dementsprechend lassen sich besonders schwerwiegende Menschenrechtsverletzungen verzeichnen, strikte Präventionsmaßnahmen werden gefordert. Diese richten sich bspw. auf den Missbrauch von Eigentums-, Besitz- oder Nutzungsrechten durch Externe, wie er bspw. durch Ausnutzen von „deren Bräuchen oder deren Gesetzesunkenntnis" (Art. 17(3)) geschieht. Auf ähnliche Weise ist das „unbefugte Eindringen in das Land der betreffenden Völker oder seine unbefugte Nutzung" strafrechtlich zu verfolgen: Maßnahmen zur Verhinderung solcher strafbaren Handlungen müssen entsprechend angenommen werden (Art. 18).

2.4.5 Allgemeine Menschenrechte und ihre Berücksichtigung durch die C169-Rechtsordnung

Neben jenen Hauptforderungen indigener Völker, umschließt das C169-Instrument ebenfalls die Rechte der Allgemeinbevölkerung, d. h. Rechtsordnungen ohne *Sui-Generis*-Charakter; diese sind indigenen Völkern über den Gleichheitsgrundsatz in gleicher Weise verfügbar. Dazu zählen in jener Rechtordnung Anwerbungs- und Beschäftigungsbedingungen, Berufsbildung, Handwerk und ländliche Gewerbe, soziale Sicherheit und Gesundheitswesen, Bildungswesen und Kommunikationsmittel und grenzüberschreitende Kontakte und Zusammenarbeit (Art. 20 – 32). Jene letztgenannten Normen reichen weit über existierende Standards (vgl. Minderheitenrechte) hinaus; positive Maßnahmen werden hierbei explizit erwähnt (vgl. Xanthaki 2010). Das Abkommen spezifiziert jene rechtlichen Verpflichtungen weiter; neben dem Gleichheitsgrundsatz müssen bspw. ihre „wirtschaftlichen, sozialen und kulturellen Besonderheiten" (Art. 10(1)), „besonderen Bedürfnisse" (Art. 22(2)), „sozialen und kulturellen Verhältnisse" (Art. 22(3)), die „Bewahrung ihrer Kultur und (...) ihre wirtschaftliche Eigenständigkeit und Entwicklung" (Art. 23(1)), „traditionelle Techniken und kulturelle Besonderheiten" (Art. 23(2)), „ihre wirtschaftlichen, geografischen, sozialen und kulturellen Verhältnisse" (Art. 25(2)), „ihre Geschichte, ihre Kenntnisse und Techniken, ihre Wertesysteme und ihre weiteren sozialen, wirtschaftlichen und kulturellen Bestrebungen" (Art. 27(1)) Berücksichtigung finden. Eine fortschrittliche Auslegung des Abkommens mag hier eine Art des Multikulturalismus suggerieren, insbesondere mit Hinblick auf Maßnahmen zur Beseitigung von Vorurteil und zur Gewährleistung fairer, akkurater und informativer Informationen im Rahmen von geschichts- und bildungsrelevanten Materialien (vgl. Xanthaki 2010).

2.5 Von Unterdrückungs- zur Anerkennungspolitik im C169-Regime: Pluralisierung und Reartikulation der Beziehung zwischen Staat und Gesellschaft

Die Annahme der ILO C169-Erklärung kann zunächst als Antwort auf fortwährende koloniale Entwicklungen verstanden werden. Dies betrifft sowohl die Darstellung und entsprechende Typisierungen, einschließlich Begrifflichkeiten wie „primitiv", „minderwertig" oder „nichtexistierend" des universalisierten Beherrschungs-Diskurses als auch damit verbundene Menschenrechtsverletzungen wie Zwangsumsiedlungen, Menschengemetzel oder die Enteignung von Land oder Ressourcen, so genanntes Landgrabbing (vgl. Bellier/Hays 2020).

Gleichzeitig kann das Übereinkommen als Transformationsversuch der vom C107-Übereinkommen etablierten Rechtsordnung verstanden werden; es wird teils gezielt von der „integrierenden" Sprache des C107-Instrumentes Abstand genommen (vgl. Sambo Dorough 2020; vgl. zur Natur integrierender Rechtssprache im Falle indigener Völker: Oliva Martínez 2019). In der Tat steht das Instrument für einen Paradigmenwechsel von einem integrierenden zu einem selbstbestimmten Ansatz indigener Rechte (vgl. Eide 2006). Ebenso wurde der moderne, nicht paternalistische, nicht assimilierende Ansatz des C169-Instruments hervorgehoben

– bedingt durch völkerrechtliche Entwicklungen seit 1957 und der stetigen Anerkennung indigener Kontrolle über Institutionen, Lebensweisen, wirtschaftliche Entwicklung sowie Identitäten, Sprachen und Religionen (vgl. Yupsanis 2010). Die kollektive Selbstbestimmung entwickelt dabei eine vielfache Wirkungskraft, warf vielschichtige Frage auf, u. a. darüber, wer über wen regieren, wer maßgeblich Gewalt ausüben oder wer Macht über Territorien und natürliche Ressourcen erlangen würde (vgl. Eide 2006). Gesellschaftspolitische Machtverhältnisse werden im Rahmen eines de-kolonialisierenden Diskurses zunächst aufgegriffen, hinterfragt und schließlich in Form eines erweiterten Rechtschutzes kodifiziert. Das C169-Instrument bleibt jedoch einer ganzheitlichen Reform fern.

In anderen Worten kann das 169-ILO-Instrument als Versuch verstanden werden, dezidierte Sonderrechte in einer neuen *Sui-Generis*-Rechtsordnung zu etablieren, fernab von negativen Menschenrechtsverpflichtungen im Sinne allgemeiner Nichtdiskriminierungsklauseln oder den vorsichtigen Anfängen der Anti-Rassismus-Konvention. In diesem Sinne verhandelt das Instrument das Verhältnis zwischen indigenen Völkern und weiten Teilen der Gesellschaft neu; ein solcher Ansatz wird v. a. innerhalb allgemein zugänglicher Rechte (auf Gesundheit, Bildung, Wahlrecht usw.) deutlich: Hier wird explizit auf die besonderen Bedingungen kultureller und verwandter Kollektivrechte hingewiesen. Jene Entwicklungen bleiben jedoch fern von pluralistischen Ansätzen, institutioneller Anerkennung oder etwa ganzheitlicher Staatsreform.

Ein nicht minderer bedeutender Kritikpunkt betrifft im weiten Sinne Bewusstseins- und Internalisierungsprozesse. Die beschriebene gesellschaftliche Reartikulation und Öffnung gegenüber rechtlichen Transformationen wie verfassungsrechtliche Fortschritte in den Andenstaaten lassen sich nur teilweise in der Mehrheitsgesellschaft wiederfinden. Vielmehr sind hier häufig sektorspezifische Interessen und Agenden ausschlaggebend für die Erfolge indigener Bewegungen und ihre weiten Anerkennungsbestrebungen. Hierzu zählen u. a. Koka- und andere agrarbasierte Lobbys, weite Forderungen marxistischer Strömungen, Degrowth- und andere umweltorientierte Zusammenschlüsse und nicht zuletzt Menschenrechtsverteidigungsbewegungen (vgl. bspw. Tauli Corpuz 2018). In der Tat zeigen sich indigene politische Parteien an sich als wenig politisch durchsetzungsfähig (vgl. bspw. Fall Chile). Dies mag auf fortwährende gesellschaftspolitische, neokoloniale Tendenzen zurückzuführen sein oder aber auf eine gewisse mehrheitsgetragene Zögerung, Minderheitsinteressen aktiv zu fördern, zu institutionalisieren und entsprechende positive Maßnahmen zu veranlassen oder zu verrechtlichen. Weiterhin sei anzumerken, dass die gesellschaftspolitische Implementierung aufgrund der mangelnden Ratifizierungskampagne, fehlender dezidierter Arbeitskräfte in jenem Bereich und einem schwachen geberorientierten Rahmengerüst der technischen Kooperation Wirkungskraft verliert (vgl. Larsen/Nolle 2020). Direkte Zugangsmöglichkeiten sind den Rechteinhaber:innen zudem verwehrt; Individualbeschwerdeverfahren sowie Teilhabemöglichkeiten im Sinne von Schattenberichten bei der Überprüfung der Staatenpraxis finden hier keinen institutionellen Rahmen; Ausnahmen bilden so genannte „representations“ der Arbeiterorganisationen (vgl. Yupsanis 2010; ebenso Swepston 2020).

2.5.1 Herausforderungen und Möglichkeiten für den Indigene-Staat-Nexus

Nicht zuletzt sei die Reartikulation der Beziehung zwischen Staat und Rechteinhaber:innen mittels des Übereinkommens erwähnt. So impliziert das Übereinkommen eine Beziehung auf Augenhöhe, zwischen gleichen Partnern beim (Wieder)Aufbau der Gesellschaft (vgl. Xanthaki 2010). In diesem Sinne bilden sich diverse neue Governance-Modelle und Dezentralisierungsprozesse im lateinamerikanischen Raume ab (vgl. Larsen/Nolle 2020). Das Übereinkommen übernimmt in diesem Sinne wesentliche Ermächtigungsfunktionen, erkennt indigene Völker nicht länger als Objekte, sondern ermächtigte Rechtssubjekte an (vgl. bspw. Watson 2018). Trotz fortgesetzter neo-kolonialistischer Behandlung indigener Völker in vielen Staaten der Welt, einschließlich arbiträrer staatlicher Verrechtlichungsprozesse (Ausnahme bspw. der Vertrag von Waitangi), formalisiert das Übereinkommen in wenigen Staaten jenes neu geschaffene Rechtsverhältnis, in anderen Fällen mag dies mittels des internationalen Gewohnheitsrechtes oder Allgemeiner Rechtsgrundsätze (Statut des Internationalen Gerichtshofes, Art. 38) geschehen. Im Lichte des nur begrenzt umgesetzten Übereinkommens gelten jene letztgenannten Standards als unausbleiblich; hinzu kommen *jus cogens*-Normen (vgl. Cassese 2012) und ihre besondere Relevanz für indigene Rechte (vgl. Eichler 2019). Abschließend lässt sich die extraterritoriale Verantwortung erwähnen; diese erweist sich als unentbehrlich in Fällen völkerrechtlicher Wirkungslücken, bspw. mit Hinblick auf staatliche und Unternehmensverpflichtungen für Tätigkeiten in sogenannten Host-Staaten (vgl. IACHR 2019; Bilchitz/Deva 2013).

Neben rechtlichen Anerkennungsdebatten wirft der Indigene-Staat-Nexus weitgreifende gesellschaftspolitische Fragen auf. So werden dem Übereinkommen nicht nur Erfolge bei der Kodifizierung von Arbeitsbedingungen zugeschrieben, vielmehr intensivieren sich weiterhin wirtschaftliche Zwänge sowie damit verwandte soziale Ungleichheiten neben der post-kolonialen Rationale jenes Nexus (vgl. Larsen/Gilbert 2020). Dies mag insbesondere indigene Völker im urbanen Raum betreffen oder jene mit häufigem Kontakt zur Mehrheitsgesellschaft und entsprechenden Erwartungen an die Gesamtgesellschaft. Hier spielt der Rohstoffsektor eine beträchtliche Rolle; in freiwilliger Isolation lebende indigene Gemeinschaften bleiben Explorations- und Ausbeutungsprojekten der Ölindustrie weiterhin ausgesetzt. Ebenso können sich Bildungssysteme and andere Versuche der breitflächigen Harmonisierung durch das Abkommen legitimieren und standardisieren lassen. Besondere Erwähnung verdient hier die soziale Kohäsion indigener Gemeinschaften sowie weitere Facetten kollektiver Kultur- und Sozialstrukturen. Ähnliche Auswirkungen lassen sich mit Hinblick auf indigene Organisations-, Entscheidungs- und Führungsstrukturen beobachten (vgl. Hirsch 2003); so genannte externe oder Fremdeingriffe dominieren seit dem Zeitalter der Kolonialisierung kollektive Gemeinschaftsstrukturen. Mit jenen Eingriffen wurde zudem das egalitäre Genderbewusstsein indigener Gemeinschaften einem vielschichtigen patriarchalen Verständnis und Gesellschaftsmodell unterworfen (vgl. Rivera Cusicanqui 2010).

Eine weitere wesentliche Säule der Reartikulation zwischen Gesellschaft und Staat bilden allgemeine Implementierungsfragen. Wenngleich Implementierungsfragen häufiger im Kontext der VN-Erklärung gestellt und kontrovers diskutiert werden (vgl. bspw. Charters/Stavenhagen 2012; Lenzerini 2019; zu innerstaatlicher Implementierung vgl. Observatorio Ciudadano of Chile 2018), so öffnen sich in diesem Kontext Debatten zur Durchsetzungskraft im Falle der ILO-Abkommen im Lichte ihrer rechtlich verbindlichen Natur. Indigene Repräsentant:innen weisen in diesem Zusammenhang häufig auf das Fehlen entsprechender Maßnahmen, unterstützender Rahmenbedingungen und Kriminalisierung hin – entgegen dem ILO-Verständnis von Friedensförderung und sozialer Gerechtigkeit (vgl. Larsen/Nolle 2020).

2.5.2 Re-Artikulationen und Institutionalisierungen der Indigenen-Staat-Beziehung

Jedoch kann unter dem Begriff der Pluralisierung und entsprechender Institutionalisierung von Anerkennungspraktiken nicht nur die Graswurzelebene und das Prinzip der lokalen indigenen Souveränität verstanden werden. Vielmehr erfordert dies einen gesamtgesellschaftlichen Wandel und seine Verrechtlichung, häufig in Form der Konstitutionalisierung. Insofern erfordert eine Neuerfindung der Indigenen-Staat-Beziehung zumeist eine Reform des Staates an sich, die Position seiner Institutionen, seiner Rechteinhaber:innen und kollektiver Identitäten, sowie prozedurale Details wie Teilhabe- und Repräsentationsquoten, eine Gleichstellung indigener Justizinstanzen, offizielle Mehrsprachigkeit oder die Einbettung indigener Verfahrensweisen. Eine wesentliche Neuerung bilden v. a. neue Partizipationswege und ihre Formalisierung. So haben sich indigene Bewegungen stetig globalisiert in Form von Gremiums- und Fraktionsarbeit zu breiteren Menschenrechtsbelangen und Bewegungen zum Kampf um Nichtdiskriminierung und Antirassismus sowie als Splitterbewegung anderer Sonderrechtsregime, v. a. Minderheitenrechte. Die jahrzehntelange kollektive Lobby-Arbeit rund um UNDRIPS leistete dabei einen erheblichen Beitrag (vgl. Willemsen Diaz 2012), nicht nur bei der letztendlichen Verrechtlichung indigener Forderungen, sondern ebenso bei der Stärkung indigener Strukturen und Verhandlungspositionen sowie globaler Bewusstseinsprozesse zur Wahrnehmung indigener Identität:en, Menschenrechtsverletzungen und ersten Schutzinstrumenten. Im Gegensatz dazu steht das C169-Abkommen: Globale Einbringungsmöglichkeiten für indigene Völker bzw. Repräsentant:innen fanden nur begrenzt Anklang (vgl. Yupsanis 2010).

Jene Prozesse finden auf vielschichtigen Ebenen statt, gewöhnlicherweise getrieben von starken innerstaatlichen Organisationsinstanzen indigener Völker (vgl. Andenraum). In der Tat lassen sich jene Bewusstseinsprozesse auf innerstaatlicher Ebene nur schwerlich in Isolation von gesamtgesellschaftlichen Transformationen betrachten, hierzu zählen insbesondere soziale Protestbewegungen zu bspw. der Verschiebung der agrarwirtschaftlichen Grenze in Amazonien (insbesondere Brasilien), Grundnahrungsmittelunsicherheit, territorialer und Ressourcenraub oder Privatisierungsmaßnahmen einschließlich der sozialen Auswirkungen beim Eintritt in globale Handelssysteme. Eine derartige Neuverhandlung der Beziehung zwischen indigenen Völkern und Staat durchzieht demnach innerstaatliche Angelegenheiten und staatliche Souveränitätsgedanken, regionale intergouvernementale Organisationen sowie globale Ordnungen und Organisationstrukturen. Dabei mögen indigene Belange sowohl lokal artikuliert werden, häufig als Antwort auf globale, neo-liberale Politik, sie werden jedoch maßgeblich von globalen Foren aufgenommen, verhandelt und mittels internationaler Normen durchgesetzt und diffundiert. Allerding sei das vorsichtige Ratifikationsverhalten gegenüber den Übereinkommen (C107 & C169) hier erneut erwähnt – komplementäre Standards erweisen sich also als fundamental bei der Annäherung an einen ganzheitlichen Schutz der Rechte indigener Völker und Individuen.

2.6 Jenseits von Spezialrechten: Komplementärer Rechtsschutz im Rahmen der ILO-Rechtsordnung

Neben dem Spezialrechteregime der beiden ILO-Abkommen C107 und C169 lässt sich ein komplementärer, transversaler Rechtsschutz erkennen. Zwei rechtliche Instrumente sind hierbei von besonderer Bedeutung, das *C111-Übereinkommen über die Diskriminierung in Beschäftigung und Beruf* (1958) und das *C105-Übereinkommen über die Abschaffung der Zwangsarbeit* (1957). Ersteres wird durch das *C190-Übereinkommen über die Beseitigung von Gewalt und Belästigung in der Arbeitswelt* (2019) über einen erweiterten genderbasierten Ansatz hinaus ergänzt; hierzu zählen maßgeblich durch Rassismus motivierte Diskriminierungsformen. Weitere spezifische Sonderrechte wurden durch die inzwischen außer Kraft gesetzten ILO-„*Übereinkommen über die Rechte indigener Arbeiter*“ *C050 zur Rekrutierung Indigener Arbeiter, C086 zu Arbeitsverträgen* (1947) und *C104 zur Abschaffung strafrechtlicher Sanktionen* (1955) etabliert. Einen weiteren Schwerpunkt bilden die Rechte der arbeitenden Landbevölkerung, maßgeblich geprägt durch die *VN-Erklärung für die Rechte von Kleinbauern und -bäuerinnen und anderen Menschen, die in ländlichen Regionen arbeiten* (UNDROP).

2.6.1 Der Diskriminierungsschutz als komplementärer Gewährleistungsrahmen: Zwangsarbeit und beschäftigungsbezogene oder berufsbedingte Diskriminierung

Die *C111-* und *C105-Übereinkommen* verdienen hier besondere Erwähnung und müssen im Lichte weitgreifender Dekolonialisierungsprozesse verstanden werden. So währt die Zwangsarbeit (C105) im Sinne sklavereiähnlicher Zustände bis heute fort (vgl. IACHR 2009) und erfordert hiermit eine explizite Berücksichtigung indigener Bedürfnisse bei der Abschaffung von Zwangsarbeit. Dazu zählen laut Abkommen u. a. Maßnahmen rassischer, sozialer, nationaler oder religiöser Diskriminierung (Art. 1(e)) und die Herbeiführung der Sklaverei oder ähnlicher Zustände durch die Pflicht- oder Zwangsarbeit (Präambel). In der Tat etablieren sich Standards zum Schutze vor Zwangsarbeit bereits in der Vor-VN-Zeit mit dem ILO-*Übereinkommen über Zwangs- und Pflichtarbeit C29* im Jahre 1930, welches entsprechende Verhandlungen und Entwurfsprozesse der ersten spezifischen Abkommen zum Schutze indigener Rechte in die Wege leitete (vgl. Thornberry 2002).

Das *C111-Übereinkommen* hingegen legt für indigene Völker wesentliche Antidiskriminierungsstandards fest, welche sich auf verschiedenste Weise als relevant erweisen können, dazu zählen: „jede Unterscheidung, Ausschließung oder Bevorzugung (...) auf Grund der Rasse, der Hautfarbe, des (sozialen) Geschlechts, des Glaubensbekenntnisses, der politischen Meinung, der nationalen Abstammung oder der sozialen Herkunft" (Art. 1(a)). Jene Kriterien oder Diskriminierungsgründe spiegeln den vom ICERD umfassten Diskriminierungsschutz wider: Der ILO-Sachverständigenausschuss CEACR wendet diese im Lichte der besonderen Bedürfnisse indigener Völker im Zusammenhang mit Landbesitzfragen und den Auswirkungen auf die Ausübung traditioneller Berufsformen an (vgl. MacKay 2020a). Die Rechtsprechung des Abkommens durch den Sachverständigenausschuss spezifiziert dies allerdings: So müssen bspw. spezifische Maßnahmen zum gleichberechtigten Zugang indigener Arbeiteiter:innen zu Arbeitsmöglichkeiten angenommen werden (vgl. Swepston 2020). Allerdings sei hier anzumerken, dass es sich bei dem Instrument lediglich um die Beschäftigung oder den Beruf im konventionellen Sinne, innerhalb der (Mehrheits)Gesellschaft handelt; so finden bspw. indigene Arbeits- und Berufsformen, einschließlich soziokultureller Besonderheiten, Bräuchen und Strukturen, keinerlei Erwähnung im Abkommen.

Die Zulassung zu „einzelnen Berufen" (Art. 1(3)) erfuhr jedoch bereits eine weite Interpretation: sie wurde maßgeblich auf traditionelle indigene Berufe mittels Nichtdiskriminierungsstandards und Landrechtsklauseln angewandt (vgl. MacKay 2020a). Zudem erklärt das Abkommen diverse Sondermaßnahmen für nichtdiskriminierend; diese müssen auf die „Berücksichtigung der besonderen Bedürfnisse von Personen abzielen, die aus Gründen des (sozialen) Geschlechts, des Alters, der Behinderung, der Familienpflichten oder der sozialen oder kulturellen Stellung anerkanntermaßen besonders schutz- und hilfebedürftig sind" (Art. 5(2)). Jene Maßnahmen finden somit mit Hinblick auf Beschäftigung und Beruf direkte Anwendung im Falle indigener Völker. Einschränkend könnten sich allerdings diverse politische Tätigkeiten indigener Völker auf den Genuss jener Sondermaßnahmen, jedoch ebenso auf den Zugang zu den Rechten des Abkommens, auswirken. Der Diskriminierungsschutz verliert bei Verdacht auf gegen die Sicherheit des Staates gerichteten Betätigungen seine Wirksamkeit. Indigene Völker und entsprechende repräsentierende Organisationen werden häufig kriminalisiert, politische Handlungen terroristischem Verhalten gleichgesetzt (vgl. Cloud/Le Bonniec 2020; Observatorio Ciudadano of Chile 2019). Somit werden entweder allgemein geltende Menschenrechte oder Sonderrechte im Namen der staatlichen Sicherheit bzw. Interesse regelmäßig außer Kraft gesetzt.

2.6.2 Indigene Rechte und das Schutzregime ländlicher Arbeiter:innen und Kleinbauern/-bäuerinnen

Jenen Spezialrechteregimen ist neben ihrer eigenen Bedeutung für den Menschenrechtsschutz indigener Völker zudem eine weitere Wirkungskraft zuzuordnen. Der ILO-Sachverständigenausschuss CEACR interpretiert jene Rechte in Verbindung mit parallelen Rechtsordnungen innerhalb des ILO-Regelungsrahmens, einschließlich der Spezialrechteabkommen C107, C169, jedoch ebenso weiteren Menschenrechtsinstrumenten etabliert unter dem Dache des Hohen Kommissariats der Vereinten Nationen für Menschenrechte. So wurde der Diskriminierungsschutz des C111-Abkommens bspw. in Verbindung mit anderen fundamentalen Rechten der UDHR gebracht (vgl. MayKay 2020). Neben dezidierten Abkommen zu den Rechten indigener Völker gewinnen insbesondere mit Hinblick auf berufliche Tätigkeiten im landwirtschaftlichen Bereich weitere Instrumente an Wichtigkeit. Hierzu zählen maßgeblich das ILO-Abkommen *C141 über die Verbände ländlicher Arbeitskräfte und ihre Rolle in der wirtschaftlichen und sozialen Entwicklung* (1975) und die kürzlich verabschiedete *VN-Erklärung für die Rechte von Kleinbauern und -bäuerinnen und anderen Menschen, die in ländlichen Regionen arbeiten* (2018).

Ersteres Instrument leistet v. a. einen Beitrag zur Stärkung von Strukturen und Organisationsformen ländlicher Arbeiter:innen: Neben Maßnahmen zur Beteiligung an soziowirtschaftlicher Entwicklung ruft das Abkommen gezielt zur Entwicklung von (Interessen)Verbänden zum Schutz vor u. a. Unterbeschäftigung und Lebensmittelknappheit auf (Präambel, Art. 3, 4). Eine besondere Rolle gewinnt außerdem die oben diskutierte Nichtdiskriminierung an jener Beteiligung (Art. 4) sowie hinsichtlich der Gesetzgebung oder Verwaltung (Art. 5). Darüber hinaus ergibt sich ein Schutzbedürfnis der Verbände, basierend auf Eingriffen, Zwang oder Druck (Art. 3(2)). Jene besonders deutlichen Dimensionen von Kollektivrechten finden sich parallel in den Autonomiebestrebungen indigener Völker und ihrer Strukturen wieder; dies betrifft sowohl ländliche Arbeitskräfte, indigene Völker als auch Konglomerate und ihrer Ausgesetztheit gegenüber externen Machtstrukturen (vgl. bspw. Fontana/Grugel 2016; Schilling-Vacaflor/Eichler 2017).

Gemeinsame Bedürfnisse und Interessen werden nun von UNDROP aufgegriffen. Ähnlich wie UNDRIPS etabliert die Erklärung ein alternatives Entwicklungsverständnis; dem kapitalistisch orientierten Wirtschaftsmodell und entsprechenden Abhängigkeiten sowie der Idee von „Unterentwicklung“ wird hiermit nicht nur getrotzt (vgl. Larking 2017), sondern es wird ein Rechtsverständnis auf Basis der Perspektiven der Betroffenen aufgebaut (vgl. Debatten rund um Entwicklungsalternativen, bspw. Gudynas, Escobar aus Einleitung). Insofern wird jene Sonderrechtsordnung häufig als Instrument des Globalen Südens bezeichnet; spezifische Benachteiligungen werden gezielt adressiert und rechtlich verankert (vgl. Nuila/Seufert/Monsalve/Suárez Franco 2020). Globale Herausforderungen treffen hier auf lokale Bedürfnisse und ihre plurale, kollektivorientierte Verrechtlichung. In diesem Sinne weist die Erklärung – ähnlich wie UNDRIPS – einen besonderen Beitrag zu Debatten rund um lokale Dimensionen und Repräsentationsinstanzen sowie Teilhabemöglichkeiten der Zivilgesellschaft auf (vgl. Vandenbogaerde 2017). Dies äußert sich bspw. in Agrarreformen, der Privatisierung von Land und Eingriffen internationaler Finanzinstitutionen (vgl. Larking 2017; Ziegler/Golay/Mahon/Way 2011). Im Falle der Erklärung und ihres Entwurfsprozesses lassen sich in der Tat jene Grundsatzdebatten rund um das Recht auf Entwicklung wiederfinden; diese fanden zu jener Zeit unter der Schirmherrschaft der VN-Menschenrechtskommission statt (vgl. Claeys/Edelman 2020).

Hier sei insbesondere die Bezugnahme auf andere Menschenrechtsinstrumente, einschließlich UNDRIPS, erwähnt sowie ähnliche Verhältnisse jener Rechteinhaber:innen, die im ländlichen Raume arbeiten, mit dem für den Lebensunterhalt wesentlichen Land, Wasser und der Natur (Präambel). Angeschlossen daran genießt die Natur, ähnlich wie in der Welt indigener Völker, eine besondere Stellung; landwirtschaftliche Tätigkeiten erweisen eine harmonische Beziehung mit der Natur, der Muttererde-Diskurs wird explizit aufgenommen. Hier sei ebenso der Artenvielfalt-Nexus erwähnt: Wie indigene Völker werden ländlich arbeitende Bevölkerungsgruppen als Biodiversitäts-Hüter:innen angesehen und damit als Wahrer der Nahrungsmittelsicherheit (Präambel). Entsprechend lassen sich dieselben Gruppen als Opfer von Armut, Hunger und Mangelernährung verstehen, genauso wie als Betroffene von Umweltschäden und Veränderung, Zwangsumsiedlungen, Stadtflucht, Suizid, genderbasierter Diskriminierung, Verletzungen des Rechtes des Kindes, riskanten und ausbeutenden Bedingungen, sowie Gewalttaten. Die Erklärung schließt zudem eine wesentliche Lücke des Menschenrechtsschutzes: Während sich die internationale Landbevölkerungsbewegung „Vía Campesina" für wirtschaftliche Gerechtigkeit, Nahrungsmittelsouveränität (vgl. ebenso PFII 2012b) und Mutter Erde einsetzt, wandelt die Erklärung zumindest teilweise Forderungen zur Minderung sozialer Ungerechtigkeiten und Schäden in Menschenrechte um (vgl. Larking 2017). Menschenrechte werden hiermit zu einer internationalen Sprache sozialer Gerechtigkeit, operationalisieren und de-politisieren umstrittene Thematiken (vgl. Larking 2017). Damit gewinnen jene Rechte genauso für indigene Völker an entscheidender Bedeutung.

2.6.3 Einblicke in UNDROP-Verrechtlichungsprozesse: Schwerpunkte und Transformationspotenzial

In der Tat betont die Erklärung die Notwendigkeit der Anwendung und kohärenten Interpretation internationaler Menschenrechtsnormen und Standards; die Rechte indigener Völker tragen hierbei eine entscheidende Rolle. Explizit erwähnt werden indigene Völker zudem als Rechteinhaber:innen: Die Erklärung findet sowohl auf indigene Völker als auch auf lokale Gemeinschaften, die sich der Landarbeit widmen, Anwendung sowie auf Wandergemeinschaften, nomadische und semi-nomadische Gemeinschaften und landlose Bevölkerungsgruppen, welche jenen Tätigkeiten nachgehen (Art. 1(3)). Ähnlich wie die Bewegung indigener Völker und entsprechende bottom-up gesteuerte Normprozesse so werden Entwicklungen rund um jenes neue Instrument von den Betroffenen selbst vorangetrieben und nehmen eine ähnliche dekolonialisierende Form an (vgl. Claeys 2018; Dunford 2017).

Neben spezifischen landarbeitsbezogenen Rechten finden hier ebenso wesentliche Land- und Ressourcenrechte Ausdruck (vgl. ebenso EMRIP 2020; PFII 2018; PFII 2007). Allerdings werden Ressourcenrechte bedeutend eingeschränkt: So wird zwar Zugang gewährt, jedoch ist die Nutzung auf die Absicherung angemessener Lebensbedingungen beschränkt. Lediglich die Teilhabe am Ressourcenmanagement jener Gruppen wird respektiert, die Ressourcenausschöpfung wird unter der Voraussetzung einer sozioökonomischen Folgenabschätzung, Konsultationen nach gutem Glauben und einer ausgewogenen und gerechten Verteilung von Nutzungsgewinnen gestattet (Art. 5(2)). Landrechte weisen hingegen einen weitreichenderen Schutz auf; dies betrifft sowohl Individual- als auch Kollektivrechte zu Land, einschließlich Zugangs- und Bewirtschaftungsrechte zur Absicherung von Lebensstandards zu einem sicheren, friedvollen und würdevollen Lebensraum und zur Entwicklung ihrer Kultur(en) (Art. 17(1)). Über den Wert jener grundlegenden Menschenrechte hinaus nehmen Landrechte für indigene und Landbevölkerungen eine funktionale Wirkung ein; diese wirken der Idee entgegen, natürliche Ressourcen in Güter umzuwandeln bzw. als alleinige Produkte zu verstehen (vgl. Claeys/Edelman 2020; Monsalve 2013). Neben üblichen Nichtdiskriminierungsklauseln erfordert das Instrument zudem die Annahme positiver Maßnahmen zur Durchsetzung von den für indigene Völker fundamentalen Landbesitzrechten: Hier geht die Erklärung genauer auf eigenes nicht staatlich anerkanntes Landgewohnheitsrecht ein sowie die damit verwandten unterschiedlichen Modelle und Systeme (Art. 17(3). Jene Kodifizierung bedeutet einen fundamentalen Beitrag zu den Rechten indigener Völker, einschließlich der formellen Anerkennung ihrer eigenen Institutionen, Rechtssysteme und Instanzen (vgl. ebenso SR 2019; PFII 2021).

Das ebenfalls etablierte Verbot von Zwangsumsiedlungen und Vertreibungen sowie die damit verbundene Eingrenzung von Landkontrollprozessen und ihrer sozialen Funktion findet in der Erklärung klaren Ausdruck; zusätzlich gilt ein besonderer Schutz vor jenen willkürlichen und rechtswidrigen Maßnahmen mit Hinblick auf Landbesitzrechte (Art. 17(3), (4), (6)). Jenes Verbot soll sich zudem in innerstaatlicher Rechtsprechung äußern, solange dabei der Internationale Menschenrechtsschutz und Humanitäres Völkerrecht Beachtung finden. Ein besonderes landrechtsrelevantes Recht bildet das bisher wenig etablierte Informationsrecht. Die Erklärung kodifiziert ein solches Recht bspw. hinsichtlich der Teilhabemöglichkeiten jener Rechteinhaber:innen in Entscheidungsverfahren: Dies umfasst den Zugang zu relevanter, transparenter, frühzeitiger und angemessener Information in entsprechender Sprache, Form und beruhend auf kulturellen Methoden; dabei soll die effektive Teilhabe in Entscheidungsprozessen gewährleistet werden, insofern ihr Leben, Land und Lebensgrundlagen betroffen sind (Art. 11(2)).

Eine weitere wesentliche rechtliche Dimension der Erklärung bilden kulturelle Rechte. Jene Rechte begründen die neue Rechtsordnung als solche: die besondere Beziehung indigener Völker zur natürlichen Welt und ihren kulturellen, sozialen und spirituellen Dimensionen bildet hierbei eine wesentliche Rationale für die Etablierung eines Sonderrechtsregimes (vgl. Nuila/Seufert/Monsalve/Suárez Franco 2020). Dies betrifft zum einen die negative Staatenpflicht, ländliche Bevölkerungsgruppen bei ihrem Anspruch auf eigene Kultur(Ausübung) und kulturelle Entwicklung, traditionelles und lokales Wissen, Lebensweisen, Produktionsformen oder Technologien, Gebräuchen und Traditionen nicht zu diskriminieren oder einzuschränken (Art. 26(1)). Dies mag sich in dezidierten Rechten auf lokale Bräuche, Sprache, Kultur, Religionen, Literatur und Kunst äußern; zudem gehen die Staaten positive Verpflichtungen ein, darunter der Schutz indigenen Wissens und Antidiskriminierungsmaßnahmen hinsichtlich traditionellen Wissens, Praktiken und Technologien jener Bevölkerungen (Art. 26(2), (3)). Dabei erfahren jene traditionellen Rechte der Kategorie der wirtschaftlichen, sozialen und kulturellen Rechte eine kollektive Dimension und bestärken den Menschenrechtsschutz der ILO- und OHCHR-Systeme, darunter C107, C169, UNDRIPS, ICESCR. Allerdings entwickelt das UNDRIPS-Regime weitreichendere Verpflichtungen, insbesondere mit Hinblick auf eigene Institutionen, der Weiterentwicklung jener Kulturen, spezifischen Lehr- und Lernmethoden, der Aufrechterhaltung von entsprechenden Stätten, dezidierten Bildungsmöglichkeiten und kultureller Vielfalt. Abhängig von weiteren Entwicklungen rund um die *VN-Erklärung für die Rechte von Kleinbauern und -bäuerinnen und anderen Menschen, die in ländlichen Regionen arbeiten*, bspw. mittels weiterer Verrechtlichungsprozesse bis hin zu rechtlich bindenden Rechtsrahmen, können indigene Völker auf jenes Sonderrechtsinstrument Zugriff nehmen.

Verständnis- und Debattierfragen zum Kapitel „Erste Schritte der Standardisierung"

I) *Reflektieren Sie, inwiefern indigene Völker mittels der ILO-Übereinkommen zu einer neuen Rechtskategorie heranwachsen konnten.*

II) *Welche Auswirkungen hat dies mit Hinblick auf die kollektive Selbstbestimmung, Autonomien und das Recht auf Entwicklung?*

III) *Beschreiben Sie, welche Ansätze das ILO 107-Abkommen verkörpert. Welche Konflikte ergeben sich möglicherweise dabei?*

IV) *Nennen Sie Erwägungsgründe und Entwicklungen im Lichte der ILO 107-Revision.*

V) *Inwiefern finden sowohl Pluralismus als auch Kollektivrechte stärkeren Ausdruck im ILO 169-Übereinkommen?*

VI) *Beschreiben Sie wesentliche kodifizierte Rechte des C169-Abkommens – in welcher Beziehung stehen die jeweiligen Rechtskategorien zueinander?*

VII) *Zeigen Sie, inwiefern die Übereinkommen von indigenen Organisationen, Bewegungen und Repräsentationsinstanzen getragen wurden (oder nicht).*

VIII) *Welche gesellschaftspolitischen Auswirkungen lassen sich auf innerstaatlicher Ebene beobachten?*

IX) *Welche Transformationsprozesse finden auf globaler Ebene statt?*

X) *Beschreiben Sie die Wechselwirkungen zwischen Recht und Gesellschaft anhand von Debatten zu multikulturellen, pluralistischen, oder plurinationalen Ansätzen.*

Literatur zur Einführung

Larsen, Peter Bille/Gilbert, Jérémie (2020): Indigenous Rights and ILO Convention 169: Learning from the Past and Challenging the Future. The International Journal of Human Rights 24, 2–3: S. 83–93.

MacKay, Fergus (2002): A Guide to Indigenous Peoples' Rights in the International Labour Organisation, Moreton-in-Marsh: Forest Peoples Programme.

Rodríguez-Piñero, Luis (2005): Indigenous Peoples, Postcolonialism, and International Law: The ILO Regime (1919–1989), Oxford: Oxford University Press.

Swepston, Lee (2015): The Foundations of Modern International Law on Indigenous and Tribal Peoples: The Preparatory Documents of the Indigenous and Tribal Peoples Convention, and its Development through Supervision, Leiden & Boston: Brill Nijhoff.

Yupsanis, Athanasios (2010): ILO Convention No.169 Concerning Indigenous and Tribal Peoples in Independent Countries 1989–2009: An Overview. Nordic Journal of International Law 79: S. 433–456.

Interaktives Online-Lernspiel zum Kapitel 2 „Erste Schritte der Standardisierung“

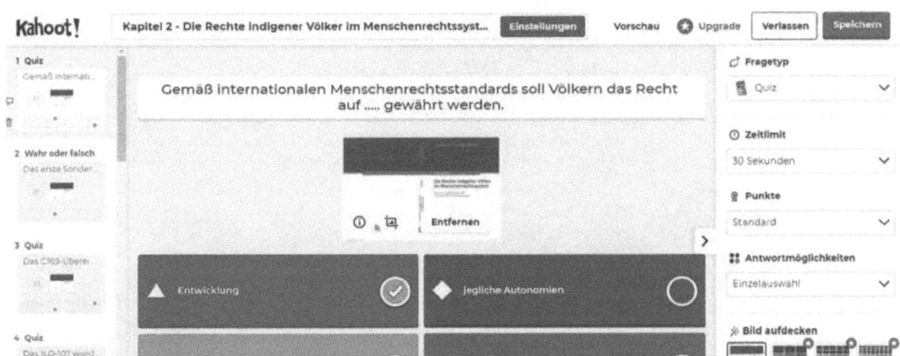

→ https://create.kahoot.it/share/kapitel-2-die-rechte-indigener-volker-im-menschenrechtssystem-normen-institutionen/14aeac22-a2be-480d-ba48-a70c292b8b61

Kapitel III: Progressive Entwicklungen in einem komplementären institutionellen Rahmen: die Etablierung einer neuen Rechtsordnung

Zusammenfassung

Die *Erklärung der Vereinten Nationen über die Rechte der indigenen Völker* etabliert eine neue Sonderrechtsordnung (2007) des völkerrechtlichen *soft law*. Sie blickt auf jahrzehntelange Verhandlungen zurück; VN-Arbeitsgruppen und Sonderprozeduren trugen zu indigener Beteiligung bei, zu ihrer Anerkennung als kollektive Rechtssubjekte und zeichneten den Verhandlungsprozess aus. Somit integriert UNDRIPS einen selbstbestimmten, pluralistischen und dekolonisierenden Ansatz trotz souveränitätsorientierter Einschränkungen. Globale und regionale indigene Bewegungen konstituierten sich oder fanden neuen Raum der institutionellen Artikulation. Allerdings bringt die Natur der Erklärung komplexe Fragen der Umsetzung mit sich. Rechtstheoretische Überlegungen und politische Strategien stehen im Vordergrund bei der Erwägung von Implementierungswegen. Völkerrechtliche Sondermechanismen und ein zivilgesellschaftliches Netz transnationaler Akteure erlangen hierbei eine besondere Funktion.

Völkerrechtliche Debatten sind geprägt von einer inneren Zerrüttung, bedingt durch unterschiedliche rechtliche Stellungen der maßgebenden völkerrechtlichen Instrumente, den ILO-Konventionen C107 und C169 sowie der VN-Erklärung UNDRIPS (vgl. Eichler/Doyle/Howard 2022). Einerseits wird letzterem Instrument zweifellos ein *soft law*-Status zugeschrieben; es zeichnet sich durch seinen rechtlich nicht verbindlichen Charakter aus, wobei gleichzeitig das *bona fide*-Prinzip gilt (vgl. bspw. Status und Grundbedingungen völkerrechtlicher Verträge im *Wiener Übereinkommen über das Recht der Verträge* 1969). Ähnlich gelten bei völkerrechtlichen und anderen Instrumenten präambuläre Rechte zwar nicht als rechtlich verbindlich, jedoch als richtungsweisende, zu berücksichtigende Elemente des Völkerrechts und somit als weitestgehend staatliche Verpflichtungen. Andererseits genießt insbesondere die besagte VN-Erklärung nahezu universelles Ansehen: Bei Annahme durch den Menschenrechtsrat und anschließender Verabschiedung durch die VN-Generalversammlung wurde UNDRIPS mit vier Ausnahmen angenommen; Australien, Neuseeland, die USA und Kanada revidierten ihre ablehnenden Entschlüsse im Nachgang, bspw. die USA mit Hilfe des politischen Wechsels hin zur Obama-Regierung. Damit genießt das Instrument weiten Zuspruch innerhalb der internationalen (Staaten)Gemeinschaft: Internationales Gewohnheitsrecht, rechtliche Prinzipien und so genannte fortschrittliche Entwicklungen konnten sich dementsprechend auf jener Basis zügig etablieren.

3.1.1 UNDRIPS und das rechtliche Panorama der Standardsetzung

Dementsprechend weist das Instrument eine beachtliche rechtliche und vielschichtige Wirkung innerhalb des Völkerrechts im Allgemeinen und des IHRL-Schutzes im Speziellen auf (vgl. bspw. Barelli 2009; Gómez Isa 2019; Charters/Stavenhagen 2012; Pulitano 2012; Fitzmaurice 2012; ILA 2010; Prasad 2008). Wenngleich existierende Standards des IHRL parallele Schutzinstrumente etablieren, so kann kaum von Sonderrechtsregimen oder einer systematischen Gewährleistung indigener Rechte gesprochen werden; erstere beziehen sich insbesondere auf den jahrzehntelangen Schutz durch internationale Minderheitenrechte und Antirassismusrechtsordnungen. Die letztgenannten Rahmenordnungen finden jedoch nur teilweise Anwendung bzw. können sich indigene Völker nur bedingt Zugang zu jenen Regelungsrahmen verschaffen. So sind Anti-Rassismus-Richtlinien und das damit verbundene Nichtdiskriminierungsverbot nur bedingt von indigenen Völkern einklagbar, sollten sich jene Individuen oder Gruppen nicht als ethnisch diskriminiert verstehen. Völkerrechtliche Minderheitenregime stellen weitere Vielschichtigkeiten auf: Sie bieten eine wesentliche Stütze, insbesondere im Falle kultureller Rechte, jedoch zeigen sich gleichzeitig Grenzen auf, etwa bei der Anwendung auf unterdrückte, numerische Mehrheitsbevölkerungen oder dem begrenzten Zugang zum völkerrechtlichen Begriff der „Völker", einschließlich dezidierter Rechte der VN-Charta sowie des Sozial- und Zivilpaktes (vgl. Castellino/Doyle 2018). Daneben bietet neben internationalen Antirassismusgarantien das allgemeine menschenrechtliche Völkerrecht Einstiegspunkte für die Artikulation indigener Rechte, u. a. Art. 27 des Zivilpaktes und seinem Minderheitenschutz (vgl. Anaya/Rodríguez-Piñero 2018).

Die von der Erklärung etablierte Rechtsordnung gilt demnach ausdrücklich als Minimalstandard; komplementäre rechtliche Quellen und Entwicklungen können somit ausdrücklich den Schutz indigener Rechte ergänzen und sind in diesem Sinne über jene Staaten hinaus anwendbar, welche der Annahme der Erklärung im Rahmen der VN-Generalversammlung zustimmten. Trotz des rechtlich nicht verbindlichen Charakters des Instrumentes lassen sich gewohnheitsrechtliche Verpflichtungen feststellen, und zwar das Recht auf Abgrenzung, Eigentum, Entwicklung, Kontrolle und Nutzung des traditionell genutzten Landes (vgl. Anaya/Wiessner 2011). Gleichzeitig repräsentiert das Instrument als Minimumstandard ein autoritatives gemeinsames Verständnis auf globaler Ebene, dessen Rechte normative Regelwerke ergänzen bzw. diese selbst konstituieren und damit VN-Menschenrechtsmechanismen anleiten; Staaten werden demnach auf Basis der Erklärung beurteilt (vgl. Fitzmaurice 2012; Anaya 2011), bspw. im Rahmen der *Universellen Periodischen Berichterstattung (UPR)* des VN-Menschenrechtsrates. In der Tat zeigt sich insbesondere die Anwendung und Erfüllung der kodifizierten Rechte der Erklärung als weittragend und durchsetzungsstark, anders als UNDRIPS aufgrund seines *soft law*-Status vermuten ließe (vgl. insbes. Clavero 2008; Rodríguez-Piñero 2012).

Universelle Periodische Berichterstattung (UPR):

Im Rahmen der UPR werden Staaten regelmäßig zur Berichterstattung über die Einhaltung ihrer menschenrechtlichen Verpflichtungen vor den VN-Menschenrechtsrat geladen. Die Sitzungen lassen mündliche Befragungen und die Teilnahme zivilgesellschaftlicher Akteure zu. Der UPR richtet sich an bzw. verpflichtet alle VN-Mitgliedstaaten unabhängig von ihren jeweiligen Verpflichtungen durch die Ratifizierung dezidierter Menschenrechtsabkommen.

3.1.2 UNDRIPS, kritische Perspektiven und die Herausforderungen der Umsetzung

Kritische Stimmen weisen jedoch auf die zaghafte Natur des Instruments, einschließlich schwach ausgeprägter Kollektivrechte (vgl. Engle 2011), und der bereits diskutierten Einschränkungen aufgrund des staatlichen Souveränitätsgedanken hin. Somit nimmt die Erklärung erneut die Rolle der staatlichen Vorherrschaft gegenüber indigenen Völkern ein (vgl. Newcomb 2011). Neokoloniale Einflüsse währen in diesem Sinne zumindest subtil fort: Dies betrifft den altbekannten Status Quo staatlicher Verhandlungsmacht begründet in der täglichen Praxis internationaler Organisationen sowie eine fortwährende, unterschwellige Logik, welche die Praxis der globalen Gemeinschaft und des internationalen gesellschaftspolitischen Systems durchzieht.

Jenseits des mächtigen staatlichen Souveränitätsgedanken und damit einhergehender Einschränkung indigener Rechte lässt sich Kritik an der Natur der Rechte des Instruments veräußern (vgl. bspw. Churchill 2011). Dies betrifft zum einen die fortwährende Priorisierung von Individualrechten und zum anderen klassischen Menschenrechtsdimensionen; somit distanziert sich das Instrument von lokalen Verrechtlichungsprozessen und mag vernakuläre Ausdrücke des Rechts weitestgehend untergraben. Hierbei sei jedoch ebenso ein Augenmerk auf die weiten Anerkennungsformen von indigenen Organisations-, Repräsentations- und Institutionalisierungsformen der neuen Rechtsordnung gelegt. Ein weiterer Kritikpunkt betrifft die Natur menschenrechtlicher Verpflichtungen. Trotz des Sonderrechtsstatus an sich und damit einhergehender besonderer menschenrechtlicher Gewährleistungen, ist UNDRIPS geprägt von *negativen Verpflichtungen*; dazu zählt bspw. das Nichteingreifen in indigene Strukturen und der Genuss von fundamentalen Rechten. Weiterführende *positive Verpflichtungen* finden hier allerdings nur teilweise, subsidiär Ausdruck; dies betrifft bspw. die gezielte Förderung existierender Rechte bei der Etablierung von Programmen und Konjunkturen oder bei der Gestaltung von Schutzmaßnahmen im Sinne ihrer Zugänglichkeit, Verfügbarkeit/Vorhandensein, Annehmbarkeit und Adaptierbarkeit (vgl. hierzu die Allgemeinen Kommentare zum Recht auf Bildung und Wohnen des *VN-Fachausschusses zum Sozialpakt*). Die folgenden Diskussionen nähern sich dem allmählichen globalen Verrechtlichungsprozess bis hin zur Annahme der VN-Erklärung im Lichte jener vielschichtigen menschenrechtlichen Verpflichtungen, orientiert an einer fragmentierten VN-Ordnung von Arbeitsgruppen, Sonderprozeduren, paralleler Verhandlungsprozesse und Sondermechanismen.

negative und positive Menschenrechtsverpflichtungen und Maßnahmen:

Der respect, protect, fulfill-Triade der Menschenrechtspflichten folgend lassen sich unterschiedliche Nuancen jener Pflichten ausmachen. Im Vordergrund stehen dabei die negative Verpflichtung des Nichteingreifens, bspw. hinsichtlich physischer oder psychischer Integrität, oder positiver Pflichten einschließlich bestimmter Schritte zur Gewährleistung von Menschenrechten, was bspw. die Zugänglichkeit, Verfügbarkeit, Annehmbarkeit und Adaptierbarkeit von Maß-

nahmen angeht. Die klassische, politisierte Unterscheidung zwischen CP-Rechten und ESC-Rechten verliert hierbei an Bedeutung.

3.3 Vorbereitende Maßnahmen in der Konstruktion einer neuen Rechtsordnung – Arbeitsgruppen, Sonderprozeduren und weitere Mandatierungen

Die Konstruktion einer neuen Rechtsordnung durch die VN-Erklärung lässt sich nicht isoliert von der Etablierung und Entwicklungen rund um die ILO-Abkommen betrachten. Allerdings sei hier der Akzent auf die jahrzehntelangen Verhandlungen und Institutionalisierungen gesetzt; diese sind letztendlich als Teil des Normschaffungsprozesses der Erklärung zu betrachten. Allerdings bedingen jene Vorentwicklungen die Erfolge der UNDRIPS auf zwei wesentliche Weisen: Zum einen konnten indigene Völker seit den 1990er Jahren als integrale Bestandteile des Menschenrechtssystems gezählt werden, womit erste Rechte global artikuliert und implizit eingefordert werden konnten (vgl. Anaya/Rodríguez-Piñero 2018). Zum anderen konnten in diesem Zusammenhang und mit der Bekanntgabe des ersten Entwurfes um 1994 erste Inhalte durch die Vertragsorgane und andere Mechanismen getestet werden (vgl. Anaya/Rodríguez-Piñero 2018). So wurde der Erklärung bereits im Vorhinein Autorität verschaffen, und zwar von entsprechenden mandatierten Mechanismen wie dem Menschenrechtsausschuss (vgl. Anaya/Rodríguez-Piñero 2018; Kingsbury 2000).

3.3.1 Institutionalisierung der indigenen Bewegung: Arbeitsgruppenbildung und ihr Einfluss auf den Entwurfsprozess

In der Tat lässt sich die Entstehung der Erklärung nur im Zusammenhang mit vorherigen Verrechtlichungsprozessen verstehen, als Fortsetzung offener Verhandlungen zur Selbstbestimmung und Landrechten oder als kontrastierende Antwort auf integrationistische Paradigmen der ILO-Instrumente. In anderen Worten steht die Erklärung für das Erstreben der höchsten Ideale und Ziele indigener Völker, während die Internationale Arbeitsorganisation mit der Annahme der Abkommen Nr. 107 und 169 eine eher technische Aufgabe annahm (vgl. Rodríguez-Piñero 2005). Weitere wesentliche Fortschritte lassen sich in Hinblick auf die Definition indigener Völker vermerken; die Erklärung setzt sich maßgeblich von rechtlich weniger wirksamen Kategorien ab. Gegensätze treten tatsächlich vielschichtig zu Tage: Hierbei lässt sich dem VN-Unterausschuss zur Verhinderung von Diskriminierung und zum Schutz von Minderheiten (*Sub-Commission on the Prevention of Discrimination and Protection of Minorities*) eine besondere Funktion zuschreiben: Neben der diskutierten Martínez Cobo-Studie (vgl. Kapitel II) nahm der Unterausschuss im Jahre 1994 einen finalen Entwurf der von der *VN-Arbeitsgruppe über indigene Bevölkerungen* (WGIP) erarbeiteten Erklärung entgegen; einen vollständigen Entwurf hatte die Arbeitsgruppe bereits im Jahre 1988 erstellt. Dieser wurde von der Menschenrechtskommission, dem Vorgängerorgan des heutigen Menschenrechtsrates, angenommen (vgl. Anaya 2004). Zu jener Gelegenheit etablierte die Menschenrechtskommission selbst eine dezidierte Arbeitsgruppe mit dem Ziel, eine solche VN-Erklärung zu erarbeiten, und zwar die *VN-Arbeitsgrup-*

pe zu dem Entwurf einer Erklärung (WGDD, Working Group on the Draft Declaration) im Jahre 1995 (vgl. Charters/Stavenhagen 2012).

Die Etablierung jener Arbeitsgruppen stellt in der Tat eine Partikularität des normschaffenden Prozesses rund um die Erklärung dar, ebenso die vorherig agierende *VN-Arbeitsgruppe über indigene Bevölkerungen* WGIP. Letztere wurde von dem genannten VN-Unterausschuss im Jahre 1982 ins Leben gerufen und kann als Organ jenes Ausschusses betrachtet werden (bspw. Anaya 2004). Dabei beschränkt sich ihr ursprüngliches Mandat nicht auf rechtsprechende Entwicklungen rund um die Erklärung, sondern erfasst gleichermaßen Überprüfungen und Nachverfolgungen allgemeiner Entwicklungen zu indigenen Rechten sowie das Erarbeiten allgemeiner internationaler Standards (bspw. Anaya 2004). Der Arbeitsgruppe waren andere Verrechtlichungsprozesse vorangegangen, bspw. durch die *Draft Declaration of Principles for the Defense of Indigenous Nations and Peoples of the Western Hemisphere* (vgl. Rodríguez-Piñero 2005), vorangetrieben durch den Unterausschuss, jedoch ohne damit einhergehenden möglichen Kodifizierungen. Es mag argumentiert werden, dass mit der Arbeitsgruppenstruktur der VN-Gremien jene Kodifizierung indigener Rechte maßgeblich vorangetrieben wurde und damit die anschließende Annahme der VN-Erklärung. Ein weiterer Verdienst der Arbeitsgruppe spiegelt sich fortan in ihrem offenen Format wider; als Forum indigener Organisationen aller Weltregionen würde sie als wesentliches Artikulationsorgan indigener Völker fungieren (vgl. Rodríguez-Piñero 2005).

Die von der Menschenrechtskommission etablierte WGDD verzeichnete weitere Erfolge; diese schließen sowohl neue Artikulationen von indigenen Kollektivrechten ein als auch moderate Veränderungen in den Entscheidungsstrukturen des VN-Systems: So konnte indigenen Organisationen ohne konsultativen Status des Wirtschafts- und Sozialrates die Teilnahme ermöglicht werden (vgl. Hendriksen 2012). Dies prägte zudem das wirkungsvolle Mitentscheiden über die Erklärung innerhalb der Gremiumsarbeit: Wesentliche Strukturen wurden bereits um 1996 geschaffen; so erforderten Änderungen des Entwurfstextes durch den Unterausschuss die breite Akzeptanz indigener Repräsentant:innen (vgl. Hendriksen 2012). Auf ähnliche Weise haben jene neu etablierten Strukturen eine verbesserte kollektive Positionierung ermöglicht. In diesem Sinne forderten indigene Völker bei der ersten Sitzung der Arbeitsgruppe die unverzügliche Annahme der Erklärung – später bekannt als die „no-change position“: So wurde auf Basis des finalen Entwurfes der 1990er Jahre eine wesentliche Verhandlungsgrundlage geschaffen, wobei sich gleichzeitig interne Abspaltungen ergaben (vgl. Hendriksen 2012). Zugleich verhalf jene Position indigenen Allianzen zur Verteidigung gegen nichtakzeptable Veränderungen (vgl. Carmen 2012).

3.3.2 Die Komplexitäten des Verhandlungsprozesses: Divergenzen und Allianzen

Parallele Entwicklungen auf zwischenstaatlicher Ebene weisen derweil auf eine Schwächung der vorherrschenden Rechtsordnung hin, hinsichtlich des Sonderstatus indigener Rechte und der Verrechtlichung der kollektiven Selbstbestimmung (vgl. Carmen 2012). Spaltungen innerhalb des *Indigenous Caucus* erwiesen sich jedoch in den letzten Jahren des Verhandlungsprozesses als fundamentale Wegweiser für die Eingliederung fortschrittlicher Rechte wie der Selbstbestimmung sowie Land- und Ressourcenrechte. Konsensorientierte Verhandlungen waren demnach ausschlaggebend für die letztendliche Annahme des Instruments. Trotzdem lässt sich hier vermerken, dass es sich bei der finalen Erklärung ausdrücklich um Minimumstandards handelt, trotz der beträchtlichen indigenen Beteiligung (vgl. Carmen 2012). Vorangetragen wurden diese von den Staaten Guatemala und Mexiko, in der Hoffnung, afrikanische Staaten zur Zustimmung zu bewegen (vgl. Hendricksen 2012). Weiteren Einfluss übte der Vorsitzende der Arbeitsgruppe Luis Enrique Chávez (Peru) in Hinblick auf die Bestrebung, den Entwurfstext des Unterausschusses als Basis zur Diskussion beizubehalten: Dies führte maßgeblich dazu, Staaten und Staatenallianzen daran zu hindern, die häufig mangelhaften UNDRIPS-Entwürfe dem Ausschuss zu unterbreiten (vgl. Carmen 2012). Letztere zeigen bis heute eine gewisse Abneigung gegenüber der Annahme indigener Sonderrechte, anfangend bei der Definition von Rechteinhaber:innen (vgl. bspw. Dersso 2006).

Grundsätzlich lässt sich feststellen, dass die jahrzehntelangen Verhandlungen rund um die Erklärung von so genannten „impasses" durchzogen wurden: Unterschiedliche Positionen seitens indigener Repräsentant:innen einerseits und staatlicher Allianzen andererseits führten zum Stillstand der Verhandlungen, häufig im wesentlichen Moment der Annahme des Erklärungsentwurfes (vgl. Chávez 2012). Dabei spielten entsprechende Blockaden seitens der Staatenallianzen eine entscheidende Rolle; Entwürfe wurden allgemein befürwortet, jedoch gewöhnlich hinsichtlich bestimmter Rechtsvorschriften wie zur Selbstbestimmung oder Landrechten letztendlich abgelehnt (vgl. Chávez 2012). Der Verhandlungsprozess bis hin zur letztendlichen Annahme der Erklärung ist demnach geprägt von Widersprüchen: Einerseits lässt sich eine zunehmende Dominanz staatlicher Akteure feststellen, andererseits haben indigene Repräsentant:innen eine nie zuvor verzeichnete Verhandlungsrolle erringen können, insbesondere was Nichtregierungsakteure betrifft (vgl. Hohmann/Weller 2018).

3.4 Indigene Bewegungen und deren Forderungen: ein Exkurs in die Übersetzung von Stimmen in den rechtschaffenden Prozess

Jedoch handelt es sich bei der globalen indigenen Bewegung (häufig: „internationale indigene Bewegungen") keineswegs um einstimmige Forderungen oder harmonisierte Agenden. Vielmehr lässt die Erklärung die Diversität indigener Rechteinhaber:innen und ihre Belange vielschichtig zur Geltung kommen. Diese basieren gewöhnlicherweise auf lokaler Lobbyarbeit und können mittels des *Indigenous Caucus*-Systems (vgl. Dahl 2012; Lightfoot 2016) in VN-Arbeitsgruppen eingebracht werden. So bilden sich regionale Agenden, häufig im Kontrast zu staatsbasierter Diplomatie. Ähnlich wie die Schattenberichte der Nichtregierungslobbyarbeit das Menschenrechtsbeobachtungssystem der Vereinten Nationen kritisch begleiten, so konstituieren sich neue indigene Organisationsstrukturen auf globaler Ebene, gestützt durch regionale Interessenbildungsprozesse; exemplarisch hierfür stehen die beschriebenen Arbeitsgruppen.

3.4.1 Indigene Bewegungen, ihre Identität(en), Leitbilder und Forderungen

Allerdings reichen indigene Kollektivbelange über regionale Interessen und entsprechende Formierungsprozesse hinaus: So lässt sich zwischen Verteidiger:innen eines (klassischen) Menschenrechtsmodells (südliche Bewegung) und Repräsentant:innen eines Modells der Selbstbestimmung (nördliche Bewegung) unterscheiden. Letztere spiegelt die historische Erfahrung intensiver europäischer Kolonialisierung und Siedlungspolitik wider (vgl. Erueti 2020). Während sich die Menschenrechtsbewegung – einem minimalistischen Ansatz folgend – in globalen Foren durchsetzen konnte, wird der Selbstbestimmungsansatz als Leitbild fundamentaler struktureller Reformen (des Staates) angesehen (vgl. Erueti 2020). Eine positive Lektüre der VN-Erklärung spiegelt jenen pluralistischen Ansatz wider, und zwar die Einbettung vielfältiger indigener Identitäten und Forderungen.

Beschäftigen wir uns zunächst mit definitionsrelevanten Fragestellungen. Die internationale indigene Bewegung wurde auf Basis diverser Faktoren begründet und gegründet; dazu gehören eine universell anerkannte politische Identität, gemeinsame Erfahrungen und Probleme, drastische Veränderungen der Beziehung zwischen Staat und indigenen Völkern sowie beispiellose kollektive Bestrebungen der Organisation und Koordination (vgl. Rodríguez-Piñero 2005). Weitere analytische Ansätze nähern sich der internationalen indigenen Bewegung mittels unterschiedlicher historischer Phasen. Zunächst nutzten indigene Repräsentant:innen im Laufe der 1960er Jahre erste Strukturen zur Artikulation ihrer selbstdefinierten Identitäten entgegen bisherigen stereotypisierten Darstellungen und dem wachsenden Bedürfnis schieren Überlebens (vgl. Anaya 2004). In der Tat wurden die Rechte Indigener zu jener Zeit als Dringlichkeitsrechte (*urgency rights*) angesehen (vgl. Rodríguez-Piñero 2005). Jene kollektiven Bemühungen wurden in den 1970er Jahren schließlich internationalisiert; Nichtregierungsorganisationen und akademische Kreise verhalfen der Bewegung zu mehr Aufmerksamkeit, zu einer eigenen Kampagne und der Möglichkeit, Forderungen an intergouvernementale Organisationen zu stellen (vgl. Anaya 2004; Niezen 2003; Brysk 2000). Hiermit wurden erste Verrechtlichungsprozesse auf internationaler Ebene initiiert. Eine finale Phase der Formalisierung indigener Bewegungen läutete die 1977 Konferenz *International Non-Governmental Organisation Conference on Discrimination against Indigenous Populations in the Americas* ein. Koordinierungsmuster wurden etabliert, eine transnationale indigene Identität geschaffen und schließlich begannen indigene Völker in Folge, vor VN-Menschenrechtsorganen zu erscheinen (vgl. Anaya 2004; Anaya/Rodríguez-Piñero 2018; National Lawyers Guild. Committee on Native American Struggles 1982). Jene Konferenz ermöglichte zudem das Erarbeiten erster Entwürfe wie die der *draft Declaration of Principles for the Defense of the Indigenous Nations and Peoples of the Western Hemisphere*. Thematisch fand die internationale indigene Bewegung also Einbettung in Anti-Rassismus-Bestrebungen und ihrer Formalisierung: Im Jahr 1973 begann schließlich das offizielle Jahrzehnt der *VN-Generalversammlung zur Bekämpfung von Rassismus und rassistischer Diskriminierung* mit der anschließenden Annahme des bereits diskutierten Martínez Cobo-Reports (vgl. Anaya/Rodríguez-Piñero 2018). Weitere Verrechtlichungsprozesse durch die internationale indigene Bewegung wurden v.

a. mithilfe der bereits beschriebenen WGIP vorangetrieben, u. a. der letztendliche Entwurfsprozess der UNDRIPS (vgl. Anaya/Rodríguez-Piñero 2018).

Weitere Debatten umfassen die Natur der internationalen indigenen Bewegung; so wird diese aufgrund ihres Potenzials, Gegensätze und Widersprüche zu verkörpern als soziale Bewegung verstanden (vgl. Sapignoli 2018). Eine zusätzliche Komponente bilden internationale Netzwerke. Diese bedingen zugleich die Visibilisierung und das Wachstum der Bewegung, wobei ebenfalls eine stetige Abhängigkeit von Gebern festzustellen ist (vgl. Sapignoli 2018; Niezen 2003). Erneut zeigt sich die Wichtigkeit einer nuancierten Analyse, insbesondere hinsichtlich der Vielschichtigkeit indigener Bewegungen einerseits und indigenen Völkern im besonderen Maße. Ähnlich wesentlich erweisen sich Debatten rund um die aktive Teilhabe indigener Völker. So hat der strukturelle Rahmen der internationalen indigenen Bewegung zu einer transformierten Anerkennungspolitik führen können; der rechtliche Status indigener Völker weist Distanz auf zur Objektorientierung der ersten rechtlichen Instrumente, vielmehr werden indigener Völker zu Teilnehmenden eines umfassenden multilateralen Dialoges (vgl. Anaya 2004). Eine weitere Hauptkomponente bildet zudem der Dekolonialisierungsansatz, propagiert von der indigenen Bewegung mittels des politischen Diskurses (vgl. Rodríguez-Piñero 2005). Insbesondere auf Basis des Verständnisses kollektiver Selbstbestimmung finden Land- und Ressourcenrechte ihr Fundament in einem dekolonialen Verständnis des Staates und seiner Beziehung zur indigenen Gemeinschaft. In ähnlicher Weise lässt sich argumentieren, dass sich die rechtliche Wirkungskraft innerhalb des Völkerrechts kaum von der internationalen indigenen Bewegung desartikulieren lässt. So wird der Auslöser für die Etablierung des heutigen indigenen Rechtsregimes eindeutig bei der beispiellosen Mobilisierung der internationalen indigenen Bewegung gesehen (vgl. Rodríguez-Piñero 2005; Sanders 1998; Niezen 2003).

3.4.2 Strukturen, Dynamiken und Mehrebenen-Wirkung indigener Bewegungen

Zuletzt lässt sich eine erhebliche Wirkungskraft auf regionaler Ebene verschreiben bzw. ist diese regionalen Bewegungen zuzuschreiben. Dabei nimmt der lateinamerikanische Raum eine Vorreiterrolle ein; dies lässt sich also nicht auf verfassungsrechtliche bzw. interamerikanische Justiz und Rechtsprechung begrenzen. Vielmehr wird der rechtschaffende Prozess auf Graswurzelebene vorangetrieben. Zwei zeitliche Momente sind in jenem Zusammenhang festzuhalten. Zum einen stehen die 1970er Jahre exemplarisch für die Entstehung indigener Bewegungen, als Antwort auf Agrarreformen und eine gewisse „indigenistische" Investitionspolitik, begleitet von wirtschaftspolitischer Ausgrenzung (vgl. Aylwin 2013). Erste Kontakte wurden in jener Ära mit ähnlichen Repräsentationsinstanzen sowie internationaler Entwicklungszusammenarbeit, Nichtregierungs- und Menschenrechtsorganisationen geknüpft (vgl. Aylwin 2013). Einen zweiten wesentlichen historischen Moment bildet das Zeitalter der Fünfhundert Jahre („quinto centenario") nach Kolumbus: Dies inspirierte die Etablierung indigener Organisationsstrukturen und zeigte sich in Form von pankontinentalen Treffen, Märschen und Aufständen (vgl. Aylwin 2013; Assies 1999).

Besonders hervorzuheben sind in diesem Zusammenhang verschiedenste Dachorganisationen im Andenraum; dazu zählen v. a. der Bolivianische Bund indigener Völker (CIDOB, *Confederación de Pueblos Indígenas de Bolivia*), der Ecuadorianische Bund Indigener Nationalitäten (CONAIE, *Confederación de Nacionalidades Indígenas del Ecuador*) und die Nationale Indigene Organisation von Kolumbien (ONIC, *Organización Nacional Indígena de Colombia*). Erwähnenswert sind zudem jüngste Entwicklungen jenseits staatlicher Strukturen. So sei die Koordinationsstelle indigener Völker des Amazonasbecken (COICA, *Coordinadora de Pueblos Indígenas de la Cuenca Amazónica*) erwähnt; diese erfüllt wesentliche umweltschutzrelevante Mandate und kanalisiert die Belange der Region (vgl. Aylwin 2013). Ähnliches gilt für die Anden-Koordinationsstelle indigener Organisationen (*Coordinadora Andina de Organizaciones Indígenas*) in Bolivien, Kolumbien, Peru, Ecuador und Chile als wichtige Verteidigungsinstanz gegen die Auswirkungen wirtschaftlicher Globalisierung auf indigenem Territorium (bspw. Aylwin 2013).

Ähnliches zeigt sich im afrikanischen Raum. Seit den 1980er Jahren lässt sich eine erhöhte Präsenz afrikanischer Indigener in der internationalen indigenen Bewegung beobachten (vgl. Sapignoli 2018). Diese verstärkte Repräsentation lässt sich auf verschiedene Faktoren zurückführen, und zwar einem gesteigerten Sinne der Ausweglosigkeit ihrer Verhandlungsposition gegenüber dem Staat; einem verstärkten Wissen und Bewusstsein gegenüber der globalen indigenen Bewegung und ihrer Ziele; die Verfügbarkeit von Mitteln für Nichtregierungsorganisationen; die Präsenz einzelner Visionäre und der geschickten Anwendung eines indigenen Menschenrechtsdiskurses und einem Zusammenspiel verschiedenster Treffen und Verbindungen unter der Schirmherrschaft der Vereinten Nationen und anderer internationaler Organisationen (vgl. Sapignoli 2018). Trotz jener progressiven Anfänge in afrikanischen Kontexten können sich die Rechte Indigener mit wenigen Ausnahmen (vgl. *Endorois* und *Ogono*-Entscheide) nur begrenzt artikulieren; dies lässt sich v. a. der vielschichtigen Frage indigener Identität (vgl. Dersso 2006, verschiedenste Einblicke ebenso hier: Venkateswar/Hughes 2011) zuschreiben und der noch wachsenden Institutionalisierung von Menschenrechtsfragen in der Afrikanischen Union.

3.5 Eine neue Rechtsordnung par excellence: die VN-Erklärung zu den Rechten indigener Völker

Die VN-Erklärung genießt also ein nahezu universelles Ansehen und verwebt klassische Menschenrechte mit neuen indigenen Forderungen; international gilt sie demnach als besonders verwurzelt, legitim und vertraut mit indigenen Graswurzelbewegungen. Ihre Schwerpunkte lassen sich recht eindeutig identifizieren bzw. klassifizieren.

Dazu zählen v. a. I) Land-, Territorial-, Ressourcen- und Umweltrechte; II) freie, vorherige und informierte Konsultation und Zustimmung, Dialog und Kooperation; III) Selbstbestimmung, Autonomie(en) und Entwicklung; IV) politische und institutionelle Repräsentation, ähnlich wie politische, rechtliche, wirtschaftliche und soziale Systeme, Institutionen und Entscheidungsinstanzen sowie Formen internationaler indigener Kooperation; IV) Kollektive Identitäten, Gruppen- und Gemeinschaftszugehörigkeit, Mitgliedschaft, Pflichten und Staatsbürgerschaft; V) Gleichheit und Nichtdiskriminierung, Gruppenrechtschutz, einschließlich von Frauen- und Kinderrechten und der Rechte älterer Menschen und Menschen mit Behinderung; VI) kulturelle Traditionen, Bräuche, Verfahren, Praktiken, Erbe und Wissen(ssysteme); VII) spirituelle und religiöse Traditionen, traditionelle Medizin und Praxis sowie spirituelle Beziehungen zum Land und Ressourcen; VIII) Sprache und Erziehung, indigene Methodologien, Geschichte(n), Übermittlungsprozesse und Medien; IX) Gewaltfreiheit in Hinblick auf physische und psychische Integrität, Zwangsumsiedlung, Genozid und Ethnozid, Zwangsassimilation und Militäreinsätze; X) vergangene Ungerechtigkeiten, Schadensersatz, Entschädigung, (vergangene) Verträge und Vereinbarungen; XI) Arbeitsrechte, Sozialschutz, wirtschaftliche Ausbeutung, ähnlich wie wirtschaftliche und soziale Bedingungen; XII) Beziehungen zwischen Indigenen und Staat, einschließlich finanzieller und technischer Unterstützung, Verfahren zur Konflikt- und Streitbeilegung; XIII) Verwirklichung, Förderung und volle Anwendung der Rechtsvorschriften und Maßnahmen der Erklärung; XIV) Mindeststandards und Vereinbarkeit mit anderen indigenen Rechten sowie Menschenrechten und Freiheiten, VN-Charta, staatlicher Souveränität, Gleichheitsprinzipien, Demokratie, Gerechtigkeit, guter Regierungsführung und gutem Glauben.

Als besonders aussagekräftig und richtungsweisend, insbesondere in rechtstheoretischer und rechtshistorischer Hinsicht, erweist sich die Präambel der Erklärung. Diese platziert zudem jene neue Rechtsordnung gezielt im IHRL-System (vgl. Xanthaki 2010), womit sich eine klare Wechselwirkung entwickelt. Weitere Hinweise lassen sich bspw. im Rahmen von Referenzen zur VN-Charta und entsprechenden Verpflichtungen, eingebettet in das Instrument, beobachten: Dadurch lässt sich also eine gewisse Verbindlichkeit herleiten, welche sich auf die Erklärung übertragen lässt (vgl. Lenzerini 2019). Dies wird an anderer Stelle abgeschwächt, insbesondere der Verweis auf den Wert des Instrumentes als „im Geiste der Partnerschaft und der gegenseitigen Achtung zu verfolgendes Ideal“ (vgl. Kingsbury 2012).

Jüngste Debatten zu Neuverhandlungen bis hin zur Annahme eines Abkommens lassen eine Abschwächung der bereits verankerten Rechte befürchten; die Annahme der *Amerikanischen Erklärung der Rechte indigener Völker* im Jahre 2016 weist bspw. nur schwache Bezüge zur weittragenden kollektiven Selbstbestimmung hin (vgl. Burger 2019). Ähnlich wird darauf verwiesen, dass die Erklärung nicht ganzheitlich internationales Gewohnheitsrecht repräsentiert und daher eine geringere rechtliche Wirkung zeigt (vgl. Scheinin/Åhrén 2018), zumindest was ihren völkerrechtlichen Status angeht. Einer Studie des *Committee on the Implementation of the Rights of Indigenous Peoples* der *International Law Association* zufolge erkennt sie diverse Rechte indigener Völker als internationales Gewohnheitsrecht an. Dazu zählen die kollektive Selbstbestimmung, das Recht auf Autonomie und Selbstverwaltung, ihr Recht auf traditionelles Land, Territorien und Ressourcen und ihr Recht auf Schadensersatz und Wiedergutmachung für erlittenes Unrecht (vgl. Lenzerini 2019). Abgesehen davon lässt sich eine Kluft zwischen einer wachsenden Akzeptanz und Anerkennung internationaler Standards zu den Rechten indigener Völker seitens der Legislative und Judikative einerseits und ihrer praktischen Implementierung und wirkungsvollen Realisierung andererseits beobachten (vgl. Lenzerini 2019).

3.5.1 UNDRIPS im Lichte weiter menschenrechtlicher Entwicklungen: Antirassismus- und Nichtdiskriminierungsstandards

Daher gilt unsere Aufmerksamkeit ebenso komplementären Normprozessen, einschließlich Doppelwirkungen durch andere Rechtsquellen (vgl. ebenso Burger 2019). Des Weiteren werden in der Erklärung wesentliche rechtssoziologische Aspekte zu indigener kollektiver Identität und Kriterien beleuchtet bzw. aufgestellt; diese geben insbesondere Aufschluss über die Wichtigkeit der Rationale jener sui generis-Rechtsordnung. So prägen Ansätze zu gesellschaftlichen Verpflichtungen und retributiven Gerechtigkeitsansätzen im Sinne einer gesamtgesellschaftlichen Schuld jene Präambel. Neben der ausdrücklichen *sui-generis*-Natur der Erklärung, werden hier weitere Antirassismus- und Nichtdiskriminierungsstandards gesetzt: Indigene Völker werden anderen Völkern gleichgestellt, als verschieden anerkannt, wobei jegliche

> „*Lehren, Politiken, Praktiken, die sich auf die Überlegenheit von Völkern oder Personen auf Grund der nationalen Herkunft oder rassischer, religiöser, ethnischer oder kultureller Unterschiede gründen oder diese propagieren*“,

aberkannt werden. Hierbei werden zudem klare Bezüge zur Anti-Rassismus-Konvention aufgestellt (vgl. Xanthaki 2010), allerdings durchscheint ebenso ein dezidierter Sonderrechtsstatus das Instrument. Dem wirken jedoch bestehende Strukturen und Praktiken des kolonialen Zeitalters bis heute entgegen (vgl. PFII 2012b); dies spiegelt sich bspw. in dominanten öffentlichen Diskursen wider (vgl. Bellier/Hays 2020). Zu weiteren Folgen jener Entwicklungen zählen die weltweite allgemeine Entwertung und strukturelle Ausgrenzung indigener Völker (vgl. Lacroix 2020; Préaud 2020). So nimmt die Präambel der Erklärung eine besondere Bedeutung an, indem sie sich jenem Paradigma der Dominanz stellt (vgl. Newcomb 2011). Dieses findet tiefe Wurzeln; kritische Stimmen leiten die Anfänge des Völkerrechts zu jenen Prämissen des Imperialismus, Kolonialismus, rassistischer, religiöser und kultureller Überlegenheit zurück (vgl. Anghie 2004).

3.5.2 Gesamtgesellschaftliche Diskussionen und postkoloniale Ansätze rund um die Erklärung

Eine postkoloniale Herangehensweise erweist sich gesellschaftspolitisch also als relevant: Bewusstseins- und Aufarbeitungsprozesse werden somit aktiv vorangetrieben, als Querschnittsaufgabe der Erklärung tiefer ausgeführt. Jene Aufarbeitungsprozesse und entsprechende gesamtgesellschaftliche Verpflichtungen betreffen u. a. historische Ungerechtigkeiten und Hinderungen bei der Ausübung des Rechtes auf Entwicklung. Die damit verwandte kollektive Selbstbestimmung (vgl.

ebenso Scheinin/Åhrén 2018) wendet sich von früheren, zumeist moderaten Verständnissen jener Selbstbestimmung ab (höchst kritische Auseinandersetzung zur Selbstbestimmung in UNDRIPS, vgl. Churchill 2011). Und zwar wird hier explizit auf die Verrechtlichung jenes Prinzips im Rahmen der erwähnten VN-Charta, den Zivil- und Sozialpakten sowie der Erklärung und dem Aktionsprogramm von Wien verwiesen; diese etablieren ein allgemeines Selbstbestimmungsrecht der Völker in Hinblick auf „ihren politischen Status (...) und Freiheit, ihre wirtschaftliche, soziale und kulturelle Entwicklung (zu) gestalten". Die Erklärung positioniert sich unerwartet fortschrittlich im Lichte fortbestehender staatlicher Souveränität und stellt in diesem Zusammenhang erneut und unmissverständlich klar, dass

> *„keine Bestimmung dieser Erklärung dazu benutzt werden darf, einem Volk sein in Übereinstimmung mit dem Völkerrecht ausgeübtes Recht auf Selbstbestimmung zu verweigern"*.

Wiederholt nimmt die Erklärung des Weiteren Bezug auf Land-, Gebiets- und Ressourcenrechte, sowohl als negative („zu achten") als auch als positive („zu fördern") Verpflichtungen, bis hin zur Kontrolle über Land, Gebiete und Ressourcen.

Darüber hinaus lassen sich – wie in den ILO-Abkommen – utilitaristische Ansätze, im Sinne von gesamtgesellschaftlichem Nutzen, erkennen. Zum einen spiegelt sich dies in ihrem Beitrag zur „Vielfalt und zum Reichtum der Zivilisationen und Kulturen (...), die das gemeinsame Erbe der Menschheit darstellen" wider; kulturelle (positive) Rechte per se werden allerdings anderswo genauer ausgeführt. Der kontestierte Zivilisationsbegriff strebt im Zusammenhang mit jenem „gemeinsamen Erbe" eine inklusive Funktion an; er unterscheidet sich hier klar von westlich geprägten Vorstellungen von Leitbildern, akzeptierten Kultur- oder Sozialregeln sowie anderen Formen gesellschaftlicher Dominanz. Gleichzeitig wird hier wesentlich zur Anerkennung indigener Identitäten über eine lediglich Toleranz hinaus beigetragen (vgl. Xanthaki 2010). Zum anderen lassen sich in Bezug auf Beiträge zu einer „nachhaltigen und ausgewogenen Entwicklung und einer ordnungsgemäßen Bewirtschaftung der Umwelt" ähnliche Referenzen erkennen; so werden indigene Völker häufig als Umwelthüter:innen (vgl. bspw. PFII 2008) bezeichnet sowie als Schützer:innen und Verteidiger:innen der Artenvielfalt und nachhaltigen Entwicklung. Schließlich geht die Erklärung auf den dezidierten Nutzen für völkerrechtliche Beziehungen ein, und zwar mit Blick auf „kooperative Beziehungen zwischen den Staaten und den indigenen Völkern" oder dem Frieden und der „Verständigung und freundschaftlichen Beziehungen zwischen den Nationen und Völkern der Welt". Hierbei wird in postkolonialer Weise zunehmend Abschied von asymmetrischen Macht- und Verhandlungsverhältnissen genommen. Lediglich die Idee des „wirtschaftlichen und sozialen Fortschrittes und Entwicklung" bringt jene Kontroversen zur Ausgestaltung und pluralem Verständnis jener Begrifflichkeiten erneut auf. Insbesondere Rohstoffindustrien und andere wirtschaftlich einflussreiche Sektoren dominieren hier den öffentlichen Diskurs, häufig in Ablehnung bzw. zur Unterdrückung indigener Entwicklungsmodelle.

3.5.3 Pluralismus und indigene Rechtssubjekte als Kernbestandteile der Erklärung

Zudem etabliert die Präambel erste Vorgaben zur Einhaltung pluralistischer Standards. Dies betrifft bspw. das Recht indigener Familien und Gemeinschaften auf Erziehung, Bildung und Ausbildung; gewöhnlicherweise wird jenes Recht auf die staatliche Verpflichtung reduziert, dieses mittels konventioneller Bildungssysteme, offizieller Sprachen und mehrheitsgesteuerter Wissenssysteme durchzusetzen. Hier lässt sich ein klarer Wendepunkt erkennen: Jene Bildungssysteme sollen in der (alleinigen) Verantwortung indigener Familien und Gemeinschaften liegen. Ähnlich verweist die Erklärung auf die pluralistische Ausrichtung indigener Kollektivrechte, dazu zählen insbesondere „ihre politischen, wirtschaftlichen und sozialen Strukturen und ihre Kultur, ihre spirituellen Traditionen, ihre Geschichte und ihre Denkweisen". Diese werden, anders als in den ILO-„Vorgängerinstrumenten", in dezidierten Bestimmungen der Erklärung genauer festgelegt.

Eine finale Partikularität betrifft die Rolle indigener Völker als Rechtssubjekte und Rechteinhaber:innen und damit wesentlichen Zugangsrechten als kollektive Rechtssubjekte: dazu gehören legitime Ansprüche auf eine Gewährleistung internationaler Menschenrechtsstandards sowie solcher hervorgehend aus anderen bilateralen und multilateralen Abkommen. Die Präambel der Erklärung geht mehrfach auf jene Verpflichtungen gegenüber indigenen Völkern als Akteure des Völkerrechts ein. Dabei geht es vornehmlich um die Substanz jener Instrumente, namentlich die darin eingebetteten Rechte insbesondere in Übereinkünften, Verträgen und konstruktiven Vereinbarungen. Gleichzeitig entsteht hier eine besondere internationale Verantwortung bzgl. der Wahrung jener Rechte und eine obgleich schwächere Erwägung dieser Rechte als internationale Belange und Interessen. Zuletzt sei hier erwähnt, dass jene Instrumente jenseits ihrer rechtlichen Wirkung ebenso als eine „Grundlage für eine verstärkte Partnerschaft zwischen den indigenen Völkern und den Staaten" verstanden werden. Somit widmet sich die Erklärung erneut der Beziehung zwischen Rechtsgaranten und Rechteinhaber:innen, ihnen unterliegenden Machtstrukturen und Entscheidungsfragen sowie der sich etablierenden indigenen Souveränität (vgl. bspw. Corntassel/Hopkins Primeau 1995; Bauder/Mueller 2021; Cassidy 1998).

3.6 Implementierung der Erklärung und tägliche Herausforderungen im Lichte staatlicher Souveränität und verfassungsrechtlicher Architektur

Die VN-Erklärung entwickelt somit eine umfassende rechtstheoretische Wirkung. Allerdings lässt sich diese nur in begrenztem Maße auf Umsetzungsfragen, einschließlich der mehrschichtigen Implementierung der Deklaration übertragen. Dies begründet sich vornehmlich in (I) Organisationsformen des staatlichen Systems, (II) der Struktur des völkerrechtlich geprägten internationalen, intergouvernementalen Staatensystems und (III) einer Fragmentierung der Verpflichtungen und Implementierungsstrukturen.

Die Komplexität rechtlicher, innerstaatlicher Strukturen vermag sich in der Umsetzung internationaler Normen oftmals als hinderlich erweisen. So erfordern internationale Verträge detailliertere Umsetzungsmaßnahmen im Rahmen rechtsprechender Entwicklungen und umfangreicher Reglementierungsprozesse. Jedoch lässt sich bereits eine so genannte *best practice* feststellen. Dies mag sich auf staatlicher Ebene widerspiegeln wie im Falle von Bolivien oder regionale oder provinzielle Gesetzgebung betreffen wie in British Columbia, Kanada (vgl. McCarthy Tétrault Blog 2019). Ähnliche Beobachtungen lassen sich im Falle der Republik Kongo machen: Hier wurde im Jahre 2010 ein Gesetz zum Schutze indigener Bevölkerungen verabschiedet, welches in seiner Essenz und substanziell weite Teile der Erklärung referenziert (vgl. Lenzerini 2019; vgl. ebenso IWGIA-Jahrbücher). In anderen Staaten konnte die Erklärung in umfangreichen Verfassungsrevisionsprozessen berücksichtigt werden bzw. in interne Rechtsordnungen aufgenommen werden. Dazu zählen insbesondere Ecuador, El Salvador und Kenia; ähnliche Debatten wurden in Australien, Chile, Guatemala und Nepal geführt (vgl. Lenzerini 2019). So konnte die Erklärung seit ihrer Annahme durch die Generalversammlung innerstaatliche Gesetzesinitiativen bereits signifikant prägen; eine ähnliche Wirkung konnte die UNDRIPS als effektives Kampagnentool indigener Völker im Dialog mit staatlichen Regierungen entfalten (vgl. Weller/Hohmann 2018).

3.6.1 Die Bedeutsamkeit verfassungsrechtlicher Entwicklungen bei Fragen der Implementierung

Obwohl rein prozedurale Fragen wie die der monistischen oder dualistischen Umsetzung des Völkerrechts in der staatlichen Ordnung keine Auswirkungen auf die Durchsetzungskraft internationaler Normen aufweisen dürfen (vgl. Butler 2011), zeigen sich hier verfassungsrechtliche Verpflichtungen gegenüber internationalen Normen als richtungsweisend (vgl. vergleichende Verfassungsblockdebatten, dazu Góngora-Mera 2017; Uprimny 2011). Rechtsprechende Entwicklungen in Kolumbien, Argentinien und Costa Rica betten zudem die Rechtsprechung des Interamerikanischen Gerichtshofes für Menschenrechte explizit in den Verfassungsblock des jeweiligen Staates ein (vgl. Aylwin 2013). Allerdings können Reglementierungsprozesse menschenrechtliche Wirkungskraft bedingen bzw. diese beschleunigen. Gewöhnlicherweise erfordern jegliche Implementierungsprozesse zur Umsetzung von Menschenrechtsnormen eine inklusive Auslegung jener Normen, und zwar durch die entsprechenden (einschließlich regionalen) Vertragsorgane oder mittels staatlicher, verfassungsrechtlicher und weiterer Instanzen. Innerstaatliches Verfassungsrecht bietet in diesem Fall Aussicht auf Erfolge hinsichtlich einer progressiven Implementierung; positive Fälle lassen sich dazu im Bereich der religiösen Freiheit und heiligen Stätten anführen (vgl. Carpenter 2020). Auslegungen der Erklärung bzw. ihrer Rechte können jedoch ebenso entgegen ihrer Rationale wirken und somit ihre Wirkung wesentlich einschränken (vgl. hierzu Charters 2020).

Dies kann zudem regionale rechtsprechende Organe auf eine existenzielle Probe stellen, wie in europäischen und interamerikanischen Rechtsordnungen ersichtlich: Exemplarisch hierfür stehen Debatten rund um die so genannte *conventionality control* und konkurrierendes Recht (vgl. Carozza/González 2017; Besson 2015; de Schutter 2018; vgl. ebenso IACtHR-Entscheidung *Almonacid Arellano v. Chile*). Hier finden sich innerstaatliche Instanzen zum Schutze fundamentaler Rechte als traditionelle Hüter der Verfassung neuen Hierarchien ausgesetzt sowie damit einhergehenden Kompetenzeinbußen, illustrierend mögen hier entscheidungsrelevante Zweifelsfragen zur Auslegung des jeweiligen Vertrages sein. Andererseits durchwebt die Erklärung merklich die interamerikanische Rechtsprechung; emblematisch hierfür steht das Recht auf vorherige Konsultation, wenngleich sich Referenzen zu entsprechenden Rechten häufig auf prozedurale Aspekte beschränken (vgl. Sieder 2018). So beziehen sich diverse Verfassungen der Region eindeutig auf Menschenrechte des Völkervertragsrechtes als einfache Referenz in der verfassungsrechtlichen Grundordnung des jeweiligen Staates oder aber als höher gestellte Normen; dies ist der Fall in Argentinien, Chile, Kolumbien, Costa Rica, Ecuador und Bolivien (vgl. Aylwin 2013). Eine erwähnenswerte Sondersituation wurde mit der jüngsten ecuadorianischen Verfassung ins Leben gerufen: So sind menschenrechtliche Verpflichtungen des Völkerrechts ohne dezidierte Ratifizierung gültig, und zwar sind diese direkt und sofortig umzusetzen, sowie in vollem Umfang justiziabel (vgl. Aylwin 2013).

Ein inspirierender Einfluss lässt sich ebenfalls in anderen Weltregionen verzeichnen wie dem asiatischen Raum: Trotz regionaler „Zwischeninstanz" hat die Erklärung bislang positive rechtliche Entwicklungen vorantreiben können, insbesondere im Rahmen der Verfassungsreformen in Nepal und den Philippinen (vgl. Roy 2018). Besondere Kontraste lassen sich in der Tat in jener Region beobachten: So zeichnen sich Malaysia, Myanmar, Sri Lanka, Thailand, Taiwan und Vietnam durch eine gewisse verfassungsrechtliche Regression bzw. schwache Manifestierungen von Autoregierungsformen aus (vgl. Roy 2018; Colchester 1995). In der Tat weist die SRin Victoria Tauli-Corpuz auf die fehlende Anerkennung durch viele Staaten, was die Erklärung bzw. ihre Anwendung sowie die Existenz indigener Völker angeht (Tauli Corpuz 2020).

3.6.2 Die Wirkungskraft des Völkerrechts und die Natur ihrer Umsetzungsverpflichtungen

Allerdings liegen Implementierungsfragen ebenso in der Struktur des völkerrechtlichen Staatensystems bzw. sind auf die Natur internationaler Normen zurückzuführen. Vertragsorgane spielen eine wesentliche Rolle bei der Überwachung der Einhaltung jener internationalen Normen (vgl. bspw. Allgemeine Bemerkungen und Staatenberichte der Fachausschüsse); ähnliche Funktionen werden von Sonderprozeduren übernommen, insbesondere dem Verfahren der Universellen Periodischen Überprüfung (UPR) zur Beobachtung der Implementierung jeglicher vertraglicher Menschenrechtsverpflichtungen eines Staates (vgl. Higgins 2017). Die VN-Erklärung ist ähnlich wie andere *soft law*-Instrumente von jenen Standardverfahren ausgenommen. Stattdessen leitet eine vielschichtige Klausel „die Achtung und Anwendung der Bestimmungen der Erklärung", sowie die „Verfolgung ihrer Wirkungskraft" (Art. 42): So werden den Vereinten Nationen, ihren Organen und insbesondere dem Ständigen Forum für indigene Fragen, den Sonderorganisationen, einschließlich der Staatenebene und Staaten an sich ein wesentliches Mandat zugeschrieben (Art. 42, siehe hierzu ebenso Clavero 2008; Rodríguez-Piñero 2012). Weitere Implementierungsmaßnahmen werden von der Präambel impliziert und sollten in diesem Sinne die menschenrechtliche Umsetzung maßgeblich leiten (vgl. van Genugten/Lenzerini 2018), und zwar erkennt sie zum einen die Notwendigkeit an, die Rechte indigener Völker „zu achten und zu fördern" (präambulärer Paragraph 7), zum anderen legt sie den Staaten nahe, alle auf indigene Völker anwendbaren (völkerrechtlichen) Verpflichtungen mit besonderem Bezug zu den Menschenrechten „einzuhalten und wirksam umzusetzen" (präambulärer Paragraph 19).

Obwohl die Bedeutung des Instruments nicht ohne ihren Wert als *soft law*-Instrument zu verstehen ist (vgl. Gómez Isa 2019; Barelli 2009; Davis 2012), nehmen Staaten UNDRIPS nicht als bindendes Recht wahr; die Annahme durch die Generalversammlung lässt sich demensprechend nicht mit den Ratifizierungsmodalitäten und Verpflichtungen des kodifizierten Rechtes vergleichen. Geringere Hürden werden somit bei der Annahme gesetzt, gleichzeitig lässt sich eine universellere Unterstützung verzeichnen. Trotz anfänglicher Gegenstimmen der so genannten CANZUS-Staaten Kanada, USA, Australien, Neuseeland wurden diese in den Folgejahren widerrufen, womit eine universelle Annahme unter anerkannten Staaten festzustellen ist. Hier lässt sich anmerken, dass die drei letztgenannten Staaten für weitere Verhandlungen bis hin zu einem vollständigen Konsens auf internationaler (Staaten)Ebene plädierten; hiermit wäre eine höhere Hürde für die Annahme der Erklärung für übliche Menschenrechtsinstrumente gesetzt worden (vgl. Gunn/Fitzgerald 2020; zu profunderen Debatten rund um die CANZUS-Verhandlungen vgl. Erueti 2020). Gleichzeitig zeigt sich in jenem Kontext, wie wesentlich unterschiedliche Regierungen bzw. Regierungswechsel auf den jahrzehntelangen Verhandlungsprozess einwirken konnten; im Falle Australiens wandelte sich die Regierungsposition von der Verteidigung kollektiver Selbstbestimmung hin zu kollektivem Selbstmanagement (vgl. Gunn/Fitzgerald 2020). Ähnlich lassen sich wesentliche Elemente zur Etablierung des rechtlich verbindlichen Gewohnheitsrechts, und zwar (Staaten)Praxis und *Opinio Juris*, im Falle der Erklärung vorweisen (vgl. Lenzerini 2019). Exemplarisch hierfür stehen implementierende Reglementierungsmaßnahmen seitens der Staaten und eine umfangreiche regionale Rechtsprechung einschließlich von Querverweisen auf die Erklärung (vgl. hierzu insbes. das Interamerikanische Menschenrechtssystem).

3.6.3 Umsetzungspotenzial jenseits rechtlicher Anwendung: politische Strategien, Graswurzelmechanismen und andere Strukturen der Implementierung

Schließlich können politische Strategien die komplexe Implementierungslandschaft prägen: Als „rights ritualism" wird eine augenscheinliche Annahme rechtlicher Rahmenwerke bezeichnet, wobei einer substanziellen Implementierung jener Rechte widerstrebt wird (vgl. te Aho 2020). In der Tat bildet staatliches „monitoring" zur Implementierung der Deklaration eine wesentliche Herausforderung; notwendig für die regelmäßige Überwachung zeigen sich außerdem Maßnahmen der Rechenschaftspflicht und des öffentlichen „shaming" (vgl. Smith/Mitchell 2020; vgl. ebenso systematisierendes Werkzeug *Indigenous Navigator*). Grundsätzlich lassen sich jene Überprüfungsmechanismen jedoch aufgrund der Natur ihrer Überwachung kritisieren: So sind existierende Mechanismen vornehmlich auf die Durchsetzung von Menschenrechten ausgerichtet, weniger auf die Verbesserung staatlicher Performance diesbezüglich, womit wesentliche Daten zur Messung staatlicher Einhaltung von Gewährleistungen fehlen, um staatliches Verhalten letztendlich beeinflussen zu können (vgl. Smith/Mitchell 2020). Ganzheitliche Ansätze werden bislang nicht umfasst und entziehen den Menschenrechten in der Praxis ihre soziopolitische Geltungs- und Wirkungskraft.

Methodologische Fragen erweisen sich demnach als durchaus relevant. Da die Erklärung keine dezidierten klassischen Staatsüberprüfungsmechanismen, ähnlich wie bei völkerrechtlichen Menschenrechtsverträgen üblich, etabliert, stellen sich sowohl Fragen zur externen Überwachung als auch jene durch die Staaten selbst. Eine Pilotstudie zur Verbesserung der Einhaltungskontrolle von Normen der Erklärung empfiehlt demzufolge eine vollständige und standardisierte Berichterstattungsstruktur zur Beurteilung der Einhaltung von dezidierter UNDRIPS-Klauseln sowie eine erhöhte Transparenz zu erreichen mittels einer detaillierten Datenerhebungs- und Analyseprozedur (vgl. Smith/Mitchell 2020). In der Tat erfordern *soft law*-Instrumente umfangreichere Monitoringverfahren im Lichte vielschichtiger Überprüfungsmandate, insbesondere im Falle der Erklärung und ihrer Multi-Akteur-Struktur (vgl. insb. Art. 38, 41, 42). Indigene Gemeinschaften haben hierbei im Laufe des letzten Jahrzehntes mehr Berücksichtigung gefunden; so fordert die Studie bei der Implementierung eine vollständige Leitung und Konsultation von indigenen Völkern in jeglichen Phasen des Prozesses (vgl. Smith/Mitchell 2020).

Zudem prägen Graswurzelbewegungen und ein wachsendes zivilgesellschaftliches Netz transnationaler Akteure die Implementierung der Erklärung (vgl. Bellier/Préaud 2012; Crawhall 2011): Eine transformative Wirkung bei der Anerkennung indigener Rechtssubjekte durch die Erklärung lässt sich v. a. jenen neuen transnationalen Akteur:innen und Aktivist:innen-Bewegungen zuschreiben (vgl. Bellier/Préaud 2012). Diese nehmen insbesondere auf VN-Ebene eine tragende Rolle ein: Ihnen wird namentlich eine transformierende Rolle beigemessen, insbesondere was ihre Beziehung zu klassischen Menschenrechten und dem Westfälischen System souveräner Staaten angeht (vgl. Lightfoot 2018). Indigene Völker können in der Tat auf internationaler Ebene als internationale Akteure verstanden werden; dies lässt sich – folgt man einem optimistischen Geschichtsverständnis – bis in das Kolonialzeitalter zurückführen (vgl. Lightfoot 2018; Niezen 2003). Gleichzeitig haben indigene Organisationsstrukturen in neuerer Zeit den Aufbau zivilgesellschaftlicher Netzwerke maßgeblich in die Wege geleitet, obwohl dabei auf ähnliche Weise Abhängigkeiten gegenüber Geberinstitutionen geschaffen wurden (vgl. Sapignoli 2018). Seither finden sich indigene Akteure komplexen, vielschichtigen Machtdynamiken ausgesetzt. Zudem gewinnt die Erklärung in der täglichen Streitbeilegung und gerichtlichen Prozessen an Bedeutung und erfährt bzw. bezeugt eine Zunahme internationaler Verrechtlichungsprozesse rund um die Rechte indigener Völker, einschließlich innerstaatlicher Auswirkungen wie steigende Urteilszahlen (vgl. Henrard/Gilbert; ebenso Kirsch 2012; Carpenter/Riley 2014).

Implementierungsentwicklungen der Erklärung zeichnen sich jedoch ebenso in politischen Debatten ab: So werden Theorien eines neuen Konsenses zum Ende der Unterdrückungshistorie gegenüber indigenen Völkern einer Kritik gegenübergestellt, welche mangelhafte Allianzen zwischen allgemeinen Menschenrechten und indigenen Sonderrechten aufzeigt (vgl. MacDonald/Wood 2016). Wenngleich die Erklärung gewöhnlicherweise als Instrument zur Bekämpfung staatlicher Dominierungspolitik angesehen wird, spiegelt sich dies in ihrer Essenz wenig wider, so wird argumentiert. Hier wird erneut auf die wesentliche Funktion von Implementierungsprozessen hingewiesen, insbesondere hinsichtlich außenpolitischer Positionen zum Erhalt des Status-Quo, geprägt von traditionellen Kolonialisierungslogiken und weiteren Rationalen wie die der religiösen Vorherrschaft und Unterdrückung (vgl. Newcomb 2011). Ähnliche Kritik wird seitens des Antirassismusdiskurses geäußert: Kritische Stimmen weisen auf die Instrumentalisierung fortschrittlicher rechtlicher Entwicklung wie UNDRIPS hin, wie bereits während der Verhandlungen ersichtlich wurde (vgl. Moreton-Robinson 2011).

3.6.4 Die Vielfalt menschenrechtlicher Verpflichtungen und ihr Einfluss auf die Umsetzung

Eine weitere Herausforderung ergibt sich aus den (a) Umfängen menschenrechtlicher Verpflichtungen in ihrer Umsetzung und bei (b) ihrer Einbettung in die Strukturen staatlicher Systeme. Zunächst lässt sich feststellen, dass bestimmten rechtlichen Verpflichtungen besondere Aufmerksamkeit geschenkt wird; hierzu zählt bspw. das Konsultationsrecht (vgl. Wright and Tomaselli 2019; Alva-Arévalo 2019; Raftopoulos and Short 2019) und Debatten rund um die kollektive Selbstbestimmung (vgl. bspw. Xanthaki 2010; Cambou 2019; Cowan 2013) sowie die damit verwandte selbstbestimmte Entwicklung (vgl. bspw. Gilbert/Lennox 2019). Den Rechten indigener Frauen, Kinder, älterer Menschen oder Menschen mit Behinderung wird hingegen weniger Beachtung geschenkt. Allgemein lässt sich anmerken, dass Rechte rund um die Autonomie und Selbstbestimmung aufgrund ihrer potenziellen Verletzung staatlicher Souveränität nur schwerlich umgesetzt werden. Ähnliches gilt für jene Kollektivrechte, welche verfassungsrechtliche Relevanz zeigen bzw. sich als richtungsweisend für die Natur des Staates bzw. seine Konstituierung und seine Positionierung gegenüber indigenen und Minderheitenrechten erweisen. Dies mag Parallelinstanzen wie indigene Justizmechanismen und Parlamente, Entscheidungsstrukturen, Rechtsordnungen oder territoriale Einheiten und Organisationsformen betreffen.

Weitere Dilemmata können sich bei der Einbettung menschenrechtlicher Verpflichtungen in staatliche Strukturen bzw. ihrem Einklang mit existierenden Organisationsstrukturen des Staates ergeben. In der Tat erfordern Prozesse der Anerkennung indigener Autonomien und Regierungsformen entsprechende Verhandlungen über die Vereinbarkeit dieser mit existierenden Strukturen und ihre Position gegenüber staatlichen Mechanismen (vgl. Watson 2018). Jene Debatten zeichnen sich v. a. durch ihre verfassungsrechtliche Natur aus und betreffen die interne Organisation des Staates. Relevante Fragen in jener Hinsicht stellen sich bspw. im Kontext föderalistischer und dezentraler Staatsformen im Gegensatz zu zentralistischen, häufig am Staatsoberhaupt orientierten Systemen. Entscheidend dabei ist, inwiefern Macht an indigene Instanzen und Organisationsformen delegiert wird, in welchem Maße Zugang zu staatlichen Entscheidungs- und Repräsentationsinstanzen geschaffen wird (vgl. bspw. Stojanović 2013) oder ob sich indigene Mechanismen selbst als dezentrale oder Sondereinheiten verstehen (lassen).

Fernab der Anerkennung und Einbettung indigener (Einzel)Rechte, werden hier also Fragen der Souveränität und Autonomie erneut relevant: Nach der *Konvention von Montevideo über Rechte und Pflichten der Staaten* versteht sich der Staat als juristische Person des Völkerrechts, insofern er über eine permanente Bevölkerung, ein bestimmtes Territorium, eine Regierung und über die Fähigkeit verfügt, mit anderen Staaten in Beziehung zu treten (Art. 1). Eine explizite Anerkennung über die Kriterien hinaus bleibt dem kodifizierten Völkerrecht also fern. Genauer gesagt soll die politische Existenz des Staates unabhängig von der Anerkennung durch Drittstaaten bestehen; jene Anerkennungseffekte sind nach dem Badinter Arbitration Committee als rein deklaratorisch zu verstehen (vgl. Jankovic 2015). Nichtdestotrotz bleiben gewohnheitsrechtliche Anerkennungspraktiken, etwa durch die Vereinten Nationen, weiterhin bestehen – oftmals im Lichte kontroverser politischer Machtspiele, wie im Falle der palästinensischen Autonomiegebiete.

Nicht geringere Spannungen ergeben sich im Rahmen umfangreicher, internationalisierter Unabhängigkeitsbewegungen indigener Völker: Hier werden in der Anwendung der Montevideo-Kriterien insbesondere indigenes Territorium und dessen Deklarierung als Staatsterritorium regelmäßig für verfassungswidrig erklärt. Es sei anzumerken, dass die Erklärung dem entgegenwirken konnte, maßgeblich durch vorangetriebene Bemühungen um Verträge zwischen Staat und indigenen Völkern, bspw. zu Landrechten (siehe ebenso Hobbs 2019; Gover 2020). Ähnliches gilt für (quasi) interstaatliche Beziehungen, bei denen Formalisierungen und Prozessuralisierungsbemühungen einem restriktiven Souveränitätsverständnis entgegenwirken können. In der Tat finden in der Implementierungspraxis jene rechtlichen Kategorien wie Staat, Souveränität, Territorium, Autonomie oder Unabhängigkeit selten Anwendung auf indigene Völker.

3.6.5 Die Implementierung der Erklärung im Rahmen internationaler menschenrechtlicher Mechanismen, ihren Prozeduren und Modalitäten

Implementierungsschritte lassen sich also zunächst auf globaler und regionaler Ebene beobachten. Dazu nahm der Expertenmechanismus (EMRIP) im Rahmen eines Berichts an die VN-Generalversammlung zur Implementierung der Erklärung von 2007 bis 2017 Stellung. Maßgeblich stellte er eine Berücksichtigung indigener Rechte in der Arbeit verschiedener VN-Vertragsorgane und Sonderprozeduren fest (vgl. EMRIP 2017). Die zehn Vertragsorgane beschäftigen sich in der Tat dezidiert mit indigenen Sonderrechten, allerdings nimmt der Anti-Rassismus-Ausschuss eine Vorreiterrolle ein: Zum einen stellte der Ausschuss die höchste Anzahl an Empfehlungen mit Bezug zu indigenen Völkern aus, zum anderen trägt er erheblich zur Anerkennung anderer relevanter Organe und ihrer Rechtsprechung bei; exemplarisch hierfür stehen die Empfehlungen des Sonderberichterstatters und das C169-Abkommen der Internationalen Arbeitsorganisation. Jene Positionierung erweist sich als wesentlich für die Verbreitung und Verinnerlichung des Völkerrechts mittels einer Vielfalt von Institutionen.

Dies mag zudem weitere Konsequenzen auf die Normifizierung indigener Rechte aufweisen: so entstehen mittels des Nicht-Diskriminierungs-Ansatzes, Minderheiten- oder Kinderrechtsregimen (vgl. EMRIP 2017) einzelne Auslegungsparadigmen, einschließlich ihrer Auswirkungen auf den Implementierungsprozess der Erklärung. Neben dem Menschenrechtsausschuss (CCPR) und dem Kinderrechtsausschuss (CRC) prägte auf ähnliche Weise der Sozial-Ausschuss (CESCR) die Auslegung indigener Rechte, dies betrifft in besonderem Maße kulturelle Rechte und das Recht auf Konsultation (vgl. EMRIP 2017). Ähnlich lassen sich wiederkehrende Verletzungen systematisieren, und zwar maßgeblich folgende: die Selbstidentifikation; der Zugang zur Justiz; das Recht auf Konsultation und FPIC sowie die Beachtung derer hinsichtlich ihrer speziellen Auswirkungen auf die Rechte der Frau und im Lichte der Folgen von Großprojekten; Umweltrechte; und der Zugang zu und Schutz von Land, Territorien und Ressourcen.

Die Implementierung der Erklärung durchzieht demnach verschiedenste Instanzen und Prozeduren: Neben den Allgemeinen Empfehlungen der Vertragsorgane, dem Individualbeschwerde- oder zwischenstaatlichen Beschwerdeverfahren, der Universellen Periodischen Berichterstattung (UPR) oder der Überprüfung durch Sonderberichterstatter:innen, finden indigene Rechte im Rahmen des Frühwarnsystems des Antirassismus-Ausschusses Erwähnung, häufig in Verbindung mit zerstörenden Maßnahmen wie der Zwangsumsiedlung oder den diskriminierenden Folgen der USA-Mexiko-Mauer durch die Trump-Regierung (vgl. EMRIP 2017). Diverse VN-Menschenrechtsorgane bedienen sich zudem der so genannten Follow up-Berichterstattung in Form von Staatenberichten; diese erweist sich hier als fundamentale Implementierungsmethode. In all jenen Prozeduren nehmen indigene Völker zunehmend stärkere Rollen ein: Gefordert wird demnach die Beteiligung indigener Völker in jeglichen Phasen der Universellen Periodischen Berichterstattung, in den Sonderprozeduren und Überprüfungsverfahren der Vertragsorgane (vgl. EMRIP 2017).

Table 13 — Illustrative indicators on the right to non-discrimination and equality (Universal Declaration of Human Rights, arts. 1, 2 and 7)

	Equality before the law and protection of person	Direct or indirect discrimination by public and private actors nullifying or impairing: access to an adequate standard of living, health and education	Direct or indirect discrimination by public and private actors nullifying or impairing: equality of livelihood opportunities	Special measures, including for participation in decision-making
Structural	• International human rights treaties relevant to the right to non-discrimination and equality (right to non-discrimination) ratified by the State • Date of entry into force and coverage of the right to non-discrimination, including the list of prohibited grounds of discrimination, in the constitution or other forms of superior law • Date of entry into force and coverage of domestic laws for implementing the right to non-discrimination, including on the prohibition of advocacy constituting incitement to discrimination and hatred • Date of entry into force and coverage of legal act constituting a body responsible for promoting and protecting the right to non-discrimination • Periodicity and coverage of the collection and dissemination of data relevant to assessingthe implementation of the right to non-discrimination • Number of registered or active NGOs and full-time equivalent employment (per 100,000 persons) involved in the promotion and protection of the right to non-discrimination			
Structural	• Time frame and coverage of policy and programmes to ensure equal protection, security and handling of crimes (including hate crimes and abuse by law enforcement officials) • Date of entry into force and coverage of domestic laws ensuring equal access to justice and treatment including for married, unmarried couples, single parents and other target groups	• Time frame and coverage of policy or programme for equal access to education at all levels • Time frame and coverage of policy and programmes to provide protection from discriminatory practices interfering with access to food, health, social security and housing	• Time frame and coverage of policies for equal access to decent work • Time frame and coverage of policy for the elimination of forced labour and other abuse at work, including domestic work	• Time frame and coverage of policy to implement special and temporary measures to ensure or accelerate equality in the enjoyment of human rights • Date of entry into force and coverage of quotas or other special measures for targeted populations in legislative, executive, judicial and other appointed bodies
Process	• Proportion of received complaints on cases of *direct* and *indirect* discrimination investigated and adjudicated by the national human rights institution, human rights ombudsperson or other mechanisms (e.g., equal opportunity commission) and the proportion responded to effectively by the Government • Proportion of targeted population (e.g., law enforcement officials) trained on implementing a code of conduct for the elimination of discriminatory practices			
Process	• Proportion of victims of discrimination and bias-driven violence provided with legal aid • Number of persons (including law enforcement officials) arrested, adjudicated, convicted or serving sentence for discrimination and bias-driven violence per 100,000 population • Proportion of women reporting forms of violence against themselves or their children initiating legal action or seeking help from police or counselling centres • Proportion of requests for legal assistance and free interpreters being met (criminal and civil proceedings) • Proportion of lawsuits related to property where women appear in person or through counsel as plaintiff or respondent	• Ratio of targeted population (e.g., girls) in the relevant population group in primary and higher education* and by kind of school (e.g., public, private, special school)* • Proportion of health-care professionals (landlords) handling requests from potential patients (tenants) in a non-discriminatory manner (source: discrimination testing survey) • Proportion of public buildings with facilities for persons with physical disabilities • Proportion of targeted populations that was extended sustainable accessto an improved water source, sanitation,* electricity and waste disposal	• Proportion of enterprises (e.g., government contractors) that conform with certified discrimination-free business and workplace practices (e.g., no HIV test requirements) • Proportion of job vacancy announcements stipulating that among equally qualified (or comparable) candidates a person from a targeted population group will be selected (e.g., women, minority) • Proportion of employers handling applications of candidates in a non-discriminatory manner (e.g., ILO discrimination testing survey) • Proportion of employees (e.g., migrant workers) reporting discrimination and abuse at work who initiated legal or administrative action • Proportion of time dedicated to unpaid domestic work and caregiving by women	• Proportion of targeted population groups accessing positive action or preferential treatment measures aiming to promote de facto equality (e.g., financial assistance, training) • Proportion of education institutions at all levels teaching human rights and promoting understanding among population groups (e.g., ethnic groups) • Proportion of members of trade unions and political parties who are women or from other targeted population groups and the proportion thereof presented as candidates for election
Outcome	• Prevalence/ incidence of crimes, including hate crime and domestic violence, by target population group • Reported cases of arbitrary killing, detention, disappearance and torture from population groups ordinarily subject to risk of discriminatory treatment • Conviction rates for indigent defendants provided with legal representation as a proportion of conviction rates for defendants with lawyer of their own choice	• Educational attainments (e.g., youth and adult literacy rates), by targeted population group* • Birth, mortality and life expectancy rates disaggregated by targeted population group	• Employment-to-population ratios* by targeted population group • Wage gap ratios for targeted population groups	• Proportion of relevant positions (e.g., managerial) in the public and private sectors held by targeted population groups • Proportion of seats in elected and appointed bodies at subnational and local level held by targeted population groups*
Outcome		• Proportion of targeted populations below national poverty line (and Gini indices) before and after social transfers*		
Outcome	• Reported number of victims of *direct* and *indirect* discrimination and hate crimes and proportion of victims (or relatives) who received compensation and rehabilitation in the reporting period			

All indicators should be disaggregated by prohibited grounds of discrimination, as applicable and reflected in metadata sheets

* MDG-related indicators

Abbildung 2: Implementierung mittels Menschenrechtsindikatoren im Falle des Nichtdiskriminierungsschutzes. Quelle: OHCHR (2012) Human Rights Indicators: A Guide to Measurement and Implementation

Verständnis- und Debattierfragen zum Kapitel „Progressive Entwicklungen in einem komplementären institutionellen Rahmen“

I) *Inwiefern lässt sich die Annahme der VN-Erklärung als Teil weiter menschenrechtlicher Entwicklungen verstehen?*

II) *Beschreiben Sie relevante Strukturen, Mechanismen, Institutionen, die sich für einen erfolgreichen Entwurfsprozess als ausschlaggebend erwiesen.*

III) *Zeigen Sie, inwiefern sich die Arbeitsgruppenstruktur und weitere Formen der Institutionalisierung rund um die Erklärung einerseits und der stetige Verrechtlichungsprozess andererseits bedingen.*

IV) *Nennen Sie wesentliche Merkmale und Erfolge der Indigenous-Caucus-Struktur.*

V) *Inwiefern konnte sich die internationale indigene Bewegung global etablieren? Diskutieren Sie Rationale und Hintergründe.*

VI) *Beschreiben Sie wesentliche Schwerpunkte und Klassifizierungen der VN-Erklärung.*

VII) *Gehen Sie auf die gesellschaftspolitische Relevanz der Erklärung ein, beleuchten Sie das Instrument rechtssoziologisch.*

VIII) *Inwiefern bedingen Organisationsformen des staatlichen Systems die Implementierung der Erklärung?*

IX) *In welchem Sinne können Implementierungsfragen mit Hinblick auf die intergouvernementale Struktur des völkerrechtlich geprägten Staatensystems erörtert werden?*

X) *Beschreiben Sie die transformative Wirkung durch zivilgesellschaftliche Akteure bei der Umsetzung des Instruments.*

Literatur zur Einführung

Allen, Stephen/Xanthaki, Alexandra (2011): Reflections on the UN Declaration on the Rights of Indigenous Peoples, London: Hart Publishing.

Barelli, Mauro (2016): Seeking justice in international law: The significance and implications of the UN Declaration on the Rights of Indigenous Peoples, Abingdon: Routledge.

Burger, Julian (2019): After the Declaration: next steps for the protection of indigenous peoples' rights. The International Journal of Human Rights 23, 1–2: S. 22–33.

Charters, Claire/Stavenhagen, Rodolfo (Hrsg.): Making the Declaration Work: The United Nations Declaration on the Rights of Indigenous Peoples, Copenhagen: IWGIA.

Eichler, Jessika/Doyle, Cathal/Howard, Seánna (2022): United Nations Declaration on the Rights of Indigenous Peoples. Article-by-Article Commentary, Baden-Baden: Nomos.

Erueti, Andrew (2017): The Politics of International Indigenous Rights. University of Toronto Law Journal 67: S. 569–595.

Gómez Isa, Felipe (2019): The UNDRIP: an increasingly robust legal parameter. The International Journal of Human Rights 23, 1–2: S. 7–21.

Hohmann, Jessie/Weller, Marc (2018): Introduction. In: Hohmann, Jessie/Weller, Marc (Hrsg.): The UN Declaration on the Rights of Indigenous Peoples, Oxford: Oxford University Press.

Short, Damien/Lennox, Corinne/Burger, Julian/Hohmann, Jessie (2021): The United Nations Declaration on the Rights of Indigenous Peoples: A Contemporary Evaluation, London: Routledge.

Interaktives Online-Lernspiel zum Kapitel „Progressive Entwicklungen in einem komplementären institutionellen Rahmen":

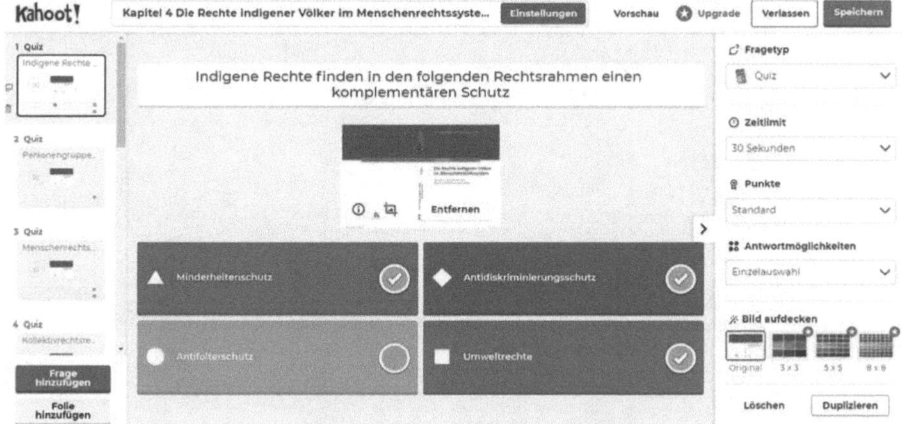

→ https://create.kahoot.it/share/kapitel-3-die-rechte-indigener-volker-im-menschenrechtssystem-normen-institutionen/bb61dd4d-55f5-468a-8e19-5a2768822820

Kapitel IV: Die Rechte indigener Völker im Detail: Internationale Rechtsprechung und Neuheiten in menschenrechtlichen Debatten

Zusammenfassung

Relevante rechtssprechende Entwicklungen lassen sich kaum in Isolierung zu angrenzenden Regimen verstehen; dazu gehören der Nichtdiskriminierungs- und Minderheitenschutz sowie die soziale Unternehmensverantwortung im Zusammenhang mit Land- und Ressourcenrechten. Allerdings lassen sich die Rechte indigener Völker ebenso als *sui generis*-Regime der Kollektivrechte verstehen, ideologisch-politisch und verfahrenstheoretisch. Parallelen Schutz genießen indigene Rechte mittels politischer und ziviler Gewährleistungen einerseits und wirtschaftlicher, sozialer und kultureller Verpflichtungen andererseits. Darüber hinaus entwickelt das internationale Menschenrechtssystem einen gruppenunspezifischen Diskriminierungsschutz wie dem Antirassismus- und Antifolterschutz, sowie gruppenspezifische komplementäre Standards im Bereich der Frauenrechte, der Rechte des Kindes und der Rechte von Menschen mit Behinderung und ihrer besonderen Anwendung auf die Rechte indigener Völker.

Die Rechte indigener Völker genießen in vielerlei Hinsicht einen Sonderstatus im Völkerrecht und IHRL. Zwar beschränken sich neueste Entwicklungen auf so genanntes *soft law* und damit nicht verbindliche Standards, jedoch gewinnen indigene Rechte sowohl innerhalb des internationalen Menschenrechtsregimes, v. a. mittels der Vertragsorgane, als auch im Rahmen paralleler völkerrechtlicher Ordnungen an Bedeutung (vgl. bspw. Standards der Weltbank, Dann/Riegner 2017; *Übereinkommen über die biologische Vielfalt*, Cittadino 2019; siehe ebenso Burger 2014). Trotz ihrer Unabhängigkeit als eigenständige Rechtsordnung lassen sich indigene Rechte im Zusammenhang mit komplementär wirkenden menschenrechtlichen Regimen verstehen: Insbesondere die institutionellen Anfänge weisen auf eine enge Anbindung an den Nichtdiskriminierungs- und Minderheitenschutz hin (vgl. Barelli 2016). Entwicklungen des letzten Jahrzehntes lassen zudem eine verstärkte Verankerung im Bereich der Umweltrechte und Artenvielfaltsregelungsrahmen feststellen. Als Hüter:innen der Natur (vgl. McGregor 2018; Solón 2017; PFII 2008) und Wälder wird indigenen Völkern eine tragende Rolle im Naturschutz, Klimaschutz (vgl. Havemann 2018) und bei der Sicherung von Rechten zukünftiger Generationen, so genannter Intergenerationenrechte (vgl. Eichler 2019) zugesprochen. Der häufig verrechtlichte Subsistenzgedanke und ähnliche Abhängigkeiten von der unmittelbaren Umgebung und Umwelt (vgl. Stavenhagen 2007) zeigen eine besondere Vulnerabilität indigener Völker auf; diese äußert sich ähnlich bei der Ausübung außerordentlicher Schutzfunktionen und kollektiv definierten Verpflichtungen gegenüber der Erde (vgl. etwa *Pachamama*- oder *Mother Earth*-Diskurs, Solón 2017).

Weitere Rechtsrahmen und relevante Referenzen innerhalb jener rechtlichen Ordnungen konnten sich im Bereich der sozialen Unternehmensverantwortung etablieren, insbesondere auf internationaler (vgl. OEIGWG-Vertragsentwurf siehe Kapitel I) und regionaler Menschenrechtsebene (vgl. García Muñoz 2019; Herencia-Carrasco 2020). Eine finale traditionell etablierte und weiterhin relevante Dimension bilden rechtliche Entwicklungen rund um Land- und Ressourcenrechte. Weitgreifende Konsultations- und Zustimmungsverfahren bzw. Teilhaberechte seien in diesem Kontext in besonderem Maße erwähnt; diese üben eine wesentliche Funktion zur Wahrung von Land-, Territorial- und Ressourcenrechten aus (vgl. Eichler 2019; Doyle 2017; Wright and Tomaselli 2019). Aktuelle globale Entwicklungen weisen auf die Unverzichtbarkeit jener Rechtskategorien hin. Dazu zählen Megaprojekte im Rohstoffabbau, in der Infrastruktur oder hinsichtlich so genannter Entwicklungsprojekte. Angesichts einer verstärkten globalen Nachfrage und entsprechender Großprojekte (bspw. die inter-ozeanische Autobahn) gewinnen indigene Kollektivrechte an Bedeutung, nicht zuletzt als wesentliche Instrumente des Widerstandes, des Dialoges auf Augenhöhe und als Bemühungen der Institutionalisierung indigener Entscheidungsinstanzen (vgl. PFII 2021) beim Zusammentreffen mit staatlichen oder externen Akteuren.

Darüber hinaus ergeben sich gewisse Partikularitäten hinsichtlich der Durchsetzbarkeit, Realisierung und Überwachung über die Einhaltung existierender (Kollektiv-)Standards. Zunächst sei das Überwachungsgremium der ILO-Abkommen genannt: Der ILO-Sachverständigenausschuss CEACR übernimmt mittels der Staatenberichte nicht nur Beobachtungsfunktionen, sondern er ergreift eine Interpretationshoheit über fundamentale Menschenrechtsfragen mit rechtlicher Verbindlichkeit. Allerdings agiert der Ausschuss in einer konservativen Rahmenordnung und kann demzufolge nur begrenzt über das integrationistische, staatssouveränitätsorientierte Regime hinaus rechtsprechend tätig sein (vgl. Kapitel II). Nahezu gegenteilig verhält sich der kürzlich etablierte Menschenrechtsschutz der UNDRIPS: Neben ihrer progressiven rechtlichen Substanz wirkt die Erklärung aufgrund der rechtlichen Wirkung einschränkend (vgl. Kapitel III). Systematische Beobachtungstätigkeiten können so nur teilweise ausgeübt werden, insbesondere was Staatenverpflichtungen angeht. Nichtsdestotrotz entsteht mit der Erklärung eine neuartige Form der Umsetzung und Realisierung menschenrechtlicher Verpflichtungen (vgl. Clavero 2008; Rodríguez-Piñero 2012). Dies birgt eine erhebliche potenzielle Wirkungs- und zugleich Legitimationskraft. In der Tat wird u. a. indigenen Sondermechanismen wie dem PFII und anderen spezialisierten Mechanismen eine Sonderrolle bei der Durchsetzung und Überprüfung der effektiven Umsetzung der Erklärung beigemessen (vgl. Art. 42 UNDRIPS). Insbesondere jene quasirechtlichen Instanzen bergen ein wesentliches Potenzial bei der fortschrittlichen Auslegung indigener Rechte und der Weiterentwicklung existierender Standards. Ein umfangreiches Verständnis zu jenen menschenrechtlichen Neuheiten rund um die Rechte indigener Völker erfordert demnach sowohl Einblicke in die Kontextualisierung jener Rechte und globale Entwicklungen als auch ein verschärftes Augenmerk auf die Besonderheiten relevanter Überwachungsmechanismen und ihrer rechtsprechenden Wirkungskraft.

UN Treaty	Substantive rights	Article	Indigenous Rights under the Declaration	Article
CERD	Prohibition of racial discrimination	2	Political participation Consultation, consent Cultural integrity and language Development compatible with culture	5, 18 19, 32(2) 38 11-13, 34 32(1)
ICCPR	Self-determination	1	Self-determination Autonomy and self-government	3 4
	Right of minorities	27	Cultural integrity and language Lands, territories and resources Substistence economies Political participation	11-13 25-29 20 5, 18
	Life, torture, liberty and security	5, 7, 9	Life, physical and mental integrity, liberty and security	7(1)
	Slavery and forced labor	8	Equal enjoyment of labor right	17(1)
	Fair judgement Use of language in legal proceedings	14	Fair and just redress Use of indigenous languages in legal proceedings	40 13(2)
	Privacy and family	17, 23	Lands, territories and resources	11-12
	Freedom of religion or belief	18	Indigenous religions and spirituality	11-12
	Freedom of opinion	19	Indigenous media	16(1)
	Freedom of association	22	Political or social institutions	5, 34
	Children, nationality	24	Indigenous children Nationality	21(2), 22 6
	Political participation	25	Political participation	5,18
	Equality before the law	26	Equality	2

UN Treaty	Substantive rights	Article	Indigenous Rights under the Declaration	Article
International Covenant on Economic, Social and Cultural Rights	Self-determination	1	Self-determination	3, 4
	International cooperation	2(1)		39
	Labor rights	7-9	Equal enjoyment of labour rights	
	Education	13	Language Education and media Children´s education Improvement of education	13 4-16 17(2) 21
	Food	11(1)	Means of substistence Improvement of social conditions Lands, territories and resources Enviroment	20 21 25-28 29
	Housing	11(1)	Improvement of housing conditions Housing programs Interdiction of forced removal Lands, territories and resources	21 23 10 25-28
	Health	12	Improvement of health conditions Health programs Right to health and traditional medicine Enviroment Children´s health	21 23 24 29 17(2)
	Education	13	Language Education and media	13 14-16
			Children´s education Improvement of education	17(2) 21
	Cultural life Benefits from intellectual or artistic production	15	Cultural integrity Cultural institutions Traditional knowledge	11-12 5, 34 31

UN Treaty	Substantive rights	Article	Indigenous Rights under the Declaration	Article
CRC	Indigenous children Violence against children Indigenous language in media Education free of prejudice	30 et al. 19 17(d) 29(d)	Special measures for indigenous children Violence against indigenous children Indigenous media Prejudice in education and media	21(2) 22(1) 22(2) 16(1) 15 16(2)
Convention Against Torture	Prohibition of torture generally		Physical and metal integrity	7(1)
CEDAW	Women rights generally		Special measures for indigenous women	21(2) 22(1)
Convention on Migrant Workers	Migrant rights generally		Trans-border cooperation	36
Convention on Persons with Disabilities	Rights of persons with disabilities generally		Indigenous persons with disabilities	21(2) 22(1)
Convention for the Protection of All Persons from Enforced Disappearance	Prohibition of enforced disappearance		Personal liberty and security	7(1)

Abbildung 3: UNDRIPS und internationale Menschenrechtsverträge im Vergleich. Quelle: Rodríguez-Piñero Royo (2012)

4.1 Die Rechte indigener Völker als neues Kollektivrechteregime

Indigene Kollektivrechte lassen sich kaum isoliert von ihrer (I) ideologisch-politischen, jedoch ebenso (II) verfahrenstheoretischen Einbettung in das internationale Menschenrechtsregime betrachten. Dies lässt sich folgendermaßen begründen. Zunächst sei auf den vornehmlich individualrechtlichen Charakter des internationalen Menschenrechtsschutzes hingewiesen. Seit den frühen Anfängen des IHRL mit der Annahme des Zivil- und Sozialpaktes sowie der Allgemeinen Erklärung der Menschenrechte richten sich bestehende Abkommen zunächst an Individuen. Eine wesentliche Ausnahme bildet die bereits diskutierte kollektive Selbstbestimmung der beiden Pakte. Dies lässt sich ebenso verfahrenstheoretisch verstehen: So richten sich die Individualbeschwerdeverfahren der Menschenrechtsabkommen zumeist an Einzelpersonen (1. Fakultativprotokoll zum Zivilpakt, Art. 1). Neuere Entwicklungen weisen jedoch auf eine stetige Akzeptanz kollektiver Dimensionen, und zwar hinsichtlich prozeduraler Schritte hin. Das im Jahre 2008 vom Menschenrechtsrat verabschiedete Fakultativprotokoll des Sozialpaktes gibt vor, Mitteilungen über Verletzungen eines der im Pakte niedergelegten Rechte von Einzelpersonen oder Personengruppen zuzulassen (Fakultativprotokoll zum Sozialpakt,

Art. 2; vgl. ebenso Fakultativprotokoll zur Frauenrechtskonvention, Art. 2; Anti-Rassismus-Konvention, Art. 14(1), siehe ebenso Cremer 2005). Kollektivrechte könnten jedoch auf verschiedenste Art und Weise eingeklagt werden: durch Individuen und somit Repräsentant:innen der betroffenen Gemeinschaften oder aber von betroffenen Gruppen oder Gemeinschaften ohne jene Repräsentationsinstanz (vgl. bspw. Eichler 2019; Jovanović 2012; Buchanan 1993).

4.1.1 Ideologisch-politische Einbettung in das internationale Menschenrechtsregime

Lassen wir uns zunächst auf die (I) ideologisch-politische Dimension des Internationalen Menschenrechtsschutzes und seine am Individuum orientierte Ausrichtung ein. Nach den so genannten Theorien der „Menschenrechtsklassifizierung" oder „Menschenrechtsgenerationen" ergeben sich mehrere Phasen des Menschenrechtsschutzes. Unterschieden wird grundsätzlich zwischen politischen und zivilen Rechten (erste Generation) einerseits und wirtschaftlichen, sozialen und kulturellen Rechten (zweite Generation) andererseits (vgl. Vasak 1977; Cornescu 2009; Domaradzki/Khvostova/Pupovac 2019). Erste erfolgreiche Ratifizierungsversuche zu zivilen und politischen Rechten lassen sich auf menschenrechtliche Entwicklungen im Nachgang der französischen Revolution zurückführen, insbesondere die im Jahre 1789 proklamierte *Déclaration des Droits de l'Homme et du Citoyen* (vgl. Tomuschat 2014). Wirtschaftliche, soziale und kulturelle Rechte hingegen lassen sich einer späteren zeitlichen Ära zuordnen, insbesondere sozialwirtschaftliche Entwicklungen seit der industriellen Revolution, später gefolgt von der russischen Revolution bis hin zu verfassungsrechtlichen Reformen nach dem Zweiten Weltkrieg (vgl. Tomuschat 2014). Darüber hinaus wurde traditionell zwischen negativen und positiven Menschenrechtsverpflichtungen mit Hinblick auf jene Klassifizierungen unterschieden. So würden zivile und politische Rechte vornehmlich negative Verpflichtungen mit sich bringen wie das Nichteingreifen in die Wahrnehmung bestimmter Rechte; hierzu zählt bspw. der Respekt für die Meinungsfreiheit ohne externe Eingriffe wie Zensuren.

Wirtschaftliche, soziale und kulturelle Rechte hingegen erforderten vorwiegend positive Verpflichtungen, und zwar solche zur Gewährleistung angemessener, zugänglicher und zur Verfügung stehender Maßnahmen. Das Recht auf Gesundheit mag hier der Veranschaulichung dienen: Gesundheitliche Dienste sollten demnach allen Menschen in angemessenem Maße frei zur Verfügung stehen und dabei sowohl ländliche als auch urbane Räume berücksichtigen (vgl. diverse Allgemeine Empfehlungen des Fachausschusses, bspw. GC No. 3 The nature of States parties obligations; GC No. 14 The right to the highest attainable standard of health; GC No. 13 The right to education; GC No. 12 The right to adequate food).

Menschenrechtsgenerationen:

Menschenrechtstaxonomien oder Generationen umgreifen eine allgemein anerkannte Kategorisierung von Menschenrechten. Diese umfassen drei Phasen: Zivile und politische Rechte (1. Generation), wirtschaftliche, soziale und kulturelle Rechte (2. Generation) sowie Kollektivrechte (3. Generation). Häufig werden die Generationen in Zusammenhang mit der International Bill of Human Rights, insbesondere der unterschiedlichen Annahme von CP-Rechten oder ESC-Rechten durch staatliche Allianzen, gebracht. Zurückzuführen sind sie jedoch auf das Zeitalter der Déclaration des Droits de l'Homme et du Citoyen (1. Generation), Arbeiterrechten des frühen 20. Jahrhunderts und ihrer Konstitutionalisierung im sowjetischen und Weimarer Falle (2. Generation) und derzeitigen Zukunftsfragen zur Friedens-, Sicherheits- und Umweltpolitik (3. Generation).

Eine dritte Menschenrechtsgeneration sei hier erwähnt. Diese wird häufig mit Kollektivrechteregimen gleichgesetzt. Dazu zählen bspw. das Recht auf Frieden, Entwicklung und Umwelt (vgl. Tomuschat 2014; ebenso Westra 2011). Jedoch spielt ebenso die Selbstbestimmung, sowie die Rechte indigener Völker im Allgemeinen eine entscheidendere Rolle, sie finden als anerkanntes Kollektivrechteregime zunehmend Ausdruck in rechtsprechenden Debatten. Wie bereits erwähnt, treffen Kollektivrechte auf systemisch bedingte Schwierigkeiten, einem individualrechtlichen Menschenrechtssystem einschließlich seiner spezifischen Klagemöglichkeiten oder einer begrenzten Substanz bestimmter Rechte wie der Beschränkung physischer Integrität auf das Individuum ohne eine Ausweitung dieser auf den Genozid oder Ethnozid oder aber fehlendem rechtlichen Erfindungsgeist für Intergenerationenrechte. Kollektivrechte haben in der Tat alleinigen Anspruch auf so genannte Solidaritätsrechte und Pflichten erheben können (vgl. Niezen 2003); besonderen Ausdruck finden diese im afrikanischen Menschenrechtssystem, jedoch ebenso in verfassungsrechtlichen Entwicklungen im lateinamerikanischen Andenraum (vgl. Solón 2017). Darüber hinaus wird jene dritte Menschenrechtsgeneration gewöhnlich aufgrund der schwierig zu etablierenden kausalen Beziehung zwischen Schaden und Geschädigten kritisiert; im Falle umweltbedingter Katastrophen lassen sich Ursachen und einhergehende Verantwortungszuschreibungen nur schwerlich herstellen. Der Anerkennung und Festschreibung kollektiver Rechte liegen also systemische Herausforderungen zugrunde. Daneben wirken politische Agenden und staatliche Souveränitätsgedanken einer Verfestigung kollektiver Rechte im IHRL entgegen.

Eine weitere Herausforderung bildet das Zusammenspiel von indigenen Individualrechten und Teilhaberechten in der Gemeinschaft (vgl. Gover 2018; Napoleon 2005; Sanders 1991); so können parallele Strukturen, Rechte- und Pflichteordnungen kollektive Rechte ergänzen. Streitfälle können sich jedoch im Zusammenhang mit dem Eherecht (vgl. Shachar 2001; vgl. ebenso Menschenrechtsausschuss CCPR Communication No. 24/1977 *Sandra Lovelace vs. Canada*) und Erbrecht ergeben; kollektive Rechte können sich in jenem Fall als Hindernisse erweisen. Allerdings deuten insbesondere Frauenrechte auf einen integralen Ansatz hin. Erstere lassen sich als Teil der kollektiven Selbstbestimmung verstehen und verstärken das kollektive Paradigma indigener Kollektivrechte (vgl. Sieder/Sierra

2010; Kuokkanen 2012; Holder/Corntassel 2002). Ähnlich verhalten sich intergenerationelle Rechte; die Bewältigung historischen Traumas (vgl. Yellow Horse Brave Heart/Chase/Elkins/Altschul 2011; Atkinson 2002) und fortwährender Ungleichheiten bedingen die Gewährleistung der Kollektivrechte (vgl. Eichler 2019; siehe ebenso Fitzmaurice 2018 bzgl. intergenerationeller Gleichheitstheorien zu Umweltverpflichtungen).

4.1.2 Verfahrenstheoretische Einbettung in das internationale Menschenrechtssystem

Eine weitere nennenswerte Debatte rund um (indigene) Kollektivrechte betrifft ihre (II) verfahrenstheoretische Einbettung in das bestehende internationale Menschenrechtssystem. Die bereits diskutierten Hürden bei der Einklagbarkeit von Individualrechten seien hier erneut erwähnt. Die Frage der Repräsentation spielt eine wesentliche Rolle bei der Einforderung von Kollektivrechten, als Einzelperson, Gruppe oder Gemeinschaft (vgl. Jovanović 2012; Buchanan 1993); als ähnlich relevant zeigt sich die Berücksichtigung gruppenbezogener Belange bei der Anwendung von Individualrechten sowie gruppenspezifischer Klageprozeduren. Allerdings verbindet sowohl Individual- als auch Kollektivrechte keine gemeinsame rechtliche Sprache; ähnlich verhalten sich mögliche Konflikte zwischen jenen subjektspezifischen Rechten. So wird bspw. von gruppendifferenzierten Rechten gesprochen (vgl. Kymlicka 1996; Mitnick 2006); mögliche Zusammenspiele mit den Rechten des Individuums werden in jenem Fall gewöhnlicherweise als externe oder interne Dimensionen bezeichnet (vgl. Kymlicka 1996; Shachar 2001). Als „externen Schutz" zu bezeichnen ist demnach der Schutz vor einer Mehrheit und ihrer Machtausübung gegenüber einer Minderheit, während interne Einschränkungen sich auf die individuelle Entscheidung beziehen, bestimmte traditionelle Praktiken oder Gewohnheiten nicht zu (be)folgen (vgl. Kymlicka 1996). Rechte lassen sich dementsprechend nicht von der klassischen Beziehung zwischen Rechteinhaber:innen und Rechtegarant:innen lösen: vielmehr trägt die vielschichtige triadische Wechselwirkung zwischen Einzelpersonen, indigener Gemeinschaft und Mehrheitsgesellschaft bzw. ihrer Institutionen entscheidend zur Gewährleistung bzw. Priorisierungen bestimmter Menschenrechte bei.

Der Interamerikanische Gerichtshof für Menschenrechte positionierte sich in relevanten Streitfällen gewöhnlich zugunsten der kollektiven Rechte, er bezeichnete entsprechend jegliche Eingriffe in die Entscheidungsstrukturen indigener Gemeinschaften im Namen der Individualrechte als rechtswidrig (vgl. insb. *Saramaka vs. Suriname* und *Sarayaku vs. Ecuador*). Entsprechende Partizipationsmöglichkeiten seitens der Kläger:innen sowie Repräsentant:innen der Zivilgesellschaft wurden im Laufe des prozeduralen Wandels und Fortschrittes entwickelt (vgl. bspw. Cavallaro/Vargas/Sandoval Villalba/Duhaim 2019). Ähnliches lässt sich im afrikanischen Menschen- und Völkerrechtssystem beobachten; Nichtregierungsorganisationen tragen eine fundamentale Rolle in jeglichen Fragen der Repräsentation indigener Völker und ihrer Rechte vor Gericht (vgl. *Endorois vs. Kenia*). Der Minderheitenschutz des europäischen Menschenrechtssystems gibt weitere Anhaltspunkte zu prozeduralen Angelegenheiten bzw. Fragen der Repräsentation bei der Einforderung kodifizierter Rechte. Und zwar spezifiziert dies das *Rahmenübereinkommen zum Schutz nationaler Minderheiten* in Art. 3(2), nach dem

> „*Angehörige nationaler Minderheiten die Rechte und Freiheiten, die sich aus den in diesem Rahmenübereinkommen niedergelegten Grundsätzen ergeben, einzeln sowie in Gemeinschaft mit anderen ausüben und genießen können*" (Angst 2015; Heintze 2006; vgl. ebenso Hofmann/Angst/Lantschner/Rautz/Rein 2015; Weller 2006).

Der Beratende Ausschuss für das Rahmenübereinkommen zum Schutz nationaler Minderheiten vertritt jedoch einen konservativen Ansatz diesbezüglich. Der Ausschuss unterscheidet hinsichtlich Art. 3(2) klar zwischen der Möglichkeit einer gemeinsamen Ausübung jener Rechte und Freiheiten einerseits und dem Begriff der kollektiven Rechte (Explanatory Report to the Convention, Art. 3(2)) andererseits. Dabei wird über die Natur jener Rechte, und zwar kollektive Gründe, weitestgehend hinweggesehen; stattdessen wird dem genannten Artikel vornehmlich eine individualrechtliche Dimension zugeschrieben (vgl. Hofmann 2015). So gibt der Ausschuss an, die Wortwahl verdeutliche, keinerlei kollektive Rechte jener „nationalen" Minderheiten wären im Rahmen des Entwurfsprozesses ins Auge gefasst worden (vgl. Heintze 2006; Explanatory Report to the Convention, Art. 1). Stattdessen verweist der Ausschuss auf die Anerkennung „nationaler" Minderheiten mittels der Rechte Minderheitenangehöriger, und damit Einzelpersonen (Explanatory Report to the Convention, Art. 1). Hiermit nimmt das Abkommen einen universell anerkannten individualistischen Menschenrechtsansatz an (vgl. Heintze 2006). Hinweise hierauf durchlaufen das gesamte Rahmenübereinkommen; so können alleinig Einzelpersonen nach Art. 9 auf Schadensersatz zurückgreifen.

Darüber hinaus wurde im Jahre 1995 ein Kollektivbeschwerdeverfahren auf Basis eines Fakultativprotokolls ins Leben gerufen. Dieses soll die Rolle sozialer Partner und Nichtregierungsorganisationen mit konsultativem Status stärken: Jene Institutionen würden sich nun direkt an den Europäischen Ausschuss für soziale Rechte wenden können (vgl. Cullen 2009) und erhalten somit direkten Zugang (vgl. Evju 2007), bspw. bei fehlender Implementierung der *Europäischen Sozialcharter*. Des Weiteren werden Gewerkschaften und Arbeitnehmerverbände adressiert. Anwendung fand die Prozedur bereits mehrfach mit dem Ziel der Durchsetzung von Minderheitenrechten, insbesondere die der Roma (vgl. Cullen 2009; Evju 2007; vgl. ebenso *Beschwerde No. 15/2003 European Roma Rights Centre v. Greece*, *Beschwerde No. 31/2005 European Roma Rights Centre v. Bulgaria* oder *Beschwerde No. 27/2004 European Roma Rights Centre v. Italy*). Ein interessantes Detail zur prozedurbasierten Debatte bildet die Verfahrensordnung, nach der eine Beschwerde von einer Person signiert werden muss, welche dazu ermächtigt wurde, die klagende Organisation zu repräsentieren (vgl. Cullen 2009). Vergleichbar mit anderen Instrumenten des Europarates muss das Kollektivbeschwerdeverfahren im Lichte politisierender Entwicklungen gesehen werden, insbesondere was den Einfluss des Ministerkomitees angeht (vgl. Cullen 2009). So behält das Ministerkomitee bspw. das Mandat zur finalen Entscheidung über Beschwerden (vgl. Churchill/Khaliq 2004). Zudem lässt die geringe Annahme des Instrumentes durch die Mitgliedstaaten auf nur mangelhafte Implementierungsmöglichkeiten schließen (vgl. Churchill/Khaliq 2004). Darüber hinaus versteht sich das Verfahren als quasilegaler Prozess und erster völkerrechtlicher Mechanismus im spezifischen Bereich der wirtschaftlichen und sozialen Rechte (vgl. Cullen 2009). Ähnlich kann die *Europäische Sozialcharter* als einziges rechtliches Instrument auf europäischer Ebene zum Schutz von sozialen und wirtschaftlichen Rechten angesehen werden (vgl. Evju 2007).

4.1.3 Soziopolitische Dimensionen der Kollektivrechtedebatte

Zuletzt sollen jene Kollektivrechtedebatten soziopolitisch kontextualisiert werden. In der Tat basieren entsprechende (verfassungsrelevante) Verrechtlichungsprozesse auf einer wirkungsvollen Anerkennungspolitik und wesentlichen Bezugnahmen zur Multikulturalismus- und Plurinationalismusidee (vgl. bspw. Kymlicka 1996; Kymlicka 2013; Tully 2008; Taylor 1994; Benhabib 2002; Fraser/Honneth 2004; vgl. ebenso Kapitel 1, insbesondere zu verfassungstheoretischen Fragen). Dabei geht es im Wesentlichen um eine Platzierung der Kollektivrechte in Anerkennungsparadigmen wie die Nichtdiskriminierungs- sowie Gleichheitspolitik, Antistereotypisierungs- und Antirassismusmaßnahmen, Minderheitenregime, Integrations- und Assimilierungsformen, jedoch ebenso darüber hinaus mit der positiven Diskriminierung und der Annahme spezifischer Maßnahmen und Sonderordnungen zur institutionellen Verankerung und Formalisierung jener Kollektivrechte. Diese suggerieren in der Tat einen Paradigmenwechsel, ausgehend von einer mehrheitsgeprägten Gesellschaft, ihren Institutionen, Gesetzen und zugrundeliegender Rationale. Gründe sind in den Ursprüngen klassischen Liberalismus bzw. seinen Prämissen zu finden, und zwar eines kulturell homogenen Staates (vgl. Freeman 1995): So basierten sowohl John Stuart Mill als auch der zeitgenössische John Rawls demokratietheoretische Ansätze auf einer vereinten öffentlichen Meinung und dem Irrglauben, diese in einem Staat unterschiedlicher Nationalitäten nicht bilden zu können (vgl. Freeman 1995; Mill 1910; Rawls 1993).

Ebenso lassen sich in aktuellen Kontexten gesellschaftspolitische Kontroversen rund um Kollektivrechteregime feststellen: So werden Kollektivrechte zum Teil politisiert, als gesamtgesellschaftliche oder staatlich definierte kollektive Identität der Gesamtbevölkerung verstanden, häufig werden sie kontrastiert mit Minderheitenrechten (vgl. Howard-Hassmann 2018). Dies erlaubt uns erneut einen kritischen und differenzierten Zugang zu einzelnen Menschenrechten; kollidierende Menschenrechte erfordern in der Tat neuartige Ansätze seitens der Justiz (vgl. Smet 2017) sowie eine stärkere Einbettung von Minderheitenrechten. Weite rechtliche Debatten hingegen verstehen kollektivrechtliche Dimensionen als vornehmlich verwoben mit Minderheitenrechten bzw. den Rechten indigener Völker; illustrierend hierfür stehen bspw. das Recht von Minderheitengruppen auf Bildung und entsprechende Verwaltungskontrollinstanzen oder indigene Selbstverwaltung (vgl. etwa Newman 2013; Jovanović 2012).

Eine wirkungsvolle Anerkennungspolitik erfordert somit zunächst verschiedene Phasen der Institutionalisierung, und zwar eine Transversalisierung positiver Diskriminierungsordnungen innerhalb staatlicher Mechanismen und inter-institutionelle Wechselwirkungen, bspw. orientiert an einem menschenrechts-ausgeprägten Justizsystem und seiner aktiven Inanspruchnahme durch die Exekutive und Legislative. Es geht hierbei also um eine Harmonisierung und Ausweitung der Kollektivrechte auf institutioneller Ebene. Daneben erfordert ein ganzheitlicher Kollektivrechteansatz die Vertiefung existierender Nichtdiskriminierungs-Standards und damit die Verstärkung triadischer Menschenrechtsverpflichtungen, insbesondere in Hinblick auf den Schutz und die Umsetzung (vgl. *respect, protect, fulfill*-Rahmenordnung der Menschenrechte; bspw. Karp 2020; Tomuschat 2014). In diesem Sinne bedürfen Kollektivrechte neben Formen der Institutionalisierung gleichermaßen eines Sonderrechtsregimes (vgl. Sonderrechte, „special rights" diskutiert von Mitnick 2006; Hart 1984) und damit der Ausspezifizierung positiver Maßnahmen.

4.2 Menschenrechtsgenerationen in der Rechtsprechung der Fachausschüsse: die Bedeutung ziviler und politischer Rechte für das indigene Kollektivrechteregime

Politische und zivile Rechte für indigene Einzelpersonen und Kollektive erweisen sich im Rahmen des Zivilpaktes als höchst relevant: So fallen drei Viertel der Individualbeschwerden Indigener unter das Mandat des Menschenrechtsausschusses. Gewöhnlich wird dabei auf den Minderheitenschutz nach Art. 27 des Abkommens verwiesen, bzw. bietet dieser einen personenbezogenen Sonderrechtsschutz und wendet diesen auf indigene Völker an (vgl. bspw. CCPR, *Apirana Mahuika et al. vs. Australia*). Es wird an jener Stelle gewöhnlich auf die besondere Position indigener Völker als Minderheit hingewiesen, und zwar auf Basis der genannten kulturellen Rechte, ihrer Lebensweise und der engen Verbindung dieser mit Territorium und Ressourcen (vgl. *Ángela Poma Poma vs. Peru*). Dies hält der Ausschuss zudem grundlegend in einer Allgemeinen Bemerkung fest; jene kulturellen Rechte können zudem positive Schutzmaßnahmen zur Gewährleistung einer wirkungsvollen Partizipation bei Entscheidungen mit Auswirkungen auf Mitglieder einer Minderheit erfordern (CCPR, Allgemeine Bemerkung N° 23 „the rights of minorities (Art. 27)"). Kritisch lässt sich hier jedoch auf den fehlenden ganzheitlichen Ansatz in jenem Rechtsrahmen verweisen: Gewöhnlich geht es um indigene Kläger:innen, welche I) als Einzelpersonen verstanden werden und somit klare Kollektivrechteansätze fehlen und II) in ihrer Klassifizierung keine besonderen Merkmale indigenbezogener Verletzungen aufzuweisen bzw. diese nicht als solche verstanden werden. Zudem stellt der Ausschuss klar, die Ausübung jener Rechte darf die Souveränität und territoriale Integrität nicht beeinträchtigen (CCPR, Allgemeine Bemerkung N° 23).

So wird bspw. bei Massakern in indigenen Gemeinschaften wenig auf die kollektive, kulturelle Dimension ähnlich wie beim Ethnozid oder indigenem Genozid hingewiesen und vielmehr auf Einzelstraftaten (vgl. bspw. CCPR, *Coronel et al. vs. Colombia*, Communication No. 778/1997; CCPR, *Quiroga Mendoza and Aranda Granados vs. Plurinational State of Bolivia*, Communication N° 2491/2014). Der Individualrechteansatzes durchzieht das Verständnis ziviler und politischer Rechte: In einem Entscheid zum Wahlrecht indigener Parlamente zeigte der Ausschuss, wie Entscheidungen des Staates die Zusammensetzung des indigenen Parlamentes beeinflussten und sich die paritätische Vertretung Indigener auf das Individualrecht seiner Mitglieder auf die Ausübung von bspw. Kultur und Sprache sowie die Gleichheit vor dem Gesetz auswirken konnte (CCPR, *Sanila-Aikio vs. Finland*, Communication N° 2668/2015).

Jedoch finden indigene Kollektivrechte auf unterschiedliche Weise Eintritt in die internationale Menschenrechtsprechung; zum einen spiegelt sich dies im Zivilpakt mittels des kodifizierten Vertragsrechtes zum Minderheitenschutz und somit primären rechtlichen Quellen wider (vgl. Art. 27, ICCPR; vgl. ebenso MacKay 2001; Arlettaz 2013), zum anderen werden im Falle des Sozialpaktes diverse, disperse Menschenrechtsklauseln mittels weiter Vertragsauslegungen relevant (vgl. bspw. Art. 15, ICESCR). Gehen wir zunächst auf rechtsprechende Entwicklungen rund um den Zivilpakt ein. Art. 27 umfasst diverse relevante Diskriminierungsgründe; ethnische, religiöse und sprachliche Minderheiten finden hier dezidiert Erwähnung (vgl. Art. 27, ICCPR; vgl. auch MacKay 2001). Exemplarisch für die Anwendung jener Minderheitenrechte auf indigene Völker steht der *Ángela Poma Poma vs. Peru*-Fall (CCPR, Communication N° 1457/2006; vgl. ebenso Göcke 2010): Die Kläger:innen konstituierten sich in dem vorliegenden Fall durch indigene Gemeinschaften auf Basis der Minderheitenklausel; wie in vielen Fällen ging es hier um Land- und Ressourcenrechte (vgl. *Ilmari Länsman et al. vs. Finland*, Communication N° 511/1992; CCPR, *Jouni E. Länsman et al. vs Finland*, Communication N° 671/1995) und die Auswirkung auf diese durch so genannte Entwicklungsprojekte.

Der Ausschuss öffnet an anderer Stelle die Debatte zu Kollektivrechten erneut: Das Recht auf direkte oder indirekte Teilhabe am öffentlichen Leben ist demzufolge unmissverständlich als Individualrecht zu verstehen (*Rehoboth Baster Community et al. vs. Namibia*). Er fügt an anderer Stelle hinzu: Staaten werden dazu aufgerufen, die Repräsentation indigener Völker im öffentlichen und politischen Leben zu erhöhen, wenn nötig unter der Anwendung besonderer Maßnahmen zur Entfaltung der vollen Wirkung des Abkommens (CCPR, Mexiko). Dies kann ebenso in institutionalisierter Form in Erscheinung treten: So konnten sich indigene Ministerien bilden, deren Unabhängigkeit zu stärken ist, womit gleichzeitig die Rechte indigener Völker einem dezidierten Schutze unterworfen werden (CCPR, Paraguay). Staaten werden deshalb dezidiert dazu angehalten, jene Institutionen zu stärken sowie Budget zur Verfügung zu stellen, welches für den Schutze u. a. indigener Völker reserviert ist (CCPR, Guatemala).

Auf ähnliche Weise äußert sich der Ausschuss zu Führungspersonen, insbesondere bei der Verteidigung von Land und natürlichen Ressourcen (CCPR, Guatemala). Damit verwandt ruft der Ausschuss zur Annahme greifbarer Maßnahmen zur Erhöhung indigener Repräsentation im politischen und öffentlichen Leben auf. Dazu zählen insbesondere Entscheidungsfunktionen und Seniorpositionen sowie temporäre Sondermaßnahmen wie die Schaffung von Quoten (CCPR, Guatemala). Allerdings werden negative Auswirkungen auf die Ausübung jenes Rechts durch die Einzelperson im Lichte des Gleichheitsprinzips in Betracht gezogen: „this has had an adverse effect on the enjoyment by individual members of the community of the right to take part in the conduct of public affairs or to have access, on general terms of equality with other citizens of their country, to public services" (*Rehoboth Baster Community et al. vs. Namibia*, Abs. 10.8). Somit scheint der Kollektivrechteansatz zu den Rechten von (indigenen) Völkern durch Art. 1(1) nicht klar in die Rechtsprechung eingebettet, vielmehr wird dieser bedingt durch andere Rechte wie den Minderheitenschutz und die prozedurale Dimension, und zwar Klagemöglichkeiten durch Individuen (*Rehoboth Baster Community et al. vs. Namibia*).

In der Tat zeigt die Rechtsprechung des Ausschusses zunehmend eine klare Orientierung und ein Bewusstsein gegenüber der kollektiven Dimension jener Rechte: Im Falle *Sandra Lovelace vs. Canada* spricht sich der Ausschuss für eine klare Definition indigener Rechte und ihrer dezidierten Kategorisierung mit dem Ziel der Lebensfähigkeit und des Wohlergehens einer Minderheit in ihrer Gesamtheit aus. In *Kitok vs. Sweden* stimmt der Ausschuss einer Einschränkung von Individualrechten zu, solange eine angemessene und objektive Begründung diese rechtfertigt und eine Notwenigkeit besteht hinsichtlich jener Lebensfähigkeit und des Wohlergehens der Minderheit in ihrer Gesamtheit. Wenig nimmt der Ausschuss allerdings Stellung zu einer häufig untergrabenen Verletzung in jenen Fällen, und zwar dem Recht, die eigene Identität und Gruppenzugehörigkeit zu bestimmen, einschließlich der Festlegung von Strukturen und der Mitgliedschaft in ihren Institutionen im Einklang mit eigenen Prozeduren (Individual opinion of Olivier de Frouville in *Sanila-Aikio vs. Finland*; siehe ebenso CCPR, *Käkkäläjärvi vs. Finland*, Communication N° 2950/2017). Ferner legt der Ausschuss in Hinblick auf Interpretationen zur Bestimmung indigener Identität fest: Diese sollen dem Recht der indigenen Gemeinschaften oder Nationen auf Bestimmung ihrer eigenen Identität und Gruppenzugehörigkeit folgen (CCPR, Mexiko). Ferner ruft der Ausschuss Staaten dazu auf, verlässliche offizielle Statistiken zu indigenen Bevölkerungsgruppen aufzubewahren und in diesem Sinne doppelte Anstrengungen vorzuweisen (CCPR, El Salvador).

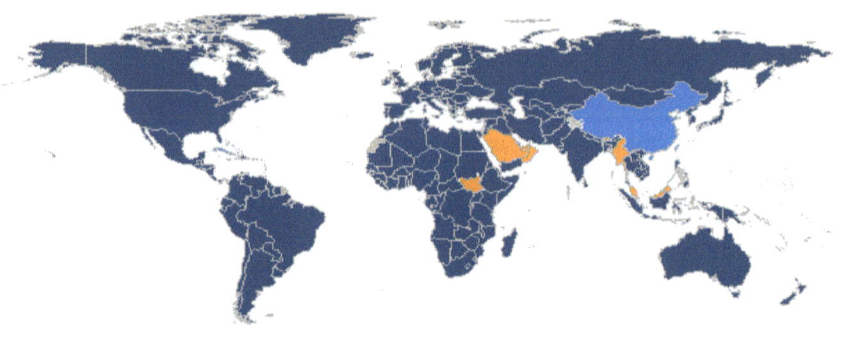

Derzeitiger Status: Vertragspartei (173) Unterzeichnung (6) keine Maßnahmen (18)

Abbildung 4: Ratifizierungsstatus Zivilpakt (ICCPR). Quelle: https://indicators.ohchr.org/

4.2.1 Der Minderheitenschutz des Art. 27 des Zivilpaktes, seine Relevanz für die Ausübung des Rechtes auf kulturelle Praxis und seine Bezüge zu Land-, Rohstoff- und ähnlichen Projekten

Der Entscheid *Poma Poma vs. Peru* trägt auf zweierlei Weisen zu einem dezidierten Schutze indigener Rechte bei. Einerseits hängt die Zulässigkeit entsprechender „entwicklungsrelevanter" Maßnahmen von den Partizipationsmöglichkeiten für Minderheiten an jenen Maßnahmen sowie dem Maße der Nutzung der eigenen, traditionellen Wirtschaft ab (*Ángela Poma Poma*-Fall; *Ilmari Länsman et al. vs. Finland*; vgl. ebenso Budziszewska 2018). Dabei berücksichtigt der Ausschuss insbesondere entsprechende Auswirkungen auf kulturell signifikante wirtschaftliche Tätigkeiten der Minderheit. In der Tat erweisen sich wirtschaftliche Aktivitäten der Gemeinschaft als relevant für die Anwendung des Minderheitenschutzes, solange erstere wesentliche kulturelle Elemente der Gemeinschaft aufweisen (*Ángela Poma Poma*-Fall; CCPR, *Kalevi Paadar, Eero Paadar and his family, Veijo Paadar and Kari Alatorvinen and his family vs. Finland*-Fall, Communication N° 2102/2011; *Ilmari Länsman et al. vs. Finland*; *Jouni E. Länsman et al. vs Finland*); ein kontextualisiertes, adaptiertes Verständnis jener kulturellen Ausübung wird dabei vorausgesetzt (vgl. *Apirana Mahuika et al. vs. Australia*, CCPR, Communication N° 547/1993). So stellte der Ausschuss bereits im Falle *Bernard Ominayak Chef of the Lubicon Lake Band vs. Canada* (CCPR, Communication N° 167/1984) fest, dass der Minderheitenschutz des Art. 27 das Recht auf wirtschaftliche und soziale Aktivitäten als Teil der gemeinschaftlichen Kultur miteinbezöge (vgl. Arlettaz 2013).

Allerdings wird das Recht auf kulturelle Ausübung (der Identität) einer Minderheit nicht als absolutes, uneinschränkbares Recht verstanden; vielmehr werden begrenzte Einschränkungen als vereinbar mit dem Minderheitenschutz durch Art. 27 angesehen (vgl. *Ilmari Länsman et al. vs. Finland*). Einen vergleichbar passiven Ansatz vertritt der Ausschuss in ähnlichen Fällen; so dürfen Staaten jene Aktivitäten regulieren, welche ein wesentliches Element einer bestimmten Minderheitenkultur ausmachen, so lange jene Regulierung keine de facto-Aberkennung jenes Rechtes impliziert (CCPR, *Howard vs. Canada*, Communication N° 879/1999, ebenso CCPR, *Kitok vs. Sweden*, Communication N° 197/1985). Einen erweiterten Schutz etabliert der Ausschuss allerdings wie folgt: Und zwar soll bei einschränkenden Maßnahmen nicht nur der bisherige Schaden bzw. die Verletzung von kulturellen Rechten in Betracht gezogen werden, sondern vielmehr zukünftige Maßnahmen und ihr Ausmaß über die Jahre; dabei soll die Verhältnismäßigkeit dieser in Relation zu etwaigen Verletzungen kultureller Natur in Erwägung gezogen werden (*Jouni E. Länsman et al. vs Finland*).

Generell gibt der Ausschuss an, dass nicht nur einzelne Maßnahmen den Zugang zu kulturellen Rechten beeinträchtigen können, sondern viel mehr verschiedene Aktivitäten in ihrer kumulativen Wirkung diesen Zugang einschränken können (*Jouni E. Länsman et al. vs Finland*). In einem jüngeren Urteil geht der Ausschuss erneut auf die Kriterien jener Einschränkungen ein; namentlich die kombinierten Auswirkungen jener Aktionen oder Maßnahmen in einem bestimmten Zeitraum in mehreren Teilen des „staatlichen Territoriums" sowie die Gesamtauswirkungen jener Maßnahmen hinsichtlich der Möglichkeit der Minderheit, ihre Kultur auszuüben (CCPR, *Jouni Länsman, Eino Länsman and the Muotkatunturi Herdsmen's Committee vs. Finland*, Communication N° 1023/2001). Wesentlich sind hierbei nicht die Effekte jener Maßnahmen zu einem gegebenen Moment, sondern die Auswirkungen früheren, gegenwärtigen und zukünftigen Unternehmens (*Jouni Länsman, Eino Länsman and the Muotkatunturi Herdsmen's Committee vs. Finland*). Insofern testen Staaten gewöhnlich den oberen Schwellenwert jener Einschränkung kultureller Bedingungen (vgl. bspw. CCPR, *Lovelace vs. Canada*, Communication No. 24/1977; *Äärelä and Näkkäläjärvi vs. Finland*, Communication No. 779/1997; *Ilmari Länsman et al. vs. Finland*).

Grundsätzlich wird das Recht auf Kultur nicht abstrakt bestimmt, stattdessen wird dieses kontextualisiert (*Ilmari Länsman et al. vs. Finland*). Nichtsdestotrotz gibt der Ausschuss anderswo unmissverständlich an, dass Maßnahmen mit negativen Auswirkungen auf kulturelle Rechte als nicht vereinbar mit den Verpflichtungen des Minderheitenschutzes angesehen werden müssen (CCPR, *Kalevi Paadar et al. vs. Finland*-Fall). Dies steht im klaren Kontrast zu regionalen Menschenrechtsentwicklungen wie der Rechtsprechung des IACtHR und zugeschriebenen Wichtigkeit kultureller Rechte und Identität (vgl. bspw. *Sarayaku*-Fall, 2012; *Mayagna (Sumo) Awas Tingni Community v. Nicaragua*, 2001).

Positiv lassen sich bereits frühe Entwicklungen rund um die Beweispflicht in jenen Fällen anführen: So schlussfolgerte der Ausschuss im Zusammenhang mit kulturellen Landrechten klar, ein direkter Bezug zwischen dem betroffenen Land und Indigenen Völkern müsse nicht von jenen Betroffenen hergestellt werden, dies könne jenen Völkern weder zugeschrieben noch angerechnet werden (CCPR, *Hopu and Bessert vs. France*, Communication N° 549/1993). Jene Verletzungen ergaben sich im Zusammenhang mit einem Infrastrukturprojekt auf dem Gebiet eines traditionellen Friedhofes und wurden interessanterweise als Eingriff in das Recht auf Familie und Privatsphäre verstanden, substantiiert von der Beziehung zu individueller Identität in ihrer Beziehung zu den Vorfahren (*Hopu and Bessert vs. France*).

Eine individuelle, abweichende Meinung zum Urteil weist hingegen den Weg hin zu einer Einbettung jenes Rechtsverständnisses in den Minderheitenschutz des Art. 27 (in *Hopu and Bessert vs. France*). Wenngleich jene Meinung die weite Interpretation des Familienkonzeptes des Ausschusses bekräftigt, und zwar in seinem übergreifenden Verständnis Nichtverwandter als Teil der Familie, so weisen die Ausschussmitglieder auf eine fehlende Inklusivität hin, bspw. hinsichtlich der Berücksichtigung aller Mitglieder einer ethnischen oder kulturellen Gruppe oder aller Vorfahren (Individuelle, abweichende Meinung seitens Kretzmer und Buergenthal, gemeinsam unterzeichnet mit Ando und Colville in *Hopu and Bessert vs. France*). Die Meinung weist zudem auf die Referenz des Ausschusses auf die Geschichte, Kultur und das Leben der Betroffenen hin; somit fallen diese Werte, laut abweichender Meinung, direkt unter den Schutz des Art. 27 (Abweichende Meinung Kretzmer und Buergenthal). Eine Hauptrationale jener wegweisenden Meinung betrifft das Verständnis der „Identität“: So wird argumentiert, dass Besuche der Totenstätte eine wesentliche Rolle in der (Ausübung) der Identität ausmachen, bspw. was die Teilnahme an öffentlichen religiösen Veranstaltungen oder kulturellen Aktivitäten in vielen Gesellschaften angeht (abweichende Meinung Kretzmer und Buergenthal).

4.2.2 Teilhaberechte im Rahmen des Minderheitenschutzes des Art. 27 des Zivilpaktes

Der Ausschuss etabliert in jenem Zusammenhang ebenso Standards der Teilhabe. So soll jene Partizipation wirkungsvoll sein und die freie, vorherige und informierte Zustimmung der Gemeinschaftsmitglieder erfordern; jene Maßnahmen müssen zudem dem Verhältnismäßigkeitsgrundsatz entsprechen und dürfen das Überleben der Gemeinschaft und ihrer Mitglieder nicht gefährden *(Ángela Poma Poma vs. Peru*-Fall). Anderswo fordert der Ausschuss Staaten zur Gewährleistung einer „bedeutungsvollen“ Konsultation indigener Völkern auf, und zwar mit dem Ziel, ihre freie, vorherige und informierte Zustimmung zu erlangen, wobei jegliche Maßnahmen eingeschlossen sind, welche substanzielle Auswirkungen auf die Lebensweise und Kultur aufweisen (CCPR, Abschließende Beobachtungen, 1. Staatenbericht Dominicas).

Andererseits betont der Ausschuss die Besonderheit indigener Rechte, insbesondere wenn jene Gemeinschaften eine Minderheit darstellen: So zeigen sich bestimmte kulturelle Rechte wie die der Lebensweise(n) indigener Völker eng mit Territorium und der Ressourcennutzung verbunden; dies erfordert laut Ausschuss die Annahme positiver rechtlicher Schutzmaßnahmen, um eine wirkungsvolle Teilhabe jener Minderheitengemeinschaften sicherzustellen, insofern sich diese von Entscheidungen betroffen zeigen (*Ángela Poma Poma vs. Peru*; vgl. *Apirana Mahuika et al. vs. Australia*; *Ilmari Länsman et al. vs. Finnland*; vgl. ebenso Verstichel 2005). Darüber hinaus ist der Staat verpflichtet, indigene Völker vor Annahme jeglicher Regulierungsinstrumente, jener mit Relevanz für Konsultationen, vorherig zu konsultieren (CCPR, Abschließende Bemerkungen, 6. Staatenbericht Mexikos). Ferner soll das Recht auf freie Niederlassung oder Zugang zu Militärzonen oder Anlagen „nationaler“ Sicherheit eingeschränkt werden, sofern jene Gegenden von indigenen Gemeinschaften bewohnt werden (CCPR, Allgemeine Bemerkungen N° 12 „freedom of movement").

Der Menschenrechtsausschuss folgt dabei seiner allgemeinen Interpretationslinie zu Minderheitenrechten nach Art. 27 des Abkommens; namentlich etabliert der Ausschuss einen Nexus zwischen kulturellen Rechten einerseits und bestimmter Lebensweise und Territorial- und Ressourcenrechten andererseits und erfordert die Annahme positiver Maßnahmen zur wirkungsvollen Partizipation jener Gemeinschaften (Allgemeine Bemerkung N° 23 „The Rights of Minorities"). Ähnlich strebt der Ausschuss in diesem Zusammenhang einen umfangreichen Schutz an, sowohl hinsichtlich der Sicherung des Überlebens als auch der (Weiter-)Entwicklung kultureller Identität (*Ángela Poma Poma vs. Peru*). Der Ausschuss etabliert in jenem Zusammenhang positive Standards in Hinblick auf sowohl immaterielle Aspekte indigener Kultur als auch entsprechenden Rechtschutz mit Bezug auf die materielle Grundlage jener Kultur (*Imari Länsman et al. vs. Finnland*). Dazu gehört bspw. die freie Verfügung über natürliche Reichtümer und Ressourcen und das Verbot, Indigenen eigene Subsistenzmittel zu entziehen (CCPR, Abschließende Bemerkungen zu Kanada, 1999, CCPR/C/79/Add. 105).

In einer individuellen Meinung zum Urteil des Ausschusses wird dezidiert auf die Notwendigkeit eines besonderen Arrangements für die Teilhaberechte von Minderheiten und im besonderen Maße Indigenen Völkern hingewiesen: Und zwar genügt laut individueller Meinung für den Genuss von Teilhaberechten gemäß Art. 25 nicht die Ausübung des allgemeinen, individuellen Wahlrechts (Individuelle Meinung von Scheinin in *Rehoboth Baster Community et al. vs. Namibia*). Vielmehr erfordere dies Formen der lokalen, regionalen oder kulturellen Autonomie, um den Voraussetzungen der wirkungsvollen Teilhabe gerecht zu werden. Hier spielt das Recht auf Selbstbestimmung nach Art. 1 erneut eine Rolle; dieses beeinflusst laut individueller Meinung dementsprechend die Auslegung des Teilhaberechts nach Art. 25 (Individuelle Meinung von Scheinin in *Rehoboth Baster Community et al. vs. Namibia*). Allgemeiner gesagt lässt jene individuelle Meinung eine Art Wechselbeziehung zwischen den verschiedenen Rechten des Abkommens einschließlich Art. 1 erkennen, sowie ihre Anerkennung durch den Ausschuss in dem selbigen Urteil (Individuelle Meinung von Scheinin in *Rehoboth Baster Community et al. vs. Namibia*).

Landrechte erfordern in der Tat die Etablierung eines Sonderrechtregimes: vielschichtige Verpflichtungen wie die Rückgabe von Land und Grundbuchhaltungen bilden wesentliche Teile des Landrechteregimes. Ein wesentlicher Bestandteil indigener Landrechte besteht zudem in dem Schutz und der Anerkennung von traditionellen Landbesitzsystemen (CCPR, Abschließende Bemerkungen zum 1. Staatenbericht Belizes). Damit einher geht ebenso die Umsetzung relevanter regionaler Entscheide, bspw. zu den Sawhoyamaxa, Yakye Axa und Xákmok Kásek Gemeinschaften (CCPR, Abschließende Bemerkungen, 4. Staatenbericht Paraguays). Wesentlich ist hierbei gleichermaßen die Anwendung internationaler Normen; staatliche Herangehensweisen müssen daher in der Umsetzung jener Standards überprüft werden (CCPR, Abschließende Bemerkungen auf Anlass des 2. Staatenberichts Angolas). Ähnliches gilt für die Berichterstattung, Nachbereitung oder Folgemaßnahmen im Rahmen der Vertragskontrolltätigkeiten; hierbei sollen Konsultationen mit der Zivilgesellschaft und Repräsentant:innen indigener Gemeinschaften während des Beobachtungsprozesses gewährleistet werden (CCPR, Abschließende Bemerkungen auf Anlass des 7. Staatenberichts El Salvadors).

4.2.3 Kollektive Selbstbestimmung, Unabhängigkeit und die Relevanz der Sklaverei

Ähnlich lässt sich auf das staatlich zentrierte Verständnis der (kollektiven) Selbstbestimmung hinweisen: Der Ausschuss schloss demnach unmissverständlich eine Einklagbarkeit der Selbstbestimmung im Rahmen des Zusatzprotokolls aus (CCPR, *R.L. et al. vs. Canada*, Communication N° 358/1989; vgl. ebenso CCPR, *B. Ominayak vs. Canada,* Communication N° 167/1984). Jenes Verständnis scheint sich jedoch im Sinne des normativen Wandels und progressiver Entwicklungen innerhalb des VN-Menschenrechtssystems indigenen Forderungen angepasst zu haben. In neuerer Rechtsprechung stellt der Ausschuss die Selbstbestimmung nicht in Frage, sondern bedingt ihre Einklagbarkeit auf prozedurale Weise, nämlich ihre Beschränkung als Individualrecht (CCPR, *Rehoboth Baster Community et al. vs. Namibia,* Communication N° 760/1997). Zwar sei nicht ausgeschlossen, dass die Art. 6 – 27 des dritten Teils des Abkommens auch von einer Gruppe von Individuen im Rahmen einer Kommunikation an den Ausschuss eingeklagt werden können, allerdings gewinnt die Selbstbestimmung (Art. 1) nur in Verbindung mit jenen Rechtsvorschriften eine direkte Relevanz, bspw. Art. 27 (*Rehoboth Baster Community et al. vs. Namibia*).

Verwandt mit dem Prinzip der Selbstbestimmung äußert sich der Ausschuss im Falle von moderner Sklaverei an indigenen Völkern mit dem Ziel der Bekämpfung jener Praktiken und im Lichte der besonderen Vulnerabilität indigener Völker (CCPR, Abschließende Bemerkungen, 3. Staatenbericht der Zentralafrikanischen Republik). Auf ähnliche Weise hat der Ausschuss den Menschenhandel im Falle indigener Völker verurteilt; ungenügender Schutz bestünde, wenige Verurteilungen und Festnahmen würden durchgeführt (CCPR, Paraguay). So stellt der Ausschuss in diesem Zusammenhang eine erhöhte Ausbeutung menschlicher Arbeitskraft in privaten Haushalten, insbesondere indigener Frauen und Mädchen, fest (CCPR, Paraguay). An anderer Stelle äußert sich der Ausschuss erneut zu mangelnder sozialer Sicherheit und Arbeitsstandards in der Textilindustrie, Landwirtschaft und privaten Haushalten sowie ihren unverhältnismäßigen Auswirkungen für Indigene und indigene Kinder (CCPR, Abschließende Bemerkungen, 4. Staatenbericht Guatemala).

4.2.4 Schutz vor Diskriminierung, Stigmatisierung und intersektionellen Formen der Marginalisierung

Ebenso weist der Fachausschuss auf die Notwendigkeit hin, einen umfangreichen Antidiskriminierungsschutz im Falle indigener Völker zu verankern, und zwar gesetzlich und in der Praxis (CCPR, Paraguay). Besonders gravierende Formen zeigen sich im Falle sexueller Gewalt – hier im Falle eines indigenen Mädchens – und entsprechenden Schwierigkeiten beim Zugang zu Rechtsmitteln, auch im Lichte weiterer sozialer Stigmata und Formen der Viktimisierung (CCPR, *Fulmati Nyaya vs. Nepal*, Communication N° 2556/2015). Dazu kommen besonders gravierende Formen jener Gewalt im Lichte interner oder internationaler Konflikte und ihre Auswirkungen auf die Rechte indigener Frauen und Mädchen, somit einer dreifachen Diskriminierung (*Fulmati Nyaya vs. Nepal*). Dementsprechend haben internationale Menschenrechtsmechanismen im Laufe des letzten Jahrzehntes Sonderprozeduren und gesonderte Instrumente annehmen können. Hierzu zählt bspw. eine Studie des VN-Ständigen Forum (PFII) aus dem Jahre 2012 „Combating Violence against Indigenous Women and Girls: Article 22 of the United Nations Declaration on the Rights of Indigenous Peoples", das Mandat einer:s Sonderberichterstatter:in zum Verkauf und sexuellen Ausbeutung von Kindern oder der:des Sonderberichterstatter:in zur Gewalt gegen Frauen, ihrer Gründe und Konsequenzen.

So hat der Ausschuss auf die Partikularitäten des indigenen Status verwiesen; Staaten werden entsprechend zur Annahme relevanter Anti-Diskriminierungs-Gesetzgebung aufgerufen, insbesondere in Hinblick auf Diskriminierungsformen auf Basis jenes indigenen Status (CCPR, Dominica). Ähnlich müssen Staaten sicherstellen, dass Gesetze, ihre Auslegung und Anwendung bei der Gewährleistung anderer Rechte wie dem Recht auf friedliche Versammlung nicht in einer Diskriminierung aufgrund ihres indigenen Status resultiert (CCPR, Allgemeine Bemerkung N° 37 „on the right of peaceful assembly (article 21)").

Ebenso konnte der Gebrauch indigener Sprache Berücksichtigung unter dem Nichtdiskriminierungsverbot finden, welcher nach dem Gleichheitsgrundsatz im Allgemeinen und dem spezifischen Recht auf gleichberechtigte Bedingungen beim Zugang zur Justiz laut Ausschuss gewährleistet sein muss (*L.N.P. and CLADEM vs. Argentina,* Communication N° *1610/2007*). In einer anderen Individualbeschwerde stellte der Ausschuss auf ähnliche Weise klar: Jegliche Einschränkungen des Gebrauches der Muttersprache im Umgang mit öffentlichen Autoritäten wäre klar als Verletzung des Abkommens zu verstehen, insb. Art. 26 (*Rehoboth Baster Community et al. vs. Namibia*). Vereinzelte Ausschussmitglieder stellen hierbei zudem Verletzungen bei der Ausübung freier Meinungsäußerung fest (Individuelle Meinung von Evatt, Klein, Kretzmer, and Medina Quiroga, *Rehoboth Baster Community et al. vs. Namibia*).

Angesichts der gesellschaftspolitisch marginalisierten Position indigener Völker wirken sich Kollektivrechtsverletzungen einschließlich Stereotypisierungen unmittelbar auf den Genuss jener Einzelrechte aus. Ähnliches lässt sich im Falle von ungeklärten Todesfällen und Unfällen feststellen. Gründliche, unabhängige und wirkungsvolle Untersuchungen werden häufig in Anbetracht an rassistische oder andere diskriminierende Motive, auftretend im Falle von bspw. Polizeieinsätzen und Polizeigewahrsam, gefordert (CCPR, *Hickey vs. Australia*, Communication N° 1995/2010); systemische und strukturelle Formen des Rassismus spielen hier eine entscheidende Rolle. Allerdings positioniert sich der Ausschuss in jener Hinsicht passiv (vgl. kontrastierend hierzu CERD im Folgekapitel), häufig ohne systematische Nachverfolgung unterschwelliger systemisch diskriminierender Motive.

Ähnliche strafrechtliche Fragen werden im Zusammenhang mit dem Verbrechen des Verschwindenlassens indigener Einzelpersonen und Gruppen gestellt: Auch in diesem Zusammenhang werden Forderungen nach sofortiger, unparteiischer, gründlicher und unabhängiger Untersuchung laut; der Ausschuss etabliert in der Folge entsprechende staatliche Verpflichtungen (CCPR, *Tharu et al. vs. Nepal*, Communication N° 2038/2011). Hierzu zählt u. a. jene gründliche und wirkungsvolle Untersuchung sowie die Bereitstellung von Informationen; die Identifizierung und Überführung sterblicher Überreste; entsprechende Strafverfolgung gegen die Verantwortlichen und die Bekanntgabe jener Maßnahmen; die Gewährleistung adäquater und notwendiger Rehabilitation und Behandlung; sowie die Zurverfügungstellung von Entschädigung (*Tharu et al. vs. Nepal*). Maßnahmen der öffentlichen Anerkennung jener Verbrechen und Wiedergutmachung wurden v. a. im interamerikanischen Menschenrechtssystem im Rahmen umfangreicher Aufarbeitungsprozesse entwickelt (vgl. hierzu bspw. IACtHR *Coc Max y Otros (Masacre de Xamán) vs. Guatemala, Río Negro Massacres vs. Guatemala; Plan de Sánchez Massacre vs. Guatemala; Las Dos Erres Massacre vs. Guatemala; Ituango Massacres vs. Colombia*). Gleichermaßen beschäftigt sich der Menschenrechtsausschuss im Rahmen einer Individualbeschwerde mit dem Verschwindenlassen, der Folter und Morden an indigenen Repräsentant:innen im Kontext bewaffneter Konflikte (CCPR, *Villafañe Chaparro, Crespo, Torres Solis and Chaparro Izquierdo vs. Colombia*, Communication N° 612/1995): neben der Schwere der Taten vermerkt der Ausschuss umfangreiche Verletzungen im Rahmen illegaler und arbiträrer Festnahmen wie die fehlende anwaltliche Vertretung sowie Versäumungen (zeitlicher) strafrechtlicher Prozesse und die Verurteilung der Verantwortlichen (*Villafañe Chaparro, Crespo, Torres Solis and Chaparro Izquierdo vs. Colombia*).

An anderer Stelle betonte der Ausschuss die Wichtigkeit der Feststellung und Anerkennung weiterer, teils unterschwelliger Formen der Diskriminierung; im vorliegenden Fall führte dies zu weiterer Viktimisierung (*L.N.P. and CLADEM vs. Argentina*). Dabei stellt der Ausschuss fest: Diskriminierungen betreffen gewöhnlicherweise diverse Aspekte des Lebens wie den differenziellen Zugang zu Bildung und Arbeit, Abgrenzungen bzw. Ausschluss von der Gesellschaft als Ganzes, Misshandlungen und Gewalttaten, einschließlich Verhetzungen zum ethnisch-basierten Hass, sowie Ausgrenzung von Entscheidungsfunktionen und damit verbundener angemessener Repräsentation auf Regierungsebene (CCPR, Abschließende Bemerkungen auf Anlass des 2. Fehlenden Staatsberichtes Nigerias). Anderswo stellt der Ausschuss dezidierte Formen der Stigmatisierung und *de facto*-Diskriminierung fest; entsprechend werden Staaten zur Annahme wirkungsvoller Schutzmaßnahmen aufgerufen (CCPR, Angola). Ähnliche Beobachtungen lassen sich in Hinblick auf die Untersuchungshaft machen; indigene Repräsentant:innen werden besonders langanhaltender Haft ausgesetzt (CCPR, Paraguay; vgl. hier ebenso folgende Debatten zur Kriminalisierung indigenen Protests).

Dementsprechend spricht sich der Ausschuss für angemessene Maßnahmen in diesem Zusammenhang aus; diese sollen allgemeine gesellschaftliche Bedingungen adressieren, jene, welche als direkte Lebensbedrohung oder als Einschränkung auf ein Leben in Würde verstanden werden können (CCPR, Allgemeine Bemerkung

N° 36 „right to life“). Hier gilt es, erneut auf die besondere Natur des internationalen Menschenrechtsschutzes hinzuweisen: Jene Maßnahmen deuten auf eine direkte Anwendung der *respect, protect, fulfill*-Triade des IHRL hin und wirken damit weit über die Verpflichtung hinaus – bspw. das Recht auf Leben ohne Unterscheidung auf Basis indigener Gruppenzugehörigkeit zu genießen (vgl. bspw. CCPR, Allgemeine Bemerkung N° 36).

4.2.5 Menschenrechtsverteidiger:innen und ihre besonderen Schutzbedürfnisse

Inhärente Verletzungen der Rechte indigener Völker stellen zudem gewöhnlich ebenso Verbrechen an Menschenrechtsverteidiger*innen dar (vgl. ebenso Tauli Corpuz 2018). Häufig werden diese im Rahmen von Megaprojekten verübt, bzw. treiben diese die Eskalation, Angriffe und Kriminalisierung indigener Völker an (Tauli Corpuz 2018). Auch hier werden Forderungen nach gründlicher Untersuchung, entsprechender Strafverfolgung der Täter*innen, einschließlich ihrer Identifizierung und Bestrafung, sowie nach Wiedergutmachung laut (CCPR, *Moreno de Castillo vs. Venezuela*, Communication N° 2610/2015). Ähnlich wie im Falle der Verletzungen indigener Rechte ergibt sich hier eine allgemeine staatliche Pflicht der sofortigen, gründlichen und wirkungsvollen Untersuchung durch unabhängige und unparteiische Mechanismen (*Moreno de Castillo vs. Venezuela).* Über das Mandat des Menschenrechtsausschusses hinaus beschäftigt sich seit dem Jahr 2000 ein Sondermechanismus mit Fragen der Überwachung jener Verletzungen, und zwar der*die Sonderberichterstatter*in zur Situation von Menschenrechtsverteidiger*innen; die Mandatsträger*innen fördern u. a. die Umsetzung der *VN-Deklaration zum Schutz von Menschenrechtsverteidiger*innen* des Jahres 1998. Eine wesentliche Komponente jener Verletzungen bildet ihr allgemeiner Kontext, v. a. was bekannte Risiken für Menschenrechtsverteidiger*innen und insbesondere Landrechtsaktivist*innen angeht: Fehlende Untersuchungen zur Verantwortung des Staates und der Paramilitärs in jenen Fällen hat insbesondere in Lateinamerika im Kontext der Militärdiktaturen zu Debatten rund um die Straflosigkeit geführt (Individual Opinion Sarah Cleveland in *Moreno de Castillo vs. Venezuela).* Zudem rückt parallel hierzu ein stetiger Missbrauch strafrechtlicher Instrumente in den Fokus, bspw. im Lichte der Anti-Terrorismus-Gesetzgebung (vgl. Cloud/Le Bonniec 2019) und anderer legaler Weisen der Kriminalisierung (vgl. insb. Tauli Corpuz 2020; IACtHR, 2014, *Norín Catrimán et al. (Leaders, Members and Activists of the Mapuche Indigenous People) vs. Chile*; IACtHR, 2010, *Chitay Nech and others vs. Guatemala*; IACtHR, 2006, *López-Álvarez vs. Honduras*). Dies betrifft Menschenrechtsverteidiger*innen im Allgemeinen und Menschenrechtsverteidiger*innen der Umwelt (*environmental human rights defenders*, EHRD); hierzu zählen gewöhnlicherweise indigene Repräsentant*innen, vgl. bspw. Berta Cáceres-Fall (vgl. Homand 2016). Weitere Anhaltspunkte mag der:die Sonderberichterstatter:in zur Situation von Menschenrechtsverteidiger:innen, als dezidiertes Mandat und Teil der Sonderprozeduren des Menschenrechtsrates, erbringen.

Auf Basis jener Verletzungen etabliert der Ausschuss einen fünf-Punkte-Plan (CCPR, Guatemala). So ruft der Fachausschuss zur Annahme und Implementierung wirkungsvoller Public Policy zum Schutze jener Menschenrechtsverteidiger*innen auf; des Weiteren sollen Staaten die Arbeit und Legitimität dieser anerkennen und dazu öffentlich sensibilisieren (I). Zudem sollen Staaten existierende Akteure mit der nötigen Finanzierung ausstatten, um (staatliche) Analysen zu Angriffen auf Menschenrechtsverteidiger*innen und entsprechende (staatliche) Reaktionsinstrumente zu verbessern (II). Darüber hinaus sollen Staaten ihre Anstrengungen hinsichtlich nötiger Untersuchungen solcher Angriffe intensivieren, dass Täter*innen vor Gericht gestellt werden und Opfer volle Entschädigung erhalten (III). Außerdem müssen ordnungsgemäße und rechtsstaatliche Gerichtsverfahren aufrechterhalten werden, insbesondere im Falle strafrechtlicher Belange gegen Menschenrechtsverteidiger*innen (IV). Schließlich sollen Staaten sicherstellen, dass jegliche Einschränkungen des Rechtes auf Meinungsfreiheit, freier Meinungsäußerung, Versammlungs- und Vereinigungsfreiheit die strengen Bedingungen des Abkommens erfüllen (V). Ähnlich äußerte sich die SRin jüngst zu nötigen Maßnahmen zum Schutze der Menschenrechtsverteidiger:innen: so sollen gewaltsame Übergriffe sofortig und unabhängig untersucht werden, wirkungsvolle Kompensation geschaffen werden, sowie eine Null-Toleranz Politik gegenüber Ermordungen und Gewalt an Menschenrechtsverteidiger:innen gelten und entsprechende Gesetze erlassen bzw. reformiert werden (Tauli Corpuz 2018).

4.3 Menschenrechtsgenerationen in der Rechtsprechung der Fachausschüsse: Doppelschutzfunktionen mittels wirtschaftlicher, kultureller und sozialer Rechte?

Dezidiert finden die Rechte indigener Völker keinen Ausdruck in der Rechtsprechung des Fachausschusses zum Sozialpakt (CESCR). Angelehnt an die Rechtsprechung rund um Art. 27 des Zivilpaktes lassen sich allerdings Auslegungen im weitesten Sinne auf indigene Sonderrechte übertragen, insbesondere mittels des Nichtdiskriminierungsschutzes. Das Recht auf Teilhabe am kulturellen Leben bildet einen weiteren Schwerpunkt über den grundlegenden Nichtdiskriminierungsschutz hinaus; ersteres weist zumindest eine periphere Anwendung auf die Rechte indigener Völker auf. Die Unterscheidung zwischen negativen und positiven Menschenrechtspflichten einschließlich der *respect-*, *protect-* und *fulfill-*Triade soll die folgende Diskussion bei der Erschließung des ESC-Rechte-Spektrums in Bezug auf indigene Rechte anleiten. Trotz der Skepsis seitens vieler Staaten hinsichtlich der berechtigen Anwendung jener Pflichten auf dezidierte ESC-Bestimmungen, kann inzwischen von einem breiten Konsens zur Vielfalt menschenrechtlicher Pflichten gesprochen werden. Ein solcher Konsens spiegelt sich in der Rechtsprechung des Sozialausschusses wider, insbesondere mit Hinblick auf das Recht auf Gesundheit, Bildung, Arbeit oder Nahrung. Trotz seines *soft-law-*Status seien hier die *Maastricht Guidelines on Violations of Economic, Social and Cultural Rights* erwähnt, als Wegweiser der vielschichtigen Anwendung von ESC-Rechten und der Multiplikation respektiver Verpflichtungen. Abschließend sei auf Schwierigkeiten rund um die Kodifizierung indigener Rechte in den VN-Menschenrechtsabkommen hingewiesen; rechtsprachliche Entwicklungen in den Fachausschüssen erreichen merklich nicht das Maß der weiten, evolutionären Auslegungen wie bspw. die des interamerikanischen Menschenrechtssystems, ebenso bedingt durch den schieren Umfang der Rechtsprechung.

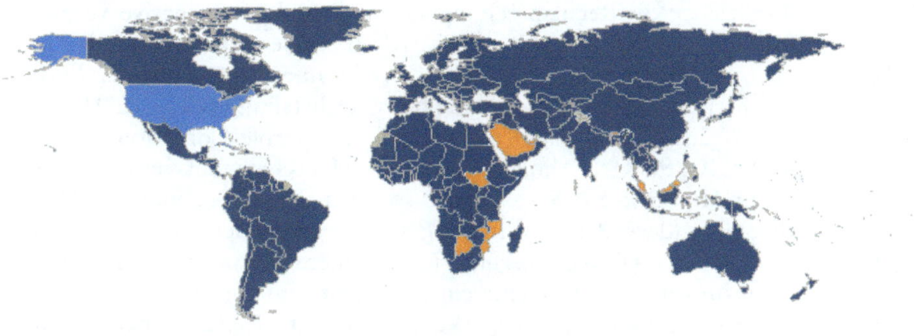

Derzeitiger Status: Vertragspartei (171) Unterzeichnung (4) keine Maßnahmen (22)

Abbildung 5: Ratifizierungsstatus Sozialpakt (ICESCR). Quelle: https://indicators.ohchr.org/

4.3.1 Schutz vor Diskriminierung und ihre intersektionellen Manifestierungen

Nach einer dezidierten Allgemeinen Bemerkung des Fachausschusses zur Nichtdiskriminierung im Falle wirtschaftlicher, sozialer und kultureller Rechte werden die Rechte indigener Völker und ethnischer Minderheiten als gewisse „besondere Gründe" („express grounds") des Abkommens verstanden, auch aufgrund ihrer konsistenten Relevanz bei formeller und substantieller Diskriminierung (CESCR, Allgemeine Bemerkung N° 20 „Non-Discrimination in Economic, Social and Cultural Rights"). Das Diskriminierungsverbot aus Art. 2(2) des Abkommens wird zudem nicht bedingt vondessen fortschrittlichen Umsetzung oder der Verfügbarkeit finanzieller Mittel; vielmehr ist das Prinzip vollständig,sofortig und in jeglicher Dimension anzuwenden und schließt alle international für rechtswidrig erklärten Diskriminierungsgründe ein (CESCR, Allgemeine Bemerkung N° 13 „The Right to Education (art. 13 of the Covenant)". Hinzu kommen multiple Formen der Diskriminierung, denen indigene Völker in besonderem Maße ausgesetzt sind: So gelten Mitglieder jener Gruppe als unverhältnismäßig betroffen von intersektionaler Diskriminierung, bspw. in Bezug auf sexuelle und reproduktive Gesundheit (CESCR, Allgemeine Bemerkung N° 22 „on the Right to Sexual and Reproductive Health (article 12 of ICESCR)").

Der Nichtdiskriminierungsschutz wird in Bezug auf spezifische Rechte erneut aufgegriffen. So geht der Ausschuss auf das Recht auf Teilhabe am kulturellen Leben ein sowie daran angelehnte Nichtdiskriminierungsstandards und die besondere Bedeutung dieser für die Wahrnehmung von Kinderrechten (CESCR, *A.M.B. vs. Ecuador*, Communication N° 3/2014). Der Fall weist zudem auf die besondere Relevanz von Teilhabe- und Zugangselementen des Rechtes auf Partizipation am kulturellen Leben hin, wie vom Ausschuss ausführlicher diskutiert (CESCR, Allgemeine Bemerkung N°21 „Right of everyone to take part in cultural life"); jenes Recht wird somit als positives Recht verstanden. In der Tat gelten soziale, wirtschaftliche und kulturelle Rechte gewöhnlich als positive Rechte und erfordern somit das Ergreifen besonderer Maßnahmen.

Allerdings durchziehen die Rechtsprechung auf ähnliche Weise negative Verpflichtungen, so im Falle des Rechtes auf Arbeit: Als besonders relevant für indigene Völker gilt hier der Diskriminierungsschutz im Zusammenhang mit der Einstellung, Beförderung und Entlassung im Sinne der Gleichstellung (CESCR, Allgemeine Bemerkung N° 23 „on the Right to Just and Favourable Conditions of Work (article 7 of the ICESCR)“. Ähnliche negative Menschenrechtsverpflichtungen ergeben sich mit Hinblick auf Systeme der sozialen Sicherheit; indigene Völker müssen hierbei besondere Berücksichtigung finden aufgrund der Gefahren wie direkter oder indirekter Diskriminierung, insbesondere bei unangemessenen Anspruchsvoraussetzungen oder im Lichte eines mangelnden angemessenen Informationszugangs (CESCR, Allgemeine Bemerkung N° 19 „the Right to Social Security (article 9)“).

Gleichermaßen stellen sich weiterhin Fragen der Nicht-Diskriminierung und ihrer gesetzlichen Verankerung, einschließlich entsprechender Bestimmungen zu dezidierten Diskriminierungsgründen und persistenter systemischer Diskriminierung und Gewalterscheinungen in der Praxis (CESCR, Ecuador). Dazu zählt ebenso der gleichgestellte Zugang zu Rechten des Abkommens und die Teilhabe in der Implementierung relevanter Gesetzgebung (CESCR, Südafrika). Der Diskriminierungsschutz soll gleichfalls präventive Komponenten aufweisen; der Ausschuss ruft deshalb zu verstärkten Bemühungen rund um die Diskriminierungsvorbeugung und ihrer Bekämpfung auf (CESCR, Mexiko). Ähnliches gilt für strukturelle Formen der Diskriminierung; Staaten werden dazu aufgerufen, Schritte der Prävention sowie dem Abbau von Bedingungen und Haltungen einzuleiten, welche die strukturelle Diskriminierung an indigenen Völkern aufrechterhalten (CESCR, Kolumbien). Hier gilt es, ein besonderes Augenmerk auf bestimmte Gruppen wie indigene und Afro-Frauen und ihrem gleichberechtigten Zugang und Genuss von ESC-Rechten zu legen; entsprechende Maßnahmen sollen sich dabei in der Public Policy wiederspiegeln (CESCR, Kolumbien). Die besondere Situation und kulturellen Merkmale indigener Frauen finden ferner im Zusammenhang mit dem (sozial)geschlechtsspezifischen Lohngefälle Erwähnung, wie bspw. mittels der Umsetzung des Prinzips „gleiches Entgelt für gleichwertige Arbeit“ in das innerstaatliche Recht, sowie anhand von Maßnahmen zur Förderung der gleichbeteiligten Verantwortung zwischen Frauen und Männern in der Familie und Gesellschaft.

Schließlich zeigt sich der Ausschuss besorgt über methodologische, transzendentale Fragen wie die der Datenerhebung von ethnischem oder indigenem Hintergrund zur Überprüfung der Erfüllung der Rechte des Abkommens sowie der Annahme wirkungsvoller, gezielter Maßnahmen zur Erhöhung des Zugangs der darin etablierten Rechte (CESCR, Abschließende Beobachtungen zum 6. Staatenbericht Norwegens; CESCR, Südafrika; CESCR, Argentinien). Dabei nehmen Entscheidungen der Verfassungsgerichte eine zentrale Funktion an, und zwar im Rahmen der Durchsetzung dezidierter Schutzmaßnahmen bei bspw. physischer oder kultureller Auslöschung (CESCR, Kolumbien).

4.3.2 Positive Maßnahmen im Rahmen des Sonderrechtsregimes indigener Völker

Über den Diskriminierungsschutz hinaus etabliert der Fachausschuss zudem eine Art besonderen Schutz („special protection“) für bestimmte Gruppen, darunter indigene Völker. Zuletzt wendete der Ausschuss jenen Sonderschutz auf Opfer systematischer Diskriminierung an und zwar in Hinblick auf das Recht auf Teilhabe an Leistungen wissenschaftlichen Fortschritts und dessen Implementierung (CESR, Allgemeine Bemerkung N° 25 „on Science and Economic, Social and Cultural Rights“). Ein besonderes Augenmerk legt der Ausschuss hierbei auf indigenes Wissen; Staaten werden zur Annahme von Maßnahmen zum Schutze jenes Wissens aufgerufen. Hierzu zählen bspw. Ordnungen des Intellektuellen Eigentums oder andere Formen der Sicherung von Eigentum und Kontrolle über traditionelles Wissen durch u. a. indigene Völker (CESCR, Allgemeine Bemerkung N°25).

Besondere Berücksichtigung bzw. Aufmerksamkeit („special attention“) wird indigenen Völkern auf ähnliche Weise bei der Ausübung des Rechtes auf Wasser geschenkt, und zwar als Gruppe, welche historisch Schwierigkeiten beim Genuss jenes Rechtes zu konfrontieren hatte (CESCR, Allgemeine Bemerkung N° 15 „the Right to Water“ (Art. 11 and 12 of the ICESCR)“). In jenem Zusammenhang geht der Ausschuss genauer auf die einzuleitenden Schritte seitens der Staaten ein: So werden wesentliche Zugangsrechte gewährt; der Zugang indigener Völker auf Wasserressourcen auf ihrem traditionellen Land soll von Eingriffen und rechtswidriger Verschmutzung geschützt werden, wobei Staaten sich ebenso zur Verfügungstellung finanzieller Ressourcen zwecks der Ausgestaltung und Kontrolle über den Wasserzugang verpflichten sollen (CESCR, Allgemeine Bemerkung N° 15). Einen erweiterten Diskriminierungsschutz etabliert der Ausschuss in Hinblick auf Zwangsvertreibungen: Indigene Völker finden hier dezidiert Erwähnung, sie gelten als unverhältnismäßig betroffen von jenen Praktiken (CESCR, Allgemeine Bemerkung N° 7 „The Right to Adequate Housing (Art. 11(1)) of the Covenant“).

Ein ähnliches Sonderrecht gilt für die Verbesserung des Zugangs indigener Völker zu Gesundheitsdienstleistungen und Fürsorge (CESCR, Allgemeine Bemerkung N° 14 „the Right to the Highest Attainable Standard of Health (Art. 12) of the ICESCR“). Jene Gesundheitsdienstleistungen sollen kulturell angemessen sein und traditionelle Präventiv- und Heilpraktiken sowie Medizin berücksichtigen (CESCR, Allgemeine Bemerkung N° 14). Dabei werden die Staaten dazu aufgerufen, indigenen Völkern finanzielle Mittel mit dem Zweck zur Verfügung zu stellen, jene Dienstleistungen zu gestalten, anzubietenund zu kontrollieren, um den höchstmöglichsten Standard physischer und psychischer Gesundheit erreichen zu können (CESCR, Allgemeine Bemerkung N° 14). Schutzmaßnahmen zur vollen Ausübung des Rechtes auf Gesundheit indigener Völker sollen sich erstrecken bis hin zur Erhaltung vitaler medizinischer Pflanzen und Mineralien (CESCR, Allgemeine Bemerkung N° 14).

4.3.3 Respektierungs-, Schutz- und Erfüllungspflichten rund um ESC-Rechte

In diesem Zusammenhang erweist sich die negative Verpflichtung der *Respektierung* als wesentlicher Anfangspunkt, und zwar im Rahmen von bspw. unternehmerischen Tätigkeiten und ihren negativen Auswirkungen auf die Rechte des Abkommens (vgl. ebenso Office of the High Commissioner for Human Rights 2011). Staaten sollen laut Ausschuss darüber hinaus das Prinzip der freien, vorherigen und informierten Zustimmung (FPIC) respektieren, namentlich in Beziehung zu jeglichen Angelegenheiten, welche sich auf ihre Rechte auswirken könnten, insbesondere Land, Territorien und natürliche Ressourcen (CESCR, Allgemeine Bemerkung N° 24).

Im Rahmen von *Schutzpflichten* wird dem Staate eine deutliche Rolle zugeschrieben: so genannte Menschenrechtsfolgenabschätzungen („human rights impact assessments") sollen die Auswirkungen unternehmerischer Tätigkeiten auf indigene Völker berücksichtigen (CESCR, Allgemeine Bemerkung N° 24). Zudem soll Unternehmen im Rahmen der Sorgfaltspflicht vorgeschrieben werden, indigene Völker nach Treu und Glauben mittels ihrer eigenen repräsentativen Institutionen zu konsultieren und ihre freiwillige und in Kenntnis der Sachlage erteilte Zustimmung zu erhalten (vgl. Art. 19, UNDRIPS); dabei soll gleichermaßen ein gerechter Vorteilsausgleich realisiert werden (vgl. UN Global Compact 2013).

Schließlich geht der Ausschuss bei der Auslegung spezifischer *Gewährleistungs- oder Erfüllungspflichten* auf die Rechte indigener Völker dezidiert ein. Dementsprechend sollen Staaten das Recht indigener Völker aufKontrolle über intellektuelles Eigentum, Kulturerbe, traditionelles Wissen und traditionellen kulturellen Ausdruck anerkennen und gewährleisten (CESCR, Allgemeine Bemerkung N° 24). Ähnliche Pflichten stellt der Fachausschuss im Zusammenhang mit Subsistenzrechten auf. Auf Basis des Verbots, Menschen ihrer Subsistenzmittel zu entziehen, ruft der Ausschuss zur Gewährleistung des Rechtes auf einen angemessenen Wasserzugang zur Absicherung der Subsistenzwirtschaft und der Existenzgrundlage indigener Völker auf (CESCR, Allgemeine Bemerkung N° 15).

Einen ähnlichen Ansatz vertritt der Ausschuss zu ESC-Rechten im Zusammenhang mit Geschäftstätigkeiten (CESCR, Allgemeine Bemerkung N°24, „on State Obligations under the ICESCR in the context of Business Activities"). Hier durchzieht das bereits erwähnte triadische Menschenrechtsparadigma zu I) Respektierungs-, II) Schutz- und III) Gewährleistungspflichten (vgl. *respect-*, *protect-*, *fulfill*-Rahmenordnung der Menschenrechte; bspw. Karp 2020; Tomuschat 2014) jene Auslegungen mit besonderer Berücksichtigung indigener Rechte: in der Tat sind sowohl kulturelle Werte als auch Landrechte einem hohen Risiko ausgesetzt, insbesondere im Falle von Vertreibungen (CESCR, Allgemeine Bemerkung N° 24; vgl. ebenso CESCR, Allgemeine Bemerkung N° 21).

4.3.4 (Wiederkehrende) Trends in der ESC-Rechtsprechung: Land-, Ressourcen-, Umwelt- und Konsultationsrechte

Daneben lassen sich diverse aktuelle Trends (2018–2020) in der Rechtsprechung des Ausschusses auf Basis des Staatenüberwachungsprozesses beobachten. Ein wiederkehrendes, weit gefordertes Recht betrifft indigene Land- und Ressourcenangelegenheiten, einschließlich entsprechender (systematischer) Konsultations-, Zustimmungsprozeduren und Umweltrechte (vgl. bspw. CESCR, Abschließende Beobachtungen zum 4. Staatenbericht Ecuadors; CESCR, Abschließende Beobachtungen zum 4. Staatenbericht Kameruns; CESCR, Abschließende Beobachtungen zum 4. Staatenbericht; CESCR, Abschließende Beobachtungen zum 5. und 6. Staatenbericht Mexikos; CESCR, Abschließende Beobachtungen zum 6. Staatenbericht Kolumbiens). Damit verbundene partizipative Bewertungen der wirtschaftlichen, sozialen und kulturellen Auswirkungen jener Rohstoffausbeutung werden vom Ausschuss empfohlen sowie die Durchführung unabhängiger Studien zu sozialumweltlichen Konsequenzen und ihrer Linderung (CESCR, Mexiko). Maßgeblich ist hierbei ebenso die Anerkennung indigener Organisationsstrukturen (CESCR, Abschließende Beobachtungen zum 4. Staatenbericht Argentiniens) sowie die Möglichkeit, geeignete Mechanismen zur Repräsentation und Partizipation indigener Völker zu schaffen (CESCR, Abschließende Beobachtungen zum 1. Staatenbericht Bangladeschs). Eine finale Komponente des Konsultationsrechtes beinhaltet so genannte wirkungsvolle, angebrachte und rechtlich verbindliche Protokolle; diese gewährleisten die Respektierung jenes Rechtes sowie die Berücksichtigung kultureller Praktiken und Bräuche der indigenen Gemeinschaften (CESCR, Mexiko).

Als ähnlich relevant erweisen sich Landrechte im Kontext von so genannten Entwicklungsprojekten sowie das dabei relevant gewordene Recht auf Nahrung und angemessene Lebensstandards (CESCR, Kamerun). Darüber hinaus etabliert der Ausschuss positive Maßnahmen und Rechte wie jene zur Gewährleistung von Sicherheit bei der Ausübung indigener Landbesitzrechte (CESCR, Argentinien). Konsultationsrechte sollen auf ähnliche Weise hinsichtlich der Formulierung, Implementierung, Überprüfung und der Überwachung von Gesetzen rund um das Recht auf gerechte und vorteilhafte Arbeitsbedingungen gelten (CESCR, Allgemeine Bemerkung N° 23). Des Weiteren ruft der Ausschuss zur Etablierung wirkungsvoller Mechanismen zur Einlegung von Rechtsmitteln auf, insbesondere bei Beschlagnahme indigenen traditionellen Landes (CESCR, Bangladesch).

4.3.5 Indigene Sprachenrechte, Bildungsrechte und relevante bildungspolitische Erwägungen

Ebenso zu beobachten ist die Forderung positiver Maßnahmen im Rahmen einer ganzheitlichen Sprachenpolitik. Dazu zählen u. a. die rechtliche Anerkennung dieser, einschließlich der Konsultation indigener Völker zu etwaigen Gesetzesentwürfen; der Schutz bedrohter Sprachen; gleiche Möglichkeiten, indigene Sprachen zu erlernen; und ihre Nutzung im öffentlichen und privaten Raum (CESCR, Abschließende Beobachtungen zum 7. Staatenbericht der Ukraine; CESCR, Abschließende Beobachtungen zum 1. Staatenbericht Südafrikas). Die schulische Bildung indigener Kinder soll dabei in ihrer Muttersprache ermöglicht werden (CESCR, Bangladesch). Ähnliche positive Rechte werden in Hinblick auf die Verfolgung einer interkulturellen, bilingualen Bildungspolitik für alle indigenen Gemeinschaften vom Ausschuss gefordert (CESCR, Argentinien). Ferner soll ein universeller

Zugang zur Primarschulbildung ermöglicht werden, wobei gleichzeitig die Einschulung indigener Mädchen und Kinder verstärkt werden soll (CESCR, Abschließende Beobachtungen zum 1. Staatenbericht der Zentralafrikanischen Republik). Ungleichheiten beim Bildungszugang in Land- und Stadtgebieten betreffen indigene Kinder in besonderem Maße und finden im speziellen Fall Binnenvertriebener Ausdruck (CESCR, Kolumbien).

In der Tat fordert der Ausschuss einen verbesserten Zugang im Zusammenhang mit Sprachenrechten. So umfasst die Zugänglichkeit von Informationen u.a. die Veröffentlichung (im Sinne von Verbreitung) jener in den Sprachen indigener Völker (CESCR, Allgemeine Bemerkung N° 17, „the Right of Everyone to Benefit from the Protection of the Moral and Material Interests Resulting from any Scientific, Literary or Artistic Production of which he or she Is the Author"). Maßnahmen sollen ferner in Hinblick auf die Gewährleistung auf Bewahrung und Nutzung aller indigenen Sprachen ergriffen werden (CESCR, Argentinien). Dies gilt übergreifend für die Verwirklichung von bspw. dem Recht auf Zugang zum Arbeitsmarkt sowie gerechten und günstigen Arbeitsbedingungen oder dem Recht auf kulturell angemessene Bildung (CESCR, Kamerun). Allgemeine kulturelle Rechte und die wiederkehrende Frage der Selbstidentifikation werden vom Ausschuss zudem dezidiert behandelt (CESCR, Abschließende Beobachtungen zum 6. Staatenbericht Dänemarks; vgl. hierzu ebenso die Rechtsprechung des ECtHR, Sami-Entscheide, Näheres dazu in Kapitel 5).

Ähnlich stellt der Fachausschuss in Beziehung zum Recht auf Bildung gesonderte Kriterien auf: Staaten werden angehalten, jene gesonderten Kriterien („essential features") gezielt anzuwenden; darunter fallen die Verfügbarkeit, Zugänglichkeit, Angemessenheit und Anpassungsfähigkeit jener Verpflichtungen *(availability, accessibility, acceptability, adaptability)* (CESCR, Allgemeine Bemerkung N° 13). So muss der Staat beispielhaft die Verfügbarkeit der Bildung durch das Nichtschließen von Privatschulen respektieren; die Zugänglichkeit von Bildung vor dem Eingriff Dritter schützen, indem Eltern und Arbeitgeber Mädchen nicht am Schulbesuch hindern; die Angemessenheit von Bildung durch die Annahme positiver Maßnahmen gewährleisten, um sicher zu stellen, dass Bildung kulturell angemessen ist und indigene Völker und Minderheiten entsprechend berücksichtigt werden; gute Qualität und Anpassungsfähigkeit von Bildung durch die Verfügungstellung von Curriculums-Ressourcen gewährleisten, welche die zeitgemäßen Bedürfnisse von Schüler:innen in einer sich verändernden Welt berücksichtigt sowie die Verfügbarkeit von Bildung zu garantieren und zwar mittels einer aktiven (Weiter-)Entwicklung des Schulsystems, einschließlich der Schaffung von Klassenzimmern, dem Vermitteln von Programmen, der Verfügungstellung von Unterrichtsmaterialien, der Schulung von Lehrenden und der Zahlung von örtlich wettbewerbsfähigen Gehältern (CESCR, Allgemeine Bemerkung N° 13).

4.3.6 Das Recht auf Gesundheit und seine vielschichtigen Verpflichtungen

Ähnliche Disparitäten lassen sich in Hinblick auf den Zugang zum Gesundheitssystem feststellen; der Ausschuss fordert dementsprechend die Vergabe genügender Finanzierungsmittel an den Gesundheitssektor und bekräftigt die menschenrechtlichen Prinzipien der Zugänglichkeit, Verfügbarkeit, Bezahlbarkeit und Qualität (*accessibility, availability, affordability and quality*) in diesem Zusammenhang (CESCR, Kolumbien). Das Prinzip der Zugänglichkeit findet sich ebenso in den Auslegungen rund um das Recht auf Gesundheit wieder. So müssen sich Gesundheitseinrichtungen, Güter und Dienstleistungen in sicherer physischer Reichweite aller Teile der Bevölkerung befinden, insbesondere vulnerabler oder marginalisierter Gruppen wie indigene Völker (CESCR, Allgemeine Bemerkung N° 14). Die Zugänglichkeit wird ebenso in Bezug auf das Recht auf Nahrung diskutiert: Hier wird auf die besondere Vulnerabilität indigener Völker hingewiesen, deren Zugang zu ursprünglichem Land bedroht sein könnte; die hier relevante physische Zugänglichkeit impliziert also entsprechende Zugangsmöglichkeiten zu angemessener Nahrung (CESCR, Allgemeine Bemerkung N° 12 „The Right to Adequate Food (Art. 11)").

4.3.7 Soziale Ungleichheit und Armut als transzendentale Anliegen der ESC-Ordnung

Weitere wiederkehrende Verletzungen bilden laut Ausschuss strukturelle Fragen, wie die der sozialen Ungleichheit und Armut. Der Fachausschuss zeigt sich zunehmend besorgt über die anhaltende Ausgrenzung, Armut und extreme Vulnerabilität indigener Völker: In diesem Sinne ruft der Ausschuss die Vertragsstaaten zur Entwicklung innerstaatlichen Strategien zur Umsetzung der VN-Erklärung auf, unter Teilnahme der betroffenen Gemeinschaften (CESCR, Zentralafrikanische Republik). Dies bedeutet auf ähnliche Weise, die bestehende Gesetzgebung und Public Policy in Einklang mit der Erklärung zu bringen (CESCR, Neuseeland). Bei fehlender Gesetzgebung zum Schutze indigener Rechte ruft der Ausschuss zur Beschleunigung entsprechender gesetzgeberischer Prozesse auf; dabei müssen diese in voller Übereinstimmung mit dem internationalen Menschenrechtsschutz stehen (CESCR, Bangladesch). Hierzu zählt ebenso die Bekämpfung der Versklavung indigener Bevölkerungsgruppen (CESCR, Zentralafrikanische Republik). Ferner werden aktuelle Fragen der digitalen Ungleichheit in Hinblick auf indigene Rechte diskutiert (CESCR, Ecuador). Daran angelehnt, empfiehlt der Ausschuss den Staaten, den Zugang zu audiovisuellen Dienstleistungen, insbesondere dem Community-Radio, zu verstärken und diese bei zukünftigen Gesetzesvorlagen zu berücksichtigen (CESCR, Argentinien).

Auf Basis der besonderen Benachteiligung und Ausgrenzung indigener Völker schlägt der Ausschuss zwei konkrete Maßnahmen vor (CESCR, Mexiko). Einerseits sind Staaten dazu aufgerufen, einen umfassenden Plan zur Bekämpfung von (extremer) Armut aufzustellen, wobei bestimmte Ziele etabliert und wirkungsvolle Koordinierungsmechanismen zwischen den Sektoren und staatlichen Einheiten ins Leben gerufen werden sollen, und zwar mit dem Ziel, Ungleichheiten abzubauen (CESCR, Mexiko). Andererseits soll sichergestellt werden, dass soziale Programme zur Armutsbekämpfung einschließlich extremer Armut gemäß Menschenrechtsstandards und Prinzipien implementiert werden, hinreichende Ressourcen für die Umsetzung zur Verfügung gestellt werden und dabei Disparitäten und

Klüften zwischen unterschiedlichen sozialen Gruppen genügend Aufmerksamkeit geschenkt wird (CESCR, Mexiko).

4.3.8 Intellektuelles Eigentum und seine menschenrechtlichen Partikularitäten

Ein besonders aktuelles Thema betrifft intellektuelles Eigentum und die damit verbundenen Zugangsmöglichkeiten indigener Völker (vgl. ebenso Vertragsverhandlungen der Weltorganisation für geistiges Eigentum rund um immaterielles Kulturerbe). So äußerte sich der Ausschuss jüngst zu dem Recht auf „Schutz der moralischen und materiellen Interessen, die aus jeglicher wissenschaftlichen, literarischen oder künstlerischen Produktion entstehen"; diese sind häufig Ausdruck des kulturellen Erbes oder traditionellen Wissens indigener Völker (CESCR, Allgemeine Bemerkung N° 17).

In dieser Hinsicht sollen besondere Maßnahmen zur Gewährleistung eines wirkungsvollen Schutzes getroffen werden; diese sollen die Präferenzen indigener Völker in Betracht ziehen (CESCR, Allgemeine Bemerkung N° 17). Die folgenden Maßnahmen sind als Teil jenes Schutzes zu verstehen: Dazu zählen die Anerkennung, die Eintragung oder Registrierung und der Schutz individueller und kollektiver Urheberschaft im Rahmen der innerstaatlichen Ordnungen zu intellektuellem Eigentum sowie die Prävention von unautorisierter Nutzung wissenschaftlicher, literarischer indigener Produktion durch Dritte (CESCR, Allgemeine Bemerkung N° 17). Abschließend legt der Ausschuss wesentliche prozedurale Bedingungen fest, und zwar müssen die Vertragsstaaten hierbei das Prinzip der freien, vorherigen und informierten Zustimmung indigener Urheber:innen respektieren; mündliche oder traditionelle Formen der Übertragung wissenschaftlicher, literarischer oder künstlerischer Produktion beachten; und die kollektive Verwaltung der durch die Produktion erreichten Gewinne durch indigene Völker erlauben (CESCR, Allgemeine Bemerkung N° 17).

4.4 Menschenrechtsgenerationen in der Rechtsprechung der Fachausschüsse: Gruppenunspezifischer Antidiskriminierungsschutz

Ein besonderes Augenmerk sei zudem auf den gruppenunspezifischen Menschenrechtsschutz gelegt; dieser erstreckt sich insbesondere auf den Schutzschirm der Antirassismusordnung (CERD), den Antifolterschutz (CAT) und die Wahrung des Schutzes vor dem Verschwindenlassen (CED) im Falle indigener Völker. In der Tat entfalten jene gruppenunspezifischen Rechte eine wesentliche komplementäre Schutzwirkung; dabei spielt die noch schwache Einbettung indigener Rechte in die Rechtsprechung der Vertragsorgane eine tragende Rolle. Die obgleich sporadische Annäherung an indigene Rechte verhilft in diesem Sinne zu einer Erweiterung und zugleich Kontextualisierung gruppenunspezifischer Rechte im Allgemeinen im Lichte zeitgenössischer Entwicklungen, Bedingungen und Notwendigkeiten. Beispielhaft sei hier die *hate speech* oder das *racial profiling* erwähnt; jene Praktiken können sich gezielt auf indigene Völker richten wie im Falle Bolsonaros in Brasilien, im Sinne einer gezielten Verfolgung oder wie sie in ihren Auswirkungen indigene Völker in besonderem Maße betreffen. Mit einher gehen willkürliche Verhaftungen; das Verschwindenlassen von indigenen Menschenrechtsverteidiger:innen und bekannten Repräsentant:innen sowie Hinrichtungen; grausame, unmenschliche oder erniedrigende Behandlung oder Strafe. So findet das Strafrecht bspw. häufig missbräuchliche Anwendung oder kaschiert unter generischem Sicherheitsjargon wie das der Antiterrorismus-Gesetzgebung die arbiträre Behandlung indigener Repräsentationspraktiken, bspw. durch das Kriminalisieren von legitimen Protestaktionen. Dabei bilden ethnisch motivierte Handlungen einen wesentlichen Diskriminierungsgrund, welcher in sich selbst – namentlich der eigenen Bestimmung der Identität oder Zugehörigkeit – im Falle einer externen Zuschreibung von Ethnizität bereits als diskriminierend zu erachten ist. Anders als Sondermandate oder Spezialorgane nähern sich die Fachausschüsse in diesem Sinne nur begrenzt einer systematischen, transzendentalen Gewährleistung von Sonderrechten indigener Völker bzw. einer dezidierten Anwendung existierender Pflichten auf die Situation besonderer Vulnerabilität als integrierte Aufgabe des menschenrechtlichen Schutzes.

4.4.1 Die Gewährleistung indigener (Sonder)Rechte unter dem Schutzschirm der Antirassismusordnung

Der Antirassismusschutz bildet hierbei einen besonders relevanten und wirkungsvollen Ordnungsrahmen. So bekräftigt der Ausschuss konsistent, die Diskriminierung gegenüber indigenen Völkern falle unter den Schutz des Abkommens; alle angemessenen Maßnahmen müssten ergriffen werden, um jene Diskriminierung zu bekämpfen und zu beseitigen (CERD, Allgemeine Bemerkung N° 23 „On the Rights of Indigenous Peoples"). Ähnlich bestätigt der Fachausschuss, jegliche Rechte des Abkommens seien auf indigene Völker anzuwenden (CERD, Allgemeine Bemerkung N° 23). Daran angelehnt stellt der Ausschuss klar, Sonderrechte seien nicht mit Sondermaßnahmen zu vergleichen oder gleichzusetzen. Dies gelte u. a. für die Rechte indigener Völker und ihre Ansprüche auf traditionell bewohntes Land; jene Rechte seien vielmehr als permanente Rechte anzusehen, so wie sie von Menschenrechtsinstrumenten und VN-Sonderorganen anerkannt wurden (CERD, Allgemeine Bemerkung N° 32 „the meaning and scope of special measures in the ICERD). In diesem Sinne ruft der Fachausschuss die Staaten dazu auf, zwischen Sondermaßnahmen und so genannten permanenten Menschenrechten in Recht und Praxis zu unterscheiden. Der Ausschuss argumentiert demnach, jene Unterscheidung bedeutet für Rechteinhaber:innen jener permanenten Rechte jedoch, etwaige Sondermaßnahmen auf ähnliche Weise zu genießen (CERD, Allgemeine Bemerkung N° 32; vgl. hierzu ebenso CEDAW, Allgemeine Bemerkung N° 25 „temporary special measures").

In einem ersten Schritt sollen Staaten Maßnahmen ergreifen, um indigene Völker bzw. Gemeinschaften im staatlichen Territorium zu identifizieren, bspw. anhand der Erhebung bevölkerungsspezifischer Daten (CERD, Allgemeine Bemerkung N° 34 „racial discrimination against people of African descent"). Der Fachausschuss äußert sich in der Tat wiederholt zu der Notwendigkeit jener Datenerhebung und weist auf die Schwierigkeiten verbunden mit dem staatlichen Ermessen hin: Letztendlich entscheiden Staaten nach eigenem Ermessen über die Anerkennung und Behandlung ethnischer Gruppen oder indigener Völker (CERD, Allgemeine Bemerkung N° 24, „concerning article 1 of the Convention"). So werden teilweise unterschiedliche Kriterien zur Bestimmung jener Gruppen von Staaten angewandt, was wiederum die Anerkennung einiger und Ablehnung anderer Gruppen mit sich bringt und somit zu unterschiedlicher Behandlung verschiedener Gruppen derselben staatlichen Bevölkerung führen kann (CERD, Allgemeine Bemerkung N° 24). In diesem Sinne legt der Fachausschuss fest: Es sei ein internationaler Standard über die Sonderrechte jener Gruppen anzuerkennen, abgesehen von allgemeinen Gleichheitsrechten und dem Antidiskriminierungsschutz, einschließlich der Rechte des Abkommens (CERD, Allgemeine Bemerkung N° 24).

Jenseits des dezidierten Sonderrechtsregimes Indigener wird von einer *de jure*-Gleichheit mittels positiver Maßnahmen zur Bekämpfung der indirekten Diskriminierung gesprochen, welche ihrerseits den gleichberechtigten Zugang zum Abkommen sichern (CERD, *Kenneth Moylan vs. Australia*, Communication N° 47/2010). Neben klassischen rechtlichen Debatten werden gesellschaftliche Auswirkungen in die Entscheide der Individualbeschwerdeverfahren einbezogen; dies fällt insbesondere bei Antirassismusdebatten ins Gewicht. Als „living instrument" müsse das Abkommen laut Ausschuss die Umstände der heutigen Gesellschaft in seinen Auslegungen berücksichtigen; in dem vorliegenden Fall wurde die Anwendung und Beibehaltung eines verletzenden Begriffs indigenen Völkern gegenüber im öffentlichen Raum als beleidigend und verstoßend angesehen (CERD, *Hagan vs. Australia*, Communication N° 26/2002).

Schließlich fordert der Ausschuss in Hinblick auf indigene Sonderrechte die Staaten zur Einhaltung eines Fünfpunktekatalogs auf: Dabei soll(en) (I) die Anerkennung von und der Respekt vor indigener (besonderer) Kultur, Geschichte, Sprache und Lebensweise – auch im Sinne einer Bereicherung der kulturellen Identität des Staates – zugesichert sowie dessen Erhalt gefördert werden, was der Ausschuss an anderer Stelle in Bildungsmaßnahmen übersetzt (CERD, Allgemeine Bemerkung N°35); (II) sichergestellt werden, dass Angehörige indigener Völker in Würde und Rechten gleichgestellt sowie frei sind von jeglicher Form der Diskriminierung, insbesondere jene basierend auf indigener Herkunft oder Identität; (III) Bedingungen geschaffen werden, um indigenen Völkern Formen der nachhaltigen wirtschaftlichen und sozialen Entwicklung zu erlauben, die sich als vereinbar mit kulturellen Partikularitäten erweisen; (IV) sichergestellt werden, dass Angehörige indigener Völker gleiche Rechte in Hinblick auf eine wirkungsvolle Teilhabe am öffentlichen Leben genießen und keine Entscheidung mit direktem Bezug zu ihren Rechten und Interessen ohne ihre informierte Entscheidung gefällt wird; (V) gewährleistet werden, dass indigene Gemeinschaften ein Recht darauf haben, ihre kulturellen Traditionen und Bräuche auszuüben und ihre Sprachen erhalten und praktizieren zu können (CERD, Allgemeine Bemerkung N° 23).

4.4.2 Die Relevanz des Antirassismusschutzes in besonderen Situationen und aktuellen Kontexten

Die Rechte indigener Völker finden gewöhnlicherweise im Zusammenhang mit besonderen Notsituationen Erwähnung. So wies der Fachausschuss während der

Finanz- und Wirtschaftskrise im Jahre 2008 neben der Zunahme von Armut und „Unterentwicklung“ ebenfalls auf eine mögliche Zunahme der rassistischen Diskriminierung gegenüber indigenen Völkern hin (CERD, Allgemeine Bemerkung N° 33 „Follow-up to the Durban Review Conference“). In der Tat bezeichnet der Ausschuss indigene Völker an anderer Stelle als die Ärmsten der Ärmsten (CERD, Allgemeine Bemerkung N° 34). Eine weitere Maßnahme im Rahmen weiter gesellschaftlicher Entwicklungen soll laut Ausschuss im Bereich der Medien ergriffen werden. Medienrepräsentationen indigener und anderer Gruppen sollen demnach auf dem Prinzip des Respektes, der Fairness und der Vermeidung von Stereotypisierungen beruhen (CERD, Allgemeine Bemerkung N° 35). Demnach soll – nach Auslegung der Prinzipien des Abkommens – Medienpluralismus gefördert werden. Dies bedeutet u. a. die Ermöglichung des Zugangs zu und Eigentums von Medien durch Minderheiten, indigenen und anderen Gruppen; dies umfasst gleichermaßen Medien in ihren eigenen Sprachen (CERD, Allgemeine Bemerkung N° 35).

Auch aktuell weist der Ausschuss auf die anhaltende Praxis des so genannten *Racial Profiling* durch Strafverfolgungsbeamte hin; jene Praxis zielt laut Ausschuss in besonderem Maße auf indigene Völker ab, bzw. weisen diese eine besondere Vulnerabilität auf, so auch auf ähnliche Weise vom VN-Fachausschuss gegen Folter und andere grausame, unmenschliche oder erniedrigende Behandlung oder Strafe angemerkt (CERD, Allgemeine Bemerkung N° 36 „On Preventing and Combating Racial Profiling by Law Enforcement Officials“). Ähnliche Beobachtungen teilte der Fachausschuss mit Hinblick auf Hassreden und Verhetzung gegenüber indigenen Völkern und bekräftigt (hierbei) die Anwendung des Nichtdiskriminierungsschutzes, basierend auf „der Rasse, der Hautfarbe, der Abstammung, dem ‚nationalen‘ Ursprung“ (CERD, Allgemeine Bemerkung N° 35 „Combating Racist Hate Speech“). In der Tat lassen sich wiederkehrende Referenzen zu der besonderen Situation indigener Völker feststellen. Diskriminierungsmuster mit Bezug auf indigene Völker sollen im Rahmen des wirtschaftlichen, sozialen und politischen Klimas rund um die Hassrede besondere Berücksichtigung finden (CERD, Allgemeine Bemerkung N° 35). Der genannte Diskriminierungsschutz, basierend auf festgelegten Kriterien, wird in den Auslegungen rund um den Art. 1 des Abkommens erneut aufgegriffen. So erweist sich das Abkommen laut Ausschuss als relevant für alle Personen, die unterschiedlichen Ethnien, „nationalen“ oder ethnischen Gruppen oder indigenen Völkern angehören (CERD, Allgemeine Bemerkung N° 24). Eng hiermit verbunden ist die Anerkennung der Präsenz jener Gruppen und indigener Völker auf staatlichem Territorium (CERD, Allgemeine Bemerkung N° 24).

Ein an die Autonomieforderung indigener Völker angrenzender Belang betrifft rechtspluralistische Ansätze. Hierzu zählen insbesondere die Respektierung und Anerkennung von traditionellen Justizsystemen indigener Völker, solange diese den Forderungen des internationalen Menschenrechtsschutzes gerecht werden (CERD, Allgemeine Bemerkung N° 31 „On the Prevention of Racial Discrimination in the Administration and Functioning of the Criminal Justice System“). In besonderem Bezug auf die Rechte indigener Völker führt der Ausschuss weiter aus: Nichtrechtlichen oder pararechtlichen Prozeduren soll bei der Handhabung von Straftaten im Prozess Vorzug gegeben werden; Berücksichtigung sollen dabei die kulturellen oder gewohnheitsrechtlichen Hintergründe der Täter:innen finden, insbesondere im Falle von indigenen Völkern (CERD, Allgemeine Bemerkung N° 31). Ähnliche Vorzüge sollen solchen Haftalternativen und anderen Formen der Strafe gewährt werden, welche eine bessere Anpassung an indigene Rechtssysteme aufweisen (CERD, Allgemeine Bemerkung N° 31).

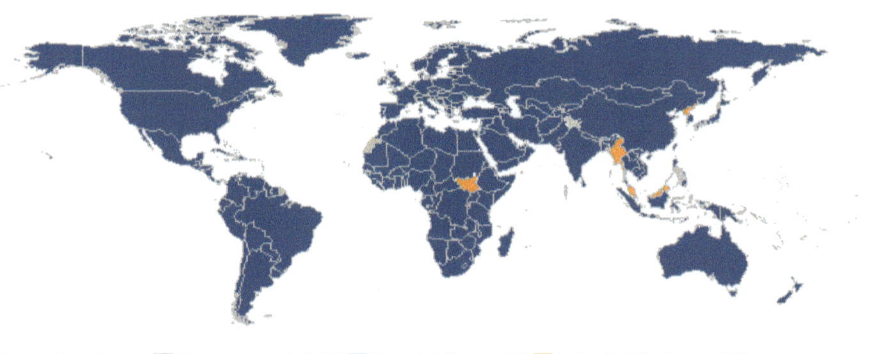

Abbildung 6: Ratifizierungsstatus Antirassismus-Abkommen (ICERD). Quelle: https://indicators.ohchr.org/

4.4.3 Der Antifolterschutz und seine eingeschränkte Annäherung an die Rechte indigener Völker

In begrenztem Maße beschäftigte sich ebenso der VN-Fachausschuss gegen Folter und andere grausame, unmenschliche oder erniedrigende Behandlung oder Strafe (CAT) mit indigenen Rechten; hier sei auf den absoluten *jus cogens*-Charakter diverser Rechte des Abkommens hingewiesen (vgl. bspw. Cassese 2012). Dabei positioniert sich der Ausschuss zunächst wenig fortschrittlich. Der Sonderschutz der Rechte indigener Völker wird vom Prinzip der Nichtdiskriminierung eingeschränkt: Er wird als allgemeines Prinzip des Menschenrechtsschutzes und als wegweisend für die Auslegung und Anwendung des Abkommens angesehen (CAT, Allgemeine Bemerkung N° 3 „Implementation of Article 14 by States Parties“). Dabei sollen seitens der Staaten positive Maßnahmen angenommen werden – neben Bemühungen rund um die Verfügbarkeit von und den Zugang zur Justiz und Entschädigungsmechanismen. Jene Maßnahmen sollen Entschädigungen für jegliche Personengruppen gleichberechtigt verfügbar machen, unabhängig von u. a. indigenem Status (CAT, Allgemeine Bemerkung N° 3).

Ähnlich äußert sich der Fachausschuss hinsichtlich des Schutzes von Minderheiten und marginalisierter Individuen als Teil der staatlichen Verpflichtung zur Folter- und Misshandlungsprävention. Jene Verpflichtungen gelten allen Personen gegenüber, unabhängig von u. a. indigenem Status (CAT, Allgemeine Bemerkung N° 2 „Implementation of Article 2 by States Parties“). Dementsprechend schafft der Ausschuss eine Verpflichtung zum Schutze jener Opfergruppen durch eine ganzheitliche Strafverfolgung sowie Strafen für jegliche Gewaltakte und Missbrauch gegen jene Individuen;ebenso sollen positive Präventions- und Schutzmaßnahmen etabliert werden (CAT, Allgemeine Bemerkung N° 2). Der Fachausschuss führt weiter aus, kulturell sensible kollektive Entschädigungsmaßnahmen sollen Gruppen einer gemeinsamen Identität zur Verfügung gestellt werden; dabei finden indigene Völker explizit Erwähnung (CAT, Allgemeine Bemerkung N° 3). Insofern entwickelt der Fachausschuss eine wesentliche kollektiv-prozedurale Dimension; diese bildet eine Ausnahme im vornehmlich individualrechtlichen internationalen Menschenrechtsschutz.

Jedoch lässt sich eine Sonderbehandlung in Bezug auf ethnische Minderheiten feststellen. Besonders häufig ergeben sich so genannte multiple Menschenrechtsverletzungen, und zwar in Verbindung mit der Verfolgung der Gemeinschaftsmitglieder, bspw. aufgrund ihrer Rolle als politische Aktivist:innen, als Mitglieder ethnischer Minderheiten und religiöser Minderheiten (CAT, *Fuad Jahani vs. Switzerland*, Communication N° 357/2008). In der Praxis stellt jene Verfolgung aufgrund einer politischen Positionierung und Gruppierung im Falle indigener Völker keine Seltenheit dar (vgl. bspw. Eichler/Bacca 2020). Auch jenseits der politischen Verfolgung zeigen sich bspw. Minderheiten im Sinne ihrer Clanzugehörigkeit als besonders vulnerabel; dies kann in der Tat zu weiteren Menschenrechtsverletzungen führen, so im Zusammenhang mit dem Migrationskontext und dem *non refoulement*-Prinzip (vgl. bspw. CAT, *S.S. Elmi vs. Australia,* Communication N°120/1998).

Allerdings beschäftigt sich der Ausschuss darüber hinaus dezidiert mit den Rechten indigener Völker, namentlich in jenem Zusammenhang der politischen Verfolgung und non-refoulement (CAT, *Flor Agustina Calfunao Paillalef vs. Switzerland*, Communication N° 882/2018). Der Ausschuss geht dabei auf den allgemeinen Kontext der Menschenrechtsverletzungen an den Mapuche ein; jene systematischen und weit verbreiteten Rechtsverletzungen manifestieren sich insbesondere in Bezug auf Land- und Ressourcenrechte einerseits und kulturelle Rechte andererseits (*Flor Agustina Calfunao Paillalef vs. Switzerland*). Die Ausübung und aktive, öffentliche Einforderung jener Rechte bringt wiederum weitere Verletzungen mit sich, und zwar diverse Formen der Repression und Verfolgung einschließlich gewalttätiger Maßnahmen mit besonderen Auswirkungen auf indigene Repräsentant:innen bzw. Führungspersonen (*Flor Agustina Calfunao Paillalef vs. Switzerland*). Politischer Aktivismus wirke sich dabei unmittelbar auf den Grad der Gefährdung aus; Menschenrechtsverteidiger:innen werden in diesem Sinne zum Ziel unverhältnismäßiger, brutaler und wiederholter Gewalt – in diesem Fall durch den chilenischen Staat und private Milizen. Hier kritisiert der Ausschuss den Staat v. a. aufgrund der Deklarierung indigenen Aktivismus als Gefahr für die „nationale Sicherheit“ und als Terrorismus (*Flor Agustina Calfunao Paillalef vs. Switzerland*). So seien der ethnische Hintergrund der Klägerin, ihre Verfolgung als Mapuche-Repräsentantin, Handlungen wie Verfolgung und Folter ihrer Familienmitglieder und Protestaktionen auf internationaler Ebene direkt mit dem realen Risiko verbunden, Folter oder andere grausame, unmenschliche oder erniedrigende Behandlung in Folge einer Abschiebung zu erleiden (*Flor Agustina Calfunao Paillalef vs. Switzerland*).

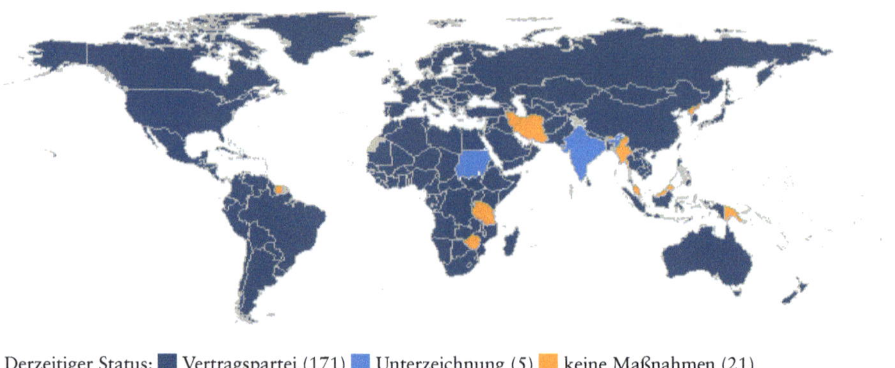

Abbildung 7: Ratifizierungsstatus des Antifolterabkommens. Quelle: https://indicators.ohchr.org/

4.4.4 Der Schutz gegen das Verschwindenlassen im Falle indigener Völker: (politische) Verfolgung als Schwerpunkt strafrechtlicher Maßnahmen

In geringerem Maße finden die Rechte indigener Völker im Rahmen des VN-Übereinkommens gegen das Verschwindenlassen Erwähnung. Zwar werden die Rechte indigener Völker mangels Allgemeiner Bemerkungen nicht unmittelbar vom Ausschuss ausgelegt, jedoch lassen sich erste Interpretationslinien auf Basis der Berichterstattung der Arbeitsgruppe über gewaltsames und unfreiwilliges Verschwindenlassen (*Working Group on Enforced or Involuntary Disappearances*) zur Implementierung der 1992 verabschiedeten Erklärung zum Schutz aller Personen gegen das Verschwindenlassen (*Declaration on the Protection of all Persons from Enforced Disappearance*) herleiten. So stellte die Arbeitsgruppe entsprechende massive Verletzungen im Zusammenhang mit dem *de facto*-Notstand in Namibia fest; dieser wurde für die Schaffung von Bedingungen genutzt, welche sich letztendlich als günstig für die Aufrechterhaltung gewaltsamen Verschwindenlassens zeigten (vgl. WGEID Report of the Working Group on Enforced or Involuntary Disappearances 2009). Eine wesentliche Rolle spielt hierbei der Kontext falscher Anschuldigungen: Mitglieder einer indigenen Minderheit wurden in zwei vorliegenden Fällen trotz mangelnder Beweise beschuldigt, mit einer Unabhängigkeitsbewegung zu sympathisieren, diese zu unterstützen oder mit dieser zusammenzuarbeiten. Sicherheitskräfte hatten die Dorfbewohner:innen zusammengetrieben, worauf diese zum Verschwinden gebracht wurden (WGEID, Report of the Working Group on Enforced or Involuntary Disappearances 2009).

Die Arbeitsgruppe teilt in diesem Zusammenhang folgende Beobachtungen. Sie erinnert die Staaten insbesondere an die Verpflichtung, Verschwindenlassen weder zu praktizieren, noch zu erlauben oder zu dulden (Art. 2); wirksame gesetzgeberische, verwaltungsmäßige, gerichtliche oder sonstige Maßnahmen zu treffen, um das Verschwindenlassen in allen ihrer Hoheitsgewalt unterstehenden Gebieten zu verhindern oder abzuschaffen (Art. 3); die Sorgfaltspflicht, jegliche Fälle umgehend, gründlich und unparteiisch von einer zuständigen und unabhängigen staatlichen Behörde zu untersuchen (Art. 13(1)); eine entsprechende Sorgfaltspflicht darüber, dass die zuständige Behörde über die erforderlichen Befugnisse und Mittel für eine wirksame Untersuchung verfügt, einschließlich der Befugnis, das Erscheinen von Zeug:innen und das Erbringen relevanter Schriftstücke zu erwirken sowie umgehende Ortsbesichtigungen vorzunehmen (Art. 13(2)); Vorkehrungen zu treffen, um sicherzustellen, dass alle an der Untersuchung Beteiligten vor Misshandlung, Einschüchterung oder Repressalien geschützt sind (Art. 13(3)); und eine Untersuchung so lange durchgeführt werden sollte, so das Schicksal des Opfers des Verschwindenlassens nicht geklärt ist (Art. 13(6)).

In einem anderen Fall berichtet die Arbeitsgruppe von dem Verschwindenlassen der Repräsentantin einer indigenen Organisation in den Chittagong Hill Tracts; diese wurde unmittelbar vor dem Stattfinden staatsweiter Wahlen von Sicherheitspersonal entführt (WGEID, Report of the Working Group on Enforced or Involuntary Disappearances 2004). In diesem Zusammenhang wurde eine Verbindung der Tat mit der Kandidatur jener:s Parlamentariers:in vermutet, welche:r die Interessen indigener Völker vertrat. In diesem Fall stand demnach die Repräsentation indigener Interessen und Organisationsstrukturen in Zusammenhang mit dem gewaltsamen Verschwindenlassen; erstere konnten als direktes Ziel jener Verbrechen verstanden werden. Ähnliche Zusammenhänge lassen sich in einem ähnlichen Fall in Chiapas/Oaxaca feststellen: Mitglieder einer indigenen Organisation wurden von paramilitärischen Gruppen während einer Sitzung mit der indigenen Loxichas-Gemeinschaft entführt (vgl. WGEID Report of the Working Group on Enforced or Involuntary Disappearances 2004). In der gleichen Region wurden Mitglieder einer indigenen Gemeinschaft belästigt, eingeschüchtert und interniert, auf Basis einer Protestaktion gegen das Verschwinden indigener Zapotecos. Fälle des gewaltsamen Verschwindenlassens lassen sich in der Tat mit politisch motiviertem Handeln undder Darstellung oder Repräsentation indigener Interessen im öffentlichen Raum in Verbindung setzen und stellen eine besonders kriminelle, gewaltsame und schwerwiegende Form der Nichtrespektierung des Rechtes auf kollektiven Ausdruck, der Versammlungsfreiheit und des direkten und indirekten Wahlrechts indigener Völker dar.

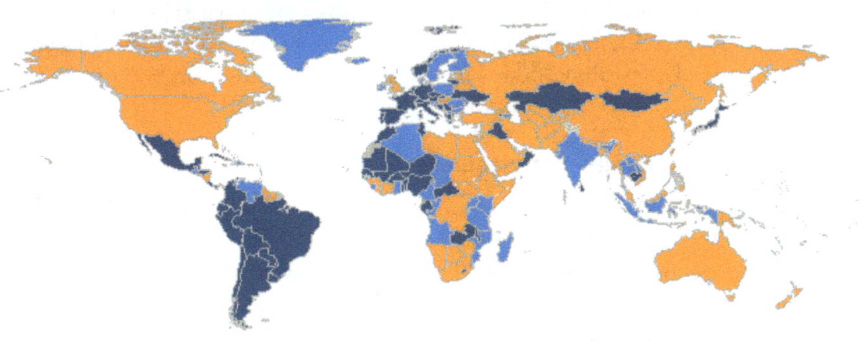

Derzeitiger Status: ■ Vertragspartei (63) ■ Unterzeichnung (48) ■ keine Maßnahmen (86)

Abbildung 8: Ratifizierungsstatus des Internationalen Übereinkommen zum Schutz aller Personen vor dem Verschwindenlassen. Quelle: https://indicators.ohchr.org/

4.5 Menschenrechtsgenerationen in der Rechtsprechung der Fachausschüsse: Gruppenspezifischer Antidiskriminierungsschutz

Daneben haben indigene Rechte durch einen gruppenspezifischen Menschenrechtsschutz Eintritt in die Rechtsprechung der VN-Vertragsorgane gewinnen können. Gruppenspezifische Menschenrechtsverletzungen werden v. a. in der Rechtsprechung rund um indigene Frauen, indigene Kinder und indigene Menschen mit Behinderung ersichtlich. Ähnlich wie der unspezifische Antidiskriminierungsschutz zeigt die Rechtsprechung zu Gruppenrechten der mandatierten Vertragsorgane ein hohes Bewusstsein gegenüber multiplen Diskriminierungsgründen, gleichzeitig ein Kernanliegen indigener Völker. In der Tat finden Intersektionalitäten häufig Ausdruck in diesem Zusammenhang: die Rechte indigener Frauen und Kinder finden besonders häufig Erwähnung (vgl. bspw. Tauli Corpuz 2015; PFII 2012a). Grundlegende Beiträge erbringen die Vertragsorgane ebenso bei der Differenzierung zwischen unterschiedlichen Formen der Diskriminierung, insbesondere *de jure/de facto* Partikularitäten oder bei der Schaffung positiver Diskriminierungsmaßnahmen. Wie auch allgemeine menschenrechtliche Debatten zu Verletzungen der Rechte der Frau und Mädchen suggerieren, spielt geschlechtsspezifische Gewalt eine tragende Rolle, sowohl in Konfliktsituationen und konfliktfreien Szenarien. Wie bspw. der kanadische Kontext aufweist, werden insbesondere indigene Frauen jenen Formen der Gewalt ausgesetzt, so genannten Femiziden, einschließlich schwerer Verletzungen wie systematischen Ermordungen (IACHR 2015). Die Rechte indigener Kinder und indigener Menschen mit Behinderung erweisen sich insofern als relevant als dass sich weitläufige indigene Forderungen nach Autonomie und Selbstbestimmung ebenso auf die Einzelperson bzw. den Gruppenschutz von Kindern und Menschen mit Behinderung übertragen lassen. Ähnlich setzen die Fachausschüsse Schwerpunkte auf den Ausdruck eigener Meinung, zum Teil Zustimmung, somit einem weiteren wesentlichen Belang indigener Völker. Wiederholt bilden schwere Menschenrechtsverletzungen eine spezifische intersektionale Manifestierung der Diskriminierung: wie die Berichterstattung der Ausschüsse aufzeigt, erweisen sich *jus-cogens* Verletzungen als häufige Erscheinung von Intersektionalität. Schließlich beschäftigen sich die Ausschüsse mit aktuellen Missständen und ihren Implikationen für indigene Völker, häufig Teil einer breiteren Politik der Umsiedlung oder Verschleppung, harmonisierenden Bildungs- und Sprachparadigmen oder als indirekte Konsequenzen des Rohstoffraubs.

4.5.1 Grundsätzliche Erwägungen zu den Rechten indigener Frauen

Der Antirassismusausschuss veräußert mehrfach, frauenspezifische Diskriminierung sei untrennbar verbunden mit anderen Faktoren wie u. a. indigenem Status (CERD, Allgemeine Bemerkung N° 35 „on Gender-based Violence Against Women"; CEDAW, Allgemeine Bemerkung N° 33 „On Women's Access to Justice"; CEDAW, Allgemeine Bemerkung N° 28 „On the Core Obligations of State Parties under Article 2 of the Convention on the Elimination of All Forms of Discrimination Against Women"). Hierbei ergeben sich so genannte multiple, intersektionale Verletzungen wie bspw. im Zusammenhang mit häuslicher Gewalt an indigenen Frauen und ihren weiten Auswirkungen auf Eigentumsrechte (CEDAW, *Cecilia*

Kell vs. Canada, Communication N° 19/2008). An anderer Stelle versteht der Fachausschuss indigenen Status als Diskriminierungsgrund an sich, und zwar als überschneidende, kumulierte Diskriminierungsform („*intersecting or compounded discrimination*"; CEDAW, Allgemeine Bemerkung N° 33).

In der Tat stellt der Frauenrechtsausschuss (CEDAW) anderweitig fest: Intersektionalität bilde ein Grundkonzept zum Verständnis des Umfanges allgemeiner staatlicher Verpflichtungen, wie in Art. 2 des Abkommens festgeschrieben (CEDAW, Allgemeine Bemerkung N° 28). So ist die Diskriminierung von Frauen auf Basis des (sozialen) Geschlechts untrennbar mit anderen Faktoren verbunden, und zwar ethnischem Hintergrund, Religion oder Glauben, Gesundheit, Status, Alter, sozialer Schicht, Kaste und sexueller Orientierung und Genderidentität. Diese sich überschneidenden Gründe müssen laut Ausschuss rechtlich anerkannt und verboten werden, genauso wie ihre multiplen negativen Auswirkungen auf betroffene Frauen (CEDAW, Allgemeine Bemerkung N° 28).

Der Antirassismusausschuss geht vielfältig auf intersektionale Formen der rassistischen Diskriminierung ein: Einige Formen der rassistischen Diskriminierung richteten sich insbesondere an Frauen auf Basis ihres Geschlechts, bspw. in Fällen von Zwangssterilisationen indigener Frauen (CERD, Allgemeine Bemerkung N° 25 „On Gender-Related Dimensions of Racial Discrimination"). Ähnlich entscheidet der Ausschuss in anderen Fällen über multiple Formen der Diskriminierung, namentlich aufgrund des Afrohintergrundes und auf Basis des soziowirtschaftlichen Hintergrundes (CEDAW, *Maria de Lourdes da Silva Pimentel vs. Brazil,* Communication N° 17/2008). Er verweist in diesem Zusammenhang auf Formen der *de facto*-Diskriminierung gegenüber Frauen, insbesondere jener Frauen, die den vulnerabelsten Teil der Gesellschaft bilden wie jener afrikanischen Hintergrundes (*Maria de Lourdes da Silva Pimentel vs. Brazil*). Es wird ferner auf die Verschärfung jener Diskriminierung durch regionale, wirtschaftliche und soziale Disparitäten hingewiesen (*Maria de Lourdes da Silva Pimentel vs. Brazil*).

In der Tat erweisen sich soziale Faktoren als ausschlaggebend für etwaige Unterschiede hinsichtlich bspw. des Gesundheitszustandes zwischen Frauen und Männern sowie unter Frauen. In diesem Sinne gilt es, den gesundheitlichen Bedürfnissen und Rechten vulnerabler und benachteiligter Gruppen wie indigenen Frauen besondere Achtung zu schenken (CERD, Allgemeine Bemerkung N° 24 „Article 12 of the Convention (Women and Health)").

Ähnlich ergeben sich überproportionale Formen der Diskriminierung gegenüber älteren indigenen Frauen; in der Tat erweisen sich in diesem Fall Diskriminierungen als multidimensional (CEDAW, Allgemeine Bemerkung N° 27 „On Older Women and Protection of their Human Rights"). Gleiches gilt für weibliche Binnenvertriebene und Geflüchtete: Aufgrund ihrer Ausgesetztheit gegenüber multiplen und überschneidenden Diskriminierungsformen gilt es, die spezifischen Risiken und besonderen Bedürfnisse jener Gruppen gezielt zu adressieren (CEDAW, Allgemeine Bemerkung N° 30 „On Women in Conflict Prevention, Conflict and Post-Conflict Situations"). Staaten werden ferner dazu aufgerufen, die grundlegenden Ursachen jenes Handelns mittels vielschichtiger Maßnahmen zu adressieren; dazu gehören eine wirtschaftliche Ermächtigung und Bewusstseinsförderung über mögliche Risiken sowie entsprechende legislative Maßnahmen zur Bekämpfung sozialer und wirtschaftlicher Herausforderungen und die Etablierung genderspezifischer Ausbildung im Sinne der Prävention, des Schutzes und der Unterstützung von Opfern der Justiz, der Polizei, Grenzbeamt:innen, anderer Gesetzesvollzugsbeamt:innen und Sozialarbeiter:innen (CERD, Allgemeine Bemerkung N° 34 „on the Rights of Rural Women").

Einen zusätzlichen Schutz genießen indigene Frauen mittels der rechtlichen Standards zu Landfrauen. Staaten sind dazu aufgefordert, einen entsprechenden Schutz gegen Vertreibungen indigener oder ländlicher Frauen und weiblichen Mitgliedern von Minderheiten mit besonderer Abhängigkeit vom Land zu etablieren (CEDAW, Allgemeine Bemerkung N° 30). Ein wesentlicher Schwerpunkt wird auf Diskriminierungsformen und Gruppenzugehörigkeit gelegt. So erfahren indigene Frauen und Frauen mit Afro-Hintergrund in ländlichem Umfeld Diskriminierungen aufgrund ihrer Ethnizität, Sprache und traditioneller Lebensweise (CERD, Allgemeine Bemerkung N° 34). Dies erfordert laut Ausschuss die Annahme gezielter Maßnahmen. So werden Staaten dazu verpflichtet, indigene Frauen in ihrer Zugehörigkeit zu ländlichen Gruppen vor überschneidenden Diskriminierungsformen zu schützen, was bspw. ihren Zugang zu Bildung, Arbeit, Wasser und Gesundheits- und Sanitärversorgung angeht sowie Besitz, Eigentum und die Kontrolle über Land, Wasser, Wälder, Fischerei, Aquakulturen und andere traditionell besessene oder genutzte Ressourcen betrifft, insbesondere im Lichte des Diskriminierungsschutzes und der Enteignung (CERD, Allgemeine Bemerkung N° 34). Schließlich fordert der Fachausschuss eine Verbesserung der Lebenssituation von Landfrauen, mit einem besonderen Augenmerk auf indigenen Frauen, die in abgelegenen Gegenden leben und sich vergleichsweise als ärmer und isolierter zeigen und welche über einen geringeren Zugang zu sozialen Dienstleistungen verfügen (CERD, Allgemeine Bemerkung N° 34). Bei der so genannten „Entwicklung" jener ländlichen Gemeinschaften sollen jene lokalen Frauen in die Konzipierung und Implementierung ländlicher „Entwicklungspläne" aktiv involviert werden (CERD, Allgemeine Bemerkung N° 34).

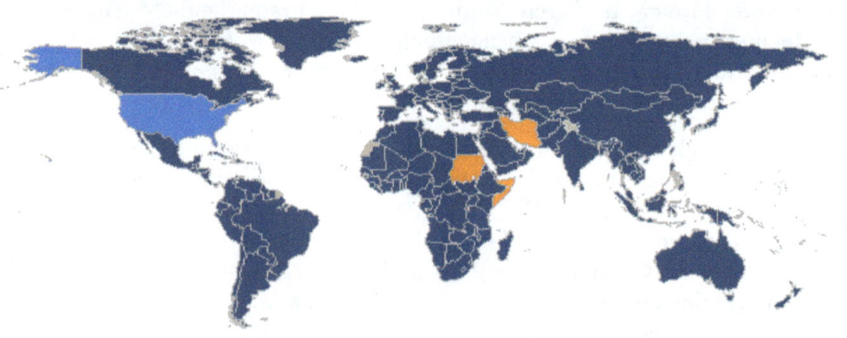

Derzeitiger Status: Vertragspartei (189) Unterzeichnung (2) keine Maßnahmen (6)

Abbildung 9: Ratifizierungsstatus des Frauenrechtsabkommens. Quelle: https://indicators.ohchr.org/

4.5.2 Besondere Vulnerabilitäten und dringliche Fragen im Falle indigener Frauen und Mädchen

Im Allgemeinen bezeichnet der Ausschuss Frauen und Mädchen als die wohl vulnerabelsten Gruppen im Sinne einer weiteren Verletzung, nämlich der des Menschenhandels, basierend auf (sozial)geschlechtlichen Formen der Diskriminierung (CEDAW, Allgemeine Bemerkung N° 38 „On Trafficking in Women and Girls in the Context of Global Migration“). Insofern legt der Ausschuss besonderen Wert auf den Art. 6 des Abkommens: Die Verhinderung von Frauenhandel und ausbeutender Prostitution zeigt eine besondere Relevanz für ländliche Frauen und Mädchen; diese werden im ländlichen Raume besonderen Risiken ausgesetzt (CERD, Allgemeine Bemerkung N° 34). Aus den beschriebenen Verletzungen ergeben sich zudem spezifische Empfehlungen in Anbetracht an die besondere Situation indigener Frauen, und zwar Einstellungs- und Fortbildungsmaßnahmen, bspw. zur Leistung von Rechtsbeistand für andere Frauen der Gemeinschaften mit Schwerpunkten wie häusliche Gewalt oder Eigentumsrechte und andere Maßnahmen wiedie Überprüfung des Rechtshilfesystems zur Gewährleistung eines wirkungsvollen Zugangs zur Justiz für indigene, weibliche Opfer von häuslicher Gewalt (*Cecilia Kell vs. Canada*).

Weitere wesentliche Schutzfunktionen entstehen im Rahmen von Sondersituationen und aktuellen Entwicklungen. So spielen Debatten zu Klimawandel und Katastrophen eine tragende Rolle: Krisensituationen verstärken bereits existierende geschlechtsspezifische Ungleichheiten und kumulieren überschneidende Diskriminierungsformen, solche mit besonderem Bezug zu indigenen Frauen (CERD, Allgemeine Bemerkung N° 37„on the Gender-Related Dimensions of Disaster Risk Reduction in the Context of Climate Change“). Der Fachausschuss führt dazu bspw. aus: Versagen bei der Verwirklichung geschlechterorientierter Desasterplanung und Implementierung resultiert gewöhnlicherweise in die Etablierung von Frühwarnsystemen und Hilfsprogrammen, welche die spezifischen Zugangsbedürfnisse diverser Gruppen wie solche indigener Frauen vernachlässigen (CEDAW, Allgemeine Bemerkung N° 37). Dabei sollen u. a. indigene Wissenssysteme, die Geschlechtergleichheit, die wirkungsvolle Teilhabe von Frauen und indigenen Völkern bei jeglichen Initiativen im Bereich des Klimawandels und desasterrelevanten Maßnahmen Berücksichtigung finden (CEDAW, Allgemeine Bemerkung N° 37). Ebenso sollten weitere rechtliche Instrumente wie das Übereinkommen von Paris der Klimarahmenkonvention der Vereinten Nationen die Rechte indigener Völker (in der Praxis) respektieren, berücksichtigen und fördern sowie ihre traditionellen, indigenen und lokalen Wissenssysteme bei der Klimawandelanpassung anerkennen (CEDAW, Allgemeine Bemerkung N° 37).

Laut einer weiteren Empfehlung sollen (jungen) marginalisierten Frauen Möglichkeiten geboten werden, in Katastrophenrisikoverminderungs- und Klimawandelmechanismen auf Gemeinschafts-, lokaler, innerstaatlichen, regionaler und internationaler Ebene repräsentiert zu werden, und zwar mittels positiver Maßnahmen (CEDAW, Allgemeine Bemerkung N° 37). Daran angelehnt plädiert der Ausschuss für die Anerkennung ihrer Rechtsfähigkeit, einer identischen Rechtsfähigkeit wie der des Mannes, genauso wie jene, welche innerhalb Gruppen von Frauen ausgeübt wird, einschließlich indigener Frauen. Ähnlich setzt sich der Ausschuss für ihren gleichen Zugang zur Justiz ein; all jene Dimensionen sollen als wesentliche Elemente der Katastrophen- und Klimawandelpolitik sowie relevanten Strategien gelten (CEDAW, Allgemeine Bemerkung N° 37; vgl. ebenso CEDAW, Allgemeine Bemerkung N° 33).

Weitere Maßnahmen sollen im Rahmen der Katastrophenrisikoverminderung und des Klimawandels getroffen werden. So sollen dezidierte Programme die Internet- und Mobiltelefonversorgung und andere zuverlässige und kostengünstige Kommunikationstechnologien wie das Radio fördern und indigenen Frauen die Zugänglichkeit jener Technologien ermöglichen (CEDAW, Allgemeine Bemerkung N° 37). Des Weiteren sollen Trainingsprogramme, eine Sensibilisierungs- und Bewusstseinsbildung zu geschlechtsspezifischer Gewalt und deren Prävention in Katastrophensituationen für Behörden, Notdienstmitarbeiter:innen und andere Gruppen geschaffen werden; jene Bildungsmaßnahmen sollen zudem Informationen zu den Rechten und Bedürfnissen indigener Frauen und Mädchen vermitteln sowie Formen dieser geschlechtsspezifischen Gewalt (CEDAW, Allgemeine Bemerkung N° 37). Ähnliche Curricula sollen für Gesundheitshelfer:innen, einschließlich Notdiensten, entwickelt werden; integriert werden sollen dabei umfassende, obligatorische geschlechtssensible Kurse zum Recht der Frau auf Gesundheit, einschließlich Informationen zu den Rechten indigener Frauen (CEDAW, Allgemeine Bemerkung N° 37). Schließlich ruft der Fachausschuss dazu auf, wirksame Überwachungs- und Berichterstattungssysteme zu etablieren; dazu gehört bspw. die Übersetzung allgemeiner Empfehlungen in Amts- und lokale Sprachen, einschließlich indigener Sprachen, sowie ihre Verbreitung durch jegliche Regierungsinstitutionen, die Zivilgesellschaft, die Medien, akademische Institutionen und Frauenorganisationen (CEDAW, Allgemeine Bemerkung N° 37).

Ähnlich geht der Ausschuss in besonderem Maße auf das Recht auf Bildung ein, und zwar im Rahmen weiterer Maßnahmen. So sollen Staaten Stereotypisierungen adressieren, insbesondere was indigene Mädchen und Frauen angeht; besonders betont werden in diesem Zusammenhang Risiken beim Zugang zu Bildung, die Ausgesetztheit gegenüber Gewalt an der Schule,in der Gemeinschaft oder auf dem Weg zur oder von der Schule, besonders in ländlichen Gegenden (CERD, Allgemeine Bemerkung N° 36 „on the Right of Girls and Women to Education"). Darüber hinaus ruft der Fachausschuss dazu auf, soziowirtschaftlichen Status und Lebensbedingungen zu adressieren, mit besonderem Fokus auf indigene Mädchen und Frauen. Jene Bedingungen können sich als Barrieren beim Bildungszugang erweisen, insbesondere in jenen Fällen, in denen männlichen Schülern in Situationen knapper finanzieller Ressourcen Präferenz gewährt wird (CERD, Allgemeine Bemerkung N° 36).

Einen weiteren Schwerpunkt bilden laut federführendem Fachausschuss CEDAW die autonomen Rechtsformen indigener Völker. Und zwar versteht der Fachausschuss das Recht auf Zugang zum Justizsystem auf plurale Art und Weise, namentlich als „plurale Justizsysteme" (CEDAW, Allgemeine Bemerkung N° 33). In diesem Sinne muss Frauen beim Zugang zur Justiz ermöglicht werden, auf plurale Rechtssysteme – einschließlich verschiedener Rechtsquellen, formaler oder informaler Natur, staatlicher, nichtstaatlicher oder gemischter Formen – zuzugreifen (CEDAW, Allgemeine Bemerkung N° 33). Dies bedeutet gleichermaßen die Respektierung informeller, alternativer Streitschlichtungsprozesse. Zur breiteren Anerkennung und Durchsetzung jener Formen des Rechtspluralismus fordert der Fachausschuss die Annahme entsprechender Gesetze, welche die Beziehungen zwischen pluralen Justizsystemen definieren, staatliche Überprüfungsmechanismen ins Leben rufen und für eine formale Anerkennung und Kodifizierung religiöser, gewohnheitsrechtlicher, indigener und anderer gemeinschaftlicher Systeme sorgen (CEDAW, Allgemeine Bemerkung N° 33). Dabei soll die Harmonisierung jener (indigener) Justizsysteme mit Hinblick auf menschenrechtliche Standards des Abkommens mittels unmittelbarer Schritte gewährleistet werden (CEDAW, Allgemeine Bemerkung N° 33).

Des Weiteren ergänzt der Ausschuss, jegliche diskriminierende Standards sollen gestrichen werden, einschließlich solcher, welche Formen von genderbasierter Gewalt kodifizieren, fördern, ermöglichen, rechtfertigen oder tolerieren (CEDAW, Allgemeine Bemerkung N° 35). Ähnlich äußert sich der Fachausschuss zur möglichen Diskriminierung durch indigene oder gemeinschaftliche Justizsysteme. Jene Normen mögen unterschiedlichen rechtlichen Ursprungs sein, in indigenes Recht eingebettet sein, jedoch ebenso im (staatlichen) Verfassungsrecht, Zivilrecht, Familienrecht, Strafrecht, Verwaltungsrecht oder Prozessrecht zu finden sein; relevant hierbei sind jene Standards, die diskriminierende oder stereotypisierende Haltungen oder Praktiken beinhalten, welche auf genderbasierter Gewalt gegen Frauen beruhen oder Strafen in jenem Zusammenhang abschwächen (CEDAW, Allgemeine Bemerkung N° 35).

4.5.3 Grundsätzliche Erwägungen zu den Rechten indigener Kinder: Nichtdiskriminierung und Sondermaßnahmen

Einen besonderen Rechtschutz für indigene Völker etabliert der Kinderrechts-Ausschuss mittels dezidierter Auslegungen der Rechte indigener Kinder (CRC, Allgemeine Bemerkung N° 11 „Indigenous Children and Their Rights under the Convention“). An dieser Stelle sei angemerkt, dass das Abkommen als einziges Menschenrechtsabkommen mehrfach auf die besondere Situation indigener Kinder eingeht. Dazu zählt zunächst das Recht eines indigenen Kindes, „seine eigene Kultur zu pflegen, sich zu seiner eigenen Religion zu bekennen und sie auszuüben oder seine eigene Sprache zu verwenden“ (Art. 30). Dabei entwickelt der Vertrag eine klare kollektive Dimension: Das zuvor genannte Recht soll „in Gemeinschaft mit anderen Angehörigen seiner Gruppe“ ausgeübt werden können. Hierbei finden ebenso menschenrechtliche Verantwortungen Dritter Erwähnung. So sollen Massenmedien ermutigt werden, „den sprachlichen Bedürfnissen eines Kindes, das einer Minderheit angehört oder Ureinwohner ist, besonders Rechnung zu tragen“ (Art. 17). Schließlich soll indigenen Völkern im Rahmen breiter Bildungsziele besondere Beachtung geschenkt werden: Das Kind soll auf „ein verantwortungsbewusstes Leben in einer freien Gesellschaft im Geist der Verständigung, des Friedens, der Toleranz, der Gleichberechtigung der Geschlechter und der Freundschaft zwischen allen Völkern und ethnischen, nationalen und religiösen Gruppen sowie zu Ureinwohnern“ vorbereitet werden (Art. 29). Jene Referenzen zu den Rechten indigener Kinder deuten laut Fachausschuss auf eine allgemeine Anerkennung hin und erfordern die Annahme entsprechender Sondermaßnahmen; es wird ferner angegeben, dass die Rechte in jeglicher Berichterstattung auf konsistente Weise in Betracht gezogen werden (CRC, Allgemeine Bemerkung N° 11).

Der Kinderrechtsausschuss geht in seiner Rechtsprechung auf den grundlegenden Art. 30 des Abkommens ein. Trotz der Propagierung eines negativ- rechtlichen Ansatzes des Abkommens und damit der Annahme der staatlichen Verpflichtung des Nichteingreifens etabliert der Ausschuss – im Einklang mit der Interpretationslinie des Menschenrechtsausschusses – eine positive Verpflichtung des menschenrechtlichen Schutzes, und zwar nicht begrenzt auf Handlungen der betroffenen Vertragspartei oder ihrer legislativen, judikativen oder administrativen Organe an sich, sondern ebenfalls gerichtet auf Handlungen anderer Repräsentant:innen der Vertragspartei bzw. ihrer Gerichtsbarkeit (CRC, Allgemeine Bemerkung N° 11; CCPR, Allgemeine Bemerkung N° 23 „on Art. 27“). Weitere positive Rechtsansätze bilden sich in der Auslegung kultureller Rechte ab: So unterstützt der Kinderrechtsausschuss Interpretationen des Antirassismusausschusses, nach dem Staaten indigene Kulturen, Geschichte, Sprache und Lebensweise nicht nur als Bereicherung der staatlichen kulturellen Identität anerkennen und respektieren, sondern ihre Bewahrung (gezielt) fördern sollen (CRC, Allgemeine Bemerkung N° 11; CERD, Allgemeine Bemerkung N° 23 „on Indigenous Peoples“). Gleiche Rechte seien in diesem Fall mit dem Ziel zu gewährlesiten, an kulturellen und künstlerischen Tätigkeiten in ihrer (indigener) eigenen Sprache, Religion und Kultur teilnehmen zu können (CRC, Allgemeine Bemerkung N° 17 „on the Right of the Child to Rest, Leisure, Play, Recreational Activities, Cultural Life and the Arts“).

Dabei werden Staaten dazu aufgerufen, Kinder zurAusübung kultureller Rechte und Teilhabe zu ermutigen; kulturelle Besonderheiten seien dabei zu respektieren. Darüber hinaus etabliert der Ausschuss wesentliche Schutzmaßnahmen weit über den Ansatz negativer Rechte und damit eines Nichteingreifens hinaus. Und zwar verpflichten sich Staaten der Anerkennung, dem Schutze und der Respektierung des Rechtes jener Gruppen auf Teilhabe am kulturellen Leben und Freizeit einerseits, auf Bewahrung, Förderung und Entwicklung ihrer eigenen Kultur anderseits (CRC, Allgemeine Bemerkung N°17). Ähnliches gilt für die Rechte Jugendlicher jener Gemeinschaften; diese sollen in die Lage gebracht werden, kulturelle Identitäten zu entfalten; ein besonderes Augenmerk gilt dabei weiblichen Jugendlichen (CRC, Allgemeine Bemerkung N° 20 „on the Implementation of the Rights of the Child during Adolescence“). Einen weiteren positiven Rechtsansatz entwickelt der Fachausschuss ebenso in Hinblick auf Implementierungsfragen rund um das Abkommen. So sollen Sondermaßnahmen mittels Gesetzgebung und Policies zum Schutze indigener Kinder in Konsultation mit den betroffenen Gemeinschaften ergriffen werden; dazu gehört die Teilhabe indigener Kinder an Konsultationsprozessen nach Art. 12.; letztere sollen von den jeweiligen Behörden oder staatlichen Organen anderer Art aktiv durchgeführt werden; Merkmale bilden dabei eine kulturell angemessene Art und Weise, die Verfügungstellung von Informationen

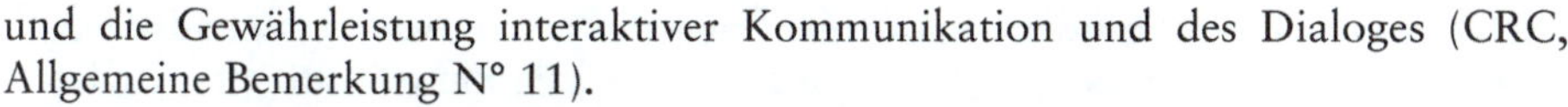
und die Gewährleistung interaktiver Kommunikation und des Dialoges (CRC, Allgemeine Bemerkung N° 11).

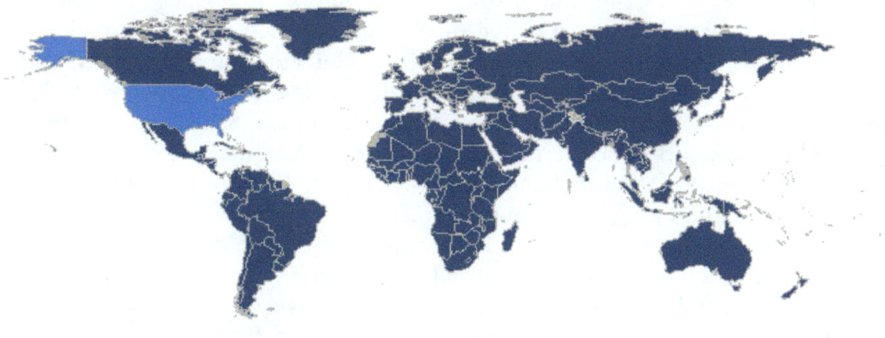

Derzeitiger Status: ■ Vertragspartei (196) ■ Unterzeichnung (1) ■ keine Maßnahmen (0)

Abbildung 10: Ratifizierungsstatus des Kinderrechtsabkommens. Quelle: https://indicators.ohchr.org/

4.5.4 Leitende Prinzipien des ICRC-Abkommens: Nichtdiskriminierung, Wohl des Kindes, Recht auf Leben, Überleben und die Entwicklung des Kindes sowie die Respektierung der Meinung des Kindes

Der Fachausschuss geht neben allgemeinen Standards des Abkommens wie etwa zum Recht auf Bildung, Gesundheit und Wohlergehen, Familienumgebung und alternative Fürsorge, Geburtsanmeldung, Staatsangehörigkeit und Identität sowie Informationszugang auch auf allgemeine, transzendentale, das Abkommen leitende Prinzipien ein. Zunächst sei hier das Prinzip der Nichtdiskriminierung erwähnt. Der Ausschuss zeigt sich in der Tat besonders betroffen über die Schwierigkeiten indigener Kinder bei einer gleichberechtigten Beteiligung an Freizeit, kulturellem und künstlerischem Leben nach Art. 31 des Abkommens (CRC, Allgemeine Bemerkung N° 17). So sollen die Vertragsparteien jegliche angemessenen Maßnahmen ergreifen, um allen Kindern ohne Diskriminierung jeglicher Art (unterschiedliche) Möglichkeiten zur Verwirklichung der in Art. 31 etablierten Rechte zu bieten (CRC, Allgemeine Bemerkung N° 17). Die Nichtdiskriminierung wird dezidiert als allgemeines Prinzip fundamentaler Wichtigkeit für die Implementierung der Rechte des Abkommens verstanden: Dies bedeutet u. a. die Einbettung in jegliche innerstaatliche Gesetzgebung,ihre direkte Anwendung, angemessene Überprüfung und Durchsetzung durch juristische und administrative Organe (CRC, Allgemeine Bemerkung N° 11).

Ein besonderes Augenmerk sei auf die *de facto*-Diskriminierung und den (daraus) resultierenden Disparitäten gelegt, welche aus einer nur schwerlich konsistenten Politik entstehen können und sich als relevant für die Rechte des Kindes erweisen (CRC, Allgemeine Bemerkung N° 10 „Children's Rights in Juvenile Justice"). Anderswo legt der Fachausschuss ähnlich fest, indigene Kinder bedürfen besonderer Maßnahmen der Diskriminierungsprävention – und zwar gerichtet auf dezidierte Diskriminierungsgründe wie Geschlecht, Behinderung, soziowirtschaftlicher

Hintergrund, ethnische oder „nationale" Herkunft oder weitere Gründe (CRC, Allgemeine Bemerkung N° 25 „Children's rights in relation to the digital environment"). Wirkungsvolle Rechtsmittel sollten dabei zeitnah ermöglicht werden und zugänglich sein; Verpflichtungen gelten für den öffentlichen und privaten Sektor. Darüber hinaus stellt der Fachausschuss wesentliche methodologische Überlegungen an. So werden Staaten bspw. dazu aufgerufen, indigene Kinder – als Einzelpersonen oder Gruppen – zu identifizieren, ein nötiger Schritt zur Erfüllung und Anerkennung dieser Sondermaßnahmen (CRC, Allgemeine Bemerkung N° 11). Dabei spielt bspw. die Erhebung kindesspezifischer Daten eine Rolle, um (potenzieller) Diskriminierung vorzubeugen. Auf ähnliche Weise sollen Indikatoren entwickelt werden, um existierende oder potenzielle Bereiche der Diskriminierung indigener Kinder zu bestimmen: Die Ermittlung von Lücken und Barrieren bei der Ausübung jener Rechte ist wesentlich, um angemessene positive Maßnahmen mittels Gesetzgebung, Ressourcenverteilung, Policies und Programmen zu implementieren (CRC, Allgemeine Bemerkung N° 11).

Sondermaßnahmen nehmen dabei diverse Formen an. Der Fachausschuss gibt demnach vor, Sondermaßnahmen mittels kulturell angemessener Dienstleistungen zu ermöglichen, was bspw. die Gesundheit, Nahrung, Bildung, Freizeit und Sport, Sozialwesen, Wohnen, Hygiene und die Jugendjustiz angeht. Dies führt der Ausschuss bspw. in Hinblick auf das Recht auf Bildung weiter aus: Dabei ruft er dazu auf, öffentliche Kampagnen, Informationsmaterial und Bildungscurricula für Schulen und Fachpersonal mit einem Schwerpunkt auf indigenen Kindern und der Beseitigung diskriminierender Haltung und Praktiken, einschließlich Rassismus, zu entwickeln (CRC, Allgemeine Bemerkung N° 11). Bei der Gestaltung jener Sondermaßnahmen sollen die Vertragsparteien die besonderen Bedürfnisse indigener Kinder berücksichtigen, in besonderem Maße diemultiplen Facetten der Diskriminierung und die unterschiedlichen Situationen indigener Kinder im ländlichen und städtischen Raum sowie die gleichwertige Ausübung jener Rechte durch Mädchen und Jungen; weitere besondere Maßnahmen sollen für indigene Kinder mit Behinderung gelten (CRC, Allgemeine Bemerkung N° 11). Gewöhnlich nehmen bei der Annahme bzw. Durchsetzung von Sondermaßnahmen spezialisierte Institutionen eine spezielle Rolle ein: So sollen „nationale Menschenrechtsinstitutionen" (NHRI) nicht nur geografisch und physisch erreichbar sein, sondern sich aktiv an jegliche Gruppen von Kindern wenden, in gesondertem Maße vulnerable und benachteiligte, bspw. indigene, Gruppen (CRC, Allgemeine Bemerkung N° 2 „the Role of Independent National Human Rights Institutions in the Promotion and Protection of the Rights of the Child").

Besondere Erwähnung findet ebenso das Recht auf das Wohl des Kindes. Hier sei auf die besondere Bedeutung indigener Kollektivrechte hingewiesen; diese werden vom Ausschuss wiederholt adressiert. Demnach ist das Wohl des Kindes als Kollektiv- und Individualrecht zu verstehen; die Anwendung jenes Rechtes auf indigene Kinder mittels der Gruppe(nrechte) wird bedingt durch die Beziehung des Wohles des Kindes zu kollektiven kulturellen Rechten (CRC, Allgemeine Bemerkung N° 11). Allerdings merkt der Ausschuss in diesem Zusammenhang ebenso an, breitere Anliegen indigener Völker, wie jene zu Landrechten und politischer

Repräsentation mögen in Einzelfällen die spezifischen Situationen indigener Kinder unsichtbar erscheinen lassen. In diesem Sinne stellt der Fachausschuss klar, das Wohl des Kindes könne nicht im Namen des Wohles der Gruppe vernachlässigt oder verletzt werden (CRC, Allgemeine Bemerkung N° 11). Dementsprechend legt der Fachausschuss weiter prozedural aus: So staatliche Behörden einschließlich gesetzgeberischer Organe das Wohle des Kindes auslegen, sollten diese die kulturellen Rechte eines indigenen Kindes und seine Bedürfnisse bei der Ausübung dieser, und zwar kollektiv zusammen mit Mitgliedern seiner Gruppe, in Betracht ziehen (CRC, Allgemeine Bemerkung N° 11). Dabei soll das Wohl des Kindes ein Hauptanliegen bilden; kollektive kulturelle Rechte können allerdings der Erkennung bzw. Bestimmung des Wohles des Kindes verhelfen (CRC, Allgemeine Bemerkung N° 11).

Auf jene kollektive Dimension geht der Fachausschuss mit Hinblick auf relevante Gesetzgebung, Policies und Programme, welche von besonderem Belang für indigene Kinder sind, im Anschluss genauer ein: Indigene Gemeinschaften sollen demnach konsultiert und ihnen die Möglichkeit gegeben werden, an jenen Prozessen teilzuhaben; hierzu zählen insbesondere kulturell sensible Entscheidungen über das Wohl indigener Kinder, welche in jene Prozesse mittels bedeutungsvoller Teilhabemöglichkeiten eingebunden werden sollen (CRC, Allgemeine Bemerkung N° 11). Anderswo bezieht sich der Fachausschuss erneut auf die Ausdrucksfreiheit; indigenen Kindern gilt in diesem Zusammenhang eine besondere Anerkennung des Rechtes auf freie Meinungsäußerung zuzusprechen (CRC, Allgemeine Bemerkung N° 12 „The Right of the Child to be Heard").

Einen weiteren Schwerpunkt legt der Ausschuss auf das Recht auf Leben, Überleben und Entwicklung des Kindes. Angesichts der überverhältnismäßigen Ausgesetztheit indigener Kinder gegenüber extremer Armut und entsprechenden Auswirkungen auf ihr Überleben und ihre Entwicklung erinnert der Ausschuss an diverse staatliche Verpflichtungen des Abkommens. Dazu zählen Maßnahmen zur Annahme von wirtschaftlichen, sozialen und kulturellen Rechten sowie dem grundlegenden Recht auf Überleben, Entwicklung und angemessene Lebensgrundlagen. Auf jener Basis ruft der Fachausschuss weitere Sondermaßnahmen ins Leben wie jene zur Absicherung angemessener Lebensstandards und Indikatoren zum Fortschritt solcher, welche in Zusammenarbeit mit indigenen Völkern und Kindern erarbeitet werden (sollen) (CRC, Allgemeine Bemerkung N° 11). Dabei ist die Entwicklung des Kindes als ganzheitliches Konzept zu verstehen, einschließlich seiner physischen, mentalen, spirituellen, moralischen, psychologischen und sozialen Entwicklung (CRC, Allgemeine Bemerkung N° 5 „General Measures of Implementation"; CRC, Allgemeine Bemerkung N° 11). Eine besondere Rolle bei der Gewährleistung jener Rechte spielt erneut der traditionelle Lebensstil, die kulturellen Werte und die Nutzung traditionellen Landes; diese erweisen sich als wesentlich bei der Ausübung ihrer Kultur und persönlichen Entwicklung (CRC, Allgemeine Bemerkung N° 11).

Ein letztes allgemeines Prinzip bildet die Respektierung der Meinung des Kindes. Dabei wird unterschieden zwischen dem individuellen Recht auf Meinungsfreiheit und dem Recht, kollektiv Gehör zu finden, was bspw. die Teilnahme an Konsultationen mit direktem Bezug zu und Belang für indigene(n) Kinder(n) betrifft (CRC, Allgemeine Bemerkung N° 11). Anderswo gibt der Fachausschuss an, die Teilhabe indigener Kinder weit zu interpretieren, und zwar nicht begrenzt auf individuelle Kinder als Einzelpersonen, sondern ausgeweitet auf Gruppen als eigene Kategorie; diese zeigen sich direkt oder indirekt durch soziale, ökonomische oder kulturelle Bedingungen der Gesellschaft betroffen (CRC, Allgemeine Bemerkung N° 12).

Hinsichtlich ersteren Rechts, der individuellen Dimension, verpflichtet sich der Staat, das Recht des Kindes auf eigenen Ausdruck zu respektieren, auf direktem Wege oder mittels einer:s Repräsentant:in und unter Berücksichtigung des Alters und der Reife des Kindes (CRC, Allgemeine Bemerkung N° 11). Jene Verpflichtung ist mit Hinblick auf jegliche juristische oder administrative Prozeduren zu beachten, wobei ebenso ein Umfeld zur Ermöglichung jenes freien Ausdrucks geschaffen werden soll sowie das Recht auf Repräsentation, kulturell angemessene Interpretation und das Schweigerecht (CRC, Allgemeine Bemerkung N° 11).

Was das benannte kollektive Recht angeht, spielt der Staat eine wesentliche Rolle bei der Förderung der Teilhabe und Konsultation zu Fragen mit Auswirkung auf indigene Kinder. Jenes Teilhaberecht wird dabei genauer ausgelegt: So soll die Vertragspartei besondere Strategien zur wirkungsvollen Teilhabe entwerfen und für die Umsetzung im schulischen Umfeld, alternativen Pflegeumfeld und der Gemeinschaft im Allgemeinen sorgen; zudem sollen indigene Kinder und ihre Gemeinschaften bei der Entwicklung, Implementierung und Evaluierung von relevanten Programmen, Policies und Strategien eng eingebunden werden (CRC, Allgemeine Bemerkung N° 11). Dabei soll in Anlehnung an Art. 29 das schulische Umfeld auf ein verantwortungsbewusstes Leben in einer freien Gesellschaft im Geist der Verständigung, des Friedens, der Toleranz, der Gleichberechtigung der Geschlechter und der Freundschaft zwischen allen Völkern, ethnischen, nationalen und religiösen Gruppen sowie zu Ureinwohnern vorbereiten (CRC, Allgemeine Bemerkung N° 29(1) „the Aims of Education"). Ebenso schafft der Fachausschuss wesentliche Verbindungen zwischen der Meinungsfreiheit und relevanten Rechten im Zusammenhang mit Businessaktivitäten: So sollen Staaten beim Entwerfen Business-spezifischer Rechte und Policies, einschließlich ihrer Auswirkungen auf Kinder diese regelmäßig anhören (CRC, Allgemeine Bemerkung N° 16 „on State Obligations regarding the Impact of the Business Sector on Children's Rights; CRC, Allgemeine Bemerkung N° 11).

4.5.5 Die Rechte indigener Kinder im Detail: Schwerpunkte, Sondermaßnahmen und strukturelle Erwägungen

Neben jenen allgemeinen Prinzipien diskutiert der Fachausschuss weitere spezifische Rechte; dazu gehören das Recht auf u.a. Informationszugang; Geburtsanmeldung, Staatsbürgerschaft und Identität; Familienumfeld und alternative Pflege; Gesundheit und Fürsorge; Bildung; Rechte in bewaffneten Konflikten und junge Geflüchtete; wirtschaftliche Ausbeutung; sexuelle Ausbeutung und Handel; und das Jugendstrafrecht (CRC, Allgemeine Bemerkung N° 11). Ein angemessener Informationszugang richtet sich zudem am Geist der Zeit: So sollen Staaten besondere Mühen aufwenden bei der Verfügungstellung von zugänglichen und vorteilhaften digitalen Inhalten für Kinder mit Behinderung und Kinder indigener Minderheiten (CRC, Allgemeine Bemerkung N° 25). Ähnlich leitet der Ausschuss Staaten dazu an, Bildungs- und kulturelle Institutionen dabei zu fördern, digitale und interaktive Lernressourcen, einschließlich indigener Ressourcen in zugänglichen Sprachen bereit zu stellen (CRC, Allgemeine Bemerkung N° 25).

Auch zum Recht auf Gesundheit äußert sich der Fachausschuss dezidiert: So sollen bspw. im Falle von HIV-relevanten Diensten diese zum weitreichendsten Maße zur Verfügung gestellt werden, und zwar ohne Diskriminierung und unter genügender Berücksichtigung des u. a. sozialen, wirtschaftlichen, kulturellen und politischen Kontextes (CRC, Allgemeine Bemerkung N° 3 „HIV/AIDS and the Rights of the Child“). In der Tat weisen indigene Kinder laut der genannten Allgemeinen Bemerkung eine akute Vulnerabilität hinsichtlich HIV/AIDS auf. In ähnlichem Maße äußert sich der Fachausschuss zu allgemeinen gesundheitlichen Diensten für vulnerable Gruppen: Diese sollen beim Zugang zu angemessenen und wirkungsvollen Diensten, einschließlich auf ihr Wohlbefinden ausgerichtete Gesundheits-, Fürsorge- und Bildungsprogramme vor einem Diskriminierungsrisiko geschützt werden; hierzu zählen ausdrücklich Kinder mit einer Zugehörigkeit zu indigenen oder Minderheitengruppen (CRC, Allgemeine Bemerkung N° 7 „Implementing Child Rights in Early Childhood“).

Des Weiteren thematisiert der Fachausschuss das Jugendstrafrecht, er versteht dieses in engem Zusammenhang mit einem pluralen Ansatz zu Justizsystemen. Indigene Justizsysteme werden vom Ausschuss explizit als valide Alternative zum offiziellen Prozessrecht gegen Kinder bzw. minderjährige Straftäter:innen angesehen; jene alternativen Justizsysteme beeinflussen Veränderungen in kulturellen Einstellungen gegenüber Kindern und der Justiz positiv (CRC, Allgemeine Bemerkung N° 24 „on Children’s Rights in the Child Justice System“). In diesem Sinne stellt der Ausschuss einen wachsenden Konsens fest: So sollen sich Justizreformen an jenen alternativen Justizsystemen orientieren, einem Schritt-für-Schritt-Ansatz folgen, einschließlich einer Methodik, die ein vollständiges Erschließen jener Systeme und eine Akzeptanz gegenüber etwaigen Transformationen seitens betroffener Akteure voraussetzt (CRC, Allgemeine Bemerkung N° 24). Es wird dabei vorausgesetzt, dass bei der Anwendung jenes Rechtes verfassungsrechtliche Garantien sowie grundsätzliche prozedurale und Nichtdiskriminierungsansätze – bspw. im Falle der Verübung ähnlicher Straftaten und entsprechender unterschiedlicher Verfolgung durch die Justizsysteme– eingehalten werden (CRC, Allgemeine Bemerkung N° 24). Zwar stellt der Fachausschuss des Weiteren klar, die Prinzipien des Abkommens müssten zwar jegliche Kinderstrafjustizsysteme durchziehen, einen gewissen Bekanntheitsgrad erreichen und letztendlich implementiert werden, jedoch sei eine opferorientierte Justiz häufig mittels des Gewohnheitsrechts, indigener oder nichtstaatlicher Justizsysteme zu erreichen und bilde damit eine wichtige Lernmöglichkeit für das offizielle Justizsystem mit Hinblick auf die Rechte des Kindes (CRC, Allgemeine Bemerkung N° 24). Dementsprechend sind jegliche Eingriffe, Strategien und Reformen mit den dezidierten Kontexten abzustimmen und von innerstaatlichen Akteuren zu führen (CRC, Allgemeine Bemerkung N° 24).

Neben dezidierten Rechten indigener Kinder geht der Fachausschuss ähnlich wie das Frauenrechtsregime auf multiple Diskriminierungsformen ein, und zwar basierend auf einer Kombination von Faktoren wie „indigene Mädchen mit Behinderung", „Kinder mit Behinderung in ländlichen Gebieten" usw., welche die Vulnerabilität jener Gruppen erhöhen würden (CRC, Allgemeine Bemerkung N° 9 „The Rights of Children with Disabilities"). Der Fachausschuss stellt eindeutig fest, Kinder mit Behinderung zählen zu den wohl vulnerabelsten Gruppen von Kindern; dies wiederum wird in Art. 2 des Abkommens deutlich festgelegt, als dezidierter Nichtdiskriminierungsgrund (CRC, Allgemeine Bemerkung N° 9). In diesem Sinne fordert der Ausschuss, jegliche angemessenen und nötigen Maßnahmen zum Schutze und der Förderung der Rechte von Kindern mit Behinderung zu treffen, mit besonderem Augenmerk auf die besondere Vulnerabilität und Bedürfnisse indigener Kinder; entsprechende Programme und Policies müssen dabei eine kulturelle und ethnische Sensibilität aufweisen (CRC, Allgemeine Bemerkung N° 9).

Schließlich gibt der Fachausschuss spezifische staatliche Verpflichtungen hinsichtlich der Implementierung des Instruments vor. Diesen gehen gewöhnlich systematisierte Datenerhebungsprozesse voraus, um ein entsprechendes Monitoring gewährleisten zu können: So sollen Daten erfasst werden, um die Situation spezifischer Gruppen wie ethnischer und indigener Minderheiten genauer zu untersuchen (CRC, Allgemeine Bemerkung N° 4 „Adolescent Health and Development in the Context of the Convention on the Rights of the Child"). Im Rahmen der implementierungsrelevanten Verpflichtungen geht der Ausschuss zunächst auf die triadischen Menschenrechtsverpflichtungen der I) Respektierung, II) des Schutzes und III) der Gewährleistung ein. Jene werden direkt von den Normen des Abkommens hergeleitet. So ergibt sich nach Art. 3 des Abkommens die staatliche Pflicht, bei jeglicher kindesbezogenen Handlung das Wohl des Kindes im Vordergrund stehen zu lassen bzw. soll dieses vorrangige Berücksichtigung finden (CRC, Allgemeine Bemerkung N° 11). Des Weiteren erschließt sich aus Art. 4 der Konvention die Pflicht, Maßnahmen zur Implementierung dieser anzunehmen, und zwar unter Ausschöpfung ihrer verfügbaren Mittel. Schließlich erfordert Art. 42 die Zurverfügungstellung von Informationen zu den Prinzipien und Normen des Abkommens, insbesondere gegenüber Kindern und Erwachsenen (CRC, Allgemeine Bemerkung N° 11).

All dies verlangt zudem strukturelle Veränderungen und breitere Maßnahmen zur Gewährleistung der kodifizierten Rechte des Abkommens. Dazu zählt die Verabschiedung angemessener Gesetze, die Verteilung angemessener Ressourcen und die Annahme von Sondermaßnahmen, um einen gleichberechtigten Zugang für indigene Kinder zu den Rechten des Abkommens wirkungsvoll sicherzustellen (CRC, Allgemeine Bemerkung N° 11). Des Weiteren sollten entsprechend Daten gesammelt, diese kindesdifferenziert analysiert werden sowie Indikatoren zur Bewertung des Maßes der Implementierung der Rechte indigener Kinder aufgestellt werden (CRC, Allgemeine Bemerkung N° 11). Zur Entwicklung kulturell sensibler Maßnahmen und Programme werden Staaten dazu aufgerufen, indigene

Gemeinschaften und indigene Kinder direkt zu konsultieren (CRC, Allgemeine Bemerkung N° 11).

4.5.6 Intersektionalitäten und Partikularitäten: Die Rechte indigener Menschen mit Behinderung

Gleichermaßen äußert sich der Ausschuss zum Schutz der Rechte von Menschen mit Behinderung zu den Rechten indigener Völker. Ähnlich wie der Fachausschuss über die Rechte des Kindes bezieht sich ersterer auf multiple Formen der Diskriminierung und damit einer kumulierten oder erschwerten Diskriminierungsform; intersektionale Diskriminierungen werden vom Fachausschuss ebenso erfasst (CRPD, Allgemeine Bemerkung N° 3 „on Women and Girls with Disabilities“). Indigener Status wird hierbei explizit als Diskriminierungsgrund angeführt, außerdem wird er eindeutig als Element der rechtlichen Kategorisierung „Frauen mit Behinderung“ angesehen und (diesbezüglich) anerkannt (CRPD, Allgemeine Bemerkung N° 3). An anderer Stelle merkt der Fachausschuss an: ein Schutz vor Diskriminierung basierend auf jeglichen Gründen impliziertеine Berücksichtigung *jeglicher möglicher* Diskriminierungsgründe und Intersektionalitäten (CRPD, Allgemeine Bemerkung N° 6 „on Equality and Non-Discrimination“). Jene Intersektionalitäten sollen im Falle von indigenen Völkern mittels spezifischer Maßnahmen adressiert werden, und zwar orientiert an einer inklusiven Gleichheit (CRPD, Allgemeine Bemerkung N° 6).

Weitere rechtliche Kategorisierungen nimmt der Fachausschuss im Folgenden vor: Die Vielfalt möglicher Hintergründe soll ebenso „transversale Identitäten“ begreifen, darunter indigene Personen mit Behinderungen (CRPD, Allgemeine Bemerkung N° 7 „on the Participation of Persons with Disabilities, including Children with Disabilities, through their Representative Organisations, in the Implementation and Monitoring of the Convention“). Ähnliche transzendentale Auslegungen entwickelt der Fachausschuss rund um die Respektierung und den Wert der Vielfalt; jener Respekt für Vielfalt soll sich bspw. im Kreise der „Lerngemeinschaft“ äußern, explizit bezieht sich der Ausschuss hier auf indigenen Hintergrund (CRPD, Allgemeine Bemerkung N° 4 „on the Right to Inclusive Education“).

Einen besonderen Schwerpunkt bilden zudem grundsätzliche Freiheiten bzw. das Recht auf ein selbstbestimmtes Leben, ein Kernanliegen vieler Menschen mit Behinderung: So findet die indigene Herkunft im Zusammenhang mit dem Recht auf ein eigenständiges Leben und eine breitflächige Einbeziehung in die Gesellschaft Ausdruck (CRPD, Allgemeine Bemerkung N° 5 „on Living Independently and Being Included in the Community“). Ein weites Verständnis der Selbstbestimmung erstreckt sich zudem auf das Konsultationsrecht; indigene Völker sowie ihre repräsentativen Instanzen sollen bei der Implementierung und entsprechenden Überprüfung der Normen des Abkommens konsultiert und aktiv involviert werden (CRPD, Allgemeine Bemerkung N° 6; CRPD, Allgemeine Bemerkung N° 7). An anderer Stelle führt der Fachausschuss weiter aus, Vertragsstaaten sollten in besonderem Maße Kooperationen mit indigenen Organisationen anstreben sowie die Teilhabe jener Betroffenengruppen mittels (der Strukturen) indigener Organisationen gewährleisten und unterstützen (CRPD, Allgemeine Bemerkung N° 7).

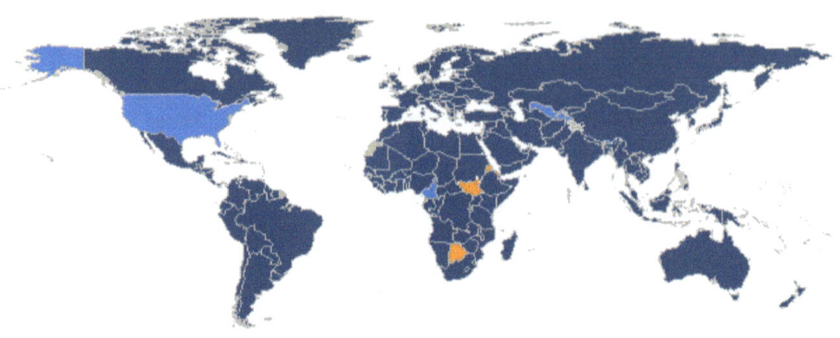

Derzeitiger Status: Vertragspartei (182) Unterzeichnung (9) keine Maßnahmen (7)

Abbildung 11: Ratifizierungsstatus der VN-Konvention über die Rechte der Menschen mit Behinderung. Quelle: https://indicators.ohchr.org/

Verständnis- und Debattierfragen zum Kapitel „Die Rechte indigener Völker im Detail"

I) *Welche (weiteren) Rechtsrahmen halten Sie für relevant im Sinne eines komplementären Menschenrechtsschutzes?*

II) *Inwiefern bietet das ILO-Regime valide menschenrechtliche Schutzfunktionen? Problematisieren Sie dies.*

III) *Zeigen Sie, inwiefern Kollektivrechte zusätzliche bzw. erweiterte rechtliche Möglichkeiten erbringen. Was lässt sich in jenem Zusammenhang zum existierenden Individualrechteregime sagen?*

IV) *Wie lassen sich jene Rechte mit den so genannten (1. und 2.) Menschenrechtsgenerationen vereinbaren?*

V) *Inwiefern spielen regionale Menschenrechtsmechanismen eine tragende rechtsprechende Funktion bei der Anerkennung von Kollektivrechten?*

VI) *Beschreiben Sie die Bedeutung ziviler und politischer Rechte für einen wirkungsvollen Schutz indigener Kollektivrechte. Gehen Sie dabei insbesondere auf Art. 27 und den Minderheitenschutz ein.*

VII) *Inwiefern werden indigene Kollektivrechte von wirtschaftlichen, sozialen und kulturellen Rechten geschützt? Was lässt sich in jener Hinsicht zu spezifischen Gewährleistungs- und Erfüllungspflichten sagen?*

VIII) *Kann der gruppenunspezifische Diskriminierungsschutz eine weitere Schutzfunktion für die Verwirklichung jener Rechte annehmen?*

IX) *In welchem Maße können indigene Kollektivrechte mittels des gruppenspezifischen Menschenrechtsschutzes umgesetzt werden? Beschreiben Sie dabei den besonderen Beitrag des Kinderrechts- und Frauenrechtsschutzes sowie die Relevanz von Normen zur Thematik „Menschen mit Behinderung".*

X) *Was kann über die Bedeutung indigener Rechte für eine breitenflächige Anerkennungspolitik gesagt werden?*

Literatur zur Einführung

Clerc, Mélanie/Berezintsev, Justine (2021): Indigenous World 2020: The Work of the UN Treaty Bodies and Indigenous Peoples Rights, Copenhagen: International Work Group for Indigenous Affairs.

Kingsbury, Benedict (2002): Reconciling Five Competing Conceptual Structures of Indigenous Peoples' Claims in International and Comparative Law. N.Y.U. Journal of International Law and Politics, 34: S. 189–250.

MacKay, Fergus (2020): Indigenous Peoples and United Nations Human Rights Bodies: A Compilation of UN Treaty Body Jurisprudence, Special Procedures of the Human Rights Council, and the Advice of the Expert Mechanism on the Rights of Indigenous Peoples, Moreton-in-Marsh: Forest Peoples Programme.

Macklem, Patrick (2017): The Sovereignty of Human Rights, Oxford, Oxford University Press.

Saul, Ben (2016): Indigenous Peoples and Human Rights: International and Regional Jurisprudence, London: Hart Publishing.

Interaktives Online-Lernspiel zum Kapitel 4 „Die Rechte indigener Völker im Detail“:

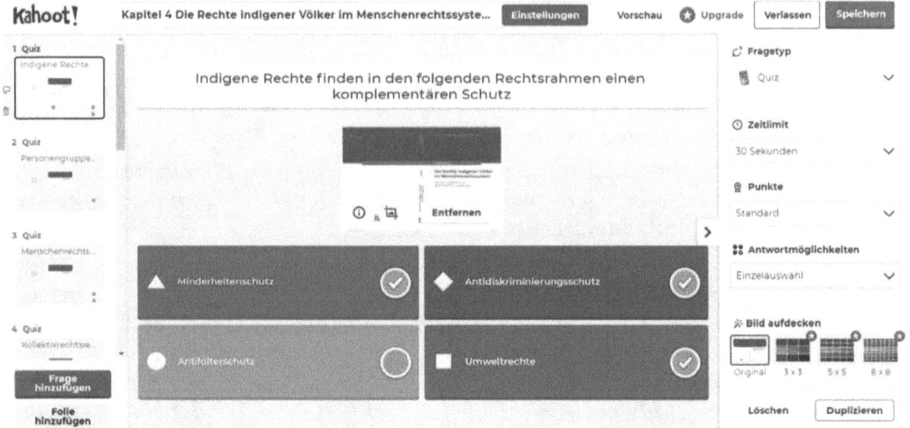

→ https://create.kahoot.it/share/kapitel-4-die-rechte-indigener-volker-im-menschenrechtssystem-normen-institutionen-und/bef9ca7d-9fef-444a-ac23-d3c0620b912a

Kapitel V: Prägende Einflüsse im Völkerrecht: die Verrechtlichung indigener Belange in regionalen Menschenrechtssystemen

Zusammenfassung

Der völkerrechtliche Schutz indigener Rechte weist eine rege Interaktion mit regionaler Rechtsprechung auf, insbesondere interamerikanischer Menschenrechtsentwicklungen. Land- und Ressourcenrechte und ihre Relevanz für kulturelle Identität und Teilhaberechte fanden zunächst auf interamerikanischer Ebene Artikulation und Präzision, entfalteten entsprechende Durchsetzungskraft. Ähnliches gilt für jüngste Herausforderungen wie jene rund um das Recht auf Nahrung, Wasser und eine gesunde Umwelt. Dies wird ergänzt von dem fortschrittlichen Rechtsrahmen des afrikanischen Menschenrechtssystems und seiner dezidierten Adressierung der „Völker"rechte sowie einer gezielten Auslegung positiver Verpflichtungen im Bereich der ESC-Rechte. Der europäische Menschenrechtsschutz leistet mit dem übergreifenden Minderheitenschutz einen komplementären Beitrag und berührt zudem Debatten rund um die kollektive Klagebefugnis.

Die völkerrechtliche Standardsetzung zu den Rechten indigener Völker artikuliert sich in einem Mehrebenensystem. Dazu zählt einerseits das Sonderrechtsregime der VN-Erklärung zu den Rechten indigener Völker, einschließlich seiner Interpretationsautoritäten wie die VN-Sonderprozeduren und spezialisierte Mechanismen mit Ansiedlung an das Hochkommissariat für Menschenrechte (OHCHR). Andererseits bieten so genannte *hard law*-Instrumente des internationalen Menschenrechtsschutzsystems (vgl. ICCPR, ICESCR, CAT, ICERD, ICRC, CEDAW, ICED, ICMW, ICPD) einen wesentlichen komplementären Schutz mittels der Individualbeschwerdeverfahren und zwischenstaatlicher Klagen.

hard law:

Im Gegensatz zum soft law umfasst das hard law rechtlich verbindliche Normen. Im Völkerrecht verstehen sich zumeist Abkommen/internationale Verträge als hard law-Instrumente. Mit der Ratifizierung erfolgt die Aufnahme jener Normen in die innerstaatliche Rechtsordnung. Gewöhnlich treten damit nicht nur völkerrechtliche Verpflichtungen in Kraft, darüber hinaus werden regelmäßige Überprüfungsmöglichkeiten der Staatenpraxis und ggf. Möglichkeiten für Individual- und inter-staatliche Beschwerdeverfahren geschaffen. Völkerrechtliche Normen werden somit einklagbar.

In diesem Sinne entfalten regionale Menschenrechtssysteme eine bedeutende Wirkungskraft und beeinflussen ihrerseits das Völkerrecht (bottom-up-Ansatz) mithilfe einer fortschrittlichen regionalen Rechtsprechung (vgl. Barelli 2010). Insbesondere indigene Kollektivrechte finden in der inter-amerikanischen und zu gewissem Grade afrikanischen Rechtsprechung (vgl. bspw. Murray/Wheatley 2003; ACHPR 2007; ILO/ACHPR 2009; ACHPR 2017) besonderen Ausdruck; europäische Rechtsprechung (vgl. Gismondi 2016; Koivurova 2013; Koivurova 2011) wird v. a. durch Entwicklungen rund um die indigenen Samenvölker des nördlichen Europas und die wesentlichen Einflüsse des Völkerrechts diesbezüglich sowie anderer regionaler Menschenrechtssysteme vorangetrieben. Das interamerikanische Menschenrechtssystem zeigt sich hier als besonders richtungsweisend; Querverweise zu jener Rechtsprechung konnten so positive Entwicklung im afrikanischen und europäischen Menschenrechtssystem inspirieren und nachhaltig prägen (vgl. Kovács 2016). Erneut lassen sich Land- und Ressourcenrechte erwähnen und ihre Wirkungskraft weit über Territorialregime hinaus, als so genannte „umbrella rights" mit ihrer prozeduralen Dimension. Sowohl die interamerikanische Kommission als auch der interamerikanische Gerichtshof für Menschenrechte konnten somit das Völkerrecht maßgeblich beeinflussen, und zwar mittels einer weiten Auslegung eines nur begrenzten, veralteten Rechtsrahmens, basierend auf Eigentums- und Teilhaberechten. Insbesondere die Kommission nimmt in der Region eine wesentliche Überwachungsfunktion ein; bereits während der Militärdiktatur konnte die Kommission durch Besuche der Region und Berichterstattung systematische, schwerwiegende und weiträumige Menschenrechtsverletzungen verhindern (vgl. bspw. Huneeus/Madsen 2019; Cavallaro et al. 2019).

Wesentliche Unterschiede zwischen interamerikanischer, afrikanischer und europäischer Rechtsprechung lassen sich zunächst an begrifflichen Debatten festhalten. Ähnlich wie das Völkerrecht sich dezidiert dem Minderheitenschutz verschreibt und es sich zunächst anhand jenes Minderheitenschutzes indigenen Rechten widmet (vgl. Barelli 2016), so ergeben sich in regionalen Menschenrechtssystemen begriffliche Besonderheiten. Globale Entwicklungen wie die Annahme der VN-Erklärung zu den Rechten indigener Völker tragen zunehmend zu progressiven Standards auf regionaler Ebene bei. So finden die Rechte indigener Völker in den ersten regionalen Instrumenten wie der Amerikanischen Menschenrechtskonvention im Jahre 1969 oder der Europäischen Menschenrechtskonvention des Jahres 1950 keine Erwähnung. Auf europäischer Ebene bleibt der menschenrechtliche Schutz indigener Rechte bislang auf Minderheitenrechte beschränkt; das interamerikanische Menschenrechtssystem hingegen bestätigt mit der Annahme der Amerikanischen Erklärung zu den Rechten indigener Völker (*American Declaration on the Rights of Indigenous Peoples*, ADRIP) im Jahre 2016 seine Vorreiterrolle im Schutze kollektiver Rechte (vgl. bspw. Añaños Bedriñana/Hernández Umaña/Rodríguez Martín 2020; Thornberry 2013; vgl. ebenso Ratifizierungsstatus jeglicher internationaler Menschenrechtrechtsverträge in der Region).

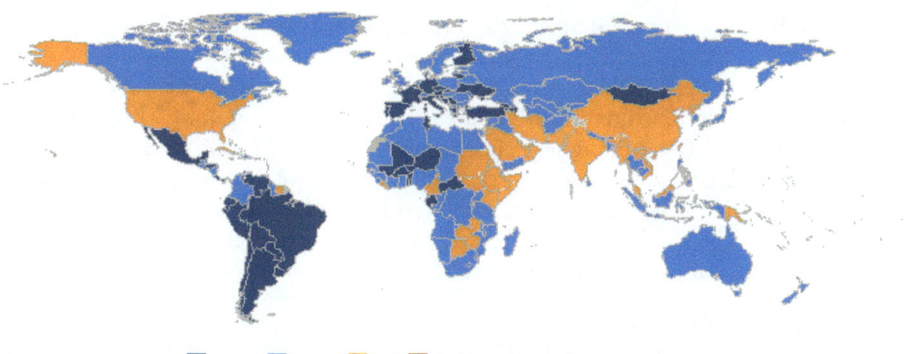

Abbildung 12: „Ratification of 18 International Human Rights Treaties". Quelle: https://indicators.ohchr.org/

5.1.1 Richtungsweisende Verrechtlichungen auf regionaler Ebene: Die Amerikanische Erklärung zu den Rechten indigener Völker

Ähnlich wie die VN-Erklärung ist die inter-amerikanische Erklärung Resultat jahrzehntelanger Verhandlungen; so wird sie wie andere grundlegende rechtliche Bausteine als „living instrument" angesehen, mit dem Ziel, gegenwärtige Bedingungen angemessen zu berücksichtigen (vgl. Sut Ra/Wiggins 2016). Die Präambel der Erklärung weist sowohl auf die historische Bedeutung der Erklärung hin als auch auf ihre gegenwärtige Relevanz: Historische Ungerechtigkeiten, resultierend aus der Kolonisierung und Enteignung von Ländern, Territorien und Ressourcen (PFII 2018), wirken sich demnach auf die Ausübung des Rechtes auf Entwicklung aus. Aktuelle politische, wirtschaftliche und soziale Strukturen sowie Kulturen, spirituelle Traditionen, Geschichten und Philosophien werden gleichermaßen als wesentlich für die dringende Notwendigkeit angesehen, die inhärenten Rechte indigener Völker zu schützen, insbesondere was Land-, Territorial- und Ressourcenrechte angeht. In diesem Sinne orientiert sich das regionale Instrument an seinem globalen Vorgänger, der VN-Erklärung zu den Rechten indigener Völker. Anders als die frühen Anfänge völkerrechtlicher Verpflichtungen zu den Rechten indigener Völker (vgl. bspw. ILO-C107 und ILO-C169), verrechtlicht die Erklärung das Recht auf Selbstbestimmung, namentlich mit Hinblick auf die individuelle und kollektive Selbstidentifizierung (Art. 1(2)) und im Zusammenhang mit der Bestimmung politischen Status sowie wirtschaftlicher, sozialer und kultureller Entwicklung (Art. 3, vgl. Art. 1 ICCPR & ICESCR). Ähnlich findet das Recht auf Autonomie und Selbstregierung Eintritt in das Instrument, und zwar mit Hinblick auf interne und lokale Angelegenheiten und bei der Finanzierung seiner autonomen Funktionen (Art. 11(1)).

In der Tat spielen Maßnahmen wie Schritte zur wirkungsvollen Gewährleistung von Rechten eine wesentliche, transzendentale Rolle in der Erklärung. Anders als bisherige rechtliche Instrumente und die VN-Erklärung versteht die interamerikanische Erklärung positive Maßnahmen weitläufig. Zunächst fordert die Erklärung die Staaten dazu auf, wirkungsvolle Maßnahmen anzunehmen, um Respekt für indigene Spiritualität und Glauben zu fördern, sowie die Integrität von Symbolen, Praktiken, Zeremonien, Ausdruck, spirituellen Protokollen indigener Völker gemäß völkerrechtlichen Normen zu gewährleisten (Art. 16(4)). Daneben schafft der Ausschuss weitere positive Maßnahmen. So sollen Staaten nötige Maßnahmen zur Prävention und Beseitigung jeglicher Formen der Gewalt und Diskriminierung an indigenen Frauen und Kindern treffen (Art. 7(3)). Ähnliche präventive und korrektive Maßnahmen zum „vollen und wirkungsvollen Schutze" jenes Rechtes betreffen Gewährleistungen gegen den Rassismus, rassistische Diskriminierung, Xenophobie und damit verbundene Intoleranz (Art. 12).

Einen Präventivschutz etabliert die Erklärung zudem im Zusammenhang mit Forschungsprogrammen, biologischen oder medizinischen Experimenten sowie Sterilisierungen ohne die vorherige, freie und informierte Zustimmung indigener Völker und Individuen (Art. 18(3)). Des Weiteren fordert der Ausschuss die Verabschiedung „angemessener und wirkungsvoller" Maßnahmen im Rahmen eines vollen und wirkungsvollen Teilhaberechtes in Verbindung mit indigenen Wissenssystemen, Sprache und Kommunikation (Art. 14(2)). Daran angelehnt schafft die Erklärung Maßnahmen zur Förderung jener letzteren mittels Radio- und Fernsehübertragungen in indigenen Sprachen; indigene Radio- und Fernsehstationen sollen zudem staatliche Unterstützung genießen (Art. 14(3)). Ähnliche Schritte werden im Bereich der Bildung gefordert: So sollen Staaten zusammen mit indigenen Völkern „wirkungsvolle Maßnahmen" ergreifen, um insbesondere Indigenen außerhalb der Gemeinschaften einen Bildungszugang in ihren eigenen Sprachen und Kulturen zu ermöglichen, Kinder sollen dabei besondere Berücksichtigung finden (Art. 15(4)). Im Allgemeinen fordert die Erklärung die Ergreifung „nötiger und wirkungsvoller Maßnahmen" zur Ausübung und Einhaltung des Rechtes auf Bildung (Art. 15(6)).

Einen weiteren Schwerpunkt jener ESC-Rechte bildet der weitreichende Schutz des Rechtes auf Arbeit. So ergibt sich im Rahmen jener Arbeitsrechte die staatliche Verpflichtung zur Annahme von Sondermaßnahmen („special measures") zur Prävention, Bestrafung und entsprechenden Rechtsmitteln im Falle der Diskriminierung (Art. 27(1)). Ähnlich führt die Erklärung weiter aus: Staaten werden dazu angehalten, zusammen mit indigenen Völkern sofortige und wirkungsvolle Maßnahmen zur Beseitigung ausbeutender Arbeitspraktiken zu verabschieden; dazu zählen indigene Völker und in besonderem Maße indigene Kinder, Frauen und ältere Menschen (Art. 27(2)). Im Falle eines ungenügenden Schutzes indigener Völker durch das reguläre Arbeitsrecht eines Staates sollen jegliche (zusätzlichen) nötigen Maßnahmen getroffen werden. Gemeint sind dabei u. a. der Schutz indigener Arbeiter:innen und Arbeitnehmer:innen durch faire und gleiche vertragliche Bedingungen in formellen und informellen Arbeitssektoren; die Etablierung, Anwendung und Verbesserung von Arbeitsaufsicht und Durchsetzung entsprechender Gesetze in für indigene Völker relevanten Sektoren; die Verabschiedung, Anwendung und Durchsetzung von Gesetzen für (weibliche und männliche) indigene Arbeiter:innen; und hinsichtlich der Bereitstellung von Informationen zu den Rechten indigener Arbeiter:innen im innerstaatlichen Recht, internationalen und indigenen Standards sowie zu entsprechenden Rechtsmitteln und Handlungsmöglichkeiten für indigene Völker zum Schutze ihrer Rechte (Art. 27(3)(a-d)). Allgemeiner nimmt die Erklärung Bezug auf die Annahme von Maßnahmen zur Förderung der Anstellung indigener Individuen (Art. 27(4)). Weitere Schritte verrechtlicht die Erklärung im Bereich der kulturellen Rechte: So sollen Staaten die Anerkennung von kulturellem Erbe und dessen angemessenen Schutz – ähnlich wie für das geistige Eigentum – fördern, und zwar mithilfe der vollständigen und wirkungsvollen Teilhabe indigener Völker (Art. 28(3)).

Ebenso gewinnen CP-Rechte (zivile und politische Rechte) die Aufmerksamkeit der Erklärung. Weitläufig kodifiziert die Erklärung bspw. wirkungsvolle Maßnahmen zur Gewährleistung und Anwendung des Rechtes auf Versammlungs- und Vereinigungsfreiheit, freier Meinungsäußerung und Gedankenfreiheit; diese sollen in Konsultation und Kooperation mit indigenen Völkern angenommen werden (Art. 20(4)). Einen weiteren Schwerpunkt des Instrumentes bilden rechtspluralistische Ansätze und Autonomierechte; dezidierte positive Maßnahmen werden hier ebenso klar definiert. So sollen Staaten zusammen mit indigenen Völkern die Implementierung des Rechtes auf Förderung, Entwicklung und Aufrechterhaltung ihrer institutionellen Strukturen und besonderer Bräuche, Spiritualität, Traditionen, Prozeduren und Praktiken, rechtlicher Systeme oder Gewohnheiten gewährleisten (Art. 22(4)). Eine besondere Wirkungskraft entfalten jene Maßnahmen ebenso im Zusammenhang mit der Anerkennung, der Respektierung und dem Schutze von Land, Territorien, Umwelt und Kulturen indigener Völker sowie dem verwandten Recht auf Leben, individueller und kollektiver Integrität: jene Maßnahmen sollen mit dem Wissen und der Teilhabe indigener Völker und Organisationen entworfen werden (Art. 26(2)). Ähnliches gilt für das Recht auf wirkungsvolle Maßnahmen zur Milderung nachteiliger ökologischer, wirtschaftlicher, sozialer, kultureller und spiritueller Folgen für die Implementierung so genannter Entwicklungsprojekte und ihren Auswirkungen auf die Rechte indigener Völker (Art. 29(5)). Schließlich werden besondere Maßnahmen im Konfliktkontext geschaffen: Sie sollen im Zusammenhang mit einem gesonderten Schutze von Institutionen, Land, Territorien und Ressourcen indigener Völker und Gemeinschaften ergriffen werden; wirkungsvolle Entschädigung und entsprechende angemessene Ressourcen sollen konfliktbezogenen Schaden begleichen, sowie indigenen Frauen und Kindern zur Gewährleistung eines Schutzes vor jeglicher Form von Gewalt verhelfen (Art. 30(4)(a–c)).

Weitere Erwähnung verdienen Kollektivrechte, namentlich als gesondertes Schutzsystem der Erklärung. Zum einen wird dies an einem dezidierten Rechtekatalog „Section II Human Rights and Collective Rights“ (Art. 5–12) deutlich; andererseits werden nahezu jegliche Rechte der Erklärung als Individual- und Kollektivrechte angesehen (vgl. bspw. Art. 1(2) Selbstidentifikation, Art. 13 kulturelle Identität und Integrität, Art. 16 indigene Spiritualität, Art. 18 Gesundheit, Art. 28 Kulturerbe und Intellektuelles Eigentum, Art. 33 Schadensersatz). Des Weiteren bezieht sich die Erklärung auf kollektives Wohl (Art. 19(1)), kollektive Integrität (Art. 26(2)) und kollektive Verhandlungen im Arbeitsrecht (Art. 27(3)(c)). Die Erklärung legt fest, jene Rechte seien indigenen Völkern und Individuen zugänglich zu machen.

5.1.2 Die Banjul Charter als Auffangbecken neuester rechtsprachlicher Entwicklungen

Ähnliche Entwicklungen rund um die Kollektivrechte lassen sich im Falle der Banjul Charter des afrikanischen Menschenrechtssystems vermerken; dieses richtet sich gezielt an Menschen- und Völkerrechte („human and peoples' rights"). Dabei wird jedoch das rechtliche Konzept der Völker nicht eindeutig definiert; fünf mögliche Ansätze lassen sich dabei darstellen: I) zunächst lassen sich darunter Völker fassen, welche der Kolonialisierung oder Fremdherrschaft ausgesetzt sind, II) darüber hinaus mögen sich die Bevölkerungen von Staaten als jene „Völker" verstehen (Art. 23(2)(b)), III) allerdings lassen sich Völker ebenso als die Bevölkerung des afrikanischen Kontinents verstehen, das Konzept nimmt hiermit, der Präambel folgend, eine panafrikanische Dimension an, IV) gleichzeitig verstehen sich Staaten selbst als Völker und zwar im Lichte der Stärkung afrikanischer Einheit und Solidarität (vgl. bspw. Art. 21(4)), V) schließlich findet das rechtliche Konzept der Völker auf die einzelnen, konstituierenden Gemeinschaften eines Staates Anwendung; dazu gehören bspw. unterschiedliche ethnische Gruppen oder Bewohner:innen eines bestimmten staatlichen Territoriums, gewöhnlicherweise basierend auf historischen, kulturellen und/oder bestehenden Diskriminierungsmustern, welche somit eine eigene Identität bilden (vgl. Dersso 2006; siehe ebenso folgende Debatten zum *Ogiek*-Fall).

Tatsächlich wird ein dezidierter „Völker"rechtsschutz etabliert. Dies gilt in besonderem Maße für das Recht auf Gleichheit aller Völker, einschließlich des gleichen Respektes, der gleichen Rechte und der Verhinderung jeglicher Herrschaft eines Volkes über ein anderes (Art. 19). Ähnlich zählt hierzu ein grundsätzliches Existenzrecht eines jeden Volkes und die verwandte Selbstbestimmung sowie ein besonderer Bezug zu kolonialisierten und unterdrückten Völkern, ihrem Recht auf Befreiung von den Fesseln der Fremdherrschaft und dem Recht auf Unterstützung in ihrem Befreiungskampf gegen politische, wirtschaftliche oder kulturelle Herrschaft (Art. 20). In der Tat kann die Erklärung als Reaktion auf die pankontinentale Erfahrung mit der Sklaverei und dem Kolonialismus gesehen werden (Heyns 2004; ebenso *Social and Economic Rights Action Centre (SERAC) & Another vs. Nigeria*, bekannt auch als *Ogoni*-Fall). Völker haben zudem das Recht, frei über ihre Reichtümer und Bodenschätze zu verfügen, und zwar in ihrem ausschließlichen Interesse; erstere dürfen einem Volk dabei unter keinen Umständen entzogen werden (Art. 21). Im Falle eines nichtrechtmäßigen Entzuges soll ein Anspruch auf Entschädigung bestehen (Art. 21(2)). In Bezug auf Reichtümer und Bodenschätze ergeben sich besondere staatliche Rechtspflichten, namentlich verpflichten sich die Staaten zur Verhinderung ausländischer wirtschaftlicher Ausbeutung mit besonderer Beachtung internationaler Monopole, um ihren Völkern den vollen Nutzen ihrer Bodenschätze gewährleisten zu können (Art. 21(5)).

Ein weiteres „Völker"recht etabliert die Charta mit dem Recht auf wirtschaftliche, soziale und kulturelle Entwicklung mit spezieller Berücksichtigung ihrer Freiheiten, Identität(en) und ihrem gleichen Genuss bzw. teilhaben am gemeinsamen Erbe der Menschheit (Art. 22(1)). Zudem teilen jegliche Völker das Recht auf innerstaatlichen und internationalen Frieden und Sicherheit (Art. 23) sowie das ebenfalls kollektive Recht aller Völker auf eine allgemein zufriedenstellende Umwelt, welche sich als favorabel für ihre Entwicklung erweist (Art. 24). In diesem Sinne können Völker- und Kollektivrechte zweifelsohne als wesentliche Annäherungszweige und Artikulierungswege für rechtsprechende Entwicklungen rund um die Rechte indigener Völker angesehen werden. Federführend und weitreichend lassen sich hierbei zum einen die Normen des afrikanischen Menschen- und Völkerrechtssystems erwähnen, zum anderen die Rechtsprechung des interamerikanischen Gerichtshofes und der Kommission für Menschenrechte. Wie die folgenden Debatten aufweisen, zeigte letzteres im Vergleich zum afrikanischen und europäischen Menschenrechtssystem bereits früh einen expliziten Zuspruch zu einer indigenen Definition (vgl. Sieder 2015).

5.2 Das Interamerikanische Menschenrechtssystem als Rollenmodell der Standardsetzung

Die interamerikanischen Menschenrechtsorgane können wohl aufgrund des nur begrenzt rechtlich verbindlichen Rahmens gegenüber OAS-Staaten (vgl. bspw. USA) und ihrer weiten Interpretationskünste als eines der außergewöhnlichsten Systeme zur Gewährleistung indigener Rechte unter den regionalen Menschenrechtsschutzsystemen angesehen werden. Dies erstreckt sich von lateinamerikanischen Verfassungsentwicklungen auf innerstaatlicher Ebene (vgl. bspw. Bogdandy et al. 2017) bis hin zu transregionalen Menschenrechts- und sozialen Bewegungen (vgl. Sikkink 2005). Besondere Beachtung verdienen dabei die folgenden Grundsatzentscheidungen zu den Rechten indigener Völker: *Aloeboetoe et al. vs. Suriname* (1993), *Mayagna (Sumo) Awas Tingni vs. Nicaragua* (2001), *Yakye Axa Indigenous Community vs. Paraguay* (2005), *Yatama vs. Nicaragua* (2005), *Moiwana Community vs. Suriname* (2006), *Sawhoyamaxa Indigenous Community vs. Paraguay* (2006), *Escué Zapata vs. Colombia* (2007), *Saramaka People vs. Suriname* (2008), *Xákmok Kásek Indigenous Community vs. Paraguay* (2010), *Kichwa Indigenous Peoples of Sarayaku vs. Ecuador* (2012), *Norín Catrimán and Others vs. Chile* (2014), *Indigenous Kuna Peoples of Madungandí and Emberá Indigenous People of Bayano and their Members vs. Panama* (2014), *Punta Piedra Garífuna Community and ist Members vs. Honduras* (2015), *Garífuna Community of Triunfo de la Cruz and its Members vs. Honduras* (2015), *Xucuru Indigenous People and its Members vs. Brazil* (2018) und *Indigenous Communities of the Lhaka Honhat (Our Land) Association vs. Argentina* (2020) (vgl. ebenso Eichler 2019; Rodríguez-Piñero Royo 2006).

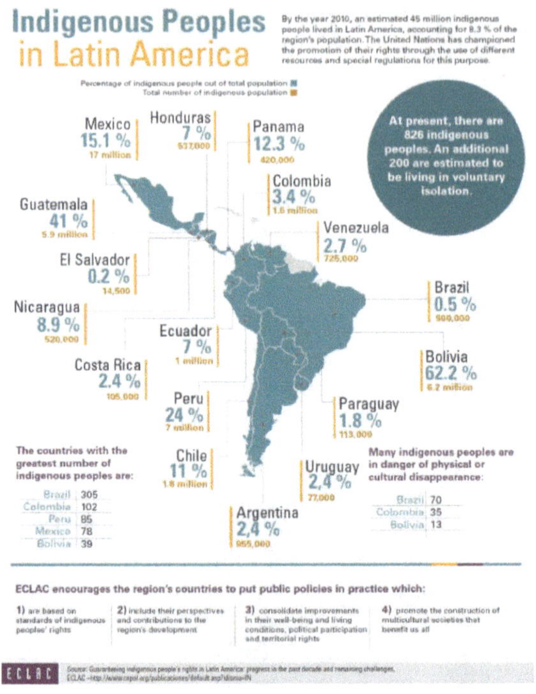

Abbildung 13: Indigene Völker in Lateinamerika (im Vergleich zur Gesamtbevölkerung). Quelle: ECLAC (2014) „Guaranteeing indigenous peoples' rights in Latin America: progress in the past decade and remaining challenges"

5.2.1 Schwere, systematische Menschenrechtsverletzungen, historische Massaker und ihre Auswirkungen auf die Rechte indigener Völker

Darüber hinaus zeigen sich diverse Entscheide des Gerichtshofes zu Massakern an (indigenen) Gemeinschaften in Zeiten autoritärer Militärregime des letzten Jahrzehntes als relevant, vgl. dazu bspw. *Chitay Nech and Others vs. Guatemala* (2010), *Plan de Sánchez Massacre vs. Guatemala* (2004), *Pueblo Bello Massacre vs. Colombia* (2006), *Las Dos Erres Massacre vs. Guatamala* (2009), *Tiu Tojín vs. Guatemala*-Urteil (2008) und *Río Negro Massacres vs. Guatemala* (2012). Richtungsweisende Entscheidungen der interamerikanischen Menschenrechtskommission bilden bspw. *Members of the Otomí-Mexica Indigenous Community of San Francisco Xochicuautla vs. Mexico* (2016) oder *Indigenous Communities of the Xingu River Basin, Pará vs. Brazil* (2011), vgl. ebenso den Bericht der Kommission *„on the Situation of Human Rights of a Segment of the Nicaraguan Population of Miskito Origin"* (1983). Erste Referenzen zu Massakern an indigenen Völkern machte der Gerichtshof bereits im Jahre 1993 in der *Aloeboetoe et al. vs. Suriname*-Entscheidung (1993); allerdings handelte es sich hier nicht um Verfolgung oder ähnliche Verletzungen auf Grund ethnischer oder kultureller Herkunft. Über 20 Mitglieder der Maroon waren einer paramilitärischen Gruppe, dem „Jungle Commando", trotz gegensätzlicher Aussagen seitens der

Dorfgemeinschaft, zugeordnet worden und auf Basis dessen von Soldaten unter zahlreichen Zeugen tätlich angegriffen, misshandelt und geschlagen worden; daraufhin wurden sieben Maroon-Mitglieder verschleppt und ermordet, ein Gruppenmitglied verstarb Tage später an seinen Verletzungen.

Eines der Grundsatzurteile zu den Rechten indigener Völker bildet in ähnlichem Zusammenhang die *Moiwana Community vs. Suriname*-Entscheidung (2006): In dem vorliegenden Fall fielen über 40 Mitglieder des Maroon-Dorfs Moiwana einem Massenmord zum Opfer, darunter Männer, Frauen und Kinder, das Dorf wurde dabei zerstört, andere Mitglieder der Gemeinschaft wurden vertrieben und konnten weder zurückkehren noch ihr traditionelles Leben fortführen. Neben den dabei offenbaren Verletzungen der menschlichen Würde, der Bewegungsfreiheit und rechtlichen Gewährleistungen, geht der Gerichtshof dezidiert auf das Eigentumsrecht ein und fordert den Staat auf, entsprechende gesetzliche, administrative und andere Maßnahmen zu ergreifen, um die (kollektiven) Eigentumsrechte der Gemeindemitglieder der Moiwana in Bezug auf ihre traditionellen Territorien zu gewährleisten sowie die Nutzung jener Territorien durch die Moiwana sicherzustellen.

Über den Kontext der Militärregime des 20. Jahrhunderts hinaus (vgl. bspw. Guatemala, Argentinien, Kolumbien, Chile, Peru, Bolivien) lassen sich jedoch bis zum heutigen Tag fundamentale Menschenrechtsverletzungen aufgrund von parallelen Macht- und Entscheidungsstrukturen im Zusammenhang mit indigenen Repräsentationsinstanzen feststellen. Ähnliches gilt für allgemeine Fragen der innerstaatlichen Sicherheit, Anti-Terrorismusgesetzgebung und der staatlichen Vereinnahmung von Land, natürlichen Ressourcen, Infrastruktur- und „Entwicklungs"projekten auf indigenen Territorien. Indigene Führungsstrukturen und Mandatsträger:innen, bspw. Menschenrechts- und Umweltaktivist:innen, werden dabei zunehmend Opfer von Verfolgung und Gewaltverbrechen.

5.2.2 Erste Entwicklungen in der interamerikanischen Rechtsprechung: das Mayagna (Sumo) Awas Tingni vs. Nicaragua-Urteil

Den Anfang eines dezidierten Regimes zum Schutz indigener Rechte läutete dabei der *Mayagna (Sumo) Awas Tingni vs. Nicaragua*-Entscheid Anfang des 21. Jahrhunderts ein, welcher gleichzeitig eine Kontestation – mittels des Rechtes – gegen neo-liberale Entwicklungen wie der unerschöpflichen Ressourcennutzung bedeutete (vgl. ebenso Cavallaro/Vargas/Sandoval/Duhaim 2019). Mit dieser ersten Entscheidung setzt der Gerichtshof klare Parameter für ein erweitertes Verständnis des individuellen Eigentums– er wendet jenes Recht auf kollektive Landtitel, einschließlich der Festlegung und Ziehung von Landgrenzen, an. Dies spiegelt sich in der so genannten „evolutionären Interpretation" internationaler Menschenrechtsinstrumente wider und dem klaren Bekenntnis des Abkommens zum Vermeiden jeglicher einschränkenden Auslegungen der darin stipulierten Rechte (*Awas Tingni*-Entscheid). In diesem Sinne gewährleistet der Gerichtshof das Recht auf Eigentum in einer Weise, die den Rechten der Mitglieder indigener Gemeinschaften gerecht wird bzw. jenes Recht im Sinne des Gemeinschaftseigentums versteht. Der Gerichtshof stellt in Folge einen engen Zusammenhang zwischen jenen spezifischen Eigentumsrechten, Kollektivrechten und gemeinschaftlicher Tradition und Landrechten her:

> „*Given the characteristics of the instant case, some specifications are required on the concept of property in indigenous communities. Among indigenous peoples there is a communitarian tradition regarding a communal form of collective property of the land, in the sense that ownership of the land is not centred on an individual but rather on the group and its community. Indigenous groups, by the fact of their very existence, have the right to live freely in their own territory; the close ties of indigenous people with the land must be recognised and understood as the fundamental basis of their cultures, their spiritual life, their integrity, and their economic survival (For indigenous communities, relations to the land are not merely a matter of possession and production but a material and spiritual element which they must fully enjoy, even to preserve their cultural legacy and transmit it to future generations.)*" (Abs. 149).

Jener Ansatz wird seither von der interamerikanischen Rechtsprechung vertreten. Dies zeigen bspw. die abweichenden Meinungen durch Sergio García-Ramírez in den *Awas Tingni-* und *Sawhoyamaxa*-Entscheiden. So folgt der Gerichtshof dem *hard law* in seiner individualrechtlichen Orientierung und etabliert gemeinschaftliche Rechte auf Basis von Individualrechten. Dies habe jedoch keine Aussagekraft über den Stellenwert von Individualrechten; vielmehr begründen sich und erlangen Individualrechte ihre Existenz, Wirkungskraft und Bedeutung im Zusammenhang mit den Kollektivrechten, so abweichender Meinung. Insofern lässt sich nicht nur eine wechselseitige Beziehung des gegenseitigen Schutzes feststellen, sondern die Gewährleistung von Kollektivrechten erlaubt es, mithilfe von Regeln und relevantem „hard law" die Bewahrung von Individualrechten zu stärken.

Bereits die Kommission hatte auf die Relevanz kollektiver Landtitel und die damit verbundenen Rechte auf natürliche Ressourcen verwiesen. Landrechte werden von den beiden rechtsprechenden Instanzen des interamerikanischen Systems zum einen als Eigentumsrechte mit Bezug zu indigenem angestammten Land („ancestral lands") und natürlichen Ressourcen verstanden, zum anderen hebt die Kommission in jenem Zusammenhang die staatliche Verpflichtung, wirkungsvolle Rechtsmittel zu ermöglichen, hervor. Weitere Erwähnung verdient der Beitrag des Entscheides zur Gewährleistung gemeinschaftlicher Formen indigenen Eigentums, gewohnheitsrechtlicher Landpraktiken sowie der Kontrolle über natürliche Ressourcen (vgl. Alvarado 2007).

5.2.3 Saramaka vs. Suriname und Kichwa Indigenous Peoples of Sarayaku vs. Ecuador: Grundsatzurteile zu Land-, Ressourcen- und Teilhaberechten

Das Awas-Tingni-Urteil kann wohl als Präzedenzfall verstanden werden und setzt gleichzeitig den Anfangeiner neuen rechtlichen Ära rund um die Anerkennung indigener kollektiver Landrechte. Weitere Grundsatzurteile zu Land-, Ressourcen- und entsprechenden Teilhaberechten, und insbesondere dem Konsultations- und Zustimmungsrecht, bilden wohl die *Saramaka vs. Suriname-* und *Kichwa Indige-*

nous Peoples of Sarayaku vs. Ecuador-Entscheide des Interamerikanischen Menschenrechtsgerichtshofes. Die *Saramaka*-Entscheidung steht insbesondere für ein erweitertes Verständnis und Schutze des Zustimmungsrechtes.

Dementsprechend legt der Gerichtshof verschiedene Bedingungen zur Gewährleistung einer wirkungsvollen Teilhabe indigener Völker bei der Gestaltung von „Entwicklungs"- und Investmentplänen auf indigenen Territorien fest: So müssen Konsultationen im Einklang mit den Gewohnheiten und Traditionen der Gemeinschaft stattfinden; Staaten sind dazu angehalten, dabei Informationen anzunehmen und zu verbreiten; sowie in permanenter Kommunikation mit den betroffenen Parteien stehen (Abs. 133). Der Informationszugang wird dabei als Bedingung für die Teilhabe angesehen und soll indigene Völker in die Lage versetzen, Maßnahmen des öffentlichen und privaten Sektors zu überwachen und auf diese zu reagieren. Darüber hinaus sollen Konsultationen in gutem Glauben ausgeübt werden, kulturell angebrachten Verfahren folgen, mit dem Ziel, Übereinkünfte zu erzielen, in den frühen Phasen jeglicher Tätigkeiten stattfinden, und das Bewusstsein indigener Völker zu möglichen Risiken schaffen sowie ihre wissentliche und freiwillige Akzeptanz erfordern (Abs. 133). Außerdem fordert der Gerichtshof, die freie, vorherige und informierte Zustimmung sei im Falle großer „Entwicklungs-" oder Investitionsprojekte mit „wesentlichen Auswirkungen" in den betroffenen Territorien zu respektieren:; dabei verpflichten sich die Staaten, indigene Gewohnheiten und Traditionen zu achten (Abs. 134). Des Weiteren legt der Gerichtshof zum Zustimmungsrecht fest: Große Investitions- oder „Entwicklungs"projekte, welche die Integrität des Saramaka-Volkes, seiner Länder und natürlichen Ressourcen beträfen, könnten nicht ohne die freie, vorherige und informierte Zustimmung (FPIC) indigener Völker ausgeführt werden, und zwar in Übereinstimmung mit ihren Traditionen und Gewohnheiten (Abs. 17).

Ähnliche Fragen wirft der Gerichtshof im *Sarayaku*-Entscheid auf: Der Gerichtshof diskutiert darin die Auswirkungen hinsichtlich der Gewährung einer Zulassung zur Erdölexploration und Ausschöpfung auf indigenen Territorien durch den ecuadorianischen Staat an ein privates Unternehmen (Abs. 2). Auch hier lässt sich eine evolutionäre Auslegung des spezifischen Rechtes auf Konsultation feststellen. Der Gerichtshof identifiziert dabei eine Reihe von Verletzungen,u.a. jene bezogen auf das Konsultationsrechtes, das Recht auf Eigentum und kulturelle Identität nach Art. 21 der Menschenrechtskonvention, das Rechtes auf Leben und persönliche Integrität sowie das Recht auf rechtliche Gewährleistungen (Abs. 341(1)–(4)). Darüber hinaus lassen sich die Auslegungen des Gerichtshofes zum Konsultationsrecht einerseits und dem Recht auf kulturelle Identität andererseits besonders hervorheben.

So etabliert der interamerikanische Gerichtshof eine enge, wechselseitige Beziehung zwischen dem gemeinschaftlichen Eigentum, dem Recht auf Konsultation und dem Recht auf kulturelle Identität: Und zwar bezieht sich das Gericht auf die enge Verbindung zwischen indigenen Völkern, ihren Territorien und dem dabei fundamentalen Element der kulturellen Identität, welche eine besondere Aufmerksamkeit in einer demokratischen Gesellschaft genießt bzw. genießen sollte (Abs. 159). Dabei soll der Respekt für das Konsultationsrecht direkt auf der Anerkennung kultureller Identität basieren. In der Tat wird das Recht auf kulturelle Identität vom Gerichtshof ausführlich behandelt und als fundamental für die Ausübung anderer indigener Rechte erachtet (Abs. 213). Umgekehrt schafft das Gericht ein indigenes Recht auf Konsultation in Hinblick auf Angelegenheiten, die das kulturelle oder soziale Leben betreffen können (Abs. 217). Im vorliegenden Fall hatte sich das Fehlen einer Konsultation auf die Ausübung kultureller Identität ausgewirkt, die Zerstörung kulturellen Erbes und eine Missachtung der Lebensweise, Gewohnheiten und Weltbilder herbeigeführt sowie beträchtliche Sorgen, Traurigkeit und Leiden verursacht (Abs. 220).

Als besonders interessant und fortschrittlich lässt sich das Urteil ebenfalls aufgrund der augenscheinlichen Bedeutung völkerrechtlicher Instrumente bezeichnen. So erweist sich für eine weite Auslegung des Konsultationsrechtes nicht nur der interamerikanische Rechtsrahmen als prägend, sondern das gesamte völkerrechtliche System (Abs. 161): dazu zählen maßgeblich das bereits diskutierte ILO-C169-Abkommen und das innerstaatliche Recht. In der Tat äußert sich das Gericht ausführlich zu innerstaatlicher Rechtsprechung, v. a. dem Verfassungsrecht: Von jenen innerstaatlichen Entscheidungen leitet der IACtHR ein wesentliches völkerrechtliches Prinzip ab, das Gericht erklärt das Recht auf Konsultation zum „allgemeinen anerkannten Rechtsgrundsatz“ (Art. 38(1)(c), Statut des Internationalen Gerichtshofes, 1945), eine der rechtlichen Quellen des Völkerrechts. Hier sei darauf hingewiesen, dass diese Quellen auf komplementäre Weise das internationale Vertrags- und Gewohnheitsrecht ergänzen und eine universelle Wirkung jenseits vertraglicher Ratifizierung tragen.

Nennenswert sind ebenso die Bedingungen des Konsultationsrechtsregimes, so wie sie der Gerichtshof weiter ausführt. In diesem Sinne sollen Konsultationsprozesse vorherig, in gutem Glauben, mit dem Ziel ein Übereinkommen zu treffen, in angemessener und zugänglicher Art und Weise durchgeführt werden und eine Umweltverträglichkeitsstudie einschließen (Abs. 178). Darüber hinaus geht der Gerichtshof auf den „vorherigen“ Charakter der Konsultation ein: Den betroffenen Gemeinschaften soll dementsprechend genügend Zeit für interne Diskussionen gegeben werden – und dies nicht alleinig mit dem Ziel der Zustimmung der Gemeinschaft (Abs. 180). Daran angelehnt erinnert der IACtHR an die *aufrichtige* Natur der Konsultation. Nach internationalen Standards sollen Konsultationsprozesse nicht lediglich als Formalität oder „ticking-the-boxes- exercise“ verstanden werden und vielmehr das Ziel verfolgen, Dialog aufzubauen, basierend auf Vertrauen, gegenseitigem Respekt und dem Treffen von Vereinbarungen zwischen jeglichen involvierten Akteuren (Abs. 186). So bestimmt der Gerichtshof eine Reihe von Kriterien, die sich als unvereinbar mit dem guten Glauben erweisen, wie Praktiken der Zerrüttung sozialen Zusammenhaltes, Bestechungen von Oberhäuptern der Gemeinschaften, der Etablierung paralleler Führungsstrukturen, oder aber Verhandlungen mit einzelnen Mitgliedern der Gemeinschaften (Abs. 186). Einen weiteren Schwerpunkt bildet das Recht auf eine *informierte* Konsultation: Hierbei sollen indigene Völker auf ökologische und gesundheitliche Risiken hingewiesen werden, die kumulativen Auswirkungen jener Projekte eingeschlossen (Abs. 205–206). Indigene Völker sollen ein Bewusstsein über Risiken entwickeln können;

Staaten verpflichten sich dementsprechend zur Vermittlung von Informationen und zu einer kontinuierlichen Kommunikation zwischen den Parteien (Abs. 208).

Schließlich spiegelt das Urteil die sich etablierende Tendenz der interamerikanischen Rechtsprechung wider, kommunales indigenes Eigentum und damit verbunden das häufig diskutierte Recht auf Leben, persönliche Integrität und Freiheit zu schützen, bspw. im Zusammenhang mit möglichen Bedrohungen, Angriffen oder rechtswidriger Festnahmen.

5.2.4 Landbezogene Verletzungen: Kollektive Eigentumsrechte, kulturelle Identität, immaterielle und materielle Auswirkungen, sowie Vulnerabilitäten

Daneben prägen weitere Urteile des interamerikanischen Menschenrechtssystems das Recht auf Land und Teilhabe, bspw. *Yakye Axa Indigenous Community vs. Paraguay* (2005), *Sawhoyamaxa Indigenous Community vs. Paraguay* (2006), *Xákmok Kásek Indigenous Community vs. Paraguay* (2010), *Indigenous Kuna Peoples of Madungandí and Emberá Indigenous People of Bayano and their Members vs. Panama* (2014). Der *Yakye Axa*-Entscheid ermittelt und bestimmt eine Serie von Verletzungen an den ursprünglichen Eigentumsrechten („ancestral property rights") indigener Völker – i. d. R. Landrechtsverletzungen. Schon früh weist der Gerichtshof auf die weitreichenderen Folgen jener Verletzungen hin wie die vulnerable Situation indigener Völker hinsichtlich Nahrungs-, medizinischer und Gesundheitsversorgung, wobei das Überleben der Gemeinschaftsmitglieder und der Gemeinschaft als solche ständigen Gefahren ausgesetzt wird. Dazu zählt zudem maßgeblich laut der abweichenden Meinung von Alirio Abreu Burelli das Recht auf Trinkwasser, welches sich unentbehrlich für die Gesundheit und das Leben der Gemeinschaft zeigt. Ähnlich etabliert der Gerichtshof eine Kausalbeziehung zwischen der wirkungsvollen Ausübung des Rechtes auf gemeinschaftliches Eigentum einerseits und den gravierenden Lebensbedingungen der Gemeinschaftsmitglieder andererseits.

Der Entscheid entwickelt zudem bereits in dieser frühen Phase der Rechtsprechung zu den Rechten indigener Völker ein weites Verständnis für die Idee des Lebens und des Rechtes auf persönliche und kulturelle Identität, welche sich als untrennbar von der Rechtspersönlichkeit des Individuums als internationales Rechtssubjekt zeigt, laut abweichender Meinung durch Antônio Augusto Cançado Trindade und Manuel E. Ventura Robles. Genauer gesagt, wird die kulturelle Identität als Bestandteil oder als verbunden mit dem Recht auf Leben *lato sensu* angesehen: Denn wenn die kulturelle Identität der Gemeinschaftsmitglieder bedroht wird, so wird das Recht auf Leben in Mitleidenschaft gezogen, so Cançado Trinidade und Ventura Robles.

5.2.5 Landrechte als Ausgangspunkte I: Sawhoyamaxa Indigenous Community vs. Paraguay

Das Folgeurteil *Sawhoyamaxa Indigenous Community vs. Paraguay* (2006) leistet ebenso einen dezidierten, nuancierten Beitrag zum Schutz von Landrechten. Der

Gerichtshof geht dabei auf resultierende Vulnerabilitäten ein; diese drohen, das Überleben und die Integrität der Betroffenen zu gefährden. Dazu zählen insbesondere ernährungs-, medizinisch- und gesundheitsbasierte Vulnerabilitäten und die dadurch entstehende Gefährdung der Unversehrtheit. Einen weiteren Schwerpunkt bilden die besonderen Bezüge jener Landrechte zur kulturellen Identität; so geht der Gerichtshof wiederholt auf die mit dem Landrechteregime verbundenen Rechte auf Weltanschauung, Religiosität und Überleben ein. Zudem gelten indigene Landrechte als wesentliche Ausgangspunkte für die Gewährleistung kultureller Rechte an sich (vgl. ebenso *Yakye Axa*-Entscheid). Erneut legt der Gerichtshof ein besonderes Gewicht auf ein kollektives Verständnis des Eigentumsgedanken und des Besitzes in Beziehung zum Land; eine weite Auslegung des genannten Art. 21 der Amerikanischen Menschenrechtskonvention wird dabei vorausgesetzt. Die daraus resultierenden facettenreichen, multiplen Rechte indigener Völker – und als direkte Reflektion eines ganzheitlichen Verständnisses indigener Kollektivrechte – versucht der IACtHR in Einklang mit dem westlichen *hard law* des Abkommens zu bringen:

> „*Disregard for specific versions of use and enjoyment of property, springing from the culture, uses, customs, and beliefs of each people, would be tantamount to holding that there is only one way of using and disposing of property, which, in turn, would render protection under Article 21 of the Convention illusory for millions of persons*" (Abs. 120).

Auf ähnliche Weise interpretiert der IACtHR das Eigentumsrecht weit, und zwar über ein materielles Verständnis hinausgehend, mit besonderer Berücksichtigung indigener Perspektiven: der Eigentumsbegriff des Art. 21 umfasst

> „.... *'material things which can be possessed, as well as any right which may be part of a person's patrimony; that concept includes all movable and immovable, corporeal and incorporeal elements and any other intangible object capable of having value*" (Abs. 121; *Yakye Axa vs. Paraguay*, Abs. 137; *Awas Tingni vs. Nicaragua*, Abs. 144; *Ivcher-Bronstein vs. Peru*, Abs. 122).

Der *Sawhoyamaxa*-Entscheid gilt außerdem insofern als ausschlaggebend für die Entwicklung von indigenen Landrechten, als dass er ihre rechtliche Wirkung nicht nur bekräftigt, sondern systematisiert, schematisiert und klassifiziert. In einem ersten rechtlichen Szenarium nimmt er Bezug auf den *Awas Tingni*-Fall, nach dem der Besitz von Land durch indigene Völker zu dessen offiziellen Anerkennung als Eigentum ausreichte, wobei dabei keinerlei Eigentumstitel nötig wären (Abs. 127). In Übereinstimmung mit dem *Moiwana*-Fall identifiziert der Gerichtshof ein zweites, wesentliches rechtliches Szenarium: Demnach erkannte der IACtHR die betroffene indigene Gemeinschaft als legitime Eigentümer ihrer traditionellen Länder an, obwohl diese sich nicht in ihrem Besitz befanden; die Gemeinschaft hatte das Land im Zusammenhang mit an ihnen ausgeübter Gewalt verlassen (Abs. 127). In einem dritten und letzten rechtlichen Szenarium legt der Gerichtshof im *Yakye Axa*-Fall fest, die Mitglieder der Gemeinschaft seien dazu ermächtigt, Ansprüche auf traditionelles Land im Rahmen von Entschädigungen erheben zu dürfen; jenes Land solle dabei individualisiert und übertragen werden (können) (Abs. 127).

Ähnlich weist Sergio García-Ramírez in einer separaten Stellungnahme auf die enge Verbindung jener Einzelrechte mit indigenen Kollektivrechten hin. So bezeichnet García-Ramírez Einzelrechte als von Kollektivrechten stammend; zudem erlangen erstere Existenz, Wirkungskraft und Bedeutung im Zusammenhang mit letzteren. Daraus folgt laut Stellungnahme ein beidseitiger Schutz, ein Verständnis des jeweilig anderen Rechteregimes und die Bewahrung der beiden Regime im Namen des jeweils anderen. Weitere Kategorisierungen ergeben sich in rechtlich-historischer Sicht im Kontext der Kolonialgeschichte laut separater Stellungnahme: Das Eigentum indigener Gruppen nach ihrem eigenen, ursprünglichen Recht wurde von einem so genannten Rechtssystem der zweiten Generation besetzt, darauf von einem Rechtssystem der dritten Generation unter liberaler Ideologie, resultierend in einer Verdrängung indigener Belange (Abs. 14). Ein Rechtssystem einer vierten Generation, resultierend aus der Agrarreform und der Anerkennung indigener Völker, würde schließlich rechtliche Institutionen des alten Systems in das gegenwärtige und das zukünftige System integrieren (Abs. 14). Fragen des rechtlichen Pluralismus erweisen sich hiermit für die interamerikanische Rechtsprechung als richtungsweisend; Landrechte zeigen hierbei eine besondere Verbindung zu und Verwundbarkeit gegenüber rechtlichen Transformationen und Hierarchien.

Daraus ergeben sich laut Gerichtshof vier Hauptschlussfolgerungen bzw. Kategorisierungen indigener Landrechte, welche sich dezidiert mit Eigentumsregimen in indigener Façon auseinandersetzen und dabei offizielle Anerkennungsprozesse und Eigentumstitel etablieren, bekräftigen oder erweitern:

> „1) *traditional possession of their lands by indigenous people(s) has equivalent effects to those of a state-granted full property title; 2) traditional possession entitles indigenous people to demand official recognition and registration of property title; 3) the members of indigenous peoples who have unwillingly left their traditional lands, or lost possession thereof, maintain property rights thereto, even though they lack legal title, unless the lands have been lawfully transferred to third parties in good faith; and 4) the members of indigenous peoples who have unwillingly lost possession of their lands, when those lands have been lawfully transferred to innocent third parties, are entitled to restitution thereof or to obtain other lands of equal extension and quality. Consequently, possession is not a requisite conditioning the existence of indigenous land restitution rights*" (Abs. 128).

5.2.6 Landrechte als Ausgangspunkte II: Xákmok Kásek Indigenous Community vs. Paraguay

Dem *Sawhoyamaxa*-Entscheid folgend erkennt und bestimmt der Gerichtshof im *Xákmok Kásek Indigenous Community vs. Paraguay*-Fall landrechtspezifische Verletzungen und damit einhergehende Vulnerabilitäten: Diese entstehen beim (fehlenden) Zugang zu Nahrung, Medizin und Hygiene; hierbei werden laut Gerichtshof die Unversehrtheit und das Überleben der Gemeinschaftsmitglieder einer ständigen Bedrohung ausgesetzt. Der Gerichtshof erklärt ähnlich wie im *Sawhoyamaxa*-Fall, es seien die spezifischen Versionen des Eigentumsrechtes, so wie sie aus der Kultur, Praktiken, Gewohnheiten und dem Glauben indigener Völker ausgehen, als Bestandteile des Art. 21 des Amerikanischen Abkommens anzusehen und auszulegen. Darüber hinaus äußert sich der Gerichtshof ausführlich zu der traditionellen Natur von Landrechten: Er betrachtet dazu die Bewegungen einer Gemeinschaft und ihrer Besetzung von Land und Umgebung, berücksichtigt Ortsnamenskunde und technische Studien, sowie die angebliche Geeignetheit des geforderten Landes (Abs. 93). Zudem bildet das Urteil einen wesentlichen Baustein bei der Annahme von Maßnahmen zur Einhaltung menschenrechtlicher Pflichten bei der Erfüllung von Forderungen nach traditionellem indigenen Land: Dazu zählen v. a. Sorgfaltspflichten (I), ein angemessener Zeitraum (II) und die Wirksamkeit von entsprechenden Verwaltungsverfahren (III) (Abs. 126).

Jene besonderen Maßnahmen rund um indigene Landrechte verdienen unsere gesonderte Aufmerksamkeit. Entsprechende Sorgfaltspflichten (I) kommen auf vielseitige Art zur Geltung. Dazu zählen allgemeine Maßnahmen durch den Staat, jedoch selten auf Initiative des Staates beruhend. Diese erweisen sich jedoch wenig auf kollektive Landrechtsforderungen ausgerichtet, sie bilden nur ungenügende Alternativen zu traditionellem Land, werden ohne die Durchführung technischer Studien angenommen, enthalten lange inaktive Phasen des Falles – trotz dezidierter Follow-ups der Gemeinschaft – und weisen sich durch eine statische Ausrichtung auf Verhandlungen als Teil des Verwaltungsverfahrens aus, häufig unter der erfolglosen Erschöpfung dieses durch die indigene Gemeinschaft (Abs. 127–131). Daneben äußert sich der Gerichtshof zu den zeitlichen Einschränkungen, insbesondere in Hinblick auf das Recht auf Kompensation im Falle von traditionellen Landrechten. Dazu versteht der IACtHR die einzigartige Beziehung zwischen indigenen Völkern und ihrem traditionellen Land als ausschlaggebend und definierend hinsichtlich der spirituellen und materiellen Basis für indigene Identität. Solange jene Verbindung existiert, so Gerichtshof, seien Landrechte durchsetzbar (Abs. 131). Jenen besonderen Nexus definiert der IACtHR im Folgenden genauer bzw.mag diese unterschiedlichen Ausdruck finden. Namentlich wird diese bedingt durch die Vielfalt spezifischer indigener Völker involviert in jenem Fall und die besonderen Umstände, bspw. was die traditionelle Nutzung oder Präsenz angeht, spirituelle oder zeremonielle Bindungen, Ansiedlungen oder sporadischer Anbau, saisonbedingte oder nomadische Zusammenkünfte, Lebensmittelbeschaffung oder die Nutzung natürlicher Rohstoffe, verbunden mit den jeweiligen Gewohnheiten oder jeglichen anderen kulturellen Komponenten (Abs. 131, vgl. ebenso *Yakye Axa*-Entscheid, Abs. 154).

Des Weiteren geht der Gerichtshof auf die Angemessenheit des Zeitraumes ein (II). Vier Komponenten sollen diesen weiter definieren: Dazu gehören die Komplexität des Sachverhaltes, die Vorgangsweisen der Behörden, die prozeduralen Tätigkeiten der Beteiligten sowie etwaige Folgen für die rechtliche Situation der beteiligten Personen (Abs. 133). Schließlich geht der Gerichtshof auf die Wirkungskraft verwaltungsrechtlicher Maßnahmen zur Forderung von indigenem Land (III) ein. Rechtsmittel bilden einen der Grundbausteine im interamerikanischen Menschenrechtssystem und dürfen nicht nur formell existieren – vielmehr sollen diese wirkungsvoll sein, entsprechende Ergebnisse und Antworten auf mögliche Verletzungen erbringen, angemessen sein und durch kompetente Behörden adäquat angewandt werden (Abs. 140). Daneben verpflichtet sich der Staat ebenso zur Gestaltung und der Schaffung wirkungsvoller Rechtsmittel sowie ihrer Anwendung durch die Judikative (Abs. 141). Im vorliegenden Fall geht der Gerichtshof illustrierend auf die folgenden strukturellen Probleme ein, die sich hinsichtlich der Wirksamkeit letzterer als hinderlich erweisen: dazu zählen eingeschränkte Enteignungsbefugnisse; Verwaltungsverfahren und ihreAbhängigkeit von freiwilligen Übereinkünften zwischen den Beteiligten; und das Fehlen technischer und wissenschaftlicher Verfahren zur Findung abschließender Lösungen für ein gegebenes Problem (Abs. 145).

Eine interessante Debatte eröffnet in einer abweichenden Meinung Eduardo Vio Grossi zu der Bedeutung von Kollektivrechten innerhalb des interamerikanischen Menschenrechtssystems. Es wird erneut auf den Sonderrechtsstatus hingewiesen:

> „*Rights that, consequently, the members may only enjoy and exercise through the collectivity and because they form part of it, which, all things considered, would imply that such rights are not merely of an individual nature*" (Abs. 26).

Dies wiederum entfacht relevante Diskussionen rund um die Bedeutung von Prozeduralrechten für die Wahrnehmung (weiterer) substanzieller Menschenrechte sowie ihre transformierende Wirkung auf die Natur jener Rechte. Daneben bezieht sich der Gerichtshof auf allgemeine Nichtdiskriminierungsklauseln der interamerikanischen Rechtsordnung, die es zu respektieren und gewährleisten gilt, zur vollen und freien Ausübung der Rechte und Freiheiten des Abkommens (Abs. 268). Die Nichteinhaltung jener allgemeinen menschenrechtlichen Verpflichtungen seitens des Staates mittels diskriminierender Handlungen resultiert in seiner internationalen Verantwortung. So stellt der Gerichtshof eine unauflösbare Verbindung zwischen der Verpflichtung, Menschenrechte zu respektieren und zu gewährleisten, und dem Prinzip der Gleichheit und Nichtdiskriminierung her (Abs. 268).

Zudem verweist der Gerichtshof auf wesentliche völkerrechtliche Verpflichtungen in jener Hinsicht: Dies gilt für das Prinzip des gleichen und wirkungsvollen Rechtschutzes und des Nichtdiskriminierungsschutzes als besondere Elemente des Menschenrechtsschutzes, entwickelt in rechtlicher Lehre, dem Fallrecht und *Jus Cogens*. Dabei soll der Staat einen wirkungsvollen Schutz gewährleisten; dieser berücksichtigt die Besonderheiten sowie die wirtschaftlichen und sozialen Merkmale ebenso wie die Situation besonderer Vulnerabilität, und das Gewohnheitsrecht, die Werte, Gewohnheiten und Praktiken indigener Völker (Abs. 270). Daran angelehnt verpflichten sich Staaten dazu, keine Maßnahmen anzunehmen, welche auf direkte oder indirekte Art und Weise *de jure* oder *de facto*-Situationen der Diskriminierung hervorrufen könnten: Dementsprechend werden die Vertragsparteien dazu angehalten, positive Maßnahmen zu ergreifen, um etwaigen diskriminierenden Situationen gegenüber bestimmten Personengruppen entsprechend zu begegnen (Abs. 271). Dazu gehören besondere Schutzpflichten, welche Staaten bei jeglichen Handlungen Dritter nachgehen sollen; letztere betreffen die Beibehaltung, Förderung oder Etablierung diskriminierender Situationen (Abs. 271).

Abschließend lässt sich erneut eine enge Verbindung zwischen Landrechten und kultureller Identität herstellen. Aufgrund von Verletzungen der Eigentumsrechten lässt sich ein „kollektiv-kultureller Verfall“ feststellen: Das Fehlen gemeinschaftlichen Landes beraubt die Gemeinschaft ihrer Fundamente zur Implementierung kultureller Praktiken, spirituellen Lebens, Integrität und wirtschaftlichen Überlebens (Abs. 172). Als Identität lässt sich die kollektive Wahrnehmung als Gruppe verstehen, ihre Kosmovision, kollektive Imagination und Beziehung zu dem von ihr bewohnten Land (Abs. 175). Darüber hinaus stellt der Gerichtshof wesentliche Folgen der Missachtung von Landrechten für die Ausübung von Religion und Kultur, Sprache und Subsistenz fest (Abs. 178–180). Jene Auswirkungen erweisen sich als beispielhaft für ein ungenügendes Verständnis, welches sich durch ein produktions-orientiertes Verständnis des Landes auszeichnet, insbesondere bei etwaigen Konflikten zwischen indigenen Rechten und den Interessen privater Landeigentümer:innen (Abs. 182).

5.2.7 Landrechte als Ausgangspunkte III: Lhaka Honhat (Our Land) Association vs. Argentina

Bis zum heutigen Tage prägen indigene Land- und Ressourcenrechte jegliche rechtsprechenden Entwicklungen rund um die Rechte indigener Völker des interamerikanischen Menschenrechtssystems; exemplarisch hierfür steht der jüngste *Lhaka Honhat (Our Land) Association vs. Argentina*-Entscheid (vgl. ebenso Herencia-Carrasco 2020; Yañez 2021). Im vorliegenden Urteil geht der Gerichtshof erneut auf indigene Eigentumsrechte ein und zwar jene über angestammtes Land („ancestral territory“) der indigenen Völker und Einzelpersonen, welche Mitglieder der Lhaka Honhat-Vereinigung (indigener Gemeinschaften) sind. Das Gericht nimmt hiermit wiederholt Bezug auf bzw. spricht sich zur Anerkennung indigener politischer Organisationsstrukturen aus. Die *Lhaka Honhat*-Entscheidung reflektiert des Weiteren eine klare Tendenz in der Rechtsprechung zu den Rechten indigener Völker: Dazu zählen u. a. Verletzungen bei der wirkungsvollen Vergabe von Landtiteln; bei der Annahme von Maßnahmen gegen die Entwaldung indigenen Territoriums und damit Verstößen gegen indigenes Eigentum; damit verwandte Maßnahmen zur Durchführung öffentlicher Arbeiten und Konzessionen in der Öl- und Gasausbeutung ohne die Durchführung von Sozial- und Umweltverträglichkeitsprüfungen und vorheriger, freier und informierter Konsultation und schließlich bei der Ausübung des Rechtes auf Informationszugang und Teilnahme an Angelegenheiten, welche jene Gruppen betreffen könnten. Die operativen Teile der Entscheidung gehen erneut – neben dem Rechtschutz – auf das Recht auf Eigentum ein und verbinden beide in einer evolutionären Auslegung mit politischen Rechten. Dies bildet die Grundlage des Konsultationsrechtes im interamerikanischen Menschenrechtssystem, wie bereits in den *Saramaka*- und *Sarayaku*-Beschlüssen etabliert.

Als besonders neuartig lassen sich eine Reihe von sozialen, wirtschaftlichen und kulturellen Rechten verstehen, die – laut der Klagenden – im engen Zusammenhang mit der Verletzung ihrer Landrechte stehen. So erklärt der Gerichtshof den argentinischen Staat für die Verletzung des Rechtes auf I) Teilnahme am kulturellen Leben verantwortlich; wobei kulturelles Leben im Zusammenhang mit kultureller Identität, II) einer gesunden Umwelt, III) angemessener Nahrung und IV) Wasser gesehen wird (Abs. 202-254). Jene Interpretationen folgen im weiten Maße völkerrechtlichen Standards, insbesondere den Auslegungen des VN-Ausschusses für wirtschaftliche, soziale und kulturelle Rechte, bspw. zum Verständnis über die nötigen Bedingungen zur vollen Realisierung des Rechtes auf Teilhabe am kulturellen Leben wie der Verfügbarkeit, Erreichbarkeit, Akzeptanz, Anpassungsfähigkeit und Angemessenheit.

Das Gericht äußert sich in dem vorliegenden Fall zum ersten Mal zu jenen Rechten auf Basis des Art. 26 der Amerikanischen Menschenrechtskonvention, es betont maßgeblich sowohl die Interdependenzen zwischen jenen vier Rechten als auch ihre Besonderheiten im Falle indigener Völker (Abs. 201-202). Dies gilt bspw. für die enge Beziehung oder Interdependenz zwischen Umwelt- und Menschenrechten, da die Ausübung von Menschenrechten von Umweltzerstörungen nachteilig beeinflusst werden kann und ein wirkungsvoller Umweltschutz gleichzeitig von dem Genuss der Menschenrechte abhängt (Abs. 244). Umweltliche Folgen ergeben sich bspw. für das Recht auf Nahrung, die Teilhabe am kulturellen Leben und das Recht auf Wasser; hier wird eine spezielle Verwundbarkeit festgestellt. Besondere Erwähnung verdient sicherlich das neuartige Recht auf eine „gesunde Umwelt“, welches der Gerichtshof dezidiert behandelt (Abs. 202). Er bezieht sich dabei auf die Advisory Opinion OC-23/17, welche jenem Recht einen universellen Wert zuschreibt, jenes Recht als „autonomes Recht“ bezeichnet und eine Existenz unabhängig von möglichen Risiken für Menschen zusagt; so versteht der Gerichtshof Wälder, Flüsse und das Meer als eigene rechtliche Belange (Abs. 203).

In gewisser Weise greift der Gerichtshof bei den Auslegungen rund um die Umweltrechte auf bereits kodifiziertes Recht bzw. umfangreiche rechtsprechende Entwicklungen im interamerikanischen Raum zurück: Neben Art. 11 des Protokolls von San Salvador zum Recht auf eine gesunde Umwelt hat jenes Recht in 16 Staaten verfassungsrechtlichen Status erlangen können (Abs. 205). Jedoch berühren Umweltrechte ebenso wesentliche Verpflichtungen des Staates; erstere sollen zudem eine ähnliche Anwendung auf das Recht auf Nahrung, Wasser und die Teilnahme am kulturellen Leben finden. So ergibt sich für das Recht auf eine gesunde Umwelt die Verpflichtung, jenes Recht nicht lediglich zu respektieren, sondern zu gewährleisten, bspw. durch die Vorbeugung von Gewalt und Schutze vor jeglichen rechtlichen, politischen, administrativen und kulturellen Maßnahmen, ausgeübt durch Dritte (Abs. 207). Hinsichtlich einer solchen Verpflichtung zur Gewaltvorbeugung bezieht sich der Gerichtshof auf geltendes internationales Gewohnheitsrecht.

Interessanterweise geht der Gerichtshof in jenem Zusammenhang auf die Besonderheit indigener Rechte im Allgemeinen ein: So wirken sich laut Gerichtshof Umweltprobleme nicht nur auf gleich verschiedene Menschenrechte aus, sondern erstere „werden mit größerer Intensität von bestimmten Gruppen in vulnerabler

Situation gespürt" (Abs. 209); hierzu zählen indigene Völker, einschließlich „Gemeinschaften, welche wirtschaftlich oder für ihr Überleben auf wesentliche Weise von ökologischen Ressourcen abhängen, wie der Meeresumwelt, Waldgegenden und Flussgebieten" (Abs. 209). Daraus ergibt sich laut Gerichtshof die staatliche Verpflichtung, jene Vulnerabilitäten zu adressieren, und zwar basierend auf dem Prinzip der Gleichheit und Nichtdiskriminierung (Abs. 209). Der interamerikanische Gerichtshof für Menschenrechte geht somit auf spezifische Verletzungen ein, welche im Rahmen der Rechtsprechung wiederholt Ausdruck finden, wie etwa spezifische Vulnerabilitäten, Abhängigkeiten und das Überleben, wobei letzteres sich gewöhnlicherweise auf sowohl physisches als auch kulturelles Leben bezieht und sich durch eine starke kollektive Natur auszeichnet.

Mit jenen ausgerufenen Rechten ergeben sich ebenso neu(artige) Verpflichtungen;so für das Recht auf angemessene Nahrung, welches laut Sozialausschuss nicht nur als unverzichtbar für die Ausübung anderer Menschenrechte gilt, sondern auch als untrennbar von sozialer Gerechtigkeit gesehen werden muss. Dies wiederum erfordert die Annahme geeigneter Wirtschafts-, Umwelt- und Sozialpolitik. In der Tat bezieht sich der Gerichtshof insbesondere auf den physischen und wirtschaftlichen Zugang des Rechtes auf Nahrung, welches zudem im Tenor des Sozialausschusses verfügbar und zugänglich gemacht werden und angemessen sein sollte (Abs. 216). Einen weiteren wesentlichen menschenrechtlichen Ansatz entwickelt der Gerichtshof mit dem Konzept der Nahrungssicherheit; mittels dieser werden strengere Bedingungen ermöglicht, bspw. zur Art der Nahrung auf Basis bestimmter Faktoren, die zur Beurteilung der Angemessenheit von Nahrung berücksichtigt werden sollen (Abs. 218-220). Das zweite ausschlaggebende Konzept betrifft die Nachhaltigkeit; diese orientiert sich an der Zugänglichkeit von Nahrung für derzeitige und zukünftige Generationen (Abs. 220). Eine weitere wesentliche Präzision aus der Perspektive indigener Völker betrifft die kulturelle Akzeptanz; so sollen bspw. Nichtnahrungswerte einbezogen werden (Abs. 220). Neben wesentlichen völkerrechtlichen Verpflichtungen auf VN-Ebene sieht sich jenes Recht zunehmend auf innerstaatlicher Verfassungsebene widergespiegelt, Lateinamerika erweist sich als führend in jener Hinsicht.

Weitere neuartige Auslegungen ergeben sich mit Hinblick auf das Recht auf Wasser. Ähnlich wie nach allgemeinem Völkerrecht auf globaler Ebene leitet sich das Recht auf Wasser aus verwandten Menschenrechten her, und zwar dem Recht auf eine gesunde Umwelt und dem Recht auf Nahrung oder gar dem Recht auf Teilhabe am kulturellen Leben (Abs. 222). Umgekehrt bildet das Recht auf Wasser eine wesentliche Basis zur Gewährleistung von Nahrung und Agrikultur und (damit) den Lebensgrundlagen indigener Völker sowie ökologischer Hygiene (Abs. 228). Allgemeiner gefasst, versteht das Völkerrecht das Recht auf Wasser als einen Bestandteil der menschenrechtlichen Verpflichtung auf angemessene Lebensstandards laut Sozialausschuss (Abs. 223). Ähnlich wie internationale Überprüfungsorgane präzisiert der Gerichtshof, es handele sich um ein Recht auf sicheres Trinkwasser und Sanitärversorgung. Den Gesamtansatz zu jenem Recht entwickelt der VN-Sozialausschuss maßgeblich: Demnach ist das Recht auf Wasser als soziales und kulturelles (nichtwirtschaftliches) Gut zu verstehen, wobei die Kriteri„n der Verfügbarkeit, Qualität und Zugänglichkeit gelten sollen (Abs. 227).

Schließlich geht der Gerichtshof auf dezidierte positive Menschenrechtsverpflichtungen (vgl. Gewährleistungs- und Erfüllungspflichten) ein: Obwohl der Zugang zu Wasser zwar schrittweise ermöglicht werden soll, unterstehen Staaten einer unmittelbaren Verpflichtung wie der Gewährleistung des Wasserzugangs frei von jeglicher Diskriminierung sowie der Annahme von Maßnahmen zur vollen Durchsetzung jener Verpflichtungen (Abs. 229). Zudem führt der Gerichtshof weiter aus, jene Verpflichtungen beinhalten die Gewährung von Schutz vor Handlungen Dritter und schreiben ein wesentliches Minimum jenes Gutes für jene Individuen oder Gruppen fest, welche außerstande sind, Zugriff zu erlangen (Abs. 229). Ähnlich verpflichtet der Gerichtshof die Staaten dazu, solchen Individuen und Gruppen besondere Aufmerksamkeit zu widmen, welche traditionellSchwierigkeiten bei der Ausübung jenes Rechtes hatten, einschließlich indigener Völker (Abs. 230). Der Gerichtshof führt weiter aus, „indigenen Völkern sei beim Zugang zu Wasserressourcen auf ihrem ursprünglichen Land ein Schutz vor Eingriffen und unrechtmäßiger Verschmutzung zu gewährleisten, sowie (seien ihnen) gesonderte Ressourcen zur Gestaltung, Zurverfügungstellung und Kontrolle über den Wasserzugang anzubieten“ (Abs. 230).

5.2.8 Landrechte als Ausgangspunkte IV: Kuna Indigenous People of Madungandí and the Emberá Indigenous People of Bayano and their Members vs. Panama

Im vorliegenden Fall widmet sich der Gerichtshof Verletzungen am gemeinschaftlichen Eigentum der Kuna indigenous people von Madungandí („Kuna“) und der Emberá indigenous people von Bayano („Emberá“). Diese bestehen maßgeblich aus der mangelnden Entschädigung für die Enteignung und Flutung ihrer ursprünglichen Territorien („ancestral territories“), resultierend aus dem Bau eines Damms im vorliegenden Fall (Abs. 1). Daran angelehnt, geht der Gerichtshof auf die fehlende Anerkennung, Betitelung und Demarkation von Land ein und weist auf den nur mangelhaft wirkungsvollen Schutz des Territoriums und natürlicher Ressourcen vor etwaigen Invasionen oder illegaler Abholzung, und fehlender angemessener und wirkungsvoller Verfahren für den Zugang zu gemeinschaftlichem Eigentum hin; er beruft sich dabei auf zahlreiche Beschwerden zu Eingriffen in die territoriale Integrität (Abs. 1). Zuletzt geht der Gerichtshof auf systemische Menschenrechtsfragen ein: Die Anzahl von Verletzungen weisen auf die diskriminierende Natur der Taten hin; zudem spiegeln sich jene Entwicklungen in einer assimilierenden Politik und ihrer Artikulation durch das Gesetz wider (Abs. 1).

Die besondere Beziehung indigener Völker zu ihrem Land beleuchtet der Gerichtshof in vielschichtiger Weise: Erwähnung verdienen wohl immaterielle Elemente, welche in enger Verbindung mit dem Land stehen, bzw. auf dieses zurückzuführen sind (Abs. 111). Darüber hinaus beschäftigt sich der Gerichtshof in verschiedensten Kontexten mit der speziellen Bedeutung gemeinschaftlichen Eigentums in Bezug auf Land und verpflichtet den Staat, entsprechende Maßnahmen zur wirkungsvollen Umsetzung anzunehmen. Dabei beruft sich der IACtHR u. a.

auf progressive Entwicklungen in der Staatenpraxis. So verabschiedeten Argentinien, Bolivien, Brasilien, Kolumbien, Costa Rica, Ecuador, Honduras, Paraguay, Peru und Venezuela seit den 1970er Jahren relevante Gesetze; diese betten die Verpflichtung zur Abgrenzung und Titulierung von Land in innerstaatliches Recht ein (Abs. 118). Positive Maßnahmen etabliert der Gerichtshof außerdem in Hinblick auf wirkungsvolle Entschädigung, Ermittlung und Strafverfolgung (Abs. 165–168). Nach abweichender Meinung durch Eduardo Ferrer Mac-Gregor Poisot sollen sich Entschädigungen – mittels der Rückgabe traditionellen Territoriums und gemeinschaftlicher Ressourcen – an der Bedeutung jenes Landes für die betroffenen indigenen Völkern orientieren (Abs. 24). Ähnliches gilt für die Vergabe von alternativem Land und der Zahlung gerechter Entschädigung (Abs. 28).

Im Allgemeinen etabliert der Gerichtshof positive staatliche Verpflichtungen zur Annahme legislativer Maßnahmen, um die Ausübung der Rechte (des Abkommens) zu ermöglichen sowie die Verabschiedung solcher Gesetze zu vermeiden, welche entweder die freie Ausübung jener Rechte einschränken oder Gesetzesänderungen zu Gunsten eines Schutzes jener Rechte behindern (Abs. 192). Dabei stellt der Gerichtshof verschiedene Kriterien zur Festlegung eines zumutbaren zeitlichen Zeitraumes auf; diese sollen richtungsweisend und transzendental für die dabei relevanten prozeduralen Bedingungen gelten (Abs. 180). Dazu gehören vier Hauptkomponenten, und zwar (I) die Komplexität des Sachverhaltes, (II) das prozedurale Handeln der Beteiligten, (III) das Handeln rechtlicher Behörden und (IV) die Auswirkungen auf die rechtliche Situation der Beteiligten (Abs. 180).

Außerdem geht der Gerichtshof genauer auf indigene Landrechte ein; diese weisen sich durch eine weite Interpretation aus: Und zwar bezieht sich das gemeinschaftliche Eigentum auf ursprüngliche Territorien („ancestral territories") und lässt sich zunächst als traditionell besetztes Gebiet verstehen (Abs. 120). Allerdings geht der Gerichtshof gleichermaßen auf Territorien ein, welche von indigenen Völkern verlassen wurden oder deren Besitz verloren wurde, mit dem Anrecht, diese wieder zu erlangen (Abs. 120). Dabei gilt es, indigene Landrechte nicht als Privilegien, vielmehr als Rechte auf eine permanente Nutzung zu verstehen und zu gewährleisten; dazu soll in jenem Zusammenhang das Land mit dem Ziel demarkiert werden, jenes Land entsprechend zu betiteln (Abs. 135). Dies solle zudem ein „permanentes Klima der Unsicherheit" der betroffenen indigenen Völker verhindern. Daher fordert der Gerichtshof

> *„a strictly juridical or abstract recognition of indigenous lands, territories or resources lacks true meaning when the property has not been physically established and delimited."*

Ähnlich wie in vorherigen Fällen äußert sich der Gerichtshof zudem erneut zu der theoretischen Rationale indigener Landrechte, und zwar gilt es dabei zu beachten

> *„indigenous territorial rights encompass a broader and different concept that relates to the collective right to survival as an organised people, with control over their habitat as a necessary condition for reproduction of*

> *their culture, for their development, and to carry out their life projects"* (Abs. 143).

Besonders nennenswert sind wohl ebenso die weiten Ausführungen der abweichenden Meinung durch Eduardo Ferrer Mac-Gregor Poisot. Er geht dabei genauer auf den Besitzgedanken ein. Der Gerichtshof differenziert im Folgenden zwischen verschiedenen Auffassungen zum Recht auf Landeigentum und Besitz:

> *„in indigenous communities, the concepts of property and possession may have a collective significance, in the sense that possession is 'not focused on individuals, but on the group and its community"* (Abs. 13).

Dabei gilt es, jenseits des so genannten klassischen Besitzgedanken, einen gleichwertigen Schutz für indigene Landrechte zu etablieren. Des Weiteren stellt der Gerichtshof klar, das indigene Recht auf kollektiven Besitz soll einen permanenten Zugang zu ursprünglichem Territorium („ancestral territory") erlauben und insofern Anrecht auf eine Landbetitelung schaffen (Abs. 16).

Landrechte nehmen laut Abweichender Meinung hier erneut eine prozedurale Funktion ein: U.a. wirken sich diese positiv auf die Ausübung weiterer Menschenrechte aus, bspw. grundlegende Subsistenzrechte, die Religionsfreiheit, das Recht auf kulturelle Identität, Überleben, Integrität, wirtschaftliches Überleben, das Überleben als organisierte Völker, Kontrolle über indigene Gebiete als unabdingliche Bedingung für die Reproduktion indigener Kultur, traditioneller und mündlicher Ausdruck, Gewohnheiten und Sprachen, Kunst und Rituale, Wissen und Naturpraktiken, kulinarische Künste, Gewohnheitsrecht, Kleidung, Philosophie und Werte sowie Rechte im weiteren Sinnen materieller und spiritueller Komponenten, bspw. im Sinne einer Weitergabe an zukünftige Generationen (Abs. 17–19, 26, 30). In einer weiteren wesentlichen Auslegung indigener Landrechte bezieht sich der Gerichtshof auf mögliche Einschränkungen dieser: Entsprechende Gesetze müssen daher nicht lediglich einen nützlichen und zeitlichen Zweck erfüllen, sondern dem weiten öffentlichen Interesse gerecht werden (Abs. 21). Der Gerichtshof stellt vice versa ebenso klar, das Recht von Einzelpersonen kann eingeschränkt werden:

> *„It may be necessary to restrict the right to property of private individuals in order to achieve the collective purpose of preserving cultural identities in a democratic and pluralist society in the sense of the American Convention"* (Abs. 23).

Schließlich geht der Gerichtshof näher auf die Sonderrechte indigener Völker im Rahmen der Rohstoff- und Mineralexploration, Gewinnung oder Ausbeutung ein. So soll die Teilhabe indigener Völker bei jenen Maßnahmen auf indigenem Territorium gewährleistet werden; indigene Völker sollen in die Lage versetzt werden, aus geplanten Maßnahmen Gewinn zu erzielen, des Weiteren müssen Umwelt- und Sozialverträglichkeitsprüfungen durchgeführt werden (Abs. 25).

5.2.9 Missbräuchliche Anwendung des Strafrechtes und des Prozessrechtes: Securitisation und die Situation indigener Repräsentant:innen

Einen weiteren Schwerpunkt in der Rechtsprechung des interamerikanischen Gerichtshofes bilden allgemeine Prozessrechte wie das Recht auf ordentliche Gerichtsverfahren. Die Ausübung jener Rechte wird zunehmend im Zusammenhang mit einer arbiträren strafrechtlichen Gesetzgebung der Sicherheits- und Anti-Terrorismuspolitik gefährdet, dazu zählen auch repräsentationsrelevante Rechte und Formen des öffentlichen Protestes. Das IACtHR-Urteil *Norín Catrimán and Others vs. Chile* (2014) erweist sich als besonders relevant in dieser Hinsicht (vgl. ebenso abweichende Meinung durch Sergio García-Ramírez, *Sawhoyamaxa Indigenous Community vs. Paraguay*, 2006). Die selektive Anwendung jener Gesetzgebung im Falle der Mapuche steht exemplarisch für die missbräuchliche Umsetzung des Strafrechts; hiervon zeigten sich insbesondere die Mandatsträger:innen der Mapuche betroffen (vgl. „Lonko trials"). So stellte bereits die Kommission fest: Unklarheiten, welche aus der Gesetzgebung resultieren, würden jene willkürliche Anwendung begünstigen, und zwar mittels der Einführung von Elementen wie dem ethnischen Hintergrund der Angeklagten, ihrer Position als Führungspersonen und/oder ihrer Verbindung mit den Mapuche sowie einer verallgemeinerten Repräsentation der Widerstandsformen indigener Völker, ohne zu unterscheiden zwischen dem Kontext sozialer Forderungen und Protest einerseits und sporadischen Gewalthandlungen andererseits, welche aus jenem Kontext hervorgehen.

In der Tat gehen Gerichtshof und Kommission ausführlich auf das Legalitätsprinzip im Zusammenhang mit der *securitisation* und mit gezielten Maßnahmen gegen indigene Völker und ihre Repräsentant:innen ein (vgl. bspw. *López-Álvarez vs. Honduras*). So betrachtet der Gerichtshof diverse Verletzungen gegen das Prozessrecht genauer, wie die Unschuldsvermutung, das Recht der Verteidigung auf die Überprüfung von Zeugen(-aussagen), das Recht auf Berufung vor einer höheren Gerichtsinstanz und das Recht auf persönliche Freiheit. Aufgrund diverser Verletzungen auf Basis eines veralteten Strafgesetzbuches erbringt der regionale Gerichtshof einen dezidierten Beitrag zur Annahme positiver Maßnahmen in Bezug auf prozedurale Rechte, namentlich zählt dazu eine ernsthafte, unparteiische und wirkungsvolle Ermittlung, unter dem Einsatz jeglicher rechtlicher Mittel, wobei das Prinzip der Wirksamkeit jegliche Entwicklungen der Ermittlung durchziehen soll.

Der *Norín Catrimán vs. Chile*-Fall eröffnet zudem weitere Debatten zum Stellenwert indigener Rechte im interamerikanischen Menschenrechtssystem. Der Fall erweist sich eines transformativen Potenzials in seiner Ambition, ein ganzheitliches Verständnis von Prozessrechten durchzusetzen, er verpflichtet sich zudem einer rigorosen Offenlegung diskriminierender Handlung und rechtlicher Lücken, welche sich bspw. in der chilenischen Anti-Terrorismus-Gesetzgebung unter u.a. der Piñera-Regierung widerspiegeln, sowie einer Kritik an der nur unzureichend praktizierten Doktrin der Gewaltenteilung und die Auswirkung dessen auf bspw. die chilenische Judikative. Die Systemrelevanz eines solchen Falles sei hier erneut erwähnt: Indigene Völker stoßen bei der Wahrnehmung fundamentaler Rechte gewöhnlicherweise auf Hindernisse durch eine diskriminierende Gesetzgebung sowie einen fehlenden Schutz seitens des Justizsystems. Sondermechanismen wie Ombudsman-Institutionen oder innerstaatliche Menschenrechtsinstitute (NHRI) können dem nur begrenzt gegenwirken. Somit beschäftigt sich der regionale Gerichtshof mit den Hintergründen prozeduraler Rechte,maßgeblich anhand eines ganzheitlichen Verständnisses von Habeas Corpus und dem Recht auf ordentliche Gerichtsverfahren, was eine Neuinterpretation auf innerstaatlicher Ebene erfordert. Das Verfassungsgericht wurde im vorliegenden Fall seiner Rolle als Kontrollorgan anderer staatlicher Institutionen und seinen Schutzfunktionen gegenüber individuellen und Gruppenrechten zunächst nicht gerecht.

Besondere Aufmerksamkeit verdient in jenem Zusammenhang ebenso die Konzentration von v. a. physischer Gewalt an indigenen Repräsentat:innen. Ähnliche Geschehnisse durchziehen diesbezüglich den *Escué Zapata vs. Colombia*-Entscheid (2007). Hierbei finden jene Ausübungen schwerer Formen der Gewalt bis hin zu Folter und Mord Ausdruck, namentlich im direkten Zusammenhang mit der Führungsposition der Opfer in indigenen Gemeinschaften einerseits und des gezielten persönlichen Einsatzes bei der Verteidigung von indigenem Territorium andererseits. So wurde im vorliegenden Fall der Mord an einem indigenen Gemeinschaftsgouverneur in direkte Verbindung mit Gewalt(mustern) an indigenen Völkern in der betroffenen Region gebracht. Insofern lassen sich jene Einzelfälle nur schwerlich ohne die Berücksichtigung struktureller Formen der Gewalt an indigenen Völkern und der fortwährenden Relevanz von kollektiven Landrechten verstehen.

5.3 Jüngere Entwicklungen im afrikanischen Menschenrechts- und „Völkerrechtssystem"

Die bereits erwähnte Banjul-Charta erweist sich als neueste Erweiterung des regionalen Menschenrechtsschutzes, global und mit Hinblick auf einen dezidierten Kollektivrechteschutz. Eine besondere Relevanz entwickeln der *Endorois*-Fall (*Centre for Minority Rights Development (Kenya) and Minority Rights Group International on behalf of Endorois Welfare Council vs. Kenya*, 2003), der so genannte *Ogoni*-Fall (*Social and Economic Rights Action Centre (SERAC) & Another vs. Nigeria*, 2002) und das kürzlich verkündete *Ogiek*-Urteil vor dem Afrikanischen Gerichtshof der Menschenrechte und der Rechte der Völker (*African Commission on Human and Peoples' Rights vs. Kenya*, 2017). Die afrikanische Kommission für Menschen- und Völkerrechte leistet den wohl beachtlichsten Beitrag zu einem wirkungsvollen Rechtschutz im Bereich der indigenen Rechte auf Ebene regionaler Organisationen des afrikanischen Kontinents. Des Weiteren lassen sich rechtsprachliche Entwicklungen aus den Berichten der *Working Group of Experts on Indigenous Populations/Communities* entnehmen.

Besondere Erwähnung verdienen wohl das Recht auf Selbstbestimmung und die Standardisierung eines Rechtsrahmens der Völker- und Kollektivrechte im Allgemeinen (vgl. Dersso 2006). Die Selbstbestimmung nimmt im Rahmen des Dekolonisierungsprozesses eine tragende Rolle ein, und dies jenseits der staatlichen Dekolonisierung: Progressive Perspektiven des Völkerrechts stellen eine mögliche

Abspaltung vom Staate als mögliche legale Form der Selbstbestimmung dar (vgl. Nyameke Blay 1985). Wesentliche Fragen auf afrikanischer Menschenrechtsebene umfassen zudem die Definition indigener Völker (vgl. Venkateswar/Hughes/Bell 2011, ebenso Harris/Nakata/Carlson 2013): Diese lässt sich von einer agrokulturellen Revolution vor tausenden von Jahren herleiten und damit einhergehender Migration von Völkern vom westlichen Afrika in die zentralen, östlichen und südlichen Teile Afrikas; neue Sprachen, Metallkunde, soziopolitische Organisation und Agropastoralismus wurden so verbreitet (vgl. Crawhall 2011). Die wohl deutlichsten Zeichen eines fortwährenden kolonialistischen Ansatzes lassen sich in der so genannten Entwicklungspolitik erkennen; koloniale Logiken bilden sich in existierenden Land- und Ressourcengesetzen und Praktiken ab (vgl. African Commission's Working Group on Indigenous Populations/Communities 2017).

Jenes koloniale Selbstverständnis richtet sich vornehmlich auf das betroffene Land und natürliche Ressourcen, wobei die betroffenen Menschen in den Hintergrund rückten, konfrontiert mit diskriminierenden und entmenschlichenden Praktiken (African Commission's Working Group on Indigenous Populations/Communities 2017). Das geografische Ausmaß jener wirtschaftlichen Manifestation der Globalisierung ist prägend für das derzeitige Zeitalter der Globalisierung; damit einher gehen noch nie da gewesene Nachfragen nach natürlichen Ressourcen wie Öl, Gas, Mineralien, Wäldern, Wasservorkommen sowie Spekulationen rund um lebenswichtige Ernten (vgl. Doyle/Gilbert 2010). Der Rohstoffabbau hat in diversen afrikanischen Staaten augenscheinliche menschenrechtliche Defizite verzeichnet; dazu gehören so genannte Landraubpraktiken oder die Bezeichnungen indigener Gemeinschaften als Begünstigte anstatt Eigentümer:innen (vgl. African Commission's Working Group on Indigenous Populations/Communities 2017). Jene spezifischen Verletzungen im Bereich des Rohstoffabbaus weisen ein hohes Ausmaß und Umfänge auf, einschließlich indirekter Auswirkungen, resultierend aus den Tätigkeiten anderer Unternehmenssektoren in den verschiedenen Phasen der Exploration von Rohstoffen (vgl. African Commission's Working Group on Indigenous Populations/Communities 2017).

Einen weiteren Schwerpunkt bilden insofern Land- und Ressourcenrechte sowie damit verbundene Fragen der Teilhabe und Konsultation; verwandte Herausforderungen der politischen Marginalisierung indigener Gemeinschaften (vgl. Gilbert 2017) stellen eine wiederkehrende Verletzung im afrikanischen Fallrecht dar. Eine weitere wieder geschehende Verletzung bildet hierbei die Zwangsumsiedlung indigener Gemeinschaften und die damit verbundene Negierung des Zugangs zu natürlichen Ressourcen. In der Tat steht die Enteignung von Land und natürlichen Ressourcen emblematisch für Verletzungen indigener Rechte, zudem ein Hauptmenschenrechtsbrennpunkt in afrikanischen Staaten (vgl. African Commission's Working Group of Experts on Indigenous Populations/Communities 2005). Auswirkungen sind vielschichtiger Natur. Insbesondere zeigen sich die natürlichen Lebensräume indigener Gemeinschaften und die Pflanzenproduktion betroffen von Großprojekten der Rohstoffindustrie und der Ausweitung von Gebieten in der Getreideproduktion (vgl. African Commission's Working Group of Experts on Indigenous Populations/Communities 2005); diese folgen einer monokulturellen

Ausrichtung zu Gunsten der Massentierhaltung und gefährden den überlebenswichtigen Zugang zu Hauptnahrungsmitteln indigener Völker. In bestimmten Fällen –wie die Situation der Hadzabe und Batwa aufzeigen –mag dies ihre physische (und kulturelle) Existenz gefährden (vgl. African Commission's Working Group of Experts on Indigenous Populations/Communities 2005).

Neben jenen Abhängigkeiten von Land und natürlichen Ressourcen bilden die Selbstidentifizierung und das hohe Ausmaß der Marginalisierung indigener Völker zwei Hauptschwerpunkte indigener Realitäten, wie ein Forschungsbericht über verfassungsrechtlichen und legislativen Schutz indigener Völker in 24 afrikanischen Staaten aufzeigt (vgl. International Labour Organisation (ILO)/African Commission on Human and Peoples‘ Rights (ACHPR) 2009). Fast ausnahmslos konfrontieren indigene Völker Fragen der rechtlichen Anerkennung; gewöhnlicherweise steht ein harmonisierender Staat und die Beibehaltung von Einheit in multiethnischen Gesellschaften im Vordergrund, daneben spielt der Wettbewerb um limitierte (natürliche) Ressourcen eine tragende Rolle. Ausnahmen bilden Südafrika und die Republik Kongo (vgl. ILO/ACHPR 2009). Trotzdem lässt sich trotz der Abwesenheit des rechtlichen Konzeptes der „indigenen Völker“ in innerstaatlicher Gesetzgebung eine positive Tendenz in der Gesetzgebung vieler Staaten erkennen; jene Entwicklungen sind jedoch als ad hoc-Politik zu verstehen und werden völkerrechtlichen Standards kaum gerecht (vgl. ILO/ACHPR 2009).

Es ergeben sich laut Studie elf Hauptproblemgebiete rund um die besonderen Bedürfnisse indigener Völker in Gesetzgebung und verfassungsrechtlichen Fragen, und zwar mit Bezug auf I) die Anerkennung und Identifizierung, II) die Nichtdiskriminierung, III) Selbstmanagement, Konsultation und Teilhabe, IV) den Zugang zur Justiz, V) Kultur und Sprache, VI) die Bildung, VII) Land, natürliche Ressourcen und Umwelt, VIII) soziowirtschaftliche Rechte, IX) die Gendergerechtigkeit, X) indigene Kinder und XI) indigene Völker in Grenzgebieten und grenzüberschreitenden Situationen (vgl. ILO/ACHPR 2009). Ähnliche Schlüsse zieht ein Gutachten zur UNDRIPS und ihrer Relevanz in afrikanischen Kontexten durch diverse afrikanische Staaten und die afrikanische Kommission. Besondere Aufmerksamkeit gilt demnach der Definition indigener Völker, Fragen der Selbstbestimmung, dem Landeigentum und Ausbeutung von Ressourcen, der Schaffung besonderer politischer und wirtschaftlicher Institutionen sowie Fragen der innerstaatlichen und territorialen Integrität (vgl. ACHPR 2007). Augenscheinlich treten konzeptuelle Angelegenheiten, ihre Basis für Land- und Ressourcenfragen und ihre weiten Auswirkungen auf Debatten rund um die Selbstbestimmung fortwährend in den Vordergrund; erstere können zweifelsohne als charakteristisch für das afrikanische Menschenrechtssystem angesehen werden.

5.3.1 Endorois vs. Kenia – Auslegungen rund um indigene Landrechte, Konsultation und Zustimmung, Zwangsumsiedlungen und das Recht auf Entwicklung

Der Endorois-Fall steht wie viele Rechtsstreite im interamerikanischen Menschenrechtssystem für die Vielfältigkeit landrechtsbezogener Verletzungen . Im vorliegenden Fall wurde die indigene Endorois-Gemeinschaft von ihren ursprünglichen

Ländern („ancestral lands“) vertrieben. Entsprechende angemessene Entschädigungen blieben aus, die Gemeinschaft konnte ihren landbezogenen Tätigkeiten nicht weiter nachgehen, Religion und Kultur nicht weiter ausüben, was zudem ihre Entwicklungsmöglichkeiten als Endorois maßgeblich beeinträchtigte (Abs. 1). Dabei wurden die Endorois von benachbarten Stämmen als *bona fide*-Eigentümer:innen des Landes anerkannt; herrschendes Gewohnheitsrecht schützte lange Zeit die Gemeinschaft vor etwaigen Enteignungen. Allerdings wurden in jüngster Zeit Lizenzen an ein privates Bergbauunternehmen vergeben: dies brachte Risiken mit Hinblick auf die Wasserqualität in der Region mit sich. Es bedrohte zudem die Subsistenz der Gemeinschaft, da die Endorois von ihren fruchtbaren Gebieten in semiaride Regionen umgesiedelt wurden; auf dem Spiel standen ferner ihre kulturelle Integrität und spirituelle, kulturelle und wirtschaftliche Bindungen mit ihrem traditionellem Land. Eine wirkungsvolle Teilhabe in Bezug auf Entscheidungen, die ihr Land betreffen würden wurde vereitelt, ähnlich wie ihr Recht auf Entwicklung; vereinzelte Konsultationen erwiesen sich zudem als illegitim, da Repräsentant:innen von öffentlichen Behörden ausgewählt worden waren.

Das Urteil bildet zudem einen Präzedenzfall im Bereich der natürlichen Ressourcen und Entwicklung, wobei die Prinzipien der Gleichheit und Teilhabe jene Rechte durchziehen sollen (vgl. Ashamu 2011). Die rechtliche Vertretung der Gemeinschaft und Menschenrechtsverteidigung war im Vorfeld bedroht worden (Abs. 18). Die Entscheidung der Kommission bringt nun mehrere rechtssprachliche Neuheiten mit sich: Zum einen werden traditionell besessene Landrechte indigener Völker zum ersten Mal in der rechtssprachlichen Geschichte Afrikas anerkannt, zum anderen findet das Recht auf Entwicklung erstmals Eintritt in die Rechtsprechung und damit das Recht auf Konsultation und Entschädigungen in Verbindung mit der Nutzung ihres Landes (vgl. Minority Rights Group International 2016).

Die afrikanische Menschenrechtskommission spricht sich ausführlich zu Definitionsfragen rund um die Rechte indigener Völker aus (vgl. insb. Abs. 154–162). Das Urteil steht in der Tat für die Anerkennung indigener Völker als „distinct indigenous people“, ein weit angefochtener Begriff seitens diverser afrikanischer Regierungen, welcher mit dem vorliegenden Urteil erstmals an Legitimität gewann (vgl. Human Rights Watch 2010). Die Besonderheit („distinctiveness“) indigener Völker erweist sich im vorliegenden Fall als relevant für das Verständnis der Endorois als indigene Völker, einem eigenen Verständnis der Endorois folgend, nach welchem die gemeinsame Geschichte, Kultur und Religion ausschlaggebend seien (Abs. 162). Es gilt außerdem, auf die Relevanz von „Völker“rechten in dem speziellen Falle indigener Völker hinzuweisen; dies erweist sich einer tragenden Bedeutung für das Völkerrecht und den internationalen Menschenrechtsschutz im Allgemeinen (vgl. Cerone 2017). „Völker“rechte umfassen laut der Charta u. a. das Recht auf Gleichheit und den Schutz vor Beherrschung, insbesondere gegenüber kolonisierten oder unterdrückten Völkern; ein allgemeines kollektives Existenzrecht und Selbstbestimmung; das Recht auf freie Bestimmung ihres politischen Status und ihrer wirtschaftlichen und sozialen Entwicklung, die Verfügung über natürliche Ressourcen und kollektives Eigentum; den Schutz vor fremder wirtschaftlicher Ausbeutung; wirtschaftliche, soziale und kulturelle Entwicklung an sich sowie entsprechende positive Maßnahmen und eine allgemein zufriedenstellende Umwelt, welche sich als begünstigend gegenüber ihrer Entwicklung zeigt (vgl. Art. 19–24).

5.3.1.1 Debatten zu kollektivem Land und Eigentum nach interamerikanischer Façon

Grundlegende weite Schlüsse zieht die Kommission im Bereich der Landrechte. Erste Grundbausteine wurden im *Malawi African Association and Others vs. Mauritania*-Fall gelegt, nach dem Land eindeutig als Eigentum deklariert worden war. In ähnlicher Weise bezieht sich die Kommission auf den oben genannten *Ogoni*-Fall: Neben dem Recht auf Eigentum und dem Schutz vor Eingriffen stipuliert die Kommission das Recht auf „ungestörten Besitz, Nutzung und Kontrolle über jenes Eigentum" (Abs. 52). Die Kommission bezieht sich im vorliegenden Fall gleichermaßen auf die Rechtsprechung des ECtHR: Eigentumsrechte würden laut ECtHR wirtschaftliche Ressourcen und Rechte über das gemeinschaftliche Land mit einschließen (ACHPR, Abs. 186; ECtHR, 2004, *Dogan and Others vs. Turkey*). In Übereinstimmung mit der *Working Group on Indigenous Populations/Communities* sieht die Kommission die Notwendigkeit, besondere Maßnahmen zu ergreifen, um das Überleben indigener Völker in Übereinstimmung mit ihren Traditionen und Gewohnheiten im Falle von Landenteignungsprozessen zu gewährleisten, und zwar anfangend mit der Anerkennung jener Rechte als Eigentumsrechte der Charta und der Annahme dezidierter Schutzmaßnahmen, einem positiven Schutz über die Respektierung jenes Rechtes hinausgehend (Abs. 187, 191).

Eine wesentliche inspirierende Rolle spielt daneben das interamerikanische Menschenrechtssystem; die *Awas Tingni-* und *Saramaka*-Entscheide prägen die afrikanische Rechtsprechung, insbesondere mit Hinblick auf eine weite Auffassung von indigenem Landbesitz und Anerkennungsfragen. Jedoch greift die Kommission ebenso auf ihre eigene Rechtsprechung zurück. So versteht die Kommission bspw. die Beschlagnahmung und Plünderung von Eigentum schwarzer Mauretanier:innen und die damit verbundene Enteignung und Zerstörung von Land und Wohnungen als Verletzung des Eigentums (vgl. Mauretanien-Fälle: Kommunikationen 54/91, 61/91, 98/93, 164/97, 196/97, 210/98). Die Kommission sieht sich – ähnlich wie der interamerikanische Gerichtshof – einer restriktiven rechtlichen Ordnung ausgesetzt und legt diese weitläufig aus. Letztere stützenen sich gewöhnlicherweise auf konservative innerstaatliche Rechtsordnungen und ihre Orientierung an einem kommunalen Eigentumsgedanken, der den Zugang zum Land nicht als Recht, sondern Privileg versteht (vgl. vorliegenden *Endorois*-Fall oder *Saramaka vs Suriname*). Es handle sich um eine *de jure*-Besitzidee und einen entsprechendem wirkungsvollen Schutze indigener Rechte; der *de facto*-Besitz sei nicht mit dem Völkerrecht vereinbar (Abs. 205). An anderer Stelle geht die Kommission erneut auf jene Statusfragen ein: ein lediglicher Zugang durch das Völkerrecht würde indigene Völker weiterhin einer gewissen Vulnerabilität aussetzen, und zwar hinsichtlich weiterer Verletzungen und Enteignungen (Abs. 204). Stattdessen muss sich der Staat dazu verpflichten, jene Territorien zu betiteln, mit dem Ziel, die permanente Nutzung zu gewährleisten (Abs. 206). Das rechtliche Konzept des Eigentums soll zudem die Teilnahme indigener Völker als aktive Interessenvertreter:innen – anders als passive Begünstigte – gewährleisten (Abs. 204).

Darüber hinaus ergreift die Kommission im Rahmen der Landrechtsdebatten die Möglichkeit zu einer transzendentalen Stellungnahme zum Sonderstatus indigener Rechte. Den Vorwürfen zu einer diskriminierenden Behandlung durch die Kommission stellt diese entgegen, eine positive Diskriminierung oder „affirmative action" wäre zum Ausgleich bestehender Ungleichheiten zu befürworten. Dies wiederum wirkt sich positiv auf die besonderen Bedürfnisse indigener Völker im Rahmen von Landrechtsforderungen aus:

> „*the State still has a duty to recognise the right to property of members of the Endorois community, within the framework of a communal property system, and establish the mechanisms necessary to give domestic legal effect to such right recognised in the Charter and international law. Besides, it is a well-established principle of international law that unequal treatment towards persons in unequal situations does not necessarily amount to impermissible discrimination. Legislation that recognises said differences is therefore not necessarily discriminatory*" (Abs. 196).

Daran angelehnt äußert sich die Kommission zu Entschädigungsbedingungen: demnach ist der Staat dazu verpflichtet, Land ähnlichen Maßes und Qualität an die betroffenen Gemeinschaften zu übergeben.Dies solle in Übereinkunft mit den Gemeinschaften durch ihre eigenen Konsultations- und Entscheidungsprozesse geschehen; all dies betrifft Maßnahmen, nach denen traditionelles Land und gemeinschaftliche Ressourcen aufgrund objektiver und angemessener Gründe nicht zurückgegeben werden können (Abs. 234). Dabei sei anzumerken, dass Landrechtsfragen in nahezu allen heutigen Rechtsprechungen der völkerrechtlichen Verpflichtung der freien, vorherigen und informierten Konsultation und Zustimmung folgen müssen; entsprechende Überprüfungsverfahren und Mechanismen sind vom Staate ins Leben zu rufen. Zu Fragen der Entschädigung im Falle von Umsiedlungen und Vertreibungen folgt die Kommission geltendem Völkerrecht; in diesem Fall legt dies die VN-Unterkommission für die Verhinderung von Diskriminierung und den Schutz von Minderheiten weiter aus:

> „*Displaced persons should be (i) compensated for their losses at full replacement cost prior to the actual move; (ii) assisted with the move and supported during the transition period in the resettlement site, and (iii) assisted in their efforts to improve upon their former living standards, income earning capacity and production levels, or at least to restore them*" (Abs. 237).

An anderer Stelle geht die afrikanische Kommission erneut auf landrechtsbezogene Entschädigungen ein: Die Gewinnteilung soll so als wesentlicher Indikator für die Einhaltung von Eigentumsrechten fungieren (Abs. 294); dabei soll die beidseitige Akzeptanz jener Gewinnteilung durch den Staat gewährleistet werden.

Daneben zeigt sich die Gewinnteilung ebenfalls als wesentliche Komponente des „Entwicklungs“prozesses; sie wird abgeleitet von dem Recht auf faire Entschädigung (Abs. 295; siehe Debatte zu dem Recht auf Entwicklung in den folgenden Absätzen).

Schließlich erörtert die Kommission wesentliche Zugangsrechte indigener Völker, lebenswichtige Ressourcen in besonderem Maße. Dabei nimmt die Kommission Bezug zu dem *Ogoni*-Fall: sie ruft ein Recht auf natürliche Ressourcen aus hinsichtlich jener Ressourcen, die sich auf den traditionellen Ländern befinden. Dadurch ergibt sich ein besonderer Schutz für indigene Völker in einer spezifischen Region innerhalb des staatlichen Territoriums (Abs. 267). In diesem Sinne bekräftigt die afrikanische Kommission das Recht auf eine freie Verfügung über natürliche Ressourcen– der Schutz des relevanten Art. 21(1) der Charta umfasst dabei Verletzungen durch Plünderungen, in welchen Fällen Rückgaben oder Entschädigungen nötig werden (Abs. 268).

5.3.1.2 Landrechtsbezogene Auswirkungen auf kulturelle Rechte und die Glaubensfreiheit

Neben indigenen Landrechten nimmt der Gerichtshof Bezug auf etwaige Auswirkungen auf andere Grundrechte; der dezidiert indigene Bezug zu jenen Rechten wird dabei hervorgehoben. Dazu gehört bspw. das Recht auf die Ausübung von Religion; so legt die Kommission unmissverständlich fest:

> „*From the above analysis, the African Commission is of the view that the Endorois spiritual beliefs and ceremonial practices constitute a religion under the African Charter*” (Abs. 168).

Im vorliegenden Fall sieht die Kommission einen engen Zusammenhang zwischen dem Recht der Endorois auf Glaubensfreiheit und der Zwangsumsiedlung der Endorois von ihrem ursprünglichen Land („ancestral lands“) auf semiarides Land; dieses wird als heiliger Grund („sacred grounds“) betrachtet und erweist sich als wesentlich für die Ausübung ihrer Religion (Abs. 173).

Ähnliche Schlüsse zieht die Kommission mit Bezug auf kulturelle Rechte: Die Zwangsumsiedlung der *Endorois* auf semiarides Land stelle eine bedeutsame Bedrohung für ihr Hirtenleben dar (Abs. 251). Nach der afrikanischen Kommission ist der Menschenrechtsschutz nicht nur als negative Verpflichtung(en) zu verstehen, sondern er stipuliert Respekt- und Schutzpflichten für das religiöse und kulturelle Erbe indigener Völker und seine Bedeutung für indigene Gruppenidentität (Abs. 241). Die dabei entstehenden Verpflichtungen entwickeln eine individuelle und kollektive Dimension:

> „*Protecting, on the one hand, individuals‘ participation in the cultural life of their community and, on the other hand, obliging the State to promote and protect traditional values recognised by a community*” (Abs. 241).

In der Tat erweist sich die Lebensweise indigener Völker als besondere Manifestierung von Kultur und als relevant für die Nutzung von Landressourcen so Menschenrechtsausschuss; positive Maßnahmen sollen eine wirkungsvolle Teilhabe der Minderheitengemeinschaften dabei gewährleisten (Menschenrechtsausschuss, Allgemeine Bemerkung N° 23, 1994). Die Kommission bezieht sich des Weiteren auf die Meinungen der *Working Group on Indigenous Populations/Communities*, der zufolge Enteignungen das kulturelle Überleben der Gemeinschaften in Gefahr bringen würden (Abs. 244). Einen wesentlichen Beitrag leistet die Kommission selbst in Hinblick auf die Annahme positiver Maßnahmen. Im Allgemeinen ruft sie die Vertragsstaaten zu den allgemeinen Prinzipien der Toleranz von Vielfalt und dem Schutz von Identitätsgruppen – zu unterscheiden von der Mehrheit oder der dominierenden Gruppe – auf: Staaten sollen entsprechende Maßnahmen annehmen, einschließlich

> „*measures aimed at the conservation, development and diffusion of culture such as promoting cultural identity as a factor of mutual appreciation among individuals, groups, nations and regions; … promoting awareness and enjoyment of cultural heritage of national ethnic groups and minorities and of indigenous sectors of the population*" (Abs. 246).

5.3.1.3 Anlehnungen an die kollektive Selbstbestimmung: Das Recht auf Entwicklung und vorherige Konsultation und Zustimmung

Ein ähnliches fundamentales Recht bildet das Recht auf Entwicklung; dieses ist einem zweistufigen Test zu unterwerfen, einer konstitutiven und instrumentellen Dimension: Sowohl prozedurale als auch substanzielle Elemente jenes Rechtes werden in Betracht gezogen bzw. bilden unabdingbare Bestandteile jenes Rechtes. Dabei sollen fünf Hauptkriterien erfüllt werden: das Recht auf Entwicklung solle gleichberechtigend, nichtdiskriminierend, partizipatorisch, rechenschaftspflichtig und transparent zu gewährleisten sein, Gleichberechtigung und Wahlfreiheit spielen dabei eine wesentliche Rolle (Abs. 277). Die Zwangsumsiedlungen in dem vorliegenden Fall zeigen sich eng verbunden mit dem Recht auf Entwicklung. Eine besonders ganzheitliche Perspektive entwickelt die Kommission nämlich mit Hinblick auf das Recht auf Entwicklung: Es solle hierbei um das Empowerment der Gemeinschaft gehen; die Zurverfügungstellung von Nahrung sei nicht genügend, vielmehr sollen die Fähigkeiten und Wahlfreiheiten der Endorois gestärkt werden, um das Recht auf Entwicklung realisieren zu können (Abs. 284). In Bezug auf das Recht auf Entwicklung ruft die Kommission außerdem die staatliche Verpflichtung aus, Bedingungen zu schaffen, welche sich als vorteilhaft für die „Entwicklung" indigener Völker erweisen (Abs. 298).

Interessanterweise geht die afrikanische Kommission in diesem Zusammenhang auf das Konsultationsrecht ein. Im vorliegenden Fall wird die durchgeführte Konsultation als unangemessen und unwirksam angesehen, an die Umstände nicht angemessen angepasst, was auch darauf zurückzuführen ist, dass die Mitglieder der Gemeinschaft nicht informiert worden waren – vielmehr wurde ihnen das Projekt als fait accompli präsentiert (Abs. 281). Dazu zählt ebenso der allgemeine Kontext der Konsultation: Repräsentant:innen der Gemeinschaften befinden sich in einer ungleichen Verhandlungsposition gegenüber Schlüsselakteuren. Dies mag zurückzuführen sein auf die Analphabetismusrate und ein divergierendes

Verständnis des Eigentums und seiner Nutzung, abweichend von der allgemeinen Idee vertreten von den staatlichen Behörden (Abs. 282). Die afrikanische Kommission adressiert darüber hinaus die besonderen Bedingungen der Konsultation, wie die Zurverfügungstellung vollständiger Informationen über etwaige Übereinkünfte sowie die staatliche Verpflichtung, Informationen anzunehmen, zu verbreiten und eine regelmäßige Kommunikation zwischen den Parteien aufrechtzuerhalten (Abs. 289). Ferner müssen Konsultationen in gutem Glauben und mittels kulturell angebrachter Prozeduren mit dem Ziel, eine Vereinbarung zu erlangen, durchgeführt werden (Abs. 289).

Insbesondere im Fall der Zwangsumsiedlung und der (Um-)Benennung des Landes in ein Reservat etabliert die Kommission das Prinzip der frühen, vorherigen und informierten Zustimmung (Abs. 290). An anderer Stelle bekräftigt die afrikanische Kommission jene Perspektive: Jegliche Entwicklungs- oder Investitionsprojekte mit wesentlichen Auswirkungen auf die Territorien der Endorois würden nicht nur eine staatliche Verpflichtung zur Konsultation hervorrufen, sondern ebenso die freie, vorherige und informierte Zustimmung erfordern, und zwar gemäß ihren Gewohnheiten und Traditionen (Abs. 291). Dies wiederum reflektiert die völkerrechtliche Rechtsprechung, insbesondere die Perspektive des Sonderberichterstatters. Dazu zählt ebenso die Verpflichtung, den Betroffenen akkurate Informationen über die Natur und die Konsequenzen des Prozesses, als Minimalanforderung, zukommen zu lassen (Abs. 292).

5.3.2 Ogoni vs. Nigeria – Ressourcenrechte und die Artikulierung von indigenen Umweltrechten

Der *Ogoni*-Fall steht exemplarisch für die Erweiterung und Intensivierung des Rohstoffabbaus auf indigenen Gebieten; in dem vorliegenden Fall betrifft dies ein Ölabbauprojekt und seine umweltlichen und gesundheitlichen Folgen für die Ogoni, insbesondere die Auswirkungen toxischer Abfälle auf die Wasserwege der Gemeinschaften, einschließlich schwerer gesundheitlicher Folgen (Abs. 1–2). Die dabei wesentlichen Sozial- und Umweltverträglichkeitsüberprüfungen wurden von der Regierung weder durchgeführt noch akzeptiert, wesentliche Informationen zu den Gefahren jenes Projektes wurden unterschlagen. Zudem wurden die Ogoni in keiner Phase des Projektes konsultiert trotz direkter Bedrohungen durch das Projekt (Abs. 4–6). Dazu kamen massive Eingriffe in die körperliche Unversehrtheit der Ogoni. Die repräsentierende Organisation *Movement of the Survival of Ogoni People* (MOSOP) wurde von Sicherheitskräften gezielt angegriffen, als Antwort auf ihre friedliche Protestkampagne gegen die Umweltzerstörung durch die Ölunternehmen (Abs. 7). Jene Angriffe wurden mittels militärischer Methoden und schwerer Waffen ausgeführt, wobei jene Straftaten von der Regierung weder ermittelt, geschweige denn Täter:innen bestraft worden wären (Abs. 7). Daraus resultierend wurden tausende Gemeinschaftsmitglieder obdachlos, basierend auf so genannten „ruthless military operations" und „wasting operations coupled with psychological tactics of displacement" (Abs. 8). Die Häuser der MOSOP wurden geplündert, fliehende Menschen erschossen und Lebensgrundlagen vernichtet, die Ölprojekte hatten zudem Boden und Wasser der Ogoni vergiftet, somit überlebenswichtige landwirtschaftliche Tätigkeiten unmöglich gemacht (Abs. 9). Die Bedeutung von sozialen, wirtschaftlichen und kulturellen Rechten sei hier insbesondere erwähnt; dies setzt zudem einen Meilenstein in der internationalen Rechtsprechung, insofern als indigene Rechte betroffen sind (vgl. Coomans 2003).

Eine besondere Bedeutung nimmt das Recht auf eine intakte, gesunde Umwelt und den damit verbundenen staatlichen Pflichten sowie das verwandte Recht auf den besten erzielbaren Gesundheitszustand an (Abs. 52). Insbesondere Umweltrechte verdienen Erwähnung und Erläuterung: Das afrikanische Menschen- und Völkerrechtssystem gilt als der erste Mechanismus, der sich zu dem Recht auf eine intakte Umwelt äußert und relevante Verpflichtungen ausspezifiziert (van der Linde/Louw 2003). Dazu zählt ein zweistufiger Menschenrechtsansatz, einschließlich prozeduraler und substanzieller Dimensionen; allerdings beschäftigt sich der afrikanische Gerichtshof nur geringfügig mit einschlägigen substanziellen Inhalten. Trotzdem stipuliert die afrikanische Kommission auf Basis des Menschenrechtsansatzes diverse staatliche Verpflichtungen wie die zur Annahme angemessener Maßnahmen

> „*to prevent pollution and ecological degradation, to promote conservation, and to secure an ecologically sustainable development and use of natural resources*" (Abs. 52).

In dem vorliegenden Fall hebt die Kommission v. a. nichtinterventionistische Pflichten hervor, bspw. hinsichtlich der Toleranz von Praktiken oder Maßnahmen, die zur Verletzung der Integrität der Betroffenen führen können (Abs. 52). Damit berührt die Kommission die erste Dimension der Triade menschenrechtlicher Verpflichtungen, und zwar die der Respektierung von Menschenrechten. In der Tat geht der Gerichtshof in dem vorliegenden Fall wiederholt und dezidiert auf menschenrechtliche Verpflichtungen –dem *respect, protect, fulfill*-Modell – ein, (vgl. Coomans 2003) was den Menschenrechtsschutz im Falle indigener Rechte sicherlich erheblich erweitert und spezifiziert. Eine dezidierte staatliche Verpflichtung, Betroffene mittels entsprechender Gesetzgebung und ihrer wirkungsvollen Umsetzung vor Verletzungen durch Dritte zu schützen, bekräftigt die Kommission im vorliegenden Fall; dies betrifft vornehmlich die Zerstörung indigenen Landes (Abs. 58).

Eine besonders nennenswerte menschenrechtliche Dimension des Urteils betrifft das Konsultationsrecht. Vor jeglicher industriellen Tätigkeit sind Staaten dazu verpflichtet, unabhängige wissenschaftliche Gutachten zur ökologischen Situation anzuordnen bzw. diese zumindest stattzugeben und regelmäßig zu überprüfen (Abs. 53). Dabei sind die Gemeinschaften entsprechend zu informieren: ihnen sollen bedeutsame Gelegenheiten gegeben werden, Gehör zu bekommen und an den Entscheidungen teilzuhaben, die sie betreffen (Abs. 53). Hiermit verwandt sind wohl allgemeine Ressourcenrechte, so wie sie fest in Art. 21 der afrikanischen Charta verankert sind. Bei der Ausschöpfung der natürlichen Ressourcen in Ogoniland verzichtete die Militärregierung von Nigeria auf jegliche Regulierungs- oder Überprüfungsverfahren; die Gemeinschaften wurden dabei von jeglichen Entscheidungen ausgeschlossen (Abs. 55).

Einen weiteren Schwerpunkt bildet das Recht auf Wohnen oder Unterkunft; dieses wurde massiv und systematisch von der Militärregierung untergraben. Ähnlich wie der IACtHRleitet die Kommission das Recht auf Konsultation auf Basis verschiedener Grundrechte her, namentlich dem Recht auf den besten erzielbaren Gesundheitszustand, dem Eigentumsrecht und dem Recht auf Schutze der Familie, denn sobald die Unterkunft zerstört würde, wären Eigentum, Gesundheit und Familienleben nachteilig beeinträchtigt (Abs. 60). Die Kommission erkennt und präzisiert verschiedene Formen der Verpflichtung mit Hinblick auf das Recht auf Wohnen. Dies beginnt mit negativen menschenrechtlichen Verpflichtungen des Staates, keine Häuser seiner Einwohner:innen zu zerstören sowie jegliche Praxis zu verurteilen, welche die Integrität des Individuums gefährden oder seine eigenen Initiativen bei der Deckung seiner Wohnbedürfnisse beeinträchtigen könnte (Abs. 61). Darüber hinaus ergibt sich eine Verpflichtung zum Schutze vor Dritten bzw. deren Handlungen; bspw. die Verhinderung weiterer Benachteiligung und die Gewährleistung eines (gesicherten)Zugangs zu Rechtsmitteln (Abs. 61).

In Anlehnung an das Recht auf Wohnen äußert sich die afrikanische Kommission zur Zwangsumsiedlung. Dabei geht die Kommission auf die schwerwiegenden Folgen bzw. Auswirkungen auf andere Menschenrechte ein:

> „*They cause physical, psychological and emotional distress; they entail losses of means of economic sustenance and increase impoverishment. They can also cause physical injury and in some cases sporadic deaths.... Evictions break up families and increase levels of homelessness*" (Abs. 63).

In Übereinstimmung mit dem VN-Sozialausschuss hält die afrikanische Kommission Sicherheiten und einen (wirksamen) Rechtsschutz gegen Zwangsumsiedlungen für unausweichlich; Verstöße werden als Verletzungen der kollektiven Rechte der Ogoni angesehen (Abs. 63).

Eine weitere Verletzung bildet die vielschichtige Missachtung des Rechtes auf Nahrung. Dieses genießt, ähnlich wie das Recht auf Wohnen, einen impliziten Schutz, hergeleitet von dem Recht auf Leben, dem Recht auf Gesundheit und dem Recht auf wirtschaftliche, soziale und kulturelle Entwicklung nach Afrikanischer Menschenrechtscharta (Abs. 64). Das Recht auf Nahrung nimmt zudem eine wesentliche „Umbrella-"Funktion ein, u. a. aufgrund seiner konzeptuellen Verbindung mit der menschlichen Würde. Darüber hinaus wird die Ausübung des Rechtes auf Gesundheit, Arbeit oder politischer Teilhabe durch das Recht auf Nahrung ermöglicht: Die Kommission verweist in diesem Zusammenhang auf geltendes Völkerrecht, und zwar wird der Staat dazu angehalten, Nahrungsressourcen zu schützen, deren Qualität oder Quantität zu optimieren, sowie einen allgemeinen Zugang zu schaffen (Abs. 65). Ähnlich wie in anderen rechtlichen Kontexten verweist die Kommission erneut auf die negativen Verpflichtungen durch den Staat, insbesondere im Lichte der Zerstörung oder Verschmutzung von Nahrungsressourcen und schlechten Praktiken wie der Hinderung der Menschen am Nachgehen selbstversorgerischer Tätigkeiten (Abs. 65).

Das Recht auf Leben gewinnt darüber hinaus Beachtung: dieses wird in dem vorliegenden Fall sowohl von privaten Akteuren als auch dem Staat in systematischer und massiver Weise eingeschränkt. Illustrierend hierfür stehen der weit verbreitete Terrorismus und das Töten von Mitgliedern der Ogoni-Gemeinschaft (Abs. 67). Indirekt wird jenes Recht limitiert durch die aufrechterhaltene Zerstörung und ökologische Degradation; diese haben zur Entmenschlichung und Entwürdigung der Ogoni maßgeblich beigetragen, nicht zuletzt zurückzuführen auf bestehende Abhängigkeiten vom zerstörten Land und Landwirtschaft (Abs. 67). Die intrinsische Verwobenheit existierender Menschenrechte zeigt sich erneut anhand des Rechtes auf Leben: Die Verfolgung, das Töten und Praktiken der unmenschlichen Behandlung durch Sicherheitskräfte haben die Ogoni daran gehindert, zu ihren Wohnorten zurückzukehren bzw. diese wieder aufzubauen. In diesem Sinne nehmen Verfolgung und Tötung eine kollektive, systemische Dimension an, die Lebensgrundlagen und existenzielle Fragen der Ogoni betreffend.

5.3.3 Ogiek vs. Kenia – Zwangsumsiedlung, Land- und Ressourcenrechte und ihre Auswirkungen auf das Recht auf Teilhabe, Kultur, Religion und Entwicklung

Im vorliegenden Fall handelt es sich um eine an die Kommission gerichtete Kommunikation des Centre for Minority Rights Development (CEMIRIDE), Ogiek Peoples' Development Programme und der Minority Rights Group International (MRGI) im Namen der Ogiek-Gemeinschaft des Mau-Waldes. Der Fall wurde als erster und einer der umfangreichsten Entscheide zu indigenen Rechten vor den Afrikanischen Gerichtshof der Menschenrechte und der Rechte der Völker getragen und bildet nun einen wesentlichen Präzedenzfall (vgl. Claridge 2017). Die Ogiek gelten als die letzten Waldbewohner:innen und marginalisiertesten indigenen Völker und Minderheiten Kenias (Sang 2001). Sie selbst sehen sich nicht nur als Beschützer:innen der Tier- und Pflanzenwelt, sondern ebenso als Eigentümer:innen der Mau-Wälder, ihr ursprüngliches Zuhause („ancestral home") seit Menschengedenken (vgl. Kobei 2020). Die Klage betrifft eine androhende Zwangsumsiedlung der Ogiek auf Basis des Government Land Act mit ihren politischen, sozialen und wirtschaftlichen Folgen sowie anderen irreparablen Schäden. Jene Zwangsumsiedlungsmaßnahmen lassen sich bis in die Kolonialzeit zurückführen und setzen somit historische Ungerechtigkeiten fort (Abs. 8). Die Ogiek wurden an den dabei relevanten Entscheidungen nicht beteiligt.

Der Fall trägt zudem auf transzendentale Weise zu komplexen Debatten rund um Indigenität, die Sonderrechte indigener Völker und Kollektivrechte bei (vgl. Rösch 2017). Daneben genießen die Ogoni Zugang zu jeglichen Rechten der Charta ohne Unterscheidung auf Basis von bspw. ethnischem Hintergrund (Abs. 138). Während ein solcher gleichberechtigter Zugang aus menschenrechtlicher Sicht unanfechtbar sein sollte, könnte sich ein solcher Hinweis auf die Einklagbarkeit der Charta-Rechte durch die Ogoni positiv auf die kollektive Dimension jener Forderungen auswirken und demnach prozedural als fortschrittlich gelten.In diesem Zusammenhang werden in der Tat Fragen der Anerkennung von und Definition indigener Völker relevant: Seit der Kolonialzeit wurde den Ogiek der Zugang zu ihrem eigenen Land verweigert; den Ogiek wurde vielmehr vorgeschlagen, sich in andere Stämme zu integrieren, es solltengemeinschaftliche Reservate zugeteilt werden (Abs. 141). Jene Behandlung wurde vom Gerichtshof entsprechend als Unterscheidung auf Basis der „Ethnie“ oder „anderem Status“ verstanden (Abs. 142). In Übereinstimmung mit dem Völkerrecht weist der Gerichtshof ebenso auf die Unzulänglichkeit hin, jene Diskriminierung mittels gesetzlicher Bestimmungen zu adressieren: Vielmehr sei ein wirkungsvoller Schutz zu gewährleisten, einschließlich von Maßnahmen, die Vertreibungen zu verhindern oder den richterlichen Entscheidungen zu folgen (Abs. 144). Der IACtHR versteht in diesem Sinne die fehlende Anerkennung der Ogiek als eigener Stamm oder ähnliche Gruppe und die damit verbundene Verweigerung von Rechten, die anderen Stämmen zustehen, als Verletzung des besagten Art. 2 der Afrikanischen Charta der Menschenrechte und der Rechte der Völker (Abs. 146). Die Sondersituation der Ogiek fällt auf ähnliche Weise im Rahmen des Rechtes auf Leben und Integrität ins Gewicht. Der Gerichtshof stellt grundsätzlich keine Verletzung des Rechtes auf Leben fest, er verweist jedoch auf ein physisches – anders als existentielles – Verständnis des Rechtes auf Leben (Abs. 154). In der Tat gefährdete die Zwangsumsiedlung die angemessene Existenz der Ogiek in den Wäldern: Diese bilden eine wesentliche Überlebensgrundlage, insbesondere mit Hinblick auf den Häuserbau, die Nahrungsmittelbeschaffung oder medizinische Versorgung (Abs. 155).

In Anlehnung an bisherige Fälle vor der Kommission geht der Gerichtshof auf gemeinschaftliches Landeigentum dezidiert ein (Abs. 114), welches er als Individual- und Kollektivrecht versteht (Abs. 123). Bei der Anwendung des Eigentumsbegriffs auf indigene Gemeinschaften und ihre ursprünglichen Länder bezieht sich der Gerichtshof auf das Völkerrecht, insbesondere die VN-Erklärung über die Rechte indigener Völker. Hierbei werden bestimmte Elemente als besonders relevant bezeichnet wie die Idee des Besitzes, der Besetzung und der Nutzung des Landes (Abs. 127). An dieser Stelle geht der Gerichtshof erneut auf die damit verbundenen verletzten Rechte ein, nämlich die vorherige Konsultation und die Vertreibung der Ogiek von ihrem ursprünglichen Land gegen ihren Willen (Abs. 131).

Ein weiteres verwandtes Recht bildet die freie Verfügung über natürliche Ressourcen (Abs. 191). Dieses richtet sich explizit an Völker (siehe ebenso Kapiteleinleitung). Der Gerichtshof legt jene Rechteinhaber:innen-Kategorie weiter aus: Er versteht indigene Völker als Teil jener rechtlichen Kategorie, solange Fragen der Souveränität und die territoriale Integrität des Staates ohne seine Zustimmung nicht bestritten werden (Abs. 199). Weniger umstrittene Rechte bilden insofern das Recht auf Entwicklung, Frieden und Sicherheit und das Recht auf eine gesunde Umwelt, welche – so Gerichtshof – dezidiert Berücksichtigung finden müssen (Abs. 199). Ressourcenrechte gewinnen in dem vorliegenden Fall allerdings besonders an Relevanz. Diese nehmen eine facettenreiche Form an, so die Rechtsprechung:

> „*The Court recalls, in this regard, that is has already recognised for the Ogieks a number of rights to their ancestral land, namely, the right to use (usus) and the right to enjoy the produce of the land (fructus), which presuppose the right of access to and occupation of the land*“ (Abs. 201).

Insofern erkennt der Gerichtshof eine klare Verletzung des Art. 21, da den Ogiek im vorliegenden Fall das Recht verwehrt wurde, frei über die Nahrungsressourcen ihres ursprünglichen Landes zu verfügen (Abs. 201). In der Tat findet das Recht auf Nahrung hier eine neuartige Artikulation unter dem Schutzschirm des Rechtes auf Ressourcensouveränität (vgl. Rösch 2017).

Als ähnlich relevant für die Ausübung von Land- und Ressourcenrechten erweist sich das Recht auf Entwicklung. Erneut greift der IACtHR auf definitionsrelevante Fragen hinsichtlich des Begriffs der Völker zurück, ein Hauptmerkmal der Afrikanischen Charta der Menschenrechte und der Rechte der Völker:

> „ ....*The Court reiterates its view (...) that the term 'peoples' in the Charter comprises all populations as a constitutive element of a State. These populations are entitled to social, economic and cultural development being part of the peoples of a State. Accordingly, the Ogiek population, has the right under Article 22 of the Charter to enjoy their right to development*" (Abs. 208).

Der Gerichtshof stellt in dem vorliegenden Fall eine Verletzung des genannten Art. 22 fest; interessanterweise auf Basis diverser wesentlicher Menschenrechte: Die ständigen Zwangsumsiedlungen resultieren in Verletzungen eines wirkungsvollen Konsultationsrechtes, des Rechtes auf wirtschaftliche, soziale und kulturelle Entwicklung, und des Rechtes auf eine aktive Teilnahme an der Entwicklung und Festlegung von Gesundheits-, Wohn- und anderen Wirtschafts- und Sozialprogrammen, und zwar jene, die von Belang für bzw. die Ogiek betreffen könnten (Abs. 210–211).

Wie der Interamerikanische Gerichtshof für Menschenrechte versteht der ACtHPR Landrechte als intrinsisch verwoben mit anderen Grundrechten wie der Religionsausübung: Hier findet die spezifische Situation traditioneller Gesellschaften und die etwaige Abwesenheit formeller religiöser Institutionen besondere Berücksichtigung; indigene Gesellschaften und die besonderen Abhängigkeiten zwischen der Religionsfreiheit, dem Zugang zu Land und der natürlichen Umgebung werden dezidiert erwähnt (Abs. 164). Die Zwangsumsiedlungen wurden in diesem Sinne als unnötige und unangemessene Maßnahme angesehen (Abs. 167 und 169), schließlich als ungerechtfertigter Eingriff in die Religionsfreiheit der Ogiek, und zwar auf Basis der Verbindung zwischen indigenen Völkern und ihrem Land, dessen Relevanz für die Religionsausübung und der Unmöglichkeit, diese aufgrund der Zwangsumsiedlungen weiter auszuüben (Art. 169).

Das Recht auf kulturelle Praktiken verdient ähnlich Erwähnung: es handelt sich um ein Recht individueller und kollektiver Natur nach (pan)afrikanischem Recht (Abs. 177). Der Gerichtshof ergreift die Gelegenheit, positive staatliche Verpflichtungen in jener Hinsicht zu benennen: Neben der rechtlichen Pflicht in die Ausübung kultureller Rechte von Minderheitengruppen weder einzugreifen, noch diese zu schwächen, etabliert der IACtHR die positive Verpflichtung, insbesondere kulturelles Erbe als wesentliche Komponente indigener Gruppenidentität zu schützen (Abs. 179). Der Gerichtshof wendet dabei ein weites Verständnis von Kultur(rechten) an:

> *„culture should be construed in its widest sense encompassing the total way of life of a particular group, including the group's languages, symbols such as dressing codes and the manner the group constructs shelters; engages in certain economic activities, produces items for survival; rituals such as the group's particular way of dealing with problems and practicing spiritual ceremonies; identification and veneration of its own heroes or models and shared values of its members which reflect its distinctive character and personality*" (Abs. 179).

Die Besonderheit indigener Rechte wird in diesem Zusammenhang erneut klar: Indigene (Be)völker(ungsgruppen) zeigen sich in besonderem Maße von wirtschaftlichen Tätigkeiten dominanter Gruppen und Großprojekten betroffen (Abs. 180). Der Gerichtshof versteht jene Einschnitte und die finale Zwangsumsiedlung als Verletzung des Rechtes auf Kultur der Ogiek – diese werden klar in ihrer Ausübung kultureller Tätigkeiten und Praktiken gehindert (Abs. 190).

5.4 Vom Minderheitenschutz zu den Rechten indigener Völker im europäischen Menschenrechtssystem und der EU-Standardsetzung

Indigene Rechte finden nur eine periphere Artikulation im Europäischen Menschenrechtssystem des Europarates, insbesondere dem Europäischen Gerichtshof für Menschenrechte. Den Europäischen Gerichtshof für Menschenrechte (ECtHR) erreichen v. a. indigene Angelegenheiten zur kulturellen Identität, zu Agrikultur-, Fischerei-, Ressourcen- und Landrechten. Folgende Schwerpunkte lassen sich zudem feststellen: Konflikte zwischen wirtschaftlichen Tätigkeiten und dem traditionellen Lebensraum indigener Völker, der Schutz ihrer traditionellen Territorien und schließlich das Thema Zwangsumsiedlungen (vgl. Koivurova 2013). Jener lückenhafte Schutz mag schlichtweg auf die nur mangelnde Präsenz indigener Völker auf dem europäischen Kontinent zurückzuführen sein. In der Tat beschränkt sich ihre Existenz auf die Samenvölker in Schweden, Norwegen und Finnland, die Inuit in Grönland und diverse indigene Völker in der russischen Föderation. Die Samenvölker genießen einen doppelten Menschenrechtsschutz: so sind ihre Rechte eingebettet in den Rechtsschutz zu indigenen Völkern im Völkerrecht und sie genießen menschenrechtliche Gewährleistungen dank einer wirkungsvollen Minderheitenschutzes auf Basis von Ethnizität, Sprache, Religion und Kultur in europäischen Rechtsordnungen, vornehmlich verortet in relevanten Abkommen des Europarates (vgl. so genannte nationale Minderheiten, Minderheitensprachen).

Im Völkerrecht lässt sich der Schutz gewöhnlich ebenso von der Minderheitenklausel internationaler Abkommen herleiten, vgl. dazu bspw. Art. 27 des Zivilpaktes (*Ilmari Länsman et al. vs. Finland; Jouni E. Länsman et al. vs Finland; Paadar, Paadar, Paadar and Alatorvinen vs. Finland; Kitok vs. Sweden; Eino Länsman and the Muotkatunturi Herdsmen's Committee vs. Finland; Äärelä and Näkkäläjärvi vs. Finland; Kalevi Paadar, Eero Paadar and his family, Veijo Paadar and Kari Alatorvinen and his family vs. Finland; Hopu and Bessert vs. France;*

Sanila-Aikio vs. Finland; Käkkäläjärvi vs. Finland), andere Menschenrechtsschutzabkommen (zu CAT, *Flor Agustina Calfunao Paillalef vs. Switzerland*) oder das Recht auf Teilhabe am kulturellen Leben des Sozialpaktes. Einen ähnlichen Einstiegspunkt etabliert der europäische Menschenrechtsschutz mit dem Recht auf wirkungsvolle Teilnahme am kulturellen, sozialen und wirtschaftlichen Leben und öffentlichen Angelegenheiten (vgl. Kommentar des Beratenden Ausschusses zum Rahmenübereinkommen zum Schutz Nationaler Minderheiten zur „Teilnahme" 2008).

Darüber hinaus gelten jedoch extraterritoriale staatliche Verpflichtungen, bspw. im Zusammenhang mit der Rohstoffindustrie. Diese lassen sich im Völkerrecht v.a. in Verbindung mit Aktivitäten des Unternehmenssektors feststellen (vgl. bspw. Ständiges Forum für Indigene Angelegenheiten 2009). Als wegweisend erweist sich ebenfalls die Allgemeine Bemerkung des Sozialausschusses zu den staatlichen Verpflichtungen im Bereich der ESC-Rechte im Unternehmenssektor N°24 (vgl. ebenso *Maastricht Principles on Extraterritorial Obligations of States in the Area of Economic, Social and Cultural Rights*). Wesentlich für indigene Völker zeigt sich dabei , dass die Verpflichtungen des Abkommens über die Grenzen der Vertragspartei hinaus gelten: Die Vertragspflichten sind ohne Einschränkung aufgrund des Territoriums oder der Rechtsprechung durchzusetzen (Abs. 26–27). Genauer genommen sollen Staaten Maßnahmen annehmen, um Menschenrechtsverletzungen durch Unternehmen im Ausland, welche in dem jeweiligen Territorium und/oder im eigenen Hoheitsgebiet verortet sind, vorzubeugen; dabei sollen die staatliche Souveränität der Host-Staaten oder ihre menschenrechtlichen Verpflichtungen nicht eingeschränkt werden (Abs. 26). In diesem Zusammenhang lassen sich Anknüpfungspunkte mit der Europäischen Union und ihren Verpflichtungen gegenüber Drittstaaten herstellen. Extraterritoriale menschenrechtliche staatliche Pflichten entstehen v. a. in (bilateralen) Handelsabkommen mit Drittstaaten.

Extraterritoriale Verpflichtungen manifestieren sich grundlegend auf zwei Art und Weisen: Zum einen können Handelsabkommen bereits verübte Menschenrechtsverletzungen des:der Handelspartner:in weiter akzentuieren; zum anderen lassen jene Handelsabkommen neue Menschenrechtsverletzungen entstehen, bspw. mit Hinblick auf die sozialen und wirtschaftlichen Rechte dezidierter Gruppen (vgl. Ryngaert 2018). Im EU-Kontext erweist sich insbesondere die Grundrechtecharta des Lissaboner Vertrags als relevant. Obwohl die Charta keine expliziten extraterritorialen Menschenrechtsverpflichtungen stipuliert, muss die EU bzw. müssen die Vertragsstaaten Menschenrechtsstandards folgen, sobald Menschen von ihrer Machtausübung bzw. ihren Handlungen beeinträchtigt werden könnten, unabhängig von der geographischen Position jener Betroffenen (vgl. Ryngaert 2018, ebenso *Council vs. Front Polisario*-Entscheid des EUGH 2016).

Von einem komplementären Schutz kann zudem im Sinne der Minderheitenrechtsordnung gesprochen werden (vgl. bspw. Barelli 2016). Dazu zählen insbesondere das Rahmenübereinkommen zum Schutz nationaler Minderheiten (vgl. bspw. Verstichel/Alen/de Witte/Lemmens 2008; Hofmann/Angst/Lantschner/Rautz/Rein 2015) und die Europäische Charta der Regional- oder Minderheitensprachen. Obwohl der Minderheitenschutz vornehmlich durch die Mechanismen des Europarates gewährleistet wird, konnten die Lissabonner Verträge zu einer zunehmenden Integration der Rechte von Minderheiten beisteuern. Dies wird bereits in dem gemeinsamen Art. 2 der Verträge verdeutlicht: Die Rechte von Personen, die Minderheiten angehören, fallen nicht nur unter den Schutz des Abkommens, sondern werden als Werte der Union verstanden. Der Minderheitenschutz wird im Rahmen des Nichtdiskriminierungsschutzes der Charta der Grundrechte der Europäischen Union erneut konstatiert, allerdings lediglich im Sinne eines negativen Rechtes des Nichteingreifens.

Ähnliche Bezüge zum Nichtdiskriminierungsrecht der EU lassen sich im Rahmen des EU-Sekundärrechts herstellen (vgl. Belavusau/Henrard 2018a; Muir/de Witte 2017). Erst zu Beginn des neuen Jahrzehntes entwickelte sich das EU-Nichtdiskriminierungsrecht hin zu einer wirkungsvollen Rechtschutzordnung, insbesondere im Bereich der Diskriminierung aufgrund ethnischen Hintergrundes. Dieser waren seit den 1950er Jahren rechtsprechende Entwicklungen vorangegangen, allerdings beschränkt auf das Gleichheitsrecht mit besonderer Ausrichtung auf Verletzungen auf Basis des sozialen Geschlechts und der Staatsbürgerschaft (vgl. Belavusau/Henrard 2018b). Insbesondere letztere birgt im Lichte eines wirkungsvollen Minderheitenschutzes Gefahren (vgl. Kochenov 2018); dies betrifft v. a. die harmonisierende Idee der Staatsbürgerschaft und den damit verbundenen Rechten, vor allem in Fällen in denendem kulturellen, politischen, wirtschaftlichen, sozialen oder rechtlichen Pluralismus nicht gerecht wird. Europäische Verfassungsrahmen weisen in der Tat eine limitierte Sichtweise auf und bieten begrenzte Antworten auf die Forderungen nach Pluralismus und etwaigen Forderungen nach Kollektivrechten und ihrer Kodifizierung. Kulturelle, sprachliche, religiöse und ethnische Minderheiten mögen in jener Hinsicht besondere Vulnerabilitäten aufweisen; so erfordern Menschenrechtsverletzungen gewöhnlicherweise Maßnahmen über den Individualrechtsschutz hinaus.

Ein umfassender Minderheitenschutz und möglicher Zugang für indigene Völker wird demnach aufgrund fehlender prozeduraler und substanzieller Dimensionen des Verfassungsrechtes erschwert. Regionale Entwicklungen bieten lediglich hinsichtlich mancher menschenrechtlicher Kernthemen Fortschritte; dazu zählen u. a.

> *das Diskriminierungsverbot und die positive Diskriminierung; die Kulturpflege und Weiterentwicklung; ethnische, kulturelle, sprachliche oder religiöse Identität; die Versammlungsfreiheit, freie Meinungsäußerung, Gedanken-, Gewissens- und Religionsfreiheit; Religions- und Weltanschauungsfreiheiten, einschließlich der Gründung religiöser Einrichtungen, Organisationen und Vereinigungen; die freie Meinungsäußerung; Medienfreiheit, entsprechender Zugang und kultureller Pluralismus; freier Gebrauch der Minderheitensprache im privaten und öffentlichen Raum; die Beschilderung und Führen des Familien- und Nachnamens in der Minderheitensprache; die Vermittlung von Kenntnissen der Kultur, Geschichte, Sprache und Religion der ‚nationalen Minderheit'; die Gründung und Betreibung von privaten Bildungs- und Ausbildungseinrichtungen; Minderheitensprachen zu erlernen oder in dieser Sprache unterrichtet zu werden; die Teilnahme am kulturellen, sozialen und wirtschaftlichen Leben und an öffentlichen*

> *Angelegenheiten; der Schutz vor Maßnahmen zu Veränderungen des Bevölkerungsverhältnisses mit dem Ziel, Rechte und Freiheiten einzuschränken; ungehindertes Herstellen und Pflegen von friedlichen Kontakten über Grenzen hinweg; der Schutz vor Eingriffen in das Recht auf Teilnahme an der Tätigkeit nichtstaatlicher Organisationen* (vgl. Rahmenübereinkommen zum Schutz nationaler Minderheiten, Art. 4–17).

Eine kollektive Dimension jener Minderheitenrechte wird jedoch ausgeschlossen, so der Erläuternde Bericht zum Rahmenübereinkommen (vgl. folgendes Unterkapitel).

5.4.1 Der Menschenrechtsschutz des Europarates: Die Minderheitenordnung und ihre komplementäre Wirkung

Dabei stellen sich zunächst Fragen der Einklagbarkeit; prozedurale Fragen mit Relevanz für Gruppen- oder gar Kollektivrechte bilden einen validen Startpunkt in die Debatte rund um Minderheitenrechte, i. d. R. auf Basis von Kultur, Ethnizität, Sprache oder Religion. Dies gilt in besonderem Maße für das Rahmenübereinkommen zum Schutz nationaler Minderheiten und ihrem Art. 3(2), insbesondere zum Verständnis zu etwaigen Kollektivrechten; der Artikel besagt:

> „*Angehörige nationaler Minderheiten können die Rechte und Freiheiten, die sich aus den in diesem Rahmenübereinkommen niedergelegten Grundsätzen ergeben, einzeln sowie in Gemeinschaft mit anderen ausüben und genießen*“ (Art. 3(2)).

Laut Erläuterndem Bericht zum Rahmenübereinkommen kann dabei „mit anderen“ weit ausgelegt werden, obwohl sich damit kein dezidierter Kollektivrechteschutz etabliert. Das Fallrecht des Gerichtshofes spiegelt dies wider: So genießen indigene Organisationen keine Anerkennung als legitime Interessenvertreter ihrer Mitglieder oder bei Fragen der Verantwortung über Gebiete, welche letztendlich für Einzelpersonen reserviert wären (vgl. Koivurova 2013; *Könkämä and 38 other Sámi villages v. Sweden*; *Johtti Sapmelaccat Ry. and others v. Finland*).

5.4.1.1 Klagebefugnis indigener Organisationen, Fragen zur Kollektivität und Organisationsformen

Das Regime des Europarates zu den Rechten „nationaler Minderheiten“ gibt weitere Anhaltspunkte zur Frage der Klagemöglichkeiten repräsentierender Organisationen. In jenem Fall ergeben sich ähnliche Probleme bei der Definition und Anerkennung von Minderheitenorganisationen: Der Gerichtshof priorisiert das allgemeine Wahlrecht und schützt existierende demokratische Institutionen und Prozeduren des Staates (Abs. 76). Obwohl der Staat im vorliegenden Fall der Etablierung einer Minderheitenorganisation nicht entgegenwirkte, so verhinderte er ihre Anerkennung als juristische Person des öffentlichen Rechtes im Namen der demokratischen Gesellschaft, und zwar aufgrund eines zwingenden gesellschaftlichen Bedürfnisses („pressing social need“), negierte also ihren Sonderstatus (*Gorzelik and Others v. Poland*, Abs. 106) und stellte keine Verletzung des Rechtes auf friedliche Versammlungs- und Vereinigungsfreiheit nach Art. 11 fest. Dennoch leistet der ECtHR einen besonderen Beitrag zu jener rechtlichen Anerkennung von Kollektivität und Organisationsformen, zugleich eine wesentliche Komponente indigener Kollektivrechte:

> „*The ability to establish a legal entity in order to act collectively in a field of mutual interest is one of the most important aspects of freedom of association, without which that right would be deprived of any meaning (...) The course has on numerous occasions affirmed the direct relationship between democracy, pluralism and the freedom of association and has established the principle that only convincing and compelling reasons can justify restrictions on that freedom*" (*Gorzelik and Others v. Poland*, Abs. 88; *Sidiropoulos and Others v. Greece*, Abs. 40; *United Communist Party of Turkey and Others v. Turkey*, Abs. 42ff.; *Socialist Party and Others v. Turkey*, Abs. 42ff.; *Refah Partisi (the Welfare Party) and Others*, Abs. 86ff.).

In der Tat verspricht sich der Gerichtshof nicht nur den Grundrechten im engeren Sinne, sondern der politischen Demokratie und der demokratischen Gesellschaft, welche als einziger Ausnahmegrund für die Einschränkung des Rechtes auf Privat- und Familienleben, die Gedanken-, Gewissens- und Religionsfreiheit, die freie Meinungsäußerung sowie die Versammlungs- und Vereinigungsfreiheit gelten kann. Pluralismus, Toleranz und Aufgeschlossenheit werden als wesentliche Attribute jener demokratischen Gesellschaft verstanden (*Gorzelik and Others v. Poland*, Abs. 90). Dabei gibt der Gerichtshof Einblicke in die Gewichtung bzw. Priorisierung von Minderheitenrechten und deren zugrundeliegenden Prinzipien:

> „*Although individual interests must on occasion be subordinated to those of a group, democracy does not simply mean that the views of the majority must always prevail: a balance must be achieved which ensures the fair and proper treatment of minorities and avoids any abuse of a dominant position*" (Abs. 90; Young, James and Webster v. the United Kingdom, Abs. 63; Chassagnou and Others v. France, Abs. 112).

Darüber hinaus geht der ECtHR auf die damit verbundene organisatorische Form ein, einer Sonderbehandlung mittels der Anerkennung der Vereinigungen jener Minderheiten:

> „*....associations formed for other purposes, including those protecting cultural or spiritual heritage, pursuing various socio-economic aims, proclaiming or teaching religion, seeking an ethnic identity or asserting a minority consciousness, are also important to the proper functioning of democracy. For pluralism is also built on the genuine recognition of, and respect for, diversity and the dynamics of cultural traditions, ethnic and cultural identities, religious beliefs, artistic, literary and socio-economic ideas and concepts*" (Abs. 92).

Die besondere Funktion jener Vereinigungen im Falle so genannter „nationaler“ und ethnischer Minderheiten hebt der Gerichtshof gesondert hervor; positive Maßnahmen nehmen augenscheinlich eine spezielle Position an:

> „*The Court recognises that freedom of association is particularly important for persons belonging to minorities, including national and ethnic minorities, and that, as laid down in the preamble to the Council of Europe Framework Convention, 'a pluralist and genuinely democratic society should not only respect the ethnic, cultural, linguistic and religious identity of each person belonging to a national minority, but also create appropriate conditions enabling them to express, preserve and develop this identity'. Indeed, forming an association in order to express and promote its identity may be instrumental in helping a minority to preserve and uphold its rights*" (Abs. 93).

Eine wesentliche Anschlussdebatte betrifft die Bedeutung individueller Ausübung und die Natur jener Rechte im Allgemeinen: So mag argumentiert werden, manche Rechte könnten nur gemeinsam mit anderen ausgeübt werden , sie können jedoch an sich Einzelrechte darstellen, genauso wie bestimmte Rechte individuell ausgeübt werden können ohne ihren kollektiven Charakter zu verlieren (vgl. Jovanović 2012). So genannte „dual standing-“Rechte und ihre Ausübung durch Einzelpersonen und Gruppen (vgl. Buchanan 1993) oder Differenzierungen zwischen externem, kollektiven Gruppenschutz einerseits und einer kritischen Position gegenüber Einschränkungen von Freiheiten ihrer Mitglieder durch jene Gruppen andererseits (vgl. Kymlicka 1996; ebenso Shachar 2001) illustrieren die theoretische und praktische Tragweite jener Debatten.

5.4.1.2 Fragen der Definition und indigener Identität(en)

Der ECtHR entwickelt zudem ein weites Verständnis zu indigener Identität; dieses mag aufgrund seiner Distanz zu subjektiven Kriterien (der Definition) kritisiert werden. Neben indigenen Völkern – verstanden aus subjektiver, selbstbestimmter Sicht – (vgl. bspw. *Könkämä and 38 other Sámi villages v. Sweden*, *Johtti Sapmelaccat Ry. and others v. Finland*, *Handölsdalen Sami Village and Others v. Sweden*) geht der Gerichtshof auf Gruppen ein, die aufgrund von Massenansiedlungen und Kolonisierung als solche gelten (*Cyprus v. Turkey*). Ähnliche Schlüsse lassen sich im Falle von Machtgefügen und Vorherrschaften über bestimmte Bevölkerungsgruppen im Falle einer Etablierung so genannter ethnischer Hierarchien ziehen (*Andrejeva v. Latvia*). Darüber hinaus versteht der Gerichtshof offiziell anerkannte Minderheiten wie die kurdische Identität als „indigenous racial group as well as distinct national minority“, ohne dabei jedoch kollektive Rechte zu stipulieren oder aber jene Gruppen als indigene Völker zu verstehen (*Avşar v. Turkey*). Schließlich bezieht sich der ECtHR auf selbst ernannte Gruppen und entsprechende eigene Bezeichnungen, allerdings ohne direkt Stellung zu nehmen oder diese gar in seiner Rechtsprechung als indigene Völker anzuerkennen (*Dmitriyevsky v. Russia*; *Vatan v. Russia*; *W.H. v. Sweden*; *M.Y.H. and Others v. Sweden*). Weitere Aufschlüsse mag das Minderheitenregime geben. Im Falle religiöser Minderheiten stellt der Gerichtshof klar: Einzelne Mitglieder müssen in die Lage versetzt werden, ihr Recht auf Selbstidentifizierung ausüben zu können; dies umfasst ebenso Möglichkeiten des opt outs und des Genusses allgemeinee Rechte – Gegenteiliges würde als diskriminierende Behandlung gelten und damit als Verletzung eines fundamentalen Prinzips des Minderheitenschutzes (vgl. bspw. *Molla Sali v. Greece*, Abs. 157, 103).

5.4.1.3 Indigene Rechte und ihr Sui Generis-Status innerhalb der ECtHR-Rechtsprechung

Im Falle der Samenvölker lassen sich wohl die größten Fortschritte in der Rechtsprechung des Europäischen Gerichtshofs für Menschenrechte verzeichnen. Der Fall *Handölsdalen v. Sweden* steht emblematisch für die graduelle Anerkennung indigener Rechte, obwohl diese vornehmlich vereinzelt behandelt werden. Zunächst lässt sich eine enge Verbindung zwischen der traditionellen Nutzung des Landes (vgl. ebenso *Chiragov and Others v. Armenia* zu einer fundierten Debatte zu Zwangsvertreibungen) und einem Anrecht auf letzteres herstellen:

> „*Their historical use of the land has given rise to a special right to real estate, the reindeer herding right (renskötselrätten)*" (Abs. 7).

Allerdings äußert sich der Gerichtshof im Rahmen der Entscheidung weniger klar zu dem besonderen Status indigener Rechte, anders als Ineta Ziemele in einer (teilweise) abweichenden Meinung. Diese verweist auf progressive völkerrechtliche Entwicklungen und die internationale Schaffung neuer rechtlicher Kategorien wie die der indigenen Sonderrechte zur Überwindung fortbestehender Formen der Diskriminierung. Dazu gehören laut abweichender Meinung verschiedene fundamentale Rechte:

> „*With the stated purpose of guaranteeing their cultural identities and other cultural rights, these special steps include the right of indigenous peoples to own the land which such groups have traditionally used and to engage in traditional economic activities*" (Abs. 2).

Jene rechtsprachlichen Entwicklungen fänden auf innerstaatlicher Ebene weniger Resonanz, was wiederum das ECtHR-Urteil prägte.

In der Tat spiegelt sich eine solche Sensibilität hinsichtlich jener komplexen prozeduralen Rechte und der besonderen Vulnerabilitäten indigener Völker nur begrenzt im Urteil wider. Vielmehr kommt der Gerichtshof nicht zu dem Urteil, der Grundsatz der Waffengleichheit und die Beweispflicht wären in dem vorliegenden Fall verletzt worden, trotz bspw. erheblicher finanzieller Ungleichheiten und der Länge des Verfahrens (Abs. 58–59). Allerdings lässt sich das Recht auf einen wirkungsvollen Zugang zur Justiz tiefer diskutieren. In der abweichenden Meinung geht Aneta Ziemele im Folgenden genauer auf die besondere Klagesituation und prozeduralen Details sowie ihre Auswirkungen auf die Position indigener Völker ein:

„*The standard is that parties are afforded a reasonable opportunity to present their case under conditions that do not place them at a substantial disadvantage with respect to the adversary. In cases where one party by definition is disadvantaged, proper access to court is ensured by adopting such procedures and safeguards as indeed enable that party to enjoy the same opportunities. This is what the CERD meant when criticising the fact that the burden of proving the right rests exclusively(!) with the Sami, because the whole system presumes that the landowners have the right and they do not have to prove anything. There is therefore no doubt in my mind that the applicants' access to court was not effective. It could not be effective until and unless the entire approach to land disputes of this kind is revised to take account of the rights and particular circumstances of indigenous peoples. The excessive legal costs and the fact that the applicants had to borrow money from their own Fund are elements of the overall unfairness*" (Abs. 10).

5.4.1.4 Benachbarte Menschenrechtsregime: Minderheitenrechte am Beispiel der Roma und Formen der Diskriminierung

Parallele Schlüsse lassen sich ebenfalls auf Basis der Minderheitenrechte ziehen; so behandelte der Gerichtshof bereits mehrfach die Rechte der Roma. Ähnlich wie das interamerikanische Menschenrechtssystem entwickelt der ECtHR ein weites Verständnis zu kultureller Identität. Dies betrifft bspw. das Recht der Roma, ihr Land für ihre eigene Gestaltung des Wohnens zu nutzen, in Übereinstimmung mit ihrer kulturellen Identität(en) (vgl. Koivurova 2013; *Buckley v. United Kingdom*). In einem späteren ähnlichen Fall etabliert der Gerichtshof zwar die positive staatliche Verpflichtung, die Lebensweise einer jenen Minderheit zu fördern, es lässt sich jedoch eine gewisse menschenrechtliche Regression feststellen, was die freie Gestaltung des Wohnens und das Recht auf ein privates und Familienleben angeht (*Chapman v. the United Kingdom*).

Eine wiederkehrende Verletzung betrifft darüber hinaus bestehende Manifestierungen der Diskriminierung der Roma im Bildungsbereich; Romakinder waren auf Basis fragwürdiger Tests an Sonderschulen überwiesen worden. Der Gerichtshof stellte eine klare Verletzung des Rechtes auf Bildung in Verbindung mit dem Recht auf Nichtdiskriminierung fest (*D.H. and Others v. the Czech Republic*). Im Falle indigener Völker besteht bspw. zumeist ein Bedarf an Sonderprogrammen in der Bildung, im Rahmen positiver Maßnahmen, was zumeist Sprachenrechte angeht. Auf ähnliche Weise spricht sich der Gerichtshof in *Oršuš and Others v. Croatia* aus: Die vulnerable Position der Roma erfordere, ihren Bedürfnissen und unterschiedlichen Lebensformen besondere Berücksichtigung zu schenken, sowohl in relevanten Regulierungsrahmen als auch was spezifische Entscheidungen anginge (Abs. 148; vgl. ebenso *Chapman v. the United Kingdom*). Interessanterweise verstehen die Betroffenen im vorliegenden Fall ihre Aussonderung im Schulbereich als eine Diskriminierung aufgrund ethnischen Hintergrundes, während der Staat die Diskriminierung auf Basis sprachlicher Kriterien begründet. Obwohl der Gerichtshof nicht direkt auf die Bedingungen einer minderheitengerechten Bildungspolitik eingeht, so fordert er klar die Gewährleistung von Pluralismus in der Bildung im Lichte und zur Bewahrung einer demokratischen Gesellschaft (*Catan and Others v. the Republic of Moldova and Russia*, Abs. 138).

Die besondere Form der Diskriminierung jener Minderheit verdient unsere gesonderte Aufmerksamkeit, auch in Hinblick auf parallele Schlüsse für die Sonderrechte indigener Völker. Ein besonderes Augenmerk sei auf die Situation ethnischer Minderheiten legen, so Gerichtshof, und zu unterscheiden von anderen Formen der Diskriminierung:

> „*Racial discrimination is a particularly invidious kind of discrimination and, in view of its perilious consequences, requires from the authorities special vigilance and vigorous reaction. It is for this reason that the authorities must use all available means to combat racism, thereby reinforcing democracy's vision of a society in which diversity is not perceived as a threat but as a source of enrichment. The Court has also held that no difference in treatment which is based exclusively or to a decisive extent on a person's ethnic origin is capable of being objectively justified in a contemporary democratic society built on the principles of pluralism and respect for different cultures*" (*D. H. and Others v. the Czech Republic*, Abs. 176; *Timishev v. Russia*, Abs. 58; *Nachova and Others v. Bulgaria*, Abs. 157).

Grundsätzlich ist eine ungleiche Behandlung als diskriminierend anzusehen, insofern keine objektive und angemessene Rechtfertigung vorliege. Allerdings gelten für den Fall von (ethnischen) Minderheiten besondere Kriterien:

> „*Where the difference in treatment is based on race, colour or ethnic origin, the notion of objective and reasonable justification must be interpreted as strictly as possible*" (*Oršuš and Others v. Croatia*, Abs. 156; *Sampanis and Others*, Abs. 69).

Des Weiteren ist die Vertragspartei dazu verpflichtet, jene diskriminierende Politik auf Basis ihrer Auswirkungen auf die betroffene Minderheit gesondert zu betrachten und entsprechende positive Maßnahmen zu ergreifen:

> „*When such a measure disproportionately or even, as in the present case, exclusively, affected members of a specific ethnic group, then appropriate safeguards have to be put in place*" (*Oršuš and Others v. Croatia*, Abs. 157; Buckley v. the United Kingdom, Abs. 76).

In der Tat gelten nicht nur jene Maßnahmen als diskriminierend, welche sich gezielt auf jene Gruppe richten, sondern auch solche, welche dabei unverhältnismäßige benachteiligende Auswirkungen auf eine bestimmte Gruppe aufweisen (*D. H. and Others v. the Czech Republic*, Abs. 175; vgl. ebenso *Hugh Jordan v. the United Kingdom*; *Hoogendijk v. the Netherlands*). In dem Entscheid *D. H. and Others v. the Czech Republic* geht der ECtHR genauer auf zu ergreifende positive Maßnahmen ein:

> „*Article 14 does not prohibit a member State from treating groups differently in order to correct 'factual inequalities' between them; indeed in certain circumstances a failure to attempt to correct inequality through different treatment may in itself give rise to a breach of the Article*" (Abs. 175; *Relating to Certain Certain Aspects of the Laws on the Use of Languages in Education in Belgium v. Belgium*, Abs. 10; *Thlimmenos v. Greece*, Abs. 44; *Stec and Others v. the United Kingdom*, Abs. 52).

Im Allgemeinen steht der Gerichtshof bzw. die Menschenrechte vor verschiedenen inhärenten Herausforderungen, was einerseits den famosen *marge d'appréciation* und somit weite Spielräume der Auslegung seitens der Vertragsstaaten angeht und andererseits die verschiedenen, möglichen Bildungsmodelle betrifft. Exemplarisch stehen die vorliegenden Fälle für die besonderen Bedürfnisse jener Minderheit: dies mag sich auf sprachliche Partikularitäten beziehen; kulturelle Identität und deren Förderung, bspw. durch die Integration besonderer Thematiken in sozialwissenschaftlichem und geschichtlichem Unterrichtsangebot; in der Bewusstseinsbildung und Aufklärungsarbeit oder in gezielten Sonderprogrammen.

Schließlich etabliert der Gerichtshof auf Basis der diskutierten Urteile eine weite völkerrechtliche Verpflichtung; er basiert diese auf so genannten progressiven Entwicklungen des Völkerrechts zur besonderen Berücksichtigung der Rechte von Minderheiten:

> „*The Court also observed that there could be said to be an emerging international consensus among the Contracting States of the Council of Europe recognising the special needs of minorities and an obligation to protect their security, identity and lifestyle....*" (D. H. and Others v. the Czech Republic; Abs 181; Chapman v. the United Kingdom, Abs. 93–94).

5.4.2 Fundamentale Rechte in der Europäischen Union und ihre Relevanz für indigene Völker

Ein erster Einstiegspunkt ergibt sich mit den Vielfalts-, Pluralismus- und Nichtdiskriminierungsklauseln sowie dem Völkerbegriff des EU-Vertragsrechts. Die Anwendung des EU-Vertragsrechts auf „the peoples of Europe" nach dem gemeinsamen Art. 1 des Lissaboner Vertrags mag seine Anwendung auf indigene Völker, möglicherweise ethnische, kulturelle, sprachliche oder religiöse Minderheiten suggerieren, folgt man einer progressiven Leseart. Des Weiteren kodifiziert das EU-Vertragsrecht die gemeinsamen Werte der Mitgliedsstaaten, einschließlich des Pluralismus und der Nichtdiskriminierung (Art. 2), was wiederum weite Interpretationsräume hin zu einer inklusiven Politik und der dezidierten Berücksichtigung von Sonderrechten öffnen dürfte. Die wohl relevanteste Klausel bildet Art. 21 der Charta der Grundrechte der Europäischen Union zum Nichtdiskriminierungsschutz; dazu zählen u. a. Diskriminierungen aufgrund „der Hautfarbe, der ethnischen oder sozialen Herkunft, der genetischen Merkmale, der Sprache, der Religion oder der Weltanschauung (...) der Zugehörigkeit zu einer nationalen Minderheit" (Art. 21). Ähnlich gebietet Art. 22, „Vielfalt der Kulturen, Religionen und Sprachen“ zu achten, wobei über jene negativen Rechte hinaus kein positiv diskriminierender Menschenrechtsschutz ins Leben gerufen wird.

Neben dem EU-Primärrecht haben indigene Rechte bereits explizite Erwähnung in Resolutionen und Aktionsplänen finden können. Darauf lässt bspw. der aktuelle Aktionsplan zu Menschenrechten und Demokratie 2020–2024 der Europäischen Kommission und des Hohen Vertreter:in der EU für Außen- und Sicherheitspolitik schließen. Indigene Völker finden ebenso Eintritt in die EU-Menschenrechtspolitik, und zwar mittels spezifischer Ziele und Prioritäten des Aktionsplans. Zum einen sollen indigene Völker in ihrer Teilnahme an relevanten menschenrechtlichen und Entwicklungsprozessen gestärkt werden, und dies in jeglichen Entscheidungen, die für sie von Belang sind (Teil I B des Aktionsplants) unter Berücksichtigung des Prinzips der freien, vorherigen und informierten Zustimmung . Zum anderen sollen zur Teilnahme am öffentlichen und politischen Leben Bildungsmaßnahmen, einschließlich Distanzunterricht, angenommen werden, welche sich gezielt an u. a. indigene Völker richten (Teil II B).

5.4.2.1 Entwaldung und ihre Auswirkungen auf indigene Völker im Fokus des EU-Parlaments

Nennenswert ist sicherlich ebenso eine kürzlich verabschiedete Resolution des Europäischen Parlaments zur Thematik der Entwaldung („Deforestation“, 2020); diese empfiehlt der Europäischen Kommission, EU-gesteuerter Entwaldung auf globaler Ebene Einhalt zu gebieten und dieser gegen zu wirken; besondere Bezüge zu den Rechten indigener Völker werden hergestellt. Zunächst gehört dazu die Bewusstseinsbildung, was die Auswirkungen der Entwaldung für indigene Völker angeht, einschließlich Gewalt(androhungen) und Morden bei Protest- und Verteidigungsinitiativen (Abs. C, K). Die Gewährleistung indigener Rechte lässt sich gemäß der Resolution im Sinne von vier Kernbausteinen verstehen.

(I) Die Rechte indigener Völker werden zunächst mit der Zerstörung und Degradation von Wäldern und Ökosystemen mit hohem Kohlenstoffbestand und hoher Artenvielfalt in Verbindung gebracht sowie in besonderem Grade der Herstellung von Waren, die ein Risiko für Wald und Ökosystem bilden (General Remarks, Abs. 26, vgl. ebenso Recommendations as to the Content of the Proposal Requested, Scope; 3.4 Human Rights Violations). Verletzungen indigener Rechte werden in diesem Sinne in den weiten Zusammenhang von Umweltstandards gestellt und dabei eher indirekt abgehandelt.

(II) In einem zweiten Kontext wird die Rolle indigener Völker als Hüter:innen und Verteidiger:innen von Land und Umwelt genauer betrachtet; dies wiederum konnte zu diversen Verletzungen führen (General Remarks, Abs. 63). Indigenen Frauen wird dabei eine besondere Bedeutung zugesprochen. Gewalt gegenüber indigenen Völkern tritt häufig im Zusammenhang mit Land- und Ressourcenkonflikten auf bzw. werden diese als Quelle jener Gewalt gesehen (Abs. 63). Die Degradierung und Zerstörung von Wald und Ökosystemen bringt weitere Menschenrechtsverletzungen mit sich, wie Formen der Kriminalisierung, Belästigung oder Verfolgung, welche wiederum die Etablierung von indigenen Landbesitz-, Land- und Arbeitsrechten in einem zukünftigen EU-Regulierungsrahmen erfordern (Abs. 63). Entsprechende Reformprozesse in Erzeugerländern sollen anhand einer wirkungsvollen und bedeutungsvollen Teilhabe aller Interessenvertreter:innen wie indigenen und lokalen Gemeinschaften und der Zivilgesellschaft vorangetrieben werden.

(III) Zudem widmet sich das Parlament indigenem Gewohnheitsrecht, bspw. der Notwendigkeit, eine wirkungsvolle Anerkennung von gewohnheitsrechtlichem Landbesitz zu gewährleisten. Interessanterweise sieht das Parlament jene Angelegenheiten als eine Frage der sozialen Gerechtigkeit und als hergeleitet von der VN-Erklärung über die Rechte indigener Völker und des ILO-Abkommens N° 169 (General Remarks N° 113). Ähnlich fordert das Parlament im Zusammenhang mit Land, Territorium und Ressourcen, die von Ernten, Rohstoffabbau oder der Produktion betroffen sind, einen dezidierten Schutz von Menschenrechten sowie den formellen und gewohnheitsrechtlichen Dimensionen eines jenen Schutzes, ausgerichtet auf die Rechte indigener Völker (Recommendations as to the Content of the Proposal Requested, Objective 1).

(IV) Darüber hinaus etabliert das Parlament ein Sonderrechtsregime, welches bei der Festlegung von Herstellungsstandards und Bedingungen die besonderen Rechte indigener Völker beachten soll; dabei hält das Parlament die folgenden Menschenrechte für besonders schützenswert:

> „*Tenure rights and the procedural right to give or withhold their free prior and informed consent (...) the right to water, the right to environmental protection and sustainable development, the right to defend human rights and the environment, free from any persecution and harassment, labour rights (...) human rights related to land use, access or ownership, as well as the human right to a healthy environment*" (Abs. 3(4) Recommendations as to the Content of the Proposal Requested).

Mit Hinblick auf Landrechte legt die Resolution zudem fest, wirkungsvolle und angemessene Maßnahmen seien zu ergreifen, was die verschiedensten daran angelehnten prozeduralen und substanziellen Rechte angeht (Abs. 4.1 Duty of due diligence, Recommendations as to the Content of the Proposal Requested). Dies betrifft u. a. den rechtlichen Status von Land, einschließlich des Landeigentums, der Landtitel, des Gewohnheitsrechts und des formellen Rechts in Bezug auf Land, Territorien und Ressourcen (Abs. 4.1.(a)(iv)); eine nachweisliche Implementierung der freien, vorherigen und informierten Zustimmung (FPIC) (Abs. 4.1(a)(iv)); etwaigen Risikoanalysen mit Bezug auf (Ernte-, Produktions-, Rohstoffausbeutungs- oder (Weiter)Verarbeitungs-)Tätigkeiten oder ihren Auswirkungen auf indigene Völker (Abs. 4.1(b)); eine wirkungsvolle und bedeutungsvolle Teilhabe indigener Völker an Freiwilligen Partnerschaftsabkommen (Abs. 4.1(g)) und Konsultationsprozessen; und der Berücksichtigung von indigenem Wissen, den Risiken und Belangen, so wie sie von indigenen Völkern bekundet bzw. gefordert werden (Abs. 4.1.(e)).

5.4.2.2 Die Einflussnahme völkerrechtlicher Mechanismen im Bereich Business & Human Rights

Daneben wird die EU von internationalen Mechanismen zur Einhaltung ihrer menschenrechtlichen Pflichten gegenüber indigenen Völkern aufgerufen. Exemplarisch hierfür steht die Stellungnahme der ehemaligen Sonderberichterstatterin Victoria Tauli-Corpuz „European companies in indigenous territories in Latin America: from conflict to understanding through prior consultation“ (2017). Die Sonderberichterstatterin geht maßgeblich auf das Konsultations- und Zustimmungsrecht ein; eine wesentliche Rolle spielt zudem die soziale Unternehmensverantwortung (CSR), einschließlich der Sorgfaltspflicht. Wie ihr Amtsvorgänger James Anaya weist Victoria Tauli-Corpuz auf die Notwendigkeit bestimmter Maßnahmen hin. Dazu zählen das Erkennen möglicher Auswirkungen auf indigene Völker; die Durchführung partizipativer Studien zur Folgenabschätzung, was Auswirkungen auf Landrechte, Selbstregierungsformen und kulturelle Rechte angeht; und die Suspendierung jeglicher unternehmerischer Tätigkeiten bei Nichteinhalten des Konsultations- und Zustimmungsrechtes (p. 3). Die Sonderberichterstatterin wendet sich jedoch ebenso direkt an das Europäische Parlament und die Mitgliedsstaaten zur Annahme spezifischer Maßnahmen hinsichtlich möglicher Auswirkungen der Tätigkeiten ansässiger Unternehmen . Dazu zählen:

> „*(1) Business and human rights national action plans, and potentially a European Regional Action Plan that provide guidance to corporate actors in relation to respect for the rights of indigenous peoples (...) (2) ratification of ILO Convention 169 by member States and renewed commitment to the implementation of the UN Declaration (...) (3) the strengthening of the capacity and resources of existing remedial mechanisms (...) to effectively address alleged violations of indigenous peoples' rights (...), where breaches are found (...) States should implement effective and consistent follow-up procedures and take proactive steps to promote the implementation of National Contact Points (OECD) findings, including through diplomatic and economic levers (4) increased role of National Human Rights Institutions in promoting and monitoring corporate compliance with indigenous peoples' rights overseas; (5) examination by European institutions of ways in which independent financial and technical support can be provided to indigenous peoples' organisations that are (considering) developing, their own consultation and consent policies, procedures or protocols; (6) inclusion of specific references to respect for indigenous peoples' rights in EU guidance aimed at member States in relation to trade and investment agreements; (7) greater awareness among European institutions, in particular those concerned with trade and investment, of the potential impacts of European corporations on the rights of indigenous peoples and ensure that trade and investment policies are aligned with the EU's development cooperation policy provisions on indigenous peoples and the human rights obligations of its member states; (8) the establishment of an EU initiative aimed at ensuring that goods and resources entering the EU have been sourced in a manner that is consistent with respect for indigenous peopled'*

rights; and the development of a coordinated approach among European aid institutions and member states toward promoting corporate respect for indigenous peoples' rights, in particular in relation to consultation and consent." (Victoria Tauli-Corpuz, Special Rapporteur on the rights of indigenous peoples, "European companies in indigenous territories in Latin America: from conflict to understanding through prior consultation" February 2017)

5.4.2.3 EU-Außenpolitik zu den Rechten indigener Völker

Zudem haben sich EU-Institutionen – wenngleich ad-hoc und wenig institutionalisiert – einem dezidierten Schutze der Rechte indigener Völker versprochen. Besonders erwähnenswert ist das Arbeitsdokument der EU-Kommission und der Hohen Vertreterin „Implementing EU external policy on indigenous peoples" (2016). Das Arbeitsdokument setzt einen besonderen Fokus auf die internationale Zusammenarbeit und einen entsprechenden menschenrechtsbasierten Ansatz; die internationale Zusammenarbeit bildet den Kontext für die Artikulation von Menschenrechten wie der freien, vorherigen und informierten Zustimmung. In der Tat wird die Rolle indigener Repräsentant:innen und Entscheidungsinstanzen mehrfach hervorgehoben. Dies mag bilaterale oder multilaterale Verhandlungen zu bestimmten Thematiken betreffen oder aber die Teilhabe an der Arbeit internationaler Mechanismen. Methodologisch bietet das Papier interessante Einblicke in die EU-Außenpolitik: So bilden Menschenrechtsdialoge zwischen der EU, Partnerländern und regionalen Organisationen einen wesentlichen Teil der EU-Menschenrechtspolitik (p. 12). Dazu geben die Kommission und die Hohe Vertreterin allgemeine Empfehlungen ab. Vornehmlich adressieren diese etwaige Bezüge zu existierenden Menschenrechtsinstrumenten und good practice unter besonderer Berücksichtigung der UNDRIPS durch EU-Maßnahmen, einschließlich der Handelspolitik und internationaler Zusammenarbeit (p. 20). Daneben präzisieren die EU-Organe weitere Handelsempfehlungen zur Optimierung von Maßnahmen zugunsten indigener Völker, insbesondere verbesserte Möglichkeiten für Dialoge und Konsultationen und eine Transversalisierung der Prinzipien der UNDRIPS in der EU-Außenpolitik (Abs. 21; für Einblicke in spezifische Handlungsempfehlungen, siehe „Vías para mejorar la ejecución de las acciones de la UE en beneficio de los pueblos indígenas").

Die „Council Conclusions on Indigenous Peoples" (2017) des Rates der EU geben weitere Anhaltspunkte zur Positionierung indigener Rechte in der EU-Außenpolitik. Ähnlich wie die Kommission und die Hohe Vertreterin sieht der Rat einen engen Zusammenhang zwischen der Anerkennung indigener Völker und der EU-Menschenrechtspolitik im Allgemeinen; UNDRIPS soll jene Platzierung prägen (Abs. 4). Eine besondere Betonung wird auf den Dialog und die Konsultation gelegt, zur Gewährleistung der vollen Teilhabe und freien, vorherigen und informierten Zustimmung „in nützlicher und systematischer Weise" in von der EU finanzierten Programmen und der Zusammenarbeit (Abs. 8). Zur Verbesserung und Homogenisierung ihrer Außenpolitik schlägt der Rat schließlich vor, jegliche Formen der Diskriminierung und Ungleichheiten aufgrund indigener Herkunft oder Identität in Verbindung mit wirtschaftlichen, sozialen, kulturellen sowie zivilen und politischen Rechten zu priorisieren (Abs. 5). Des Weiteren sollen jene Maßnahmen vorrangig behandelt werden, welche jeglichen Bedrohungen oder der Gewalt gegen indigene Völker oder Personen entgegenwirken, bspw. jene gegen Menschenrechtsverteidiger:innen im Zusammenhang von Land- oder Ressourcenthematiken, der Umwelt, Biodiversität und dem Klima (Abs. 5). Zu jenen fortschrittlichen Entwicklungen zählt zweifelsohne ebenso eine kürzlich angenommene Resolution des Europäischen Parlaments „Violation of rights of indigenous peoples in the world“ (2018) und ihrem dezidierten Fokus auf Landraub, Business und Menschenrechten, nachhaltiger und wirtschaftlicher Entwicklung und der EU-Kooperation mit Drittstaaten.

5.4.2.4 Die Rechte indigener Völker und Minderheiten vor dem EUGH

Das existierende Fallrecht nimmt vornehmlich Bezug auf die Rechte von Minderheitengruppen; die Rechte indigener Völker finden nur peripher Erwähnung. Zunächst nähert sich der EUGH definitionsrelevanten Fragen. Jene Unsicherheiten werden sicherlich von der Abwesenheit relevanter Sonderrechte im EU-Vertragsrecht getragen. Dies spiegelt sich ebenfalls in existierenden Regulierungen wider. So merkt der Gerichtshof kritisch an, weder so genannte „andere indigene Gemeinschaften“ noch die für die Klage relevanten traditionsgemäßen Tätigkeiten seien klar zu verstehen bzw. werden definiert (*Inuit Tapiriit Kanatami and Others v. Parliament and Council*, 2011; Abs. 78). In diesem Sinne erweist sich die UNDRIPS als wesentlicher völkerrechtlicher Bezugsstandard.

Im Vordergrund stehen dabei häufig ESC-Rechte, insbesondere was die Landwirtschaft oder Fischerei betrifft. Kulturelle Rechte nehmen eine entscheidende Rolle ein, insbesondere hinsichtlich ihrer Bedeutung für die Nahrungsmittelbeschaffung; erstere drohen in Konflikt zu treten mit ethischen Grundsätzen (vgl. bspw. *Advocate General Kokott* in C-900/19, 2020). Emblematisch hierfür steht sicherlich der *Inuit Tapiriit Kanatami and Others vs. Commission*-Entscheid, welcher den Konsum von Robben auf indigene subsistenzorientierte Zwecke einschränkt und als klare Ausnahme gilt (Abs. 46). Dabei dürfen die Regeln des internen Marktes der EU keinen Vorrang über den Tierschutz als legitimes Ziel des öffentlichen Interesses haben, reflektiert in dem Protokoll des EC-Vertrages zum Schutze und Wohlergehen von Tieren (Abs. 42).

Jedoch lassen sich ebenso rechtssprachliche Entwicklungen im Bereich der zivilen und politischen Rechte vermerken. Im vorliegenden Fall betrifft dies den „Grundsatz der Selbstbestimmung auf Basis einer freien und authentischen Willensäußerung der Bevölkerung des Gebiets“ (*Front Polisario v. Council*, Abs. 8). Letzteres wird als „umstrittenes Gebiet“ bezeichnet; der Abschluss eines Abkommens zur Handelsliberalisierung im Bereich der Landwirtschaft und Fischerei in jenem Gebiet wird für nichtig erklärt. Der Gerichtshof bezieht sich in den geführten Debatten zur Selbstbestimmung auf völkerrechtliche Entwicklungen bzw. Status; diese gewinnen eine besondere Relevanz im Zusammenhang mit der Kolonialgeschichte (vgl. bspw. Advocate General Wathelet in Western Sahara Campaign UK). Dazu gehören ebenso die Modalitäten eines Referendums zur Unabhängigkeitsfrage

(Abs. 181), die Bedingung der Unabhängigkeit für die vollständige Entkolonialisierung (Abs. 143) und ein entsprechendes internationales Monitoring des Referendums (Abs. 148).

Zudem geht der EUGH auf prozedurale Rechte ein, insbesondere die Frage der Klagebefugnis durch Einzelpersonen oder Gruppen. Zwar legt der Gerichtshof fest, dass die individuellen Mitglieder einer indigenen Organisation „aus eigenem Recht klagebefugt wären", nichtsdestotrotz gibt der EUGH an: „das Gericht hätte für Verbände, die indigene Gemeinschaften verträten, die Kriterien für den Nachweis der Klagebefugnis lockern müssen" (*Carvalho and Others v. Parliament and Council*; C-565/10 P, Abs. 3). In dem vorliegenden Fall bietet der Gerichtshof der ersten Instanz der EU weitere Einblicke in die Partikularitäten jener Klagebefugnis und ihre Anwendung durch Gruppen. Eine wesentliche Zulässigkeitsvoraussetzung behandelt, inwiefern die Kläger:innen direkt und individuell betroffen sind. Beides ist kumulativ zu werten: Im Falle, dass die Kläger:innen nicht individuell von der legislativen Maßnahme betroffen sein sollten, wäre es unnötig festzustellen, ob diese von direktem Belang für sie ist (*Carvalho and Others v. Parliament and Council*, T-330/18, Abs. 44, vgl. ebenso *Inuit Tapiriit Kanatami and Others v. Parliament and Council*, Abs. 76). Bei einer Verletzung indigener Kollektivrechte ergeben sich in letzterem Sinne bereits Schwierigkeiten bei der Zulässigkeit einer solchen Klage. Allerdings unterliegt die indigene Organisation Sáminuorra einem besonderen Regime im Falle von Nichtigkeitsklagen: jene Klagen durch Vereinigungen sollen in drei verschiedenen Szenarien als zulässig erklärt werden:

> „*Firstly, where a legal provision expressly grants a series of procedural powers to trade associations; secondly, where the association represents the interests of its members, who would themselves be entitled to bring proceedings; and thirdly, where the association is distinguished individually because its own interests as an association are affected, in particular because its negotiating position has been affected by the act in respect of which annulment is sought*" (*Inuit Tapiriit Kanatami and Others v. Parliament and Council*, Abs. 51).

Weitere Entwicklungen lassen sich im Rahmen von Umwelt- und Nachhaltigkeitsdebatten vermerken. Hier werden indigenen Völkern Rechte bei der Teilhabe am Umweltschutz und Nachhaltigkeitsprogrammen zugesprochen oder bei der Bestimmung oder dem Schutze biologisch vielfältiger Gebiete oder gefährdeter Ökosysteme (vgl. bspw. Advocate General Mengozzi in C-377/12). Völkerrechtliche Entwicklungen rund um das Übereinkommen über die biologische Vielfalt (CBD) spielen dabei eine tragende Rolle, bspw. dazu, welchen Einfluss indigene traditionelle Lebensstiele auf den Schutz der Artenvielfalt ausüben können (vgl. Advocate General Jacobs in C-377/98).

Verständnis- und Debattierfragen zum Kapitel „Indigene Belange in regionalen Menschenrechtssystemen"

I) *Beschreiben Sie die Besonderheiten und die Tragweite des interamerikanischen Menschenrechtssystems im Bereich der indigenen Rechte.*

II) *Inwiefern tragen die Kernabkommen der regionalen Mechanismen zu einem wirkungsvollen Schutz indigener Rechte bei?*

III) *Welche Rechte indigener Völker bilden einen Hauptschwerpunkt, könnten als so genannte ‚umbrella rights' gelten?*

IV) *Gehen Sie genauer auf die progressiven Veränderungen durch das jüngste regionale menschenrechtliche Instrument, der Amerikanischen Erklärung zu den Rechten indigener Völker, ein.*

V) *Diskutieren Sie den Begriff der indigenen Völker in seinen regionalen Ausprägungen.*

VI) *Inwiefern erweisen sich die Urteile zu Massakern an indigenen Völkern unter den Militärregimen des letzten Jahrhunderts als relevant für einen umfassenden Menschenrechtsschutz?*

VII) *Wie leitet der Interamerikanische Gerichtshof für Menschenrechte die Land- und Ressourcenrechte indigener Völker her?*

VIII) *Beschreiben Sie die Relevanz des Rechtes auf freie, vorherige und informierte Konsultation im Rahmen unterschiedlicher regionaler Entwicklungen.*

IX) *Gehen Sie auf gemeinsame Verletzungen und entsprechende Reaktionen des Menschenrechtsschutzes in den Ogiek-, Ogoni- und Endorois-Fällen ein.*

X) *Diskutieren Sie die Relevanz von Weide-, Land- und Kollektivrechten im europäischen Kontext.*

Literatur zur Einführung

Dersso, Solomon A. (2006): The Jurisprudence of the African Commission on Human and Peoples' Rights with respect to Peoples' Rights. African Human Rights Law Journal 6, S. 358–381.

Herencia Carrasco, Salvador (2018): The rights of indigenous peoples in the jurisprudence of the Inter-American Court of Human Rights: A 'Third World Approaches to International Law' assessment to advance their protection in the Inter-American Human Rights System. In: Corradi, Giselle/de Feyter, Koen/ Desmet, Ellen/Vanhees, Katrijn (Hrsg.): Critical Indigenous Rights Studies. London: Routledge.

Inter-American Commission on Human Rights (IACHR) (2010): Indigenous and Tribal Peoples' Rights over their Ancestral Lands and Natural Resources: Norms and Jurisprudence of the Inter-American Human Rights System, Washington D.C.: Inter-American Commission on Human Rights.

Koivurova, Timo (2013): Jurisprudence of the European Court of Human Rights regarding Indigenous Peoples: Retrospect and Prospects. In: Fitzmaurice, Malgosia, Merkouris, Panos, and Okowa, Phoebe (Hrsg.) The Interpretation and Application of the European Convention of Human Rights: Legal and Practical Implications, Leiden and Boston: Martinus Nijhoff Publishers.

Monteiro de Matos, Mariana (2020): Indigenous Land Rights in the Inter-American System: Substantive and Procedural Law, Leiden & Boston: Brill Nijhoff.

Interaktives Online-Lernspiel zum Kapitel 5 „Indigene Belange in regionalen Menschenrechtssystemen“:

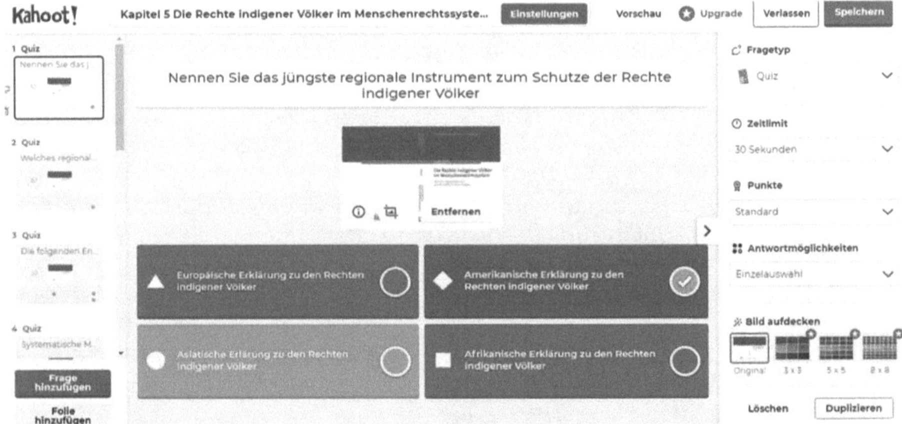

→ https://create.kahoot.it/share/kapitel-5-die-rechte-indigener-volker-im-menschenrechtssystem-normen-institutionen/6fe140e7-129c-4b8b-a770-75e239f4fe83

Kapitel VI: Indigene Rechte inmitten des Völkerrechts, multilateralen Regierens und der Verschiebung globaler Machtstrukturen

Zusammenfassung

Ein fortschrittlicher authentischer Rechtsrahmen erfordert eine Repositionierung indigener Organisationsstrukturen und ihrer Repräsentant:innen in völkerrechtlichen Mechanismen und globalen Machtstrukturen. Neben dem ECOSOC-Beobachter- und Beraterstatus zeigen sich relevante VN-Spezialorgane offen für eine informellere indigene Teilnahme im Sinne des Pluralismus; dem vorausgegangen waren langwierige Bemühungen um eine inklusivere Akkreditierungspolitik. Diese ist im Rahmen des breiten Menschenrechtsschutzes, den Partikularitäten des Menschenrechtsrates und seinen Prozeduren zu verstehen sowie im Lichte neuer Möglichkeiten der Artikulation durch die Entpolitisierung des internationalen Menschenrechtssystems. Die Verrechtlichung indigener Belange sei zudem als wesentliche Komponente der Dekolonisierungspolitik und der damit verbundenen Anerkennungspolitik zu anzusehen. In der Tat lassen sich weite Schlüsse zu der Bedeutung indigener Rechte im Kontext einer Pluralisierung im und durch das Recht und seinen Institutionen ziehen.

Die Rechte indigener Völker finden nicht allein in völkerrechtlichen Sonderrechtsinstrumenten Artikulation, wie den ILO-Abkommen N° 107 und 169 oder der VN-Erklärung zu den Rechten indigener Völker. Vielmehr werden indigene Rechte zunehmend Gegenstand von Vereinbarungen oder Policies anderer internationaler Organisationen (vgl. bspw. Burger 2014), des weiten Netzes der Nichtregierungsorganisationen, weniger greifbarer Zusammenschlüsse und eines dominierenden globalen Wirtschaftsregimes.

Jedoch können erstere Entwicklungen nicht isoliert betrachtet werden: Die Position indigener Repräsentant:innen in VN-Gremien (vgl. bspw. Charters/Stavenhagen 2012) und anderen internationalen Mechanismen lässt sich zurückführen auf eine erfolgreiche Verrechtlichung kollektiver Rechte. Festzustellen ist dabei eine gestärkte Verhandlungsposition gegenüber I) dem Staate, was (frühere) Vereinbarungen und Verträge (vgl. Art. 37 UNDRIPS) sowie allgemeine externe Selbstbestimmungsformen (vgl. Art. 3 UNDRIPS) angeht; II) dem Staate, hinsichtlich ad-hoc Entscheidungsprozessen wie der freien, vorherigen und informierten Konsultation und Zustimmung (Art. 18, 19, 30, 32 UNDRIPS); III) internationalen Gremien, hinsichtlich des Status indigener Repräsentant:innen in internationalen Organisationen (vgl. spezialisierte Institutionen wie der Expertenmechanismus für die Rechte indigener Völker), ihrer Berücksichtigung bei (der Vergabe von) Entscheidungsfunktionen und Mandaten (Art. 41 UNDRIPS) und etwaigen Quoten-Regelungen; IV) jeglichen externen Akteuren im Allgemeinen, basierend auf der internen Selbstbestimmung (Art. 4 UNDRIPS), einschließlich des Nichteingreifens in interne Organisationsstrukturen nach indigenem Recht und indigenen Traditionen (bspw. Art. 9 UNDRIPS) bzw. der Förderung letzterer.

Hier widmen wir uns vornehmlich der dritten und vierten Dimension, nämlich der Position indigener Völker in internationalen Arrangements mittels formalisierter Mechanismen oder aber ad hoc-Möglichkeiten der Kooperation – Ergebnis einer

Pluralisierung globaler Organisations- und Entscheidungsstrukturen. Ähnliches lässt sich von den Strukturen des internationalen Menschenrechtsschutzsystems (vgl. Bribosia/Rorive 2018, Risse/Ropp/Sikkink 2013; Burgenthal) und dessen zunehmender Prozeduralisierung, einschließlich diverser Sondermandate und der Erweiterung auf neue Rechteinhaber:innen, sagen. Der Kollektivrechteschutz spielt dabei eine wesentliche Rolle (vgl. Anaya 2004, Westra 2011, Jovanović 2012; Boulden/Kymlicka 2015), insbesondere in seiner systemischen, transformierenden Funktion gegenüber dem internationalen Menschenrechtsregime und seiner weitläufigen Negierung von Gruppenrechten. Gleichzeitig gilt es zu bedenken, dass globale Artikulationsmöglichkeiten gewöhnlicherweise zunächst entsprechende Weichenstellungen auf innerstaatlicher Ebene erfordern, denn grundsätzlich gründen sich Mandatsträgerschaften auf dem klassischen Model der staatlich basierten Diplomatie. Jene Entwicklungen sollten zudem im Lichte einer wachsenden Entpolitisierung des internationalen Menschenrechtsschutzsystems einerseits und der stetigen Anerkennung von Umwelt- und Sozialstandards andererseits gesehen werden; einer erhöhten Aufmerksamkeit erfreuen sich dabei indigene Rechten, innerhalb und außerhalb des klassischen Menschenrechtsschutzes.

6.1 Möglichkeiten eines wirkungsvollen Menschenrechtsschutzes: die Herausforderungen einer Entpolitisierung

Beschäftigen wir uns zunächst mit der zunehmenden Entpolitisierung des internationalen Menschenrechtsschutzes und seinen spezifischen Auswirkungen auf die Rechte indigener Völker. Es könnte argumentiert werden, dass die zunehmende Verrechtlichung kollektiver Rechte an sich ein neues menschenrechtliches Zeitalter initiierte, eine Art Antwort auf die bipolare Welt der zivilen und politischen Rechte und der wirtschaftlichen, sozialen und kulturellen Rechte der 1960er Jahre (vgl. zu Menschenrechtsgenerationen Tomuschat 2014; Vasak 1977). Dazu zählt das Sonderrechtsregime des ILO-Abkommens des Jahres 1989 und UNDRIPS, jedoch auf ähnliche Weise der Schutz ethnischer, kultureller, sprachlicher und religiöser Minderheiten, bspw. durch die *VN-Deklaration über die Rechte von Personen, die nationalen oder ethnischen, religiösen und sprachlichen Minderheiten angehören* aus dem Jahre 1992.

Wesentliche strukturelle Entwicklungen des internationalen Menschenrechtsschutzes seien dabei nicht zu verkennen; insbesondere seit Beginn des 21. Jahrhunderts. Dazu gehört prinzipiell die Etablierung eines Menschenrechtsrates durch die VN-Resolution 60/251 im Rahmen einer Reform des internationalen Menschenrechtssystems (vgl. ebenso Tomuschat 2014); dieser würde fortan der VN-Generalversammlung unterstehen – im Gegensatz zur früheren VN-Menschenrechtskommission des Hohen Kommissariats für Menschenrechte der VN, etabliert vom Wirtschafts- und Sozialrat. Relevante Unterschiede hinsichtlich Fragen der Repräsentation der VN-Mitgliedstaaten, bei Entscheidungsfunktionen, Mandaten und Agenden seien dabei kritisch zu beleuchten.

Anders als die Kommission beschäftigt sich der Menschenrechtsrat mit schweren und systematischen Verletzungen (Abs. 3): Letztere wurden von der Kommission nur in geringem Maße adressiert, unverhältnismäßige Aufmerksamkeit wurde hingegen anderen Situationen gewidmet (vgl. Freedman 2011). Eine nennenswerte Neuerung betrifft die Etablierung der Universellen Periodischen Berichterstattung (UPR) und ihre objektive und zuverlässige Ausrichtung auf die Menschenrechtspraxis eines jeden Staates, einschließlich ihrerZielsetzung, nämlich einer universellen Umfassung aller Mitgliedsstaaten sowie der Gleichbehandlung (Abs. 5(e)). Die Mitgliedschaft im Menschenrechtsrat solle allen VN-Mitgliedstaaten offen sein; jene Mitglieder würden durch die Generalversammlung nach dem Prinzip der gerechten geografischen Verteilung gewählt (Abs. 7). Ausschlaggebend sei dabei der Beitrag eines jeden Kandidaten zur Förderung und dem Schutze der Menschenrechte sowie freiwillige Zusagen und das Engagement (Abs. 8) des Kandidatenstaates. Andererseits seien die Mitgliedschaftsrechte im Menschenrechtsrate unverzüglich auszusetzen, sollte das Mitglied schwerwiegende und systematische Menschenrechtsverletzungen begehen (Abs. 8). Regelmäßige Sitzungen einschließlich regulärer und Sondersitzungen sollen des Weiteren gewährleistet werden (Abs. 10). Im Zeitalter der Kommission hingegen waren Thematiken aufgeschoben und wesentliche Angelegenheiten in konzentrierter Form debattiert worden (vgl. Viegas e Silva 2013; Kalı̈n/Jimenez 2003). Der Menschenrechtsrat solle darüber hinaus in seiner Arbeitsweise den Prinzipien der Transparenz, Fairness und Unparteilichkeit und dem aufrichtigen Dialog folgen (Abs. 12).

Es lässt sich also eine klare Demokratisierung des Menschenrechtssystems feststellen, hinsichtlich möglicher Mitgliedschaften des Rates und seiner Wahlprozedur. Mitgliedschaftswahlen durch die Generalversammlung würden einem universalistischen Wahlprinzip und somit den Standards des klassischen Demokratiegedanken entsprechen. Eine Entpolitisierung des Menschenrechtssystems lässt sich ebenso auf Basis der Mitgliedschaftskriterien erkennen. Hier gilt es, den Menschenrechten an sich und dem Mandat des Menschenrechtsrates gerecht zu werden: Dies mindert die Wahrscheinlichkeit befangener Wahlentscheidungen maßgeblich, setzt einen wesentlichen Überprüfungsstandard und verringert die Dominanz politischer Allianzen unter den Mitgliedern bei der Wahl des zukünftigen Mitgliedes. Die Arbeit der Kommission hingegen wurde geprägt von en bloc-Abstimmungen,Selektivität und Regionalismus (vgl. Freedman 2011). In der Tat sollten Überprüfungsverfahren durch den Menschenrechtsrat eine geringere Selektivität aufweisen (vgl. Viegas e Silva 2013). Ein wesentliches Anzeichen von Politisierung bildet sich im Rahmen von beziehungslosen, kontroversen Angelegenheiten ab(vgl. Freedman 2011; Lyons/Baldwin/McNemar 1977). Insofern stellen strenge Kriterien bei der Fallauswahl, insbesondere in Sondersitzungen, eine Kernkomponente der Entpolitisierung dar. Schließlich sollengrundlegende Prinzipien wie die der Transparenz, Fairness und Unparteilichkeit bei einer getreuen Umsetzung etwaigen Politisierungen der Überprüfungsarbeit entgegenwirken.

Kritische Stimmen weisen jedoch auf die intergouvernementale, politische Natur der Kommission und der des Rates hin, einschließlich entsprechender Auswirkungen auf die Tätigkeiten ihrer Arbeit, der fehlenden Teilhabe relevanter Expert:innen und der vorwiegend intergouvernementalen Natur des UPR (vgl. Viegas e Silva 2013). Weitere Kritik bezieht sich auf die nur geringe Reduzierung der

Mitglieder, fehlende Nachweispflichten der gewählten Staaten zu ihrer Menschenrechtsbilanz oder fortbestehende Allianzen und ihre Blockierung wesentlicher Gegenmaßnahmen in Notfallsituationen (vgl. Freedman 2011). Erwartungen an den VN-Menschenrechtsrat wurden ebenso im Nichtregierungssektor laut, insbesondere, was inklusive Überprüfungsverfahren angeht, bspw. anhand eines verbesserten Zugangs zu informellen Anhörungen; bzgl. besonderer Prozeduren für die Teilnahme am Leben des Menschenrechtsrates; hinsichtlich der Vorbeugung von Politisierungen eines jenen intergouvernementalen Mechanismus und der besonderen Beziehungen zu Sonderprozeduren, dem Hohen Kommissariat und anderen relevanten Gremien (vgl. Rathgeber 2005).

In der Tat lassen sich seit der Reform im Jahre 2006 diverse Erfolge für die internationale Menschenrechtsarbeit verzeichnen, darunter die Annahme der UNDRIPS und damit der Anerkennung von Kollektivrechten; das Etablieren von Individualbeschwerdeverfahren, bspw. im Bereich der wirtschaftlichen, sozialen und kulturellen Rechte; die Annahme rechtlich verbindlicher Instrumente bspw. im Bereich der Rechte für Menschen mit Behinderung und des Verschwindenlassens; sowie neue Auslegungen des *hard laws*, was bspw. umwelt- und klimabezogene Rechte, Konflikte und Katastrophen, Gewalt und Handel von Frauen und Mädchen, Racial Profiling und Hate Speech, Diskriminierung von Nicht-Staatsbürger:innen, migrationsspezifische Rechte und Non-Refoulement, die Rechte älterer Menschen, Menschenrechte und Unternehmensverantwortung, Landrechte und intersektionale Rechte angeht.

6.2 Indigene Völker als neue Akteure internationaler Multilateralismussysteme und globalen Regierens

Zunehmend lassen sich die Rechte indigener Völker mittels allgemeiner Sozial- und Umweltstandards jenseits des menschenrechtlichen Schutzschirmes des Hohen Kommissariats der VN für Menschenrechte umsetzen. Auf ähnliche Weise erlauben jene Strukturen eine erhöhte Beteiligung indigener Akteure. Dabei sei jedoch anzumerken, dass – anders als das Menschenrechtsschutzsystem – diese selten einen mandatsgebundenen Schutz etablieren, indigene Rechte vielmehr eine subsidiäre Funktion annehmen, entsprechende staatliche Zugeständnisse fehlen und Überprüfungsinstanzen entweder nur bedingt geschaffen wurden oder keinen Menschenrechtsbezug aufweisen. Es handelt sich also um eine eher schwache Ausprägung der Rechte indigener Völker, häufig unter dem Deckmantel der sozialen Unternehmensverantwortung und ihrem nur geringen Durchsetzungspotenzial.

Als wegweisend gelten sicherlich die Ruggie-Prinzipien, der Vertragsentwurf der OEIGWG und die Anwendung jener Richtlinien auf die Rechte indigener Völker durch bspw. den VN-Expertenmechanismus zu den Rechten indigener Völker (vgl. Kapitel I). Teilhabe- und Mitbestimmungsmöglichkeiten und Rechte beschränken sich i. d. R. auf spezifische Vorhaben oder Maßnahmen von direktem Belang für indigene Gemeinschaften; Sonderrechte oder Mandate zur Mitbestimmung der Innen- und Außenangelegenheiten jener multilateralen Mechanismen werden kaum etabliert. Emblematisch hierfür stehen die Umwelt- und Sozialstandards der

Weltbank. Die Weltbank behandelt die Teilhabe indigener Völker an Projekten der Weltbank genauer; dabei gilt es, die genannten Standards bei der Finanzierung von Investmentprojekten einzuhalten. Indigene Gemeinschaften nehmen auf Basis spezifischer Bedingungen teil, die Anforderungen der freien, vorherigen und informierten Zustimmung müssen bspw. eingehalten werden

> *„the Bank will require the Borrower to obtain the Free, Prior and Informed Consent (FPIC) of the affected Indigenous Peoples when such circumstances described in ESS7 are present (...) When the Bank is unable to ascertain that such consent is obtained from the affected Indigenous Peoples, the Bank will not proceed further with the aspects of the project that are relevant to those Indigenous Peoples for which FPIC cannot be ascertained. In such cases, the Bank will require the Borrower to ensure that the project will not cause adverse impacts on such Indigenous Peoples"* (World Bank Environmental and Social Policy for Investment Project Financing, Abs. 54–55).

Der Umwelt- und Sozialstandard N° 7 adressiert darüber hinaus dezidiert die Situation indigener Völker und historisch benachteiligter Gemeinschaften des subsaharischen Afrikas. So fordert die Weltbank eine kontinuierliche Beziehung zu jenen Völkern, basierend auf einer bedeutungsvollen Konsultation (Abs. 5): die dabei relevante Zustimmung soll in drei Fällen erlangt werden: I) bei negativen Auswirkungen auf Land und Ressourcen in traditionellem Eigentum oder gewohnheitsrechtlicher Nutzung; II) bei Zwangsumsiedlungen indigener Völker und jener Gemeinschaften (von jenem Land und natürlichen Ressourcen); und III) bei signifikanten Auswirkungen auf das kulturelle Erbe und damit ihrer Identität, kulturellen, zeremoniellen oder spirituellen Aspekten jener Völker (Abs. 24). Daneben ergeben sich im Rahmen des Klimainvestitionsfonds der Weltbank Teilhabemöglichkeiten für indigene Völker, und zwar mittels des Beobachterstatus.

6.2.1 Berater- und Beobachterstatus vor dem Wirtschafts- und Sozialrat als Möglichkeit der politischen Inzidenz

Weitreichendere Teilhabemöglichkeiten ergeben sich in der Tat mittels des Berater- und Beobachterstatus in multilateralen Organisationstrukturen. Dies gilt bspw. für relevante Nichtregierungsorganisationen wie der International Work Group for Indigenous Affairs (IWGIA) und ihrer beratenden Rolle im Wirtschafts- und Sozialrat der VN, an den das Ständige Forum für Indigene Angelegenheiten der VN angebunden ist, sowie ihrer beobachtenden Funktion im Arktischen Rat und der Afrikanischen Kommission für Menschen- und Völkerrechte. Allerdings werden indigene Organisationen selbst zu Schlüsselakteuren in globalen Angelegenheiten. Der Wirtschafts- und Sozialrat der VN beherbergt derzeit 72 indigene Organisationen, welche auf einen konsultativen Status zurückgreifen können. Dieser wurde durch die ECOSOC-Resolution 1996/31 „Consultative relationship between the United Nations and non-governmental organisations" etabliert. Indigene Organisationen finden keine dezidierte Erwähnung. Allerdings können die Zugangskriterien zum Erlangen des konsultativen Status in vielen Fällen zu ihrem

Vorteil ausgelegt werden: So gilt es, insbesondere 1) die Teilnahme von NGOs aus sich entwickelnden Staaten zu gewährleisten und 2) eine besondere Expertise oder Erfahrung zu berücksichtigen, welche von Belang für den Wirtschafts- und Sozialrat ist (Abs. 5). Insbesondere in den ersten Jahren indigener Präsenz in VN-Sitzungen zeigte sich eine klare geo-politische Ausrichtung: 20 indigene Organisationen des westlichen Teils der Welt waren mit konsultativem Status präsent (vgl. Henriksen 2012). Ähnlich wie der Expertenmechanismus zu den Rechten indigener Völker setzt ECOSOC eine Vereinbarkeit mit den Prinzipien der VN-Charta voraus; dazu gehören u. a. die Menschenrechte und die Rechte der Völker.

Das Menschenrechtsregime der VN-Charta:

Die Menschenrechte, so wie sie in der Charta stipuliert werden, orientieren sich an einem Nichtdiskriminierungsansatz. Es lässt sich in diesem Zusammenhang anmerken, dass die Menschenrechte in der VN-Charta eine vornehmlich subsidiäre, funktionelle Position einnehmen, bspw. mit dem Ziel der internationalen Kooperation (Art. 1(3)) oder der Etablierung von Stabilität und Wohlergehen (Art. 55(3)). Die allgemeine Wirkungskraft des Menschenrechtsregimes der Charta wurde dementsprechend kritisch hinterfragt; schwerwiegende, systematische Menschenrechtsverletzungen vor den Augen der internationalen Gemeinschaft mögen dies illustrieren (Tomuschat 2014; 1971 Advisory Opinion on South Africa). Eine weitere Referenz zu den Menschenrechten weist eine ähnlich schwache Verpflichtung auf, diese reicht über eine „Unterstützung" bei der Realisierung jener Rechte nicht hinaus (Art. 13(1)(2)); ähnlich gibt ECOSOC „Empfehlungen" zur Einhaltung der Menschenrechte, bspw. in Form eines (periodischen) Überprüfungsverfahrens (Art. 62(2)). Unter dem internationalen Treuhandsystem wird die Respektierung der Menschenrechte lediglich als grundsätzliches Ziel verstanden (Art. 76(3)). Andererseits konnte das Kapitel VII der Charta dem entgegenwirken: In einer fortschrittlichen Auslegung des Begriffs der „Bedrohung internationaler Sicherheit und des Friedens" wurden Verletzungen der Menschenrechte als jene Bedrohung verstanden und konnten somit einem restriktiven Verständnis des Art. 2(7), seiner Ausrichtung auf staatliche Souveränität und seiner nichtinterventionistischen Natur entgehen (Somalia Security Council Resolution 794). Institutionelle Fortschritte lassen sich ebenfalls ablesen: so steht es ECOSOC zu, Kommissionen zur Förderung der Menschenrechte in seinen Kompetenzfeldern ins Leben zu rufen (Art. 68). Trotz allgemeiner Bezüge zur staatlichen Souveränität und territorialer Integrität sichert die Charta den Völkern dezidierte Rechte zu, und zwar zur Selbstbestimmung (Art. 1(2), 55) und auf ähnliche Weise zur Äußerung dezidierter Wünsche, was Selbstregierungsformen oder die Unabhängigkeit anbelangt; dazu gehört darüber hinaus die Förderung politischer, wirtschaftlicher, sozialer oder bildungsrelevanter „Entwicklung" in jenen Territorien (Art. 76(2)). Daran anschließend sollen die politischen Zielvorstellungen jener Völker und die Entwicklung von Selbstregierungsformen unterstützt sowie die „progressive Entwicklung" ihrer politischen Institutionen gefördert werden (Art. 73(2)).

6.2.2 Herausforderungen und Möglichkeiten des Akkreditierungsprozesses: Akteure und Bedingungen

Der konsultative Status und damit einhergehende (Sonder)Rechte indigener Organisationen als aufstrebende Akteure auf der internationalen Bühne verdienen unsere besondere Aufmerksamkeit. Das Permanente Forum für Indigene Angelegenheiten weist eine direkte Anbindung an den Wirtschafts- und Sozialrat auf, anders als andere Sondermechanismen (siehe Grafik). Die Teilnahme indigener Akteure mag allerdings durch den Akkreditierungsprozess verkompliziert werden, eine Akkreditierung bildet eine wesentliche Bedingung jener Teilnahme (vgl. Willemsen Díaz 2012). Ähnliche Herausforderungen ergaben sich bereits bei der Anerkennung indigener Organisationen zur Teilnahme an der internationalen Arbeitskonferenz; das Kriterium des internationalen Charakters indigener Organisationen stellte einen wesentlichen Hinderungsgrund bei der Anerkennung dar und schloss somit viele indigene Akteure aus (vgl. Rodríguez-Piñero 2005; Berman 1988).

Die VN-Charta unterscheidet klar zwischen Teilhabe und Konsultation und geht dabei auf verschiedene Akteure ein, was die Arbeit des Wirtschafts- und Sozialrates betrifft. Demnach ermöglicht ECOSOC VN-Mitgliedern (Staaten), an jeglichen Erwägungen teilzuhaben, welche von direktem Belang für das Mitglied sind; ECOSOC trifft darüber hinaus Vorkehrungen für die Teilhabe an den Erwägungen des Rates mittels spezialisierter Mechanismen deren Kommissionen, und vice versa (VN-Charta, Art. 69–70). Nichtregierungsorganisationen hingegen sollen auf Basis von Konsultationen teilhaben, und zwar hinsichtlich jener Angelegenheiten, die in den Kompetenzbereich des Wirtschafts- und Sozialrates fallen; Ähnliches gilt für internationale Organisationen und „nationale Organisationen“, solange das VN-Mitglied dazu konsultiert wurde (VN-Charta, Art. 71). Darüber hinaus unterscheidet ECOSOC zwischen einem allgemeinen und einem besonderen Konsultationsstatus: Während von Akteuren des ersteren Status erwartet wird, substanzielle und dauerhafte Beiträge mit Hinblick auf die Ziele der Vereinten Nationen und wirtschaftlich-sozialem Leben zu erbringen, so gilt für das Erlangen letzteren Status eine besondere Kompetenz und eine Beteiligung an den für den Rat relevanten Tätigkeiten sowie ein gewisser Bekanntheitsgrad in dem jeweiligen Arbeitsfeld als Bedingung (ECOSOC Res 1996/31, Abs. 23).

Die ECOSOC-Resolution geht auf die Natur jener Konsultationen genauer ein: So sollen diese dem Rate nicht nur Experteninformationen oder Beratung erbringen, sondern relevanten internationalen, regionalen, subregionalen oder „nationalen“ Organisationen ermöglichen, ihre Meinung (öffentlich) auszudrücken (ECOSOC Res 1996/31, Abs. 20). Konsultationen mit dem Wirtschafts- und Sozialrat inkludieren bspw. Einbringungen bei der Agenda-Setzung des Rates: Organisationen erhalten Zugriff auf die provisorische Agenda, während jene mit allgemeinem Konsultationsstatus selbst Themen einbringen können (Abs. 27–28). Organisationen beider Status können Beobachter:innen zu den Sitzungen des Rates senden; ECOSOC weist in jenem Zusammenhang explizit auf die Möglichkeit hin, dies um weitere Teilhabemodalitäten zu ergänzen (Abs. 29). Ebenso können Organisationen beider Status schriftliche Stellungnahmen übermitteln; diese sollen den

ECOSOC-Mitgliedern vorgelegt werden (Abs. 30). Schließlich geht ECOSOC auf weitere Optionen ein,nämlich mündliche Präsentationen während der Sitzungen zu halten. Dies wird allerdings bedingt von einer Empfehlung des Ausschusses der Nichtregierungsorganisationen (Abs. 32(a)).

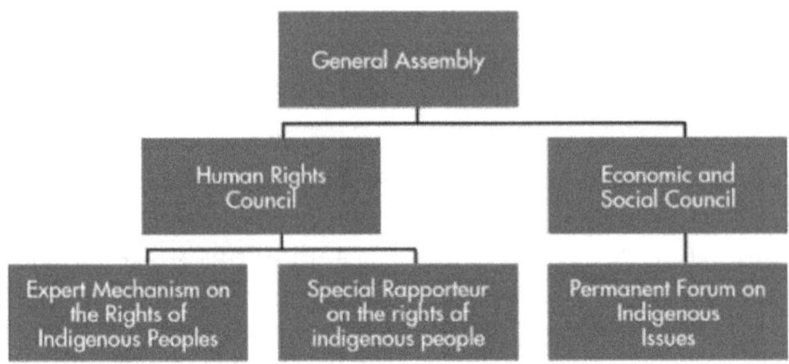

Abbildung 14: Anbindung der Sondermechanismen an VN-Organe. Quelle: Food and Agriculture Organisation of the United Nations

6.2.3 Die Funktion der:s Sonderberichterstatter:in zu den Rechten indigener Völker

Eine außergewöhnliche Teilhaberolle wird indigenen Völkern zudem im Rahmen der spezialisierten Mechanismen des Hohen Kommissariats für Menschenrechte zugeschrieben. Hier sei das Mandat der:s Sonderberichterstatter:in zu den Rechten indigener Völker erwähnt; das Amt wird nach James Anaya und Victoria Tauli-Corpuz nun zum dritten Mal in Folge – durch Francisco Cali Tzay – von einem indigenen Repräsentanten eingenommen. Allerdings wird jene aktive Teilhabe- und Leitungsrolle ebenso anderweitig verankert, wie der Expertenmechanismus zu den Rechten indigener Völker zeigt: indigener Hintergrund findet bei der Wahl von Expert:innen des Gremiums explizit Berücksichtigung. Darüber hinaus stellt die Resolution 33/25 des Menschenrechtsrates klar, die Sitzungen des Gremiums seien für indigene Personen mit Behinderung und indigene Organisationen zugänglich, deren Ziele mit den Prinzipien, Zwecken und dem Geiste der VN-Charta übereinstimmen; jener Zugang soll mittels einer offenen und transparenten Akkreditierungsprozedur des Menschenrechtsrates erfolgen (Abs. 13). Grundsätzlich werden solche Formen positiver Diskriminierung kaum institutionalisiert. Das Kapitel „Selection and appointment of mandate-holders“ zu den Sonderverfahren der VN-Menschenrechtsarbeit stipuliert diesbezüglich keine besonderen Bedingungen: vielmehr basiert eine Benennung auf den allgemeinen Kriterien der Expertise, der Erfahrung in dem Bereich des Mandats, der Unabhängigkeit, der Unparteilichkeit,der persönlichen Integrität und der Objektivität (vgl. hierzu Resolution 5/1 Institution-building oft he UN Human Rights Council, Abs. 39–53).

6.2.4 Von informeller zu formeller Beteiligung an internationaler Indigenen-Politik in relevanten VN-Gremien

Zuletzt sei auf die informellen Möglichkeiten der Teilhabe eingegangen. Im Rahmen der Herausforderungen rund um den Akkreditierungsprozess konnten indigene Repräsentant:innen eine Ausnahmeregelung bei der Teilnahme an den Sitzungen der *VN-Arbeitsgruppe über Indigene Bevölkerungen* (WGIP, vgl. ebenso Kapitel II und III) durchsetzen: die Akkreditierung wurde ausgesetzt, solange die grundsätzlichen Prozeduren des Konsultationsstatus beachtet würden (vgl. Willemsen Díaz 2012). In gewisser Weise wurden hiermit Sonderprozeduren für das Akkreditierungsverfahren („special accreditation procedure") geschaffen (vgl. Henriksen 2012); basierend auf jenen quasi-gewohnheitsrechtlichen Tendenzen. Dies führte zu einem stetigen Wachsen der Arbeitsgruppe bis hin zu 1.000 Mitgliedern und dem letztendlichen Entschluss, die Rechte indigener Völker in die VN-Erklärung aufzunehmen bzw. jene Rechte zu kodifizieren (vgl. Willemsen Díaz 2012). In diesem Sinne sprach die WGIP eine explizite Empfehlung an den *VN-Unterausschuss zur Verhinderung von Diskriminierung und zum Schutz von Minderheiten* aus:

> „*To recommend that the Commission on Human Rights and the Economic and Social Council take special measures so that indigenous peoples be enabled to participate fully and effectively, without regard to their consultative status, in the consideration of the draft declaration....*" (Daes 2012).

In der Tat hätte die Arbeitsgruppe ohne die Teilhabe nicht akkreditierter indigener Organisationen als wenig authentisch und legitim gegolten (Willemsen Díaz 2012; Eide 2012).

Ähnliche Bedingungen wurden für die *VN-Arbeitsgruppe zu dem Entwurf einer Erklärung* (WGDD) gesetzt; zur Teilnahme an ihren Sitzungen wurde ein besonderer Konsultationsstatus vorausgesetzt – in der Praxis wurden jedoch jegliche Bewerbungen angenommen (vgl. Willemsen Díaz 2012). In der Tat schufen die Sonderprozeduren der WGIP eine Art Präzedenzfall: Ein konsultativer ECOSOC-Status war nicht länger erforderlich, somit eine fortwährende indigene Teilnahme am UNDRIPS-Entwurfsprozess erlaubend (vgl. Chávez 2012). Es lässt sich mit den wachsenden Teilhabemöglichkeiten auf VN-Ebene gleichzeitig eine Art Transformation indigener Repräsentationsstrukturen feststellen, einer „Internationalisierung" der vornehmlich innerstaatlichen indigenen Organisationen, mit Ausnahme von bspw. regionalen Formationen wie der Dachorganisation COICA im Amazonasgebiet (vgl. Willemsen Díaz 2012). Bislang war indigene politische Teilhabe allerdings auf innerstaatliche Mechanismen beschränkt worden – anhand sporadischer, projektbedingter Konsultationen (siehe Welt Bank oben) oder systematischer Konsultationen und gemeinsamer Planungen wie im Falle diverser internationaler Organisationen, so von der *Inter-Agency Support Group on Indigenous Issues* (IASG) gefordert und letztendlich etabliert (vgl. Burger 2012). Dabei liegt die Entscheidungskraft, anfangend mit der Schaffung eines Artikulations-, Verhandlungs- und Mitentscheidungsraumes weiterhin beim Staate:

> „*Only States have the capacity and authority to address this disadvantage and this implies, in many countries, changes in legislation, the introduction of appropriate administrative measures, increased funding for indigenous peoples, the establishment of meaningful consultative processes, capacity*

> *building and, above all, the political will to bring about change*" (Burger 2012).

Eine wahrhaftige Teilnahme auf internationaler Ebene wurde wohl erst mit der quasi-gewohnheitsrechtlichen Partizipation indigener Repräsentant:innen in den spezialisierten VN-Arbeitsgruppen WGIP und WGDD geschaffen oder mittels der ECOSOC-Standardprozedur des Konsultativstatus erhalten und weiter geführt. Hiermit wurden zugleich die Grundbausteine für die globale indigene Bewegung gelegt und ihren prägenden Eindrück auf die VN-Menschenrechtsarbeit (vgl. Eide, 2012).

6.3 Die Durchsetzung indigener Rechte als Komponente der Dekolonialisierungspolitik

Verrechtlichungsprozesse und die Kolonialisierungspolitik begegnen sich in einem ambivalenten Verhältnis. Einerseits sei auf die altbekannte *Terra Nullius*-Doktrin bzw. die *Doctrine of Discovery* oder *Doctrine of Dispossession* (PFII 2012b) hingewiesen sowie die vertragliche Formalisierung einer ungleichen, zugleich enteignenden Beziehung zwischen indigenen Völkern und Kolonisierenden (vgl. bspw. Watson 2018; Smith 2012). Das Recht widerspricht hier dem *bona fide*-Prinzip und jeglichen prozeduralen Logiken, die ein gleiches Verhältnis der verhandelnden Akteur:innen anzustreben zu gesuchen (vgl. bspw. Rodríguez-Garavito 2011). Das Recht als Machtinstrument des Stärkeren (vgl. bspw. Gaventa 1980), als kolonialisierende Strategie und Waffe mächtiger Gruppen (vgl. Comaroff/Comaroff 2008) stellt daher eine mögliche Interpretation jenes Verhältnisses dar. Dem entgegenzusetzen ist die Idee der Autonomie, der kollektiven Selbstbestimmung, des Pluralismus und deren Verrechtlichung in diversen Rechtsordnungen. In der Tat mag das Recht als Komponente der Dekolonialisierungs- und Anerkennungspolitik fungieren – dieser Gedanke soll die vorangehenden Debatten fundieren.

Eine kritische, geschichtliche Kontextualisierung jener rechtlichen Entwicklungen scheint hier zunächst von Bedeutung. Das Minderheitenregime steht exemplarisch für Europas Minderheitenpolitik des 19. Jahrhunderts und seiner konträren kolonialistischen Außenpolitik: Jene Standards fanden zunächst keine Anwendung auf betroffene Bevölkerungsgruppen in kolonialisierten Staaten und Gebieten; kolonialistische Tätigkeiten entkamen jeglicher Überprüfung auf Einhaltung der entstehenden Standards der europäischen Staaten (vgl. Castellino/Doyle 2018). Andererseits konnte der Kolonialkontext Möglichkeiten zu vertraglichen Verhältnissen auf Augenhöhe schaffen und somit einer assimilierenden, integrationistischen staatlichen Politik und klassischem Konstitutionalismus entgehen wirken:

> „*.....treaty relationship. In it, Aboriginal peoples and newcomer Canadians recognise each other as equal, coexisting and self-governing nations and govern their relation with each other by negotiations, based on procedures of reciprocity and consent, that led to agreements that are then recorded in treaties or treaty-like accords of various kinds, to which both parties are subject*" (Tully 2008).

Allerdings weist ein genauer Blick auf die Relevanz unterliegender Bedingungen hin; so wurde die Zustimmung indigener Völker gewöhnlich wider Treu und Glauben entlockt oder gar erpresst – genutzt, um kognitive Dissonanz zu umgehen (vgl. Samson 2014).

Dem gegenüber stehen Verrechtlichungsprozesse rund um indigene Forderungen selbst und damit die Möglichkeiten einer Dekolonialisierung, beginnend mit internationalen Entwurfsprozessen, ersten Versuchen einer systemischen Reform existierender Verfassungsrahmen und der sich allmählich etablierenden internationalen Menschenrechtsordnung. Antworten mögen daher eher in den Grundprinzipien des dekolonisierenden Paradigmas, dem Graswurzelansatz und der ganzheitlichen Idee der Dekolonialisierung zu finden sein. Letztere beschränkt sich bspw. nicht auf rechtliche Reformen und Institutionalisierungsformen, sondern umfasst auf ähnliche Weise Wissens- und Lebensformen (vgl. Sousa Santos 2013), kollektiven Ausdruck und Identitäten in einem häufig homogenisierenden neokolonialen Umfeld (vgl. Rivera Cusicanqui 2010), gefördert, legitimiert und anerkannt durch den Staat. Hier suchen wir den Anfangspunkt einer möglichen Transformation im und durch das Völkerrecht.

6.3.1 Grundprinzipien eines dekolonisierenden Paradigmas

Widmen wir uns zunächst den Grundprinzipien jenes dekolonisierenden Paradigmas. Dieses mag ein Exemple bilden für eine neue menschenrechtliche Generation oder gerade jenen Ansätzen widersprechen, welche sich von einer westlichen Vorstellung nähren oder diese aufrecht erhalten, diese global vermitteln, wenn nicht erzwingen, bis in das heutige Zeitalter. Rechtsgeschichtliche Entwicklungen weisen auf die unterschwellige, anhaltende Wirkung der Kolonialisierung durch das Recht auf die heutigen Beziehungen zwischen globalem Norden und globalem Süden hin:

> „....*perspective of dominant historiography, which is primarily in the field of international law, is that human rights was born as a Euro-(US)American concept, which was then exported to the less civilised, backward peoples of the non-western world, as they became civilised and were admitted to the community of nation-states. This was indeed the theoretical and doctrinal position of international law until World War II, but its influence still shadows the way human rights is imagined in the West. After World War II, the system of international law had to be revived from its acknowledged failures to prevent either wars or atrocities during the preceding several decades, and was seen to lack legitimacy due to its complicity with colonialism. As the former colonies gained independence, a new self-understanding of the discipline of international law was sought to be generated by its scholars and practitioners. According to this understanding, the new international law was different from the old international law of colonialism, and the idea of human rights was the main marker of this break, of its entry into new modernity. This self-understanding was combined with the national interests of imperial powers to maintain their moral standing – essential for hegemonic leadership – in the difficult*

transitions from colonialism. (...) This view had no place for political agency exercised by non-elites, that too from the non-western world, thus continuing its attitude of contempt for the masses that was evident during the previous decades of colonial rule" (Rajagopal 2007, S. 276).

Die Rechte indigener Völker hingegen könnten als Antwort auf jenen „konzeptuellen Export" gesehen werden. Exemplarisch hierfür stehen das *Buen Vivir/Vivir Bien* und die Anti-Growth-Modelle (vgl. Gudynas 2011), die Muttererde-Diskurse, der Rechtspluralismus (vgl. rechtsanthropologische Debatten) oder andere Illustrationen der formalisierten Vielfalt wie spirituelle Umweltbeziehungen, das Sentipensar oder die Bedeutung nichtmenschlicher Wesen (bspw. Escobar 2014, Solón 2017). So konnte ein menschenrechtlicher Gegenpol, v. a. auf Basis der Kollektivrechte, in der Rechtsordnung Resonanz finden und ein Umdenken in vor allem westlichen Staaten bewirken.

Vivir Bien/Buen Vivir:

Good Living, Vivir Bien/Buen Vivir (span.), Sumak Kawsay (Quechua), Sumak Kamaña (Aymara), Ñande Reko (Guaraní) oder Küme Mogen (Mapuche) bezeichnen ein indigenes (spirituelles) Lebensmodell und Weltanschauung. Good Living findet in der engen Beziehung zwischen indigener Gemeinschaft und Umwelt, Kollektivität und Balance seinen Ursprung. Die Verfassungen Ecuadors und Bolivien beherbergen jenes Prinzip, verwandeln jenes in manchen Fällen in verbindliches Recht.

Wenngleich das Völkerrecht häufig als den Kolonialismus unterstützende Kraft porträtiert wird, versteht die neue Generation um die indigenen Rechte das Völkerrecht in seiner restituierenden Funktion, als „Beitrag zur Vielfalt und zum Reichtum der Zivilisationen und Kulturen", als Gegenströmung zu „Lehren, Politiken und Praktiken, die sich auf die Überlegenheit von Völkern und Personen auf Grund der nationalen Herkunft oder rassistischer, religiöser, ethnischer oder kultureller Unterschiede gründen oder diese propagieren", als Erinnerung an die „Folgen ihrer Kolonialisierung (...) historische Ungerechtigkeiten erlitten haben" (Präambel UNDRIPS). Damit positioniert sich das Völkerrecht klar zu der Bedeutung des Kolonialzeitalters und seiner fortwährenden Folgen, so wie sie von der Erklärung explizit adressiert werden.

Zuletzt sei jenes „neue Selbstverständnis" des zeitgenössischen Völkerrechts erwähnt: Während letzteres auf die klassische Idee des souveränen Staates aufbaut und somit methodologisch gesehen systemische Transformationen nur peripher Ausdruck finden können, so lassen sich erkennbare Fortschritte in seiner Substanz erkennen, insbesondere zu Fragen der Autonomie, des Pluralismus, der Selbstbestimmung und zu guter Letzt durch seine Annahme eines neuen Kollektivrechteregimes.

Die Grundprinzipien des dekolonisierenden Paradigmas lassen sich ebenso als prozedurale Leitlinien oder Bedingungen eines postkolonialen Verhältnisses zwischen indigenen Völkern und dem Staate verstehen. Die Grundbedingungen der völkerrechtlich etablierten Konsultation mögen erste Anhaltspunkte geben; sie ist in der Tat in einem dekolonisierenden Lichte zu sehen. Dazu zählen die „Information“ durch den Staat zur vollständigen Meinungsbildung der Gemeinschaften, ihre „vorherige“ Natur, um möglichen Operationen ohne Konsultation vorzubeugen, und ihr „freier“ Charakter zur Vorbeugung etwaiger Zwänge, Bestechungspraktiken oder dergleichen (vgl. ebenso Doyle 2017; Rodríguez-Garavito 2011; Szablowski 2010; Eichler 2019). In anderen Worten spiegelt sie die Grundvoraussetzungen für einen aufrichtigen Dialog nach gutem Glauben auf Augenhöhe wider. Ähnlich stellt Tully die folgenden Prinzipien auf: dazu zählen die gegenseitige Anerkennung, interkulturelle Verhandlung, gegenseitiger Respekt, das Teilen und die gegenseitige Verantwortung zwischen Indigenen und Nichtindigenen (2008). Anerkennung impliziert hier ein gegenseitiges Ansehen als gleichwertige, parallel existierende und selbstregierende Akteure; auf Basis dessen werden interkulturelle Verhandlungen ermöglicht, insbesondere zur Orientierung ihrer zukünftigen Beziehung und zu Wegen der Wiedergutmachung (vgl. Tully 2008). Schließlich sollen der gegenseitige Respekt, das Teilen und die gegenseitige Verantwortung ihre wechselseitigen Abhängigkeiten und gegenseitigen Verbindungen prägen (vgl. Tully 2008). In der Tat reflektieren jene Bedingungen ein gleichwertiges, nicht interventionistisches Verhältnis nach einem post-kolonialen Geiste; allerdings bleiben Ideen der ausgleichenden Gerechtigkeit, historischen Ungerechtigkeiten – somit positive, reaktionäre Maßnahmen – unerwähnt.

6.3.2 Der Graswurzelansatz einer zeitgenössischen Dekolonisierungspolitik

Eine weitere Komponente der zeitgenössischen *Dekolonisierungspolitik* durch das Völkerrecht bildet zweifellos ihr Graswurzelansatz, damit einem angewandten Ansatz der kollektiven Selbstbestimmung folgend. Neben den Rechten von Menschen mit Behinderung repräsentiert UNDRIPS eine Neuheit in der internationalen Menschenrechtsordnung auf Basis der direkten und aktiven Teilnahme indigener Repräsentant:innen im Rahmen des Entwurfsprozesses (vgl. Regino Montes/Torres Cisneros 2012; Willemsen Díaz 2012; Daes 2012; Chávez 2012; de Alba 2012) und der anschließenden Implementierung durch bspw. spezialisierte VN-Institutionen. Die aktive Teilnahme indigener Bewegungen unterstreicht darüber hinaus ihre Legitimität als neue menschenrechtliche Sonderordnung (vgl. bspw. Charters/Stavenhagen 2012). Jener Teilnahme liegen weitere Kerngedanken zugrunde, und zwar die Anerkennung als selbstbestimmte Akteure und der *Agency* – als Hauptvoraussetzungen für eine wirkungsvolle Partizipation und zugleich ein wesentlicher Kritikpunkt am kolonialen Zeitalter. Dies zeigt bspw. das territoriale Element der Selbstbestimmung in der Kolonialzeit:

> „*The principle applied was that of uti possidetis juris, whereby colonial borders were effectively rendered sacrosanct and served to demarcate the people, rather than peoples demarcating the territory*" (Doyle 2017).

Erste verfassungsrechtliche Rahmen sollten die selbstbestimmte Position indigener Völker zunächst nicht verankern. Im Gegenteil trotzten der staatlich orientierte Begriff der Souveränität und sein exklusiver Anspruch einer solchen Entwicklung:

„....*it was through the state-centred legal structures based on absolute notions of state sovereignty that these rights were exclusively granted*" (Samson/Gigoux 2016; vgl. ebenso Anaya 2004).

Das Völkerrecht scheint in diesem Sinne einen willkommenen Rahmen der Artikulation kollektiver Belange zu schaffen. Kritische Stimmen berufen sich jedoch auf den souveränitätsbasierten Rahmen, die staatliche Verhandlungs- und Entscheidungskraft oder die mangelnde Offenheit für den Rechtspluralismus in ihrem Verständnis des Völkerrechts (vgl. Watson 2018; Newcomb 2018; vgl. ebenso Tauli Corpuz 2019a). Andere verweisen auf die unidirektionale Natur der Artikulation der Menschenrechte in ihrem Zusammenspiel mit anderen normativen Ordnungen (vgl. Wastell 2007). Die SRin stellt klar, hier müsse von klassischen rechtlichen Hierarchien abgesehen werden: Vielmehr sollten jene parallelen Justizsysteme und Ordnungen in Austausch, Dialog, Kooperation und Konsultation treten, die Zustimmung sei zu erlangen, wobei von unilateralen und Zwangseingriffen abzusehen sei (Tauli Corpuz 2019a).

Dekolonisierungspolitik:

Jenseits eines rein historischen Ansatzes zum Kolonialismus umfasst und erfordert die Dekolonisierungspolitik einen innerstaatlichen und globalen Paradigmenwechsel. Adressiert werden dabei zumeist historische Ungerechtigkeiten und ihre zeitgenössischen Auswirkungen. Dazu zählen Land- und Ressourcenfragen, Bildungsangelegenheiten, Sprachenpolitik, Anerkennungs- und Identitätspolitik, sowie sozialwirtschaftliche Abhängigkeiten und Ungleichheiten. Antworten können in neuen Verfassungsordnungen und einer Neudefinierung der Position betroffener Staaten in der internationalen Gemeinschaft liegen.

6.3.3 Ganzheitliche Ansätze der Dekolonisierungspolitik: Indigene Rechte im Völker- und Verfassungsrecht

Antworten mögen in institutionellen Kontexten zu finden sein. In einem an der Mehrheit orientierten Verfassungsstaat, basierend auf liberal-republikanischen Idealen der Staatsgrundidee, konnten die Rechte indigener Völker nur zweitrangig behandelt werden. Bei progressiven legislativen Vorhaben droht mit der Verfassungsmäßigkeitsprüfung eine menschenrechtliche Regression, was Kollektivrechte angeht oder Konflikte mit der klassischen Ausrichtung auf numerische Mehrheiten. Das völkerrechtliche Menschenrechtssystem unter dem Schutzschirm des Hohen Kommissariats für Menschenrechte der Vereinten Nationen und den charterbasierten Vertragsüberwachungsorganen hingegen fungiert in seinem raison d'être als Überprüfungsinstanz der Staatenpraxis, als Judikative mit alleinig menschenrechtlichem Mandat und Kompetenzen, als Hüter einer Sonderrechtsordnung über die Nichtdiskriminierung hinaus reichend und als integrative Organisation spezialisierter Mechanismen, geprägt von außerordentlichen Kompetenzen und Spezialisierung. Diverse Einzelbeschwerdeverfahren erlauben zudem eine wirkungsvolle Durchsetzung der Menschenrechte in letzter Instanz und im Schutze vor einem arbiträren Staat. Aufgrund der flexiblen und wachsenden Struktur des Systems lassen sich neue rechtliche Entwicklungen wirkungsvoll integrieren, von Arbeitsgruppen zu Sondermandaten und Erklärungen bis hin zur Unterzeichnung von Abkommen. In diesem Sinne konnte sich seit der Publikation der Martínez Cobo-Studie in den 1970er Jahren und schließlich mit den Entwicklungen rund um die VN-Erklärung seit den 1990er Jahren eine dekolonisierende Perspektive verfestigen und als Querschnittsansatz etablieren.

Eine finale strukturbedingte Beobachtung liegt wohl in der Geschwindigkeit der Transformation hin zu einer dekolonisierten Menschenrechtsordnung. Mit Ausnahme bspw. der plurinationalen Staaten Bolivien, Ecuador und derzeit Chile zeigen sich Staaten zögerlich bei Fragen zu umfassenden Verfassungsreformen oder gar einem Neuaufbau des Staates selbst. Diese erweisen sich allerdings als erforderlich zur Einführung von Sonderrechtskatalogen, einer umfassenden Integration des rechtlichen, sozialen, politischen, kulturellen und wirtschaftlichen Pluralismus oder dem Schaffen entsprechender Staatsorgane, Teilnahme- und Entscheidungsformen, einschließlich dezidierter Sondermandate und Quotenregelungen. Trotz fortwährendem Konservatismus im Bereich der Territorialrechte und staatlicher Souveränität erweisen sich völkerrechtliche Reformen als universelle und reaktionäre Werkzeuge einer dekolonisierenden Politik. Ihre letztendliche Verrechtlichung in Form von Erklärungen und Abkommen, schließlich Rechtsprechung und Überprüfungsverfahren, ermöglichen indigenen Völkern, ihren selbstbestimmten Weg in eine dekolonisierte Welt mitzugestalten.

6.4 Die Rechte indigener Völker als Instrumente oder Abbilder der Pluralisierung und Diversität

Die Rechte indigener Völker können gewiss als „stand-alone-rights" gelten; eine ganz eigene Rechtsordnung lässt sich in innerstaatlichen Verfassungsrahmen, im regionalen *Ius Commune* und im Völkerrecht wiederfinden. Trotzdem lässt sich ein gegenseitiges Lernen, Aneignungen und rechtssprachliche Querverweise zwischen den Rechten indigener Völker, Minderheitenregimen und anderen Gruppenrechten, basierend auf ethnischer, kultureller, religiöser oder sprachlicher Identität, Zugehörigkeit oder Hintergrund, beobachten. All dies lässt sich vereinen durch eine fortwährende Forderung nach einer ganzheitlichen Anerkennungspolitik und einer Überwindung des Vielfaltsdefizits im Recht und Institutionen (vgl. Eichler/Topidi 2022).

(Regionaler) Ius Commune:

Als regionaler Ius Commune wird die Rechtsordnung einer gegebenen Region bezeichnet wie dem Latin American Ius Commune oder dem European Ius Commune. Dazu gehört das Vertragsrecht, jedoch ebenso die Rechtsprechung der jeweiligen Justizorgane, sowie etwaiger Maßnahmen durch politische Institutionen, sowohl supranational and auch konsensorientiert agierend.

Lassen wir uns auf einen Exkurs in die (theoretischen) Fundamente einer Anerkennungspolitik der Pluralisierung und Diversifizierung ein, so wie sie unterschiedliche Gruppen- und Kollektivrechtregime verbindet. Antworten lassen sich sicherlich zunächst in jenen Debatten finden, welche Fragen des (kollektiven)

Rechtssubjekts mit seinem gesellschaftlichen Umfeld, nämlich multikulturellen oder pluralen Gesellschaften verknüpfen (vgl. bspw. Kymlicka/Bashir 2008; Foblets/Graziadei/Dundes Renteln 2018). Selten finden letztere allerdings Institutionalisierung und so prädominiert ein harmonisierendes mehrheitsorientiertes Interesse, häufig zum Nachteil von Minderheiten. Doppelte Standards können aus jenem Verhältnis hervorgehen: Während die kulturellen Praktiken von Minderheiten als paternalistisch und patriarchisch klassifiziert werden, werden Einschränkungen im Namen der Mehrheit oder der öffentlichen Meinung mit gleichwertig limitierenden Auswirkungen toleriert (vgl. Foblets/Graziadei/Dundes Renteln 2018). In diesem Sinne werden Lösungsansätze zu einer Annäherung zwischen jener verfassungsgestützten Politik und den lange Zeit stigmatisierten, diskriminierten Minderheiten gesucht (vgl. ebenso Tauli Corpuz 2020), und zwar in einer Form von „politics of reconciliation", orientiert an Wiedergutmachungsmaßnahmen oder der Staatbildung, weitgreifenden Zielen wie dem Streben nach Gerechtigkeit, sowie moralischen, politischen oder religiösen Theorien der Versöhnung, einschließlich Theorien der Vergebung, Menschenrechtstheorien oder säkularer Ansätze, fundiert durch die Idee der multikulturellen Staatsbürgerschaft (vgl. Kymlicka/Bashir 2008; Kymlicka 1996).

6.4.1 Die „politics of difference" und andere unterschiedsorientierte Ansätze

Den Anfangspunkt setzt sicherlich die famose „politics of difference" (vgl. Taylor 1994), orientiert an einem systemischen Umdenken und der Reform unterschiedsblinder, egalitaristischer Staatsformen. In der Tat scheinen indigene Völker und andere ethnische, kulturelle, religiöse oder sprachliche Minderheiten ähnlich betroffen von jener Verrechtlichung eines „one-size-fits-all-"Ansatzes der klassischen Minderheitenpolitik. Daran angelehnt stellt Tully die Frage nach den Möglichkeiten einer Beherbergung kultureller Diversität unter dem Schutzschirm moderner Verfassungen, welche er als eine der schwierigsten, zugleich notwendigsten Fragen des 21. Jahrhundert bezeichnet (2006). Zum Erlangen eines besseren Verständnisses der gruppenspezifischen kulturellen Anerkennung unterscheidet Tully zwischen konkurrierenden Forderungen nach Anerkennung und Schutze, während er ihre Gemeinsamkeiten im Rahmen einer Politik der kulturellen Unterschiede betont. Diese vereint er in so genannten „interkulturellen Forderungen"; sie umfassen den Zugang zu Bildung, Schulcurricula, sozialen Dienstleistungen, angeboten in den Minderheitensprachen, Rundfunk- und Medienunterstützung, das kollektive Gedächtnis sowie die Kultur bekräftigende Ansätze in öffentlichen Institutionen und Sphären (vgl. Tully 2006). Dabei bestimmt Tully drei gemeinsame Dimensionen der kulturellen Anerkennung jener Gruppen:

> „*....demands for cultural recognition are aspirations for appropriate forms of self- government. The forms of self-rule appropriate to the recognition of any culture vary. Some, such as Aboriginal peoples, strive for their own political institutions. Others, such as linguistic minorities, multicultural groups and women, seek to participate in the existing institutions of the dominant society, but in ways that recognise and affirm, rather than exclude, assimilate and denigrate, their culturally diverse ways of thinking,*

speaking and acting. What they share is a longing for self-rule: to rule themselves in accord with their customs and ways. (...) The second similarity is the complementary claim that the basic laws and institutions of modern societies, and their authoritative traditions of interpretation, are unjust in so far as they thwart the forms of self-government appropriate to the recognition of cultural diversity. The sovereignty of the people is in some way denied and suppressed, rather than affirmed and expressed, in the existing constitutional forms, thereby rendering unfair the daily politics that the constitution enframes. (...) The final similarity (...) is the ground of both the aspiration to culturally appropriate forms of self-rule and the claim of injustice. (...) A constitution can seek to impose one cultural practice, one way of rule following, or it can recognise a diversity of cultural ways of being a citizen, but it cannot eliminate, overcome or transcend this cultural dimension of politics" (2006, S. 5–6).

Zeitgenössisches Verfassungsrecht wird in diesem Sinne dazu aufgerufen, Kanäle der Artikulation der politischen Selbstbestimmung zu schaffen, angepasst an die dezidierten Bedürfnisse der Minderheitengruppen. Der Aufbau staatlicher Institutionen steht hier im Vordergrund sowie ihre Fähigkeit, Selbstregierungs- und Teilhabeformen in Übereinstimmung mit kulturellen Bedürfnissen zu fördern.

Nun gilt es, die diversen zu verrechtlichen Elemente einer Anerkennungspolitik des Minderheitenschutzes und der Gewährleistung indigener Rechte nach Taylor, Tully oder Kymlicka façon (vgl. ebenso zu gewissem Grade Shachar, Benhabib) und anderen Theoretiker:innen politischer Theorie näher zu bestimmen, d. h. weiter auszulegen, schließlich zu prozeduralisieren. Anerkennungsprozesse könnten, so wird hier suggeriert, die folgenden konstituierenden Elemente umfassen: eine *principlization*, eine *proceduralization*, eine *specialization*, eine *constitutionalization* und eine *pluralization* (vgl. Eichler, 2020). Lassen wir uns näher auf jede Komponente ein.

6.4.2 Die „Principlization“ als Komponente eines möglichen Anerkennungsprozesses

Zunächst bietet die *principlization* einen transversalen Anfangspunkt der Anerkennungspolitik: Die Prinzipienbildung soll das Ziel verfolgen, Pluralismen in den innerstaatlichen, regionalen oder völkerrechtlichen *Ius Commune* einzugliedern. In der Praxis lässt sich eine derartige Prinzipienbildung in diversen verfassungsrechtlichen Rahmen beobachten, bspw. durch das Prinzip des rechtlichen Pluralismus während der Phase des (anhaltenden) plurinationalen Konstitutionalismus in Bolivien und Ecuador (vgl. Yrigoyen 2015). Ebenso konnte das indigene Prinzip des *Vivir Bien/Buen Vivir* Eintritt in diverse Verfassungen der Andenstaaten erhalten (bspw. Gudynas 2011). Weniger fortschrittlich behandelt das EU-Recht Minderheitenrechte anhand seiner allgemeinen Prinzipien. Jedoch haben die Prinzipien der Gleichheit und der Gleichstellung einen besonderen Anklang im Verfassungsrecht und europäischen *Ius Commune* erlangen können (vgl. de Witte/Muir 2017). Dies inspirierte weitere rechtliche Entwicklungen im EU-Nichtdiskriminierungsrecht (vgl. Henrard/Belavusau 2018a), wenngleich limitiert in seiner Reichweite, was Minderheiten anbelangt (vgl. Kochenov 2018). In der EU-Rechtsordnung verhelfen in der Tat die allgemeinen Prinzipien einer wirkungsvollen Integration der Menschenrechte: Fundamentale Rechte gehören seit *Stauder vs. City of Ulm* (1969) den allgemeinen Prinzipien des EU Rechts an und genießen somit den Schutz des ECtHR. Ähnlich werden völkerrechtliche Menschenrechtsverträge und die gemeinsamen verfassungsrechtlichen Traditionen der Mitgliedsstaaten seit *Nold vs. Commission* (1974) als Quellen der Inspiration der allgemeinen EU-Rechtsprinzipien gezählt (vgl. Craig/de Búrca), ähnlich wie die Europäische Menschenrechtskonvention und inzwischen die Charta der Grundrechte der EU (vgl. v. Bogdandy 2009).

6.4.3 Die Pluralisierung der Anerkennungspolitik mittels einer „Proceduralization"

Weitere Möglichkeiten der Pluralisierung und der Formalisierung von Diversität als inhärente Rationale existierender Rechts- und Institutionsrahmen ergeben sich auf Basis der *proceduralization*. In der Tat können die Kollektivrechte mittels dezidierter Prozeduren die Form spezieller Teilhaberechte annehmen. So erhalten spezifische Entscheidungsmodalitäten im Minderheitenkontext, wie das daran angelehnte Recht auf Autonomie, Eintritt in die Rechtsprechung. Allerdings lassen sich die grundlegenden Rechte indigener Völker auf Konsultation und Teilhabe auf vertraglich begründete prozedurale Prinzipien zurückführen (vgl. Rodríguez-Garavito 2011). Der ehemalige *VN-Sonderberichterstatter zu den Rechten indigener Völker* James Anaya verstand in diesem Sinne das Recht auf Konsultation nicht als materielles Recht in Hinblick auf das Recht auf Land und Ressourcen (vgl. Doyle 2017), sondern als prozedurales Recht und entdeckte damit Potenzial für die Realisierung anderer (substanzieller) Grundrechte (Anaya 2009; Anaya 2011; Anaya 2013; Tauli Corpuz 2020; EMRIP 2020; EMRIP 2018; EMRIP 2011). Insbesondere die Zustimmung zeichnet sich im Lichte ihrer detaillierten Verpflichtungen als prozedurales Recht aus (vgl. bspw. Doyle 2017). Eine weitere wesentliche Anwendung finden prozedurale Rechte im Sinne ihrer Einklagbarkeit durch Gruppen, so genannte dual standing-Rechte (vgl. Buchanan 1993). Rechtsrahmen wie die europäischen Rechtsordnungen zeigen sich jedoch zögerlich bei der Anerkennung kollektiver, prozeduraler Rechte (vgl. Jovanović 2012; Koivurova 2013; *Könkämä and 38 other Sámi villages v. Sweden*; *Johtti Sapmelaccat Ry. and others v. Finland*). Ähnliches gilt für das Völkerrecht: Die Einklagbarkeit von Rechten der Abkommen erweiterte sich erst im vergangenen Jahrzehnt auf Gruppen als anerkannte Rechtssubjekte.

6.4.4 Eine Formalisierung der Anerkennung mittels der „Specialization"

Eine weitere Komponente indigener Anerkennungspolitik liegt in ihrem Spezialisierungsgrad, und zwar findet diese i. d. R. innerhalb der verfassungsrechtlichen Ordnung Ausdruck – verkörpert durch spezifische Sonderrechte neben den allgemein anwendbaren Menschenrechten. Die Rechte indigener Völker erhalten mit dem Nichtdiskriminierungsrecht und Minderheitenrechtsschutz (bspw. Art. 27 Zivilpakt, Allgemeine Bemerkung N° 23) oder dezidierter Rechte (bspw. 15 Sozialpakt, Allgemeine Bemerkung N° 21) Zutritt in das allgemeine völkerrechtliche Menschenrechtsregime. Allerdings weisen indigene Völker besondere Bedürfnisse auf, und dies nicht zuletzt aufgrund ihrer einzigartigen vom Kolonialismus geprägten Bemühungen um die kollektive Selbstbestimmung (bspw. Anaya 2004) und Selbstidentifikation (vgl. Gover 2018), einschließlich Bezügen zu u.a. Regierungs-, Organisations- und Teilhabestrukturen (vgl. Eichler 2019), ihren existenziellen Abhängigkeiten von ihrem unmittelbaren Lebensraum, Land, natürlichen Ressourcen und Subsistenzmitteln (bspw. Lennox/Short 2018), ihren besonderen spirituellen und kulturellen Traditionen (vgl. Patton 2018; Lenzerini 2016), der intrinsischen Verwobenheit und Ganzheitlichkeit ihrer Rechte (vgl. Urteile des IACtHR), den Partikularitäten rund um das Recht auf Entwicklung (vgl. Gilbert/Lennox 2019; Villalba 2013) und eine gesunde Umwelt (vgl. Bernal 2011; Merino 2018), einschließlich nicht menschlicher Wesen (vgl. Watson 2001) oder weiten Forderungen nach Pluralismus. Jener Spezialisierungsgrad erweist eine wesentliche Funktion bei der Erweiterung indigener Rechte, als eigene integrale *sui generis*-Rechtsordnung und im Lichte einer wachsenden Rechtsprechung, weit über einen ad hoc-Rechtsschutz hinausgehend.

6.4.5 Die Einbettung und das Deklarieren indigener Rechte durch die „Constitutionalization“

Weitere Geltungskraft erlangen die Rechte indigener Völker mittels ihrer „Konstitutionalisierung“: Mit der Zuschreibung eines verfassungsrechtlichen Wertes oder Ranges gewinnen die Rechte indigener Völker im innerstaatlichen Verfassungsrecht, jedoch ebenfalls im globalen Konstitutionalismus, an Bedeutung. Mit Ausnahme von weiten Souveränitäts- oder Territorialforderungen, bspw. im Rahmen von Sezessionen, Sukzessionen oder Annexionen, konnten indigene Rechte erfolgreich in das höchstrangigste Instrument vieler Staaten Eintritt finden (vgl. Yrigoyen 2015; Sieder 2015). Darüber hinaus etablieren sich auf völkerrechtlicher Ebene verfassungsähnliche Vorherrschaften; die Menschenrechte nehmen dabei eine außerordentliche Stellung ein. Dies lässt sich bspw. bei möglichen Konflikten zwischen dem EU-Recht und dem allgemeinen Völkerrecht feststellen (vgl. de Búrca 2012; *Kadi I/Al Barakaat*-Fälle) oder ähnlichen Entwicklungen in Lateinamerika (vgl. Góngora-Mera 2017), im Kontext universell anwendbarer *jus cogens*-Normen (vgl. Cassese 2012), oder als eigene entstehende Rechtsordnung wie einem Human Rights Jus Commune (vgl. de Schutter 2018). Das Interamerikanische Menschenrechtssystem zeigt im Angesicht mangelnder Normen zu indigenen Völkern in der Amerikanischen Menschenrechtskonvention eine bedeutsame Suszeptibilität gegenüber verfassungsrechtlichen Entwicklungen. So erklärte der IACtHR-Entscheid *Sarayaku vs. Ecuador* das Recht auf Konsultation zum Allgemeinen Rechtsgrundsatz, leitete dieses maßgeblich von den verfassungsrechtlichen Praktiken der Vertragsparteien ab. In diesem Sinne erwiesen sich verfassungsrechtliche Auslegungen nicht nur als relevant in Hinblick auf die Tragweite, Priorisierung und Realisierung indigener Rechte, sondern sie fungierten ebenso als wesentliche Vermittlungskanäle zur Verankerung der Rechte indigener Völker im Völkerrecht (und vice versa).

6.4.6 Die Erweiterung und Vertiefung der Rechtsordnungen durch die „Pluralisation"

Schließlich hängt eine wirkungsvolle Durchsetzung indigener Sonderrechte und damit die Abbildung eines:r neuen Pluralismus, einer neuartigen Diversität in den Rechtsordnungen von der Natur ihrer Verpflichtungen ab. In diesem Lichte wird hier auf eine Pluralisierung der Menschenrechtsverpflichtungen näher eingegangen, eine Amplifizierung existierender Standards als Antwort auf bspw. progressive (völkerrechtliche) Entwicklungen wie den triadischen Respektierungs-, Schutz- und Gewährleistungspflichten (vgl. Karp 2020; Tomuschat 2014). Zwei globale Entwicklungen bedingen dies bzw. erfordern ganzheitliche Reaktionen, was indigene Rechte in besonderem Maße betrifft. Zum einen bietet die soziale Unternehmensverantwortung trotz internationaler Bemühungen (vgl. Bilchitz/Deva 2013; Burger 2014; García Muñoz 2019; Dann/Riegner 2017; IACHR 2019) nur einen ungenügenden Schutz für Indigene im Lichte globaler Rohstoffentwicklungen, Mega-, Infrastruktur- und so genannten Entwicklungsprojekten. Zum anderen reichen konventionelle Menschenrechtsverpflichtungen in ihrer Berücksichtigung indigener Rechte gewöhnlich nicht über Nichtdiskriminierungsstandards hinaus (vgl. Allgemeine Bemerkungen der Menschenrechtsvertragsorgane oder vergleichendes Verfassungsrecht).

Fortschritte lassen sich allerdings auf regionaler und innerstaatlicher Ebene beobachten. In der *Ogoni*-Entscheidung bezieht sich die Afrikanische Kommission zum Schutz der Menschen- und Völkerrechte auf die triadische Verpflichtung im Zusammenhang mit ESC-Rechten und ihre Anwendung auf kollektive Rechte: Im Falle von Ressourcenrechten können diese von Individuen, gemeinschaftlich mit Anderen, als Haushalt, Familie oder als Kollektiv eingefordert werden. Ähnlich stipuliert das bolivianische Verfassungsrecht positive Verpflichtungen zum *Buen Vivir/Vivir Bien*-Prinzip: Diese materialisieren in Form einer obligatorischen Gewährleistung und triadischen Verpflichtung (bol. Muttererde-Gesetz, Art. 4). Im Falle Ecuadors etabliert die plurinationale Verfassung Gewährleistungspflichten zum Recht auf Entwicklung (Art. 340), einer politisch links-ökologischen Richtung folgend; ausschlaggebend sei dabei das konzeptuelle Verständnis der Rechteinhaber:innen selbst. Die Pluralisierung menschenrechtlicher Verpflichtungen bleibt damit größtenteils beschränkt auf ESC-Rechte; eine Annäherung hingegen verspricht die völkerrechtliche UNDRIPS, deren Realisierung von einem erfolgreichen Multilateralismus, innerstaatlichem Umdenken und zukünftigen Generationen abhängen wird.

Verständnis- und Debattierfragen zum Kapitel „Indigene Rechte in globalen Machtstrukturen"

I) *Beschreiben Sie mögliche Merkmale einer Politisierung des internationalen Menschenrechtssystems.*

II) *Inwiefern können strukturelle Reformen einer solchen Politisierung entgegenwirken? Welche Rolle ist dabei dem VN-Menschenrechtsrat zuzuschreiben?*

III) *Lässt sich von einer Demokratisierung des Menschenrechtssystems sprechen? Inwiefern?*

IV) *Welche Teilnahmemöglichkeiten ergeben sich auf internationaler Ebene – auf Basis internationaler Standards und Mechanismen – für indigene Repräsentant:innen?*

V) *Beschreiben Sie den Prozess der informellen Anerkennung neben dem ECOSOC-Akkreditierungsverfahren.*

VI) *Inwiefern kann die Realisierung der Rechte indigener Völker als Teil einer Dekolonisierungspolitik gesehen werden?*

VII) *Gehen Sie auf mögliche Grundprinzipien ein, was die Dekolonisierungspolitik angeht.*

VIII) *Inwiefern können die Rechte indigener Völker als Sonderrechtsordnung gelten, in welchem Sinne tragen sie zu einer Pluralisierung im Recht bei?*

IX) *Zeigen Sie wesentliche Elemente einer Anerkennungspolitik auf, basierend auf den Theorien der „politics of difference" und der „politics of reconciliation".*

X) *Wie könnte eine Anerkennungspolitik prozeduralisiert werden? Gehen Sie auf mögliche konstituierende Elemente ein.*

Literatur zur Einführung

Bellier, Irène/Hays, Jennifer (Hrsg.) Scales of Governance and Indigenous Peoples' Rights, Abington: Routledge.

Charters, Claire/Stavenhagen, Rodolfo (Hrsg.): Making the Declaration Work: The United Nations Declaration on the Rights of Indigenous Peoples, Copenhagen: IWGIA.

Clavero, Bartolomé (2005): The Indigenous Rights of Participation and International Development Policies. Arizona Journal of International and Comparative Law 22: S. 45–46.

Kymlicka, Will (2013): Multicultural Odysseys: Navigating the New International Politics of Diversity, Oxford: Oxford University Press.

Niezen, Ronald (2003): The Origins of Indigenism: Human Rights and the Politics of Identity, Berkeley: University of California Press.

Rodríguez-Garavito, César (2011): Ethnicity.gov: Global Governance, Indigenous Peoples, and the Right to Prior Consultation in Social Minefields. Indiana Journal of Global Legal Studies 18, 1: 263–305.

Watson, Irene (Hrsg.): Indigenous Peoples as Subjects of International Law, Abingdon: Routledge.

Interaktives Online-Lernspiel zum Kapitel 6 „Indigene Rechte in globalen Machtstrukturen“:

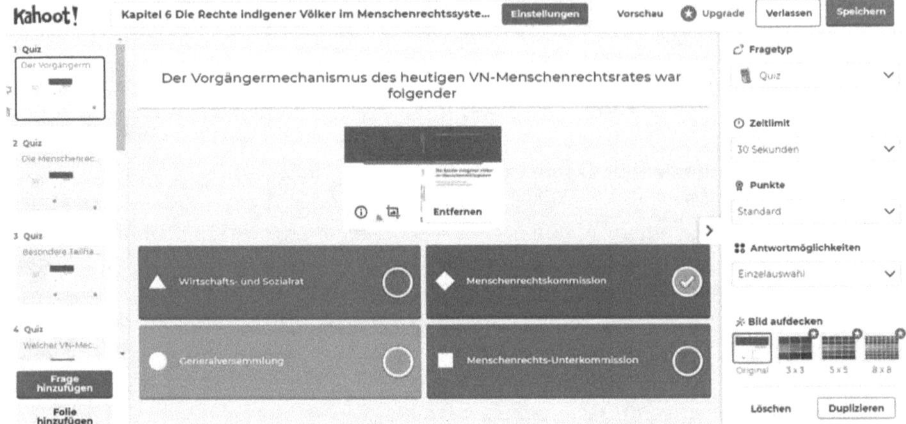

→ https://create.kahoot.it/share/kapitel-6-die-rechte-indigener-volker-im-menschenrechtssystem-normen-institutionen-und/e0bc78f7-9253-4738-b785-f8b091f37d1e

Literatur

ACHPR (2007): Advisory Opinion of the African Commission on Human and Peoples' Rights on the United Nations Declaration on the Rights of Indigenous Peoples, Accra: African Commission on Human and Peoples' Rights.

African Commission's Working Group on Indigenous Populations/Communities (2017): Report of the African Commission's Working Group on Indigenous Populations/Communities: Extractive Industries, Land Rights and Indigenous Populations'/Communities' Rights: East, Central and Southern Africa, Copenhagen: IWGIA.

African Commission's Working Group on Indigenous Populations/Communities (2005): Report of the African Commission's Working Group of Experts on Indigenous Populations/Communities, Copenhagen: African Commission on Human and Peoples' Rights and International Work Group for Indigenous Affairs.

Alba de, Luis Alfonso (2012): The Human Rights Council's Adoption of the United Nations Declaration on the Rights of Indigenous Peoples. In: Charters, Claire/Stavenhagen, Rodolfo (Hrsg.): Making the Declaration Work: The United Nations Declaration on the Rights of Indigenous Peoples, Copenhagen: IWGIA.

Alva-Arévalo, Amelia (2019): A critical evaluation of the domestic standards of the right to prior consultation under the UNDRIP: lessons from the Peruvian case. The International Journal of Human Rights 23, 1-2: S. 234-248.

Alvarado, Leonardo J. (2007): Prospects and Challenges in the Implementation of Indigenous Peoples' Human Rights in International Law: Lessons from the Case of Awas Tingni vs. Nicaragua. Arizona Journal of International & Comparative Law 24, 3, S. 609-643.

Anaya, James (2013): Report of the Special Rapporteur on the Rights of Indigenous Peoples, Extractive Industries and Indigenous Peoples, Geneva: Human Rights Council.

Anaya, James (2011): Report of the Special Rapporteur on the Rights of Indigenous Peoples, Extractive industries operating within or near indigenous territories, Geneva: Human Rights Council.

Anaya, James (2009): Report of the Special Rapporteur on the Rights of Indigenous Peoples, Coordination with United Nations Permanent Forum on Indigenous Issues and the Expert Mechanism on the Rights of Indigenous Peoples of the Human Rights Council; Analysis of the duty of States to consult with indigenous peoples on matters affecting them: insight into how duty to consult may be addressed by Governments, indigenous peoples, the United Nations system, and other stakeholders, Geneva: Human Rights Council.

Anaya, James (2004): Indigenous Peoples in International Law, Oxford: Oxford University Press.

Anaya, James/Rodríguez-Piñero, Luis (2018): Chapter 2. The Making of the UNDRIP. In: Hohmann, Jessie/Weller, Marc (Hrsg.): The UN Declaration on the Rights of Indigenous Peoples, Oxford: Oxford University Press.

Anaya, James/Wiessner, Siegfried (2007): The UN Declaration on the Rights of Indigenous Peoples: Towards Re-empowerment, JURIST Commentary, https://www.jurist.org/commentary/2007/10/un-declaration-on-rights-of-indigenous-2/

Angie, Anthony (2004): Imperialism, Sovereignty and the Making of International Law, Cambridge: Cambridge University Press.

Angst, Doris (2015): Artikel 3. Allgemeiner Teil. Europarat. In: Hofmann, Rainer/Angst, Doris/Lantschner, Emma/Rautz, Günther/Rein, Detlev (Hrsg): Rahmenübereinkommen zum Schutz nationaler Minderheiten: Handkommentar, Baden-Baden: Nomos.

Añaños Bedriñana, Karen Giovanna, Hernández Umaña, Bernardo Alfredo, Rodríguez Martín, José Antonio (2020): "Living Well" in the Constitution of Bolivia and the American Declaration on the Rights of Indigenous Peoples: Reflections on Well-Being and the Right to Development. International journal of environmental research and public health 17, 8: S. 2870.

Arlettaz, Fernando (2013): Derechos de las Minorías en el Pacto Internacional de Derechos Civiles y Políticos: Consideraciones Conceptuales. Jurisprudencija/Jurisprudence 30, 3: S. 901-922.

Ashamu, Elizabeth (2011): Centre for Minority Rights Development (Kenya) and Minority Rights Group International on Behalf of Endorois Welfare Council v Kenya: A Landmark Decision from the African Commission. Journal of African Law 55, 2: S. 300-313.

Assies, Willem (1999): Pueblos Indígenas y reforma del Estado en América Latina. In: Assies, Willem et al. (Hrsg.): El reto de la diversidad. Pueblos Indígenas y reforma del Estado en América Latina, Zamora: El Colegio de Michoacán.

Atkinson, Judy (2002): Trauma Trails, Recreating Song Lines: The Transgenerational Effects of Trauma in Indigenous Australia, North Melbourne: Spinifex Press.

Ávila Santamaría, Ramiro (2011): El constitucionalismo transformador: el estado y el derecho en la Constitución de 2008, Quito: Ediciones Abya-Yala.

Aylwin, José (2013): Los derechos de pueblos indígenas en América Latina. In: Aylwin, José/Meza-Lopehandía, Matías/Yáñez, Nancy (Hrsg.): Los pueblos indígenas y el derecho, Santiago: LOM Ediciones.

Badie, Bertrand (2018): Quand le Sud réinvente le monde : Essai sur la puissance de la faiblesse, Paris: La Découverte.

Barelli, Mauro (2016): Seeking justice in international law: The significance and implications of the UN Declaration on the Rights of Indigenous Peoples, Abingdon: Routledge.

Barelli, Mauro (2011): Shaping Indigenous Self-Determination: Promising or Unsatisfactory Solutions? International Community Law Review 13, 4: S. 413-436.

Barelli, Mauro (2010): The Interplay between Global and Regional Human Rights Systems in the Construction of the Indigenous Rights Regime. Human Rights Quarterly 32, S. 951-979.

Barelli, Mauro (2009): The Role of Soft Law in the International Legal System: The Case of the United Nations Declaration on the Rights of Indigenous Peoples. International and Comparative Law Quarterly 58: S. 957-983.

Barrios-Suvelza, Franz (2018): El control contramayoritario como marco de análisis de la influencia del nuevo constitucionalismo latinoamericano sobre la democracia. In: Revista Española de Ciencia Política 47: 39-68.

Barsh, Russel Lawrence (1987): Revision of ILO Convention No. 107. The American Journal of International Law 81, 3: S. 756-762.

Bauder, Harald/Mueller, Rebecca (2021): Westphalian vs. Indigenous Sovereignty: Challenging Colonial Territorial Governance. Geopolitics, https://www.tandfonline.com/doi/full/10.1080/14650045.2021.1920577

Belavusau, Uladzislau, and Henrard, Kristin. 2018a. EU Anti-Discrimination Law Beyond Gender. Oxford: Hardt Publishing.

Belavusau, Uladzislau, and Henrard, Kristin. 2018b. The Impact of the 2000 Equality Directives on EU Anti-Discrimination Law: Achievements and Pitfalls. In: Belavusau, Uladzislau, and Henrard, Kristin (eds.). EU Anti-Discrimination Law Beyond Gender. Oxford: Hardt Publishing.

Bellier, Irène/Hays, Jennifer (2020): Indigenous peoples' rights : Global circulation, colonial heritage, and resistance. In: Bellier, Irène/Hays, Jennifer (Hrsg.) Scales of Governance and Indigenous Peoples' Rights, Abington: Routledge.

Bellier, Irène/Préaud, Martin (2012): Emerging issues in indigenous rights: transformative effects of the recognition of indigenous peoples. The International Journal of Human Rights 16, 3: S. 474-488.

Benhabib, Seyla (2002): The Claims of Culture: Equality and Diversity in the Global Era, Princeton: Princeton University Press.

Berman, Howard (1988): The International Labour Organisation and Indigenous Peoples: Revision of the ILO Convention 107 at the 75th Session at the International Labour Conference. International Commission of Jurists: The Review, 41.

Bernal, Angélica M. (2011): Power, Powerlessness and Petroleum: Indigenous Environmental Claims and the Limits of Transnational Law. New Political Science 33, 2: S. 143-167.

Besson, Samantha (2015): Human Rights and Constitutional Law: Patterns of Mutual Validation and Legitimation. In: Cruft, Rowan/Liao, S. Matthew/Renzo, Massimo (Hrsg.) Philosophical Foundations of Human Rights, Oxford: Oxford University Press.

Bilchitz, David/Deva, Surya (2013): Human Rights Obligations of Business: Beyond the Corporate Responsibility to Respect?, Cambridge: Cambridge University Press.

Bloch, Ernst (1971): Efectos políticos del desarrollo desigual. In: Lenk, Kurt (Hrsg): El concepto de ideología, Buenos Aires: Amorrortu.

Bogdandy v., Armin/Ferrer MacGregor, Edoardo/Morales Antoniazzi,Mariela/Piovesan, Flávia (2017): Ius Constitutionale Commune en América Latina: A Regional Approach to Transformative Constitutionalism. In: Bogdandy v., Armin/Ferrer MacGregor, Edoardo/Morales Antoniazzi, Mariela/Piovesan, Flávia (Hrsg): Transformative Constitutionalism in Latin America: The Emergence of a New Ius Commune, Oxford: Oxford University Press.

Bogdandy v., Armin (2009): Founding Principles. In: Bogdandy, Armin/Bast, Jürgen (Hrsg): Principles of European Constitutional Law, London: Hart Publishing.

Boulden, Jane/Kymlicka, Will (2015): International Approaches to Governing Ethnic Diversity, Oxford: Oxford University Press.

Bribosia, Emmanuelle/Rorive, Isabelle (2018): Human Rights Tectonics: Global Dynamics of Integration and Fragmentation, Antwerp: Intersentia.

Brysk, Alison (2000): From Tribal Village to Global Village: Indian Rights and International Relations in Latin America, Stanford: Stanford University Press.

Bubenechik, Milena (2014): Trauma of Colonial Condition: In Nervous Conditions and Kiss of the Fur Queen, Hamburg: Anchor Academic Publishing.

Buchanan, Allen (1993): The Role of Collective Rights in the Theory of Indigenous Peoples' Rights. In: Transnational Law and Contemporary Problems 3, 1: 89-108.

Budziszewska, Anita (2018): The concept of right to culture in international relations. Polish Journal of Political Science 4, 3: S. 7-36.

Buelens, Gert/Craps, Stef (2008): Introduction: Postcolonial Trauma Novels. Studies in the Novel 40, 1-2: S. 1-12.

Búrca de, Gráinne (2012): The ECJ and the international legal order: a re-evaluation. In: Búrca de, Gráinne (Hrsg.) The worlds of European constitutionalism, Cambridge: Cambrdige University Press.

Burchardt, Hans-Jürgen/Dietz, Kristina (2014): (Neo-)extractivism – a new challenge for development theory from Latin America. In: Third World Quarterly 35, 3: S. 468-486.

Burger, Julian (2019): After the Declaration: next steps for the protection of indigenous peoples' rights. The International Journal of Human Rights 23, 1-2: S. 22-33.

Burger, Julian (2014): In-Depth Analysis: Indigenous Peoples, Extractive Industries and Human Rights, European Parliament: Directorate-General for External Policies of the Union, Policy Department.

Burger, Julian (2012): Making the Declaration Work for Human Rights in the UN System. In: Charters, Claire/Stavenhagen, Rodolfo (Hrsg.): Making the Declaration Work: The United Nations Declaration on the Rights of Indigenous Peoples, Copenhagen: IWGIA.

Butler, Israel de Jesús (2011): Securing human rights in the face of international integration. International and Comparative Law Quarterly, 60: S. 125-165.

Cambou Dorothée (2019): The UNDRIP and the legal significance of the right of indigenous peoples to self-determination: a human rights approach with a multidimensional perspective. The International Journal of Human Rights, 23, 1-2: S. 34-50.

Carmen, Andrea (2012): International Indian Treaty Council Report from the Battle Field – the Struggle for the Declaration. In: Charters, Claire/Stavenhagen, Rodolfo (Hrsg.): Making the Declaration Work: The United Nations Declaration on the Rights of Indigenous Peoples, Copenhagen: IWGIA.

Carozza, Paolo G., and González, Pablo (2017): The final word? Constitutional dialogue and the Inter-American Court of Human Rights: A reply to Jorge Contesse. International Journal of Constitutional Law, 15, 2: S. 437-442.

Carpenter, Kristen A. (2020): Religious Freedoms, Sacred Sites and Human Rights in the United States. In: Centre for International Governance Innovation (CIGI) (Hrsg.): UNDRIP Implementation: Comparative Approaches, Indigenous Voices from CANZUS: Special Report, Waterloo: Centre for International Governance Innovation.

Carpenter, Kristen/Riley, Angela R. (2014): Indigenous Peoples and the Jurisgenerative Moment in Human Rights. California Law Review 102, 1: S. 173-234.

Carvajal, Laura María (2016): Extractivismo en América Latina: Impacto en la Vida de las Mujeres y Propuestas de Defensa del Territorio, Bogotá: Fondo de Acción Urgente de América Latina.

Cassese, Antonio (2012): Realizing Utopia: The Future of International Law, Oxford: Oxford University Press.

Cassidy, Julie (1998): Sovereignty of Aboriginal Peoples. Indiana International and Comparative Law Review 9, 1: S. 65-119.

Castellino, Joshua/Doyle, Cathal (2018): Chapter 1. Who Are 'Indigenous Peoples'? An Examination of Concepts Concerning Group Membership in the UNDRIP. In: Hohmann, Jessie/Weller, Marc (Hrsg.): The UN Declaration on the Rights of Indigenous Peoples, Oxford: Oxford University Press.

Cavallaro, James/Vargas, Claret/Sandoval Villalba, Clara/Duhaim, Bertrand (2019): Doctrine, practice, and advocacy in the inter-American human rights system, Oxford: Oxford University Press.

Centre for International Governance Innovation (CIGI) (2017): UNDRIP Implementation: Brading International, Domestic and Indigenous Laws: Special Report, Waterloo: Centre for International Governance Innovation.

Cerone, John (2017): African Commission on Human and Peoples' Rights: Centre for Minority Rights Development (Kenya) & Minority Rights Group International on Behalf of Endorois Welfare Council v. Kenya. International Legal Materials 49, 3, S. 858-906.

Charters, Claire (2020): The UN Declaration on the Rights of Indigenous Peoples in New Zealand Courts: A Case for Cautious Optimism. In: Centre for International Governance Innovation (CIGI) (Hrsg.): UNDRIP Implementation: Comparative Approaches, Indigenous Voices from CANZUS: Special Report, Waterloo: Centre for International Governance Innovation.

Charters, Claire/Stavenhagen, Rodolfo (2012): The UN Declaration on the Rights of Indigenous Peoples: How it Came to Be and What it Heralds. In: Charters, Claire/Stavenhagen, Rodolfo (Hrsg.): Making the Declaration Work: The United Nations Declaration on the Rights of Indigenous Peoples, Copenhagen: IWGIA.

Chávez, Luis Enrique (2012): The Declaration on the Rights of Indigenous Peoples Breaking the Impasse: The Middle Ground. In: Charters, Claire/Stavenhagen, Rodolfo (Hrsg.): Making the Declaration Work: The United Nations Declaration on the Rights of Indigenous Peoples, Copenhagen: IWGIA.

Churchill, Robin R./Khaliq, Urfan (2004): The Collective Complaints System of the European Social Charter: An Effective Mechanism for Ensuring Compliance with Economic and Social Rights? European Journal of International Law 15: S. 417-456.

Churchill, Ward (2011): A Travesty of a Mockery of a Sham: Colonialism as 'Self Determination' in the UN Declaration on the Rights of Indigenous Peoples. Griffith Law Review 20, 3: S. 526-556.

Cittadino, Federica (2019): Incorporating Indigenous Rights in the International Regime on Biodiversity Protection: Access, Benefit-Sharing and Conservation in Indigenous Lands, Boston: BRILL.

Claeys, Priscilla (2018): The Rise of New Rights for Peasants. From Reliance on NGO Intermediaries to Direct Representation. Transnational Legal Theory 9, 3-4: S. 386-399.

Claeys, Priscilla/Edelman, Marc (2020): The United Nations Declaration on the rights of peasants and other people working in rural areas. The Journal of Peasant Studies 47, 1: S. 1-68.

Clapham, Andrew (2015): Human Rights: A Very Short Introduction, Oxford: Oxford University Press.

Claridge, Lucy (2017): Victory for Kenya's Ogiek as African Court sets major precedent for indigenous peoples' land rights. African Commission on Human and Peoples' Rights v the Republic of Kenya. London, Dublin: Minority Rights Group International and Irish Aid.

Clavero, Bartolomé (2011): ¿Hay genocidios cotidianos? Y otras perplejidades sobre América indígena, Copenhague: Grupo Internacional de Trabajo sobre Asuntos Indígenas (IWGIA).

Clavero, Batolomé (2010): Original Latin American Constitutionalism. In: Rechtsgeschichte 16: S. 25-28.

Clavero, Bartolomé (2008): Nota sobre el Alcance del Mandato Contenido en el Artículo de la Declaración sobre los Derechos de los Pueblos Indígenas y el Mejor Modo de Satisfacerlo por Parte del Foro Permanente para las Cuestiones Indígenas, New York: Permanent Forum on Indigenous Issues.

Clavero, Bartolomé (2005): The Indigenous Rights of Participation and International Development Policies. Arizona Journal of International and Comparative Law 22: S. 45-46.

Clerc, Mélanie/Berezintsev, Justine (2021): Indigenous World 2020: The Work of the UN Treaty Bodies and Indigenous Peoples Rights, Copenhagen: InternationalWork Group for Indigenous Affairs.

Cloud, Leslie/Le Bonniec, Fabien (2019) : Criminalization and judicialization of indigenous peoples' rights in Chile: current dynamics. In: Bellier, Irène/Hays, Jennifer (Hrsg.) Scales of Governance and Indigenous Peoples' Rights, Abington: Routledge.

Colchester, Marcus (1995): Indigenous peoples' rights and sustainable resource use in South and Southeast Asia. In: Barnes, R. H./Gray, Andrew/Kingsbury, Benedict (Hrsg.): Indigenous Peoples of Asia, Ann Arbor: Association for Asian Studies.

Comaroff, Jean/Comaroff, John L. (2008): Law and Disorder in the Postcolony, Chicago: Chicago University Press.

Cornescu, Adrian Vasile (2009): The Generations of Human Rights. Days of Law: The Conference Proceedings, Brno: Masaryk University.

Corntassel, Jeff J./Hopkins Primeau, Tomas (1995) : Indigenous "Sovereignty" and International Law: Revised Strategies for Pursuing "Self-Determination". Human Rights Quarterly 17, 2: S. 343-365.

Coomans, Fons (2003): The Ogoni Case before the African Commission on Human and Peoples' Rights. The International and Comparative Law Quarterly 52, 3: S. 749-760.

Cowan, Anna (2013): UNDRIP and the Intervention: Indigenous Self-Determination, Participation, and Racial Discrimination in the Northern Territory of Australia. Pacific Rim Law & Policy Journal 22, 2: 247-310.

Craig, Paul P./de Búrca, Gráinne (2015): Human Rights in the EU. In: Craig, Paul P./de Búrca, Gráinne (Hrsg.) EU Law: Text, Cases, and Materials, Oxford: Oxford University Press.

Crawhall, Nigel (2011): Africa and the UN Declaration on the Rights of Indigenous Peoples. The International Journal of Human Rights: Indigenous rights in Southern Africa 15, 1: S. 11-36.

Cremer, Hendrik (2005): Die Individualbeschwerde nach Art. 14 des Internationalen Übereinkommens gegen Rassismus (ICERD). Ein Handbuch für Nichtregierungsorganisationen und Betroffene, Berlin: Deutsches Institut für Menschenrechte.

Cullen, Holly (2009): The Collective Complaints System of the European Social Charter: Interpretative Methods of the European Committee of Social Rights, Human Rights Law Review 9, 1: S. 61-93.

Daes, Erica-Irene A (2012): The Contribution of the Working Group on Indigenous Populations to the Genesis and Evolution of the UN Declaration on the Rights of Indigenous Peoples. In: Charters, Claire/Stavenhagen, Rodolfo (Hrsg.): Making the Declaration Work: The United Nations Declaration on the Rights of Indigenous Peoples, Copenhagen: IWGIA.

Dahl, Jens (2012): The Indigenous Space and Marginalised Peoples in the United Nations, New York: Palgrave Macmillan.

Dann, Philipp/Riegner, Michael (2017): Safeguard-Review der Weltbankgruppe. Ein neuer Goldstandard für das globale Umwelt- und Sozialrecht?, Eschborn: Deutsche Gesellschaft für Internationale Zusammenarbeit.

Davis, Megan (2012): To bind or not to bind: The United Nations declaration on the rights of indigenous peoples five years on. Australian International Law Journal, 19: S. 17-48.

Dersso, Solomon A. (2006): The Jurisprudence of the African Commission on Human and Peoples' Rights with respect to Peoples' Rights. African Human Rights Law Journal 6, S. 358-381.

Domaradzki, Spasimir/Khvostova, Margaryta/Pupovac, David (2019): Karel Vasak's Generations of Rights and the Contemporary Human Rights Discourse. Human Rights Review 20: S. 423-443.

Doyle, Cathal M. (2017): Indigenous Peoples, Title to Territory, Rights and Resources: The transformative role of free, prior and informed consent, Abingdon: Routledge.

Doyle, Cathal/Gilbert, Jérémie (2010): Indigenous Peoples and Globalization: From 'Development Aggression' to 'Self-determined Development'. European Yearbook of Minority Issues 7, S. 219-262.

Dunford, Robin (2017): Peasant activism and the rise of food sovereignty: Decolonising and democratising norm diffusion? European Journal of International Relations 23, 1: S. 145-167.

Eichler, Jessika (2020): "Migrating Recognition" or "Constitutionalism Reversed": Relating Andean Plurinational Constitutionalism and European Integration Politics. Human Rights Quarterly 42, 4: S. 790-816.

Eichler, Jessika (2019): Reconciling Indigenous Peoples' Individual and Collective Rights: Participation, Prior Consultation and Self-Determination in Latin America, Abingdon: Routledge.

Eichler, Jessika/Doyle, Cathal/Howard, Seánna (2022): United Nations Declaration on the Rights of Indigenous Peoples. Article-by-Article Commentary, Baden-Baden: Nomos.

Eichler, Jessika/Bacca, Paulo Ilich (2020): Contemporary Forms of Cultural Genocide in the Natural Resource Sector: Indigenous Peoples' Perspectives from Bolivia and Colombia. Canadian Journal of Development Studies/Revue Canadienne d'études du développement. doi:10.1080/02255189.2020.1796601.

Eichler, Jessika/Topidi, Kyriaki (2022): Minority Recognition and Diversity Deficit: Comparative Perspectives, London: Hart Publishing.

Eide, Asbjørn (2012): The Indigenous Peoples, the Working Group on Indigenous Populations and the Adoption of the UN Declaration on the Rights of Indigenous Peoples. In: Charters, Claire/Stavenhagen, Rodolfo (Hrsg.): Making the Declaration Work: The United Nations Declaration on the Rights of Indigenous Peoples, Copenhagen: IWGIA.

Eide, Asbjørn (2006): Rights of Indigenous Peoples – Achievements in International Law during the Last Quarter of a Century. Netherlands Yearbook of International Law, XXXVII: S. 155-212.

Engle, Karen (2011): On Fragile Architecture: The UN Declaration on the Rights of Indigenous Peoples in the Context of Human Rights. The European Journal of International Law 22, 1: S. 141-163.

Erueti, Andrew (2020): The UN Declaration on the Rights of Indigenous Peoples: A Mixed Model of Interpretation. In: Centre for International Governance Innovation (CIGI) (Hrsg.): UNDRIP Implementation: Comparative Approaches, Indigenous Voices from CANZUS: Special Report. Waterloo: Centre for International Governance Innovation.

Erueti, Andrew (2017): The Politics of International Indigenous Rights. University of Toronto Law Journal 67: S. 569-595.

Escobar, Arturo (2014): Sentipensar con la Tierra: Nuevas Lecturas sobre Desarrollo, Territorio y Diferencia, Medellín: Ediciones UNAULA.

Evju, Av Stein (2007): The European Social Charter – Instruments and Procedures. Nordisk Tidsskrift for Menneskerettigheter 25, 1: S. 58-64.

Expert Mechanism on the Rights of Indigenous Peoples (EMRIP) (2020): Right to land under the United Nations Declaration on the Rights of Indigenous Peoples: a human rights focus, Geneva: UN Human Rights Council.

Expert Mechanism on the Rights of Indigenous Peoples (EMRIP) (2019): Progress Report on the Study of Indigenous Peoples and the Right to Participate in Decision-Making, Geneva: UN Human Rights Council.

Expert Mechanism on the Rights of Indigenous Peoples (EMRIP) (2019): Indigenous peoples' rights in the context of borders, migration and displacement: Study of the Expert Mechanism on the Rights of Indigenous Peoples, Geneva: UN Human Rights Council.

Expert Mechanism on the Rights of Indigenous Peoples (EMRIP) (2018): Free, prior and informed consent: a human rights-based approach, Geneva: UN Human Rights Council.

Expert Mechanism on the Rights of Indigenous Peoples (EMRIP) (2017): Ten years of the implementation of the United Nations Declaration on the Rights of Indigenous Peoples: good practices and lessons learned – 2007 – 2017, Genf: Menschenrechtsrat.

Expert Mechanism on the Rights of Indigenous Peoples (EMRIP) (2012a): Follow-up Report on Indigenous Peoples and the Right to Participate in Decision-Making with a Focus on Extractive Industries, Geneva: United Nations High Commissioner for Human Rights.

Expert Mechanism on the Rights of Indigenous Peoples (EMRIP) (2012b): Comment on the Human Rights Council's Guiding Principles on Business and Human Rights as related to Indigenous Peoples and the Right to Participate in Decision-Making with a Focus on Extractive Industries, Geneva: United Nations High Commissioner for Human Rights.

Expert Mechanism on the Rights of Indigenous Peoples (EMRIP) (2011): Final report of the study on indigenous peoples and the right to participate in decision-making, Geneva: United Nations High Commissioner for Human Rights.

Falk, Richard A. (2000): Human Rights Horizons: The Pursuit of Justice in a Globalising World, New York: Routledge.

Fitzmaurice, Malgosta (2018): Indigenous Peoples and Intergenerational Equity as an Emerging Aspect of Ethno-Cultural Diversity in International Law. In: Pentassuglia, Gaetano (Hrsg.) Ethno-Cultural Diversity and Human Rights: Challenges and Critiques, Leiden: BRILL Nijhoff.

Fitzmaurice, Malgosia (2012): Tensions Between States and Indigenous People over Natural Resources in light of the 1989 ILO Convention No.169 Concerning Indigenous and Tribal Peoples in Independent Countries and the 2007 UN Declaration on the Rights of Indigenous Peoples (including relevant national legislation and case-law). The Yearbook of Polar Law IV, S. 227-260.

Foblets, Marie-Claire/Graziadei, Michele/Dundes Renteln, Alison (2018): Personal Autonomy in Plural Societies: A Principle and its Paradoxes, London: Routledge.

Fontana, Lorenza B./Grugel, Jean (2016): The Politics of Indigenous Participation Through "Free Prior Informed Consent": Reflections from the Bolivian Case. World Development 77, S. 249-261.

Fraser, Nancy/Honneth, Axel (2004): Redistribution or Recognition?: A Political Philosophical Exchange, London and New York: Verso.

Fraser, Nancy/Honneth, Axel (2003): Umverteilung oder Anerkennung? Eine politisch-philosophische Kontroverse, Frankfurt a.M.: Suhrkamp Verlag.

Freedman, Rosa (2011): New Mechanisms of the UN Human Rights Council. Netherlands Quarterly of Human Rights, 29, 3: S. 289-232.

Freeman, Michael (1995): Are there Collective Human Rights? Political Studies XLIII: S. 25-40.

García Muñoz, Soledad (2019): Informe sobre Empresas y Derechos Humanos: Estándares Interamericanos. Aprobado por la Comisión Interamericana de Derechos Humanos. Washington D.C.: Inter-American Commission on Human Rights/Special Rapporteurship on Economic, Social, Cultural and Environmental Rights.

Gargarella, Roberto (2017): The "New" Latin American Constitutionalism: Old Wine in New Skins. In: Bogdandy v., Armin/Ferrer MacGregor, Edoardo/Morales Antoniazzi, Mariela/Piovesan, Flávia (Hrsg): Transformative Constitutionalism in Latin America: The Emergence of a New Ius Commune, Oxford: Oxford University Press.

Gargarella, Roberto (2015): La Democracia frente a los Crímenes Masivos: una Reflexión a la Luz del Caso Gelman. In: Revista Latinoamericana de Derecho Internacional 2.

Gaventa, John (1980): Power and Powerlessness: Quiescence and Rebellion in an Apalachian Valley, Urbana, Chicago and London: University of Illinois Press.

Genugten, Willem v./Lenzerini, Federico (2018): Chapter 18. Legal Implementation and International Cooperation and Assistance, Articles 37-42. In: Hohmann, Jessie/Weller, Marc (Hrsg.): The UN Declaration on the Rights of Indigenous Peoples, Oxford: Oxford University Press.

Ghanea-Hercock, Nazila/Xanthaki, Alexandra (Hrsg.) (2005): Minorities, Peoples and Self-Determination: Essays in Honour of Patrick Thornberry, Leiden: Brill, Nijhoff.

Gilbert, Jérémie (2017): Strategic Litigation Impacts: Indigenous Peoples' Land Rights, New York: Open Society Foundations.

Gilbert, Jérémie (2006): Indigenous Peoples' Land Rights under International Law. From Victims to Actors, Ashley Park: Transnational Publishers.

Gilbert, Jérémie, and Henrard, Kristin (2018): Introducing Multidisciplinary Perspectives to the Adjudication of Indigenous Rights. Erasmus Law Review 11, 1: S. 1-5.

Gilbert, Jérémie, and Lennox, Corinne (2019): Towards new development paradigms: the United Nations Declaration on the Rights of Indigenous Peoples as a tool to support self-determined development, The International Journal of Human Rights: Special Issue: The Tenth Anniversary of the United Nations Declaration on the Rights of Indigenous Peoples, 23, 1-2: S. 104-124.

Gismondi, Giovanna (2016): Denial of Justice: The Latest Indigenous Land Disputes before the European Court of Human Rights and the Need for an Expansive Interpretation of Protocol I. Yale Human Rights and Development Law Journal 18: 1-58.

Göcke, Katja (2010): The Case of Ángela Poma Poma v. Peru before the Human Rights Committee: The Concept of Free Prior and Informed Consent and the Application of the International Covenant on Civil and Political Rights to the Protection and Promotion of Indigenous Peoples' Rights. In: Bogdandy, Armin v./Wolfrum, Rüdiger (Hrsg.): Max Planck Yearbook of United Nations Law, Leiden: Koninklijke Brill N. V.

Gómez Isa, Felipe (2019): The UNDRIP: an increasingly robust legal parameter. The International Journal of Human Rights 23, 1-2: S. 7-21.

Gómez Isa, Felipe (2016): The Role of Soft Law in the Progressive Development of Indigenous Peoples' Rights. In: Lagoutte, Stéphanie/Gammeltoft-Hansen, Thomas/Cerone, John (Hrsg.): Tracing the Roles of Soft Law in Human Rights, Oxford: Oxford University Press.

Góngora-Mera, Manuel Edoardo (2017): The Block of Constitutionality as the Doctrinal Pivot of a Ius Commune, in Transformative Constitutionalism in Latin America: The Emergence of a New Ius Commune. In: Bogdandy v., Armin/Ferrer MacGregor, Edoardo/Morales Antoniazzi, Mariela/Piovesan, Flávia (Hrsg): Transformative Constitutionalism in Latin America: The Emergence of a New Ius Commune, Oxford: Oxford University Press.

Gover, Kirsty (2020): Treaties and the UN Declaration on the Rights of Indigenous Peoples: The Significance of Article 37. In: Centre for International Governance Innovation (CIGI) (Hrsg.): UNDRIP Implementation: Comparative Approaches, Indigenous Voices from CANZUS: Special Report. Waterloo: Centre for International Governance Innovation.

Gover, Kirsty (2018): Indigenous Membership and Human Rights: When Self identification meets Self-constitution. In: Lennox, Corinne/Short, Damien (Hrsg.): Handbook of Indigenous Peoples' Rights, Abingdon: Routledge.

Gudynas, Edoardo (2011): Buen Vivir: Today's Tomorrow. In: Development 54, 4: S. 441–447.

Gunn, Brenda/Fitzgerald, Oonagh E. (2020): Introduction. In: Centre for International Governance Innovation (CIGI) (Hrsg.): UNDRIP Implementation: Comparative Approaches, Indigenous Voices from CANZUS: Special Report. Waterloo: Centre for International Governance Innovation.

Harris, Michelle/Nakata, Martin/Carlson, Bronwyn (2013) : The Politics of Identity: Emerging Indigeneity, Sydney: UTSePress.

Hart, Herbert Lionel Adolphus (1955): Are There Any Natural Rights? Philosophical Review 64: S. 175-191.

Havemann, Paul (2018): Mother Earth, Indigenous Peoples and neo-liberal climate change governance. In: Lennox, Corinne/Short, Damien (Hrsg.): Handbook of Indigenous Peoples' Rights, Abingdon: Routledge.

Heintze, Hans-Joachim (2015): Article: Nomination of minority groups. In: Weller, Marc (2006): The Rights of Minorities: A Commentary on the European Framework Convention for the Protection of National Minorities, Oxford: Oxford University Press.

Henriksen, John B. (2012): The UN Declaration on the Rights of Indigenous Peoples: Some Key Issues and Events in the Process. In: Charters, Claire/Stavenhagen, Rodolfo (Hrsg.): Making the Declaration Work: The United Nations Declaration on the Rights of Indigenous Peoples, Copenhagen: IWGIA.

Herencia Carrasco, Salvador (2020): Report of the IACHR on Business and Human Rights: towards the Inter-Americanization of Business and Human Rights, RightsasUsual, https://rightsasusual.com/?p=1361#comments

Herencia Carrasco, Salvador (2020): Comentarios a la sentencia de la Corte Interamericana sobre el Caso Lhaka Honhat vs. Argentina. Blog Justicia en las Américas.

Herencia Carrasco, Salvador (2018): The rights of indigenous peoples in the jurisprudence of the Inter-American Court of Human Rights: A 'Third World Approaches to International Law' assessment to advance their protection in the Inter-American Human Rights System. In: Corradi, Giselle/de Feyter, Koen/ Desmet, Ellen/Vanhees, Katrijn (Hrsg.): Critical Indigenous Rights Studies. London: Routledge.

Heyns, Christof (2004): The African Regional Human Rights System: The African Charter. Pennsylvania State Law Review 679.

Higgins, Noelle (2017): Advancing the Rights of Minorities and Indigenous Peoples: Getting UN Attention via the Universal Periodic Review. Netherlands Quarterly of Human Rights 32, 4: S. 379-407.

Hirsch, Silvia María (2003): The Emergence of Political Organisations among the Guaraní Indians of Bolivia and Argentina: A Comparative Perspective. In: Detlef, Erick Detlef/Muñoz, Elena (Hrsg.): Contemporary Indigenous Movements in Latin America, Lanham: Rowman & Littlefield Publishers.

Hobbs, Harry (2019): Treaty making and the UN Declaration on the Rights of Indigenous Peoples: lessons from emerging negotiations in Australia. The international journal of human rights 23, 1-2: S. 174-192.

Hofmann, Rainer (2015): Das Rahmenübereinkommen zum Schutz nationaler Minderheiten: Einführung, Überblick, Würdigung. In: Hofmann, Rainer/Angst, Doris/Lantschner, Emma/Rautz, Günther/Rein, Detlev (Hrsg.): Rahmenübereinkommen zum Schutz nationaler Minderheiten: Handkommentar, Baden-Baden: Nomos.

Hohmann, Jessie/Weller, Marc (2018): Introduction. In: Hohmann, Jessie/Weller, Marc (Hrsg.): The UN Declaration on the Rights of Indigenous Peoples, Oxford: Oxford University Press.

Holder, Cindy L./Corntassel, Jeff J. (2002): Indigenous Peoples and Multicultural Citizenship: Bridging Collective and Individual Rights. Human Rights Quarterly 24, 1: S. 126-151.

Homand, Jennifer (2016): Berta Cáceres y el mortal costo de defender la tierra y la vida. Ecología Política 51: S. 124-129.

Howard-Hassmann, Rhoda E. (2018): The "Quebec Values" Debate of 2013: Minority vs. Collective Rights. Human Rights Quarterly 40: S. 144-167.

Human Rights Watch (2010): Kenya: Landmark Ruling on Indigenous Land Rights: African Human Rights Commission Condemns Expulsion of Endorois People for Tourism Development, New York: Human Rights Watch.

Huneeus, Alexandra/Madsen, Mikael Rask (2018): Between universalism and regional law and politics: A comparative history of the American, European, and African human rights systems. International Journal of Constitutional Law 16, 1: 136-160.

ILO/ACHPR (2007): Overview Report of the Research Project by the International Labour Organisation and the African Commission on Human and Peoples' Rights on the constitutional and legislative protection of the rights of indigenous peoples in 24 African countries, Geneva and Banjul: International Labour Organisation and African Commission on Human and Peoples' Rights.

Inter-American Commission on Human Rights (IACHR) (2015): Missing and Murdered Indigenous Women in British Columbia, Canada, Washington D.C.: Inter-American Commission on Human Rights.

Inter-American Commission on Human Rights (IACHR) (2014): The Right to Truth in the Americas, Washington D.C.: Inter-American Commission on Human Rights.

Inter-American Commission on Human Rights (IACHR) (2010): Indigenous and Tribal Peoples' Rights over their Ancestral Lands and Natural Resources: Norms and Jurisprudence of the Inter-American Human Rights System, Washington D.C.: Inter-American Commission on Human Rights.

Inter-American Commission on Human Rights (IACHR) (2009): Captive Communities: Situation of the Guaraní Indigenous People and Contemporary Forms of Slavery in the Bolivian Chaco, Washington D.C.: Inter-American Commission on Human Rights.

International Labour Office (ILO) (1953): Indigenous Peoples: Living and Working Conditions of Aboriginal Populations in Independent Countries, Geneva: International Labour Office.

International Labour Organisation and African Commission on Human and Peoples' Rights (2009): Overview Report of the Research Project by the International Labour Organization and the African Commission on Human and Peoples' Rights on the constitutional and legislative protection of the rights of indigenous peoples in 24 African countries, Geneva: ILO/ACHPR.

International Law Association (ILA) (2010): The Hague Conference. Rights of Indigenous Peoples, London: International Law Association.

Jankovic, Sava (2015): Die Entstehung von Staaten im Völkerrecht: Einige Überlegungen. Gemeinschaft für studentischen Austausch in Mittel- und Osteuropa e. V. Ausgabe 2/2015.

Jovanović, Miodrag A. (2012): Collective Rights: A Legal Theory, Cambridge: Cambridge University Press.

Kalïn, Walter/Jimenez, Cecilia (2003): Reform of the UN Commission on Human Rights, Bern/Geneva: Institute of Public Law, University of Bern.

Karp, David Jason (2020): What is the responsibility to respect human rights? Reconsidering the 'respect, protect and fulfill' framework, International Theory 12, 1: S. 83-108.

Kingsbury, Benedict (2000): Reconstructing Self-Determination: A Relational Approach. In: Aikio, Pekka/Scheinin, Martin (Hrsg.) Operationalising the Right of Indigenous Peoples to Self-Determination, Turku: Åbo Akademi.

Kingsbury, Benedict (2012): Indigenous Peoples. In: Wolfrum, Rüdiger (Hrsg.) Max Planck Encyclopedia of Public International Law, Oxford: Oxford University Press.

Kirsch, Stuart (2012): The Juridification of indigenous politics. In: Eckert, Julia/Donahoe, Brian/Strümpel, Christian/Özlem Biner, Zerrin (Hrsg.) Law against the State: Ethnographic Forays into Law's Transformations, Cambridge: Cambridge University Press.

Kobei, Daniel M. (2020): Defending our Future: Overcoming the Challenges of Returning the Ogiek Home: A Report on Implementing the Ogiek Judgement in Kenya, Nairobi: Katiba Institute & Ogiek Peoples' Development Program.

Kochenov, Dimitry (2018): When Equality Directives Are Not Enough: Taking an Issue with the Missing Minority Rights Policy in the EU. In: Belavusau, Uladzislau, and Henrard, Kristin (eds.) EU Anti-Discrimination Law Beyond Gender, Oxford: Hart Publishing.

Koivurova, Timo (2013): Jurisprudence of the European Court of Human Rights regarding Indigenous Peoples: Retrospect and Prospects. In: Fitzmaurice, Malgosia, Merkouris, Panos, and Okowa, Phoebe (Hrsg.) The Interpretation and Application of the European Convention of Human Rights: Legal and Practical Implications, Leiden and Boston: Martinus Nijhoff Publishers.

Kovács, Péter (2016): Indigenous Issues under the European Convention of Human Rights, Reflected in an Inter-American Mirror. The George Washington International Law Review 48, S. 781-806.

Kuokkanen, Rauna (2012): Self-Determination and Indigenous Women's Rights at the Intersection of International Human Rights. Human Rights Quarterly 34, 1: S. 225-250.

Kymlicka, Will (2013): Multicultural Odysseys: Navigating the New International Politics of Diversity, Oxford: Oxford University Press.

Kymlicka, Will (1996): Multicultural Citizenship: A Liberal Theory of Minority Rights, Oxford: Oxford University Press.

Kymlicka, Will/Bashir, Bashir (2008): The Politics of Reconciliation in Multicultural Societies, Oxford: Oxford University Press.

Lacroix, Laurent (2020): Decoloniality Put to the Test: the Plurinational State of Bolivia. In: Bellier, Irène/Hays, Jennifer (Hrsg.) Scales of Governance and Indigenous Peoples' Rights, Abington: Routledge.

Lander, Edgardo (2014): Neo-Extraktivismus als Entwicklungsmodell für Lateinamerika und seine Widersprüche. Vortrag im Eröffnungspanel der Konferenz „Rohstoffausbeutung und die Zukunft der Demokratie in Lateinamerika – Befunde und Herausforderungen“, Berlin: Heinrich-Böll-Stiftung.

Larking, Emma (2017): Human Rights Rituals: Masking Neoliberalism and Inequality, and Marginalising Alternative World Views. Canadian Journal of Law and Society/Revue Canadienne Droit et Société 32, 1: S. 1-18.

Larsen, Peter Bille/Gilbert, Jérémie (2020): Indigenous Rights and ILO Convention 169: Learning from the Past and Challenging the Future. The International Journal of Human Rights 24, 2-3: S. 83-93.

Larsen, Peter Bille/Nolle, Louise (2020): Enabling human rights-based development for indigenous and tribal peoples? Summarising the 25th anniversary global policy debate on ILO Convention 169. The International Journal of Human Rights 24, 2-3: S. 279-292.

Lennox, Corinne/Short, Damien (2008): Handbook of Indigenous Peoples' Rights, Abingdon: Routledge.

Lenzerini, Federico (2019): Implementation of the UNDRIP around the world: achievements and future perspectives. The outcome of the work of the ILA Committee on the Implementation of the Rights of Indigenous Peoples. The International Journal of Human Rights 23, 1-2: S. 51-62.

Lenzerini, Federico (2016): The Safeguarding of Collective Cultural Rights through the Evolutionary Interpretation of Human Rights Treaties and Their Translation into Principles of Customary International Law. In: Jakubowski, Andrzej (Hrsg.) Cultural Rights as Collective Rights: An International Law Perspective, Leiden & Boston: Brill Nijhoff.

Lightfood, Sheryl R. (2018): Indigenous mobilisation and activism in the UN system. In: Lennox, Corinne/Short, Damien (Hrsg.): Handbook of Indigenous Peoples' Rights, Abingdon: Routledge.

Lightfood, Sheryl R. (2016): Global Indigenous Politics: A subtle revolution, Abingdon: Routledge.

Lyons, G. M./Baldwin, D. A./McNemar, D.W. (1977): The "Politicization" Issue in the UN Specialised Agencies. Proceedings of the Academy of Political Science, 32, 4: S. 81-92.

MacDonald, Fiona/Wood, Ben (2016): Potential through paradox: indigenous rights as human rights. Citizenship Studies 20, 6-7: S. 710-727.

MacGregor, Deborah (2018): Living Well with the Earth: Indigenous Rights and the Environment. In: Lennox, Corinne/Short, Damien (Hrsg.): Handbook of Indigenous Peoples' Rights, Abingdon: Routledge.

MacKay, Fergus (2020a): The ILO Convention No. 111: An Alternative Means of Protecting Indigenous Peoples Rights? The International Journal of Human Rights 24, S. 144-155.

MacKay, Fergus (2020b): Indigenous Peoples and United Nations Human Rights Bodies: A Compilation of UN Treaty Body Jurisprudence, Special Procedures of the Human Rights Council, and the Advice of the Expert Mechanism on the Rights of Indigenous Peoples, Moreton-in-Marsh: Forest Peoples Programme.

MacKay, Fergus (2002): A Guide to Indigenous Peoples' Rights in the International Labour Organisation, Moreton-in-Marsh: Forest Peoples Programme.

MacKay, Fergus (2001): A Briefing on Indigenous Peoples' Rights and the United Nations Human Rights Committee. Moreton in Marsh: Forest Peoples Programme.

Malezer, Les (2020): Perspective on the Convention 169: its significance to Aboriginal peoples. The International Journal of Human Rights 24, 2-3, S. 297-299.

McCarthy Tétrault Blog (2019): BC takes a meaningful step forward on its commitment to implement UNDRIP with the introduction of the Declaration Act (Bill 41), New York: Newstex.

Martínez Cobo, José R. (1982): Study of the Problem of Discrimination against Indigenous Populations, New York: Sub-Commission on Prevention of Discrimination and Protection of Minorities.

Merino, Roger (2018): Re-politicizing participation or reframing environmental governance? Beyond indigenous' prior consultation and citizen participation. World Development 111: S. 75-83.

Merry, Sally Engle (2006): Transnational Human Rights and Local Activism: Mapping the Middle. American Anthropologist 108, 1: S. 38-51.

Mill, John Stuart (1910): Considerations on Representative Government, London: Dent.

Minority Rights Group International (2016): Kenya: Protecting the Endorois' right to land, London: Minority Rights Group International.
Mitnick, Eric J. (2006): Rights, Groups, and Self-Invention: Group-Differentiated Rights in Liberal Theory, Aldershot: Ashgate Publishing Limited.
Monsalve Suárez, Sofia (2013): The Human Rights Framework in Contemporary Agrarian Struggles. Journal of Peasant Studies 40, 1: S. 239-290.
Monteiro de Matos, Mariana (2020): Indigenous Land Rights in the Inter-American System: Substantive and Procedural Law, Leiden & Boston: Brill Nijhoff.
Moreton-Robinson, Aileen (2011): Virtuous Racial States: The Possessive Logic of Patriarchal White Supremacy and the United Nations Declaration on the Rights of Indigenous Peoples. Griffith Law 20, 3: S. 641-658.
Muir, Elise and de Witte, Bruno (2017): The Procedural and Institutional Dimension of Anti-discrimination Law. In: Rossi, Lucia Serena, and Casolari, Federico (Hrsg.) The Principles of Equality in EU Law, Cham: Springer International Publishing.
Murray, Rachel and Wheatley, Steven (2003): Groups and the African Charter on Human and Peoples' Rights. Human Rights Quarterly 25, S. 213-236.
Napoleon, Val (2005): Aboriginal Self Determination: Individual Self and Collective Selves, Atlantis 29, 2: S. 31-46.
National Lawyers Guild. Committee on Native American Struggles (1982): Rethinking Indian Law, West Palm Beach: The Advocate Press.
Nettheim, Garth (1988): '"Peoples" and "Populations": Indigenous Peoples and the Rights of Peoples'. In: Crawford, James (Hrsg.): The Rights of Peoples, Oxford: Clarendon Press.
Newcomb, Steven T. (2018): Domination in relation to Indigenous ('dominated') Peoples in international law. In: Watson, Irene (Hrsg.): Indigenous Peoples as Subjects of International Law, Abingdon: Routledge.
Newcomb, Steven T. (2011): The UN Declaration on the Rights of Indigenous Peoples and the Paradigm of Domination. Griffith Law Review 20, 3: S. 578-607.
Newman, Dwight G. (2013): Value Collectivism, Collective Rights, and Self Threatening Theory. Oxford Journal of Legal Studies 33, 1: S. 197.
Niezen, Ronald (2003): The Origins of Indigenism: Human Rights and the Politics of Identity, Berkeley: University of California Press.
Nuila, Andrea/Seufert, Philip/Monsalve, Sofía/Suárez Franco, Ana María (2020): Defying the conventional way of lobbying the United Nations. In: Claeys, Priscilla/Edelman, Marc (Hrsg.): The United Nations Declaration on the rights of peasants and other people working in rural areas. The Journal of Peasant Studies 47, 1: S. 1-68.
Nyameke Blay, S. Kwaw (1985): Changing African Perspectives on the Right of Self Determination in the Wake of the Banjul Charter on Human and Peoples' Rights. Journal of African Law 147, S. 147-159.
Observatorio Ciudadano of Chile (2019): Chile. In: Berger, David Nathaniel (Hrsg.) The Indigenous World 2019, Copenhaguen: International Work Group for Indigenous Affairs.
Observatorio Ciudadano of Chile (2018): El Convenio 169 de la OIT sobre Pueblos Indígenas y Tribales a 10 Años de su Ratificación por el Estado de Chile: Análisis Crítico de su Cumplimiento, Santiago/Temuco: Central Unitaria de Trabajadores de Chile/Observatorio del Ciudadano de Chile.
Office of the High Commissioner for Human Rights (OHCHR) (2011): Guiding Principles on Business and Human Rights: Implementing the United Nations "Protect, Respect and Remedy" Framework, Geneva: Office of the High Commissioner for Human Rights.
Oliva Martínez, Juan Daniel (2019): Integración y Derechos Humanos: Reflexiones sobre Indigenismo Jurídico y Pueblos Indígenas a la Luz de la Declaración de Bogotá de 1948. Revista Electrónica Iberoamericana 13: S. 1-43.

Organisation for Economic Cooperation and Development (OECD) (2018): Case Studies on Leaving No One Behind: A companion volume to the Development Co-operation Report 2018, Paris: OECD Publishing. https://doi.org/10.1787/9789264309333-en.

O'Sullivan, Dominic (2019): The Universal Declaration of Human Rights and the Rights of Indigenous Peoples: an Eightieth Anniversary Reflection, Oxford: OxHRH Blog. http://ohrh.law.ox.ac.uk/the-universal-declaration-of-human-rights-and-the-rights-of-indigenous peoples: an eightieth anniversary reflection

Patton, Paul (2018): Philosophical justifications for Indigenous rights. In: Lennox, Corinne/Short, Damien (Hrsg.): Handbook of Indigenous Peoples' Rights, Abingdon: Routledge.

Permanent Forum on Indigenous Issues (PFII) (2021): Report of the 20th Session, Theme "Peace, justice and strong institutions: the role of indigenous peoples in implementing Sustainable Development Goal 16", New York: UN Department of Economic and Social Affairs.

Permanent Forum on Indigenous Issues (PFII) (2019): Report of the 18th Session, Special Theme "Traditional Knowledge: Generation, transmission and protection", New York: UN Department of Economic and Social Affairs.

Permanent Forum on Indigenous Issues (PFII) (2018): Report of the 17th Session, Special Theme "Indigenous peoples' collective rights to land, territories and resources", New York: UN Department of Economic and Social Affairs.

Permanent Forum on Indigenous Issues (PFII) (2012a): International Expert Group Meeting on the Theme "Combating Violence against Indigenous Women and Girls: Article 22 of the United Nations Declaration on the Rights of Indigenous Peoples, New York: UN Department of Economic and Social Affairs.

Permanent Forum on Indigenous Issues (PFII) (2012b): Report on the 11th Session "The Doctrine of Discovery:its enduring impact on indigenous peoples and the right to redress for past conquests", New York: UN Department of Economic and Social Affairs.

Permanent Forum on Indigenous Issues (PFII) (2009): Report of the International Expert Group Meeting on Extractive Industries, Indigenous Peoples' Rights and Corporate Social Responsibility, New York: UN Department of Economic and Social Affairs.

Permanent Forum on Indigenous Issues (PFII) (2008): Report on the 5th Session, Special Theme "Climate change, bio-cultural diversity and livelihoods: the stewardship role of indigenous peoples and new challenges, New York: UN Department of Economic and Social Affairs.

Permanent Forum on Indigenous Issues (PFII) (2007): Report on the 6th Session, Special Theme "Territories, Lands and Natural Resources". New York, Economic and Social Council.

Permanent Forum on Indigenous Issues (PFII) (2005): Report of the International Workshop on Methodologies regarding Free, Prior and Informed Consent and Indigenous Peoples. New York: UN Economic and Social Council.

Prasad, Viniyanka (2008): The UN Declaration on the Rights of Indigenous Peoples: A Flexible Approach to Addressing the Unique Needs of Varying Populations. Chicago Journal of International Law 9, 1: S. 297-322.

Préaud, Martin (2020): The Logic of Elimination in (Post-)Colonial Law: Indigenous Entanglements in the Kimberley Region of Australia. In: Bellier, Irène/Hays, Jennifer (Hrsg.) Scales of Governance and Indigenous Peoples' Rights, Abington: Routledge.

Pulitano, Elvira (2012): Indigenous Rights in the Age of the UN Declaration, Cambridge: Cambridge University Press.

Raftopoulos, Malyna/Short, Damien (2019): Implementing free, prior and informed consent: the United Nations Declaration on the Rights of Indigenous Peoples (2007), the challenges of REDD+ and the case for the precautionary principle. The International Journal of Human Rights 23, 1-2: S. 87-103.

Rajagopal, Balakrishnan (2008): Introduction: Encountering Ambivalence. In: Goodale, Mark/Merry, Sally Engle (Hrsg.) The Practice of Human Rights: Tracking Law between the Global and the Local, Cambridge: Cambridge University Press.

Rathgeber, Theodor (2005): Reforming the UN Commission on Human Rights – Perspectives for Non-Governmental Organisations, Geneva: Friedrich-Ebert Foundation.

Rawls, John (1993): The Law of Peoples. In: Shute, Stephen/Hurley Susan (Hrsg.): On Human Rights: The Oxford Amnesty Lectures 1993, New York: Basic.

Regino Montes, Adelfo/Torres Cisneros, Gustavo (2012): The United Nations Declaration on the Rights of Indigenous Peoples: the Foundation of a New Relationship between Indigenous Peoples, States and Societies. In: Charters, Claire/Stavenhagen, Rodolfo (Hrsg.): Making the Declaration Work: The United Nations Declaration on the Rights of Indigenous Peoples, Copenhagen: IWGIA.

Risse, Thomas/Ropp, Stephen C./Sikkink, Kathryn (2013): The Persistent Power of Human Rights: From Commitment to Compliance, Cambridge: Cambridge University Press.

Rivera Cusicanqui, Silvia (2010): Ch'ixinakax utxiwa: Una reflexión sobre prácticas y discursos descolonizadores, Buenos Aires: Tanta Limón.

Rivera Cusicanqui, Silvia (2010): Violencias (Re)Encubiertas en Bolivia. Visiones no Domesticadas sobre lo Indio en Bolivia. La Paz: Mirada Salvaje.

Rivera Cusicanqui, Silvia (2005): Invisible Realities: Internal Markets and Subaltern Identities in Contemporary Bolivia, Amsterdam/Quezon City: SEPHIS and SEASREP Council.

Rodríguez-Garavito, César (2011): Ethnicity.gov: Global Governance, Indigenous Peoples, and the Right to Prior Consultation in Social Minefields. Indiana Journal of Global Legal Studies 18, 1: 263-305.

Rodríguez-Piñero, Luis (2012): "Where Appropriate": Monitoring/Implementing of Indigenous Peoples' Rights Under the Declaration. In: Charters, Claire/Stavenhagen, Rodolfo (Hrsg.): Making the Declaration Work: The United Nations Declaration on the Rights of Indigenous Peoples, Copenhagen: IWGIA.

Rodríguez-Piñero Royo, Luis (2006): El Sistema Interamericano de Derechos Humanos y los Pueblos Indígenas. In: Miguel Berraondo (Hrsg.): Pueblos Indígenas y Derechos Humanos, Bilbao: Publicaciones de la Universidad de Deusto.

Rodríguez-Piñero, Luis (2005): Indigenous Peoples, Postcolonialism, and International Law: The ILO Regime (1919-1989), Oxford: Oxford University Press.

Roy, Raya Devasish (2018): International human rights standards and indigenous peoples' land and human rights in Asia: General overview and strategies for implementation. In: Lennox, Corinne/Short, Damien (Hrsg.): Handbook of Indigenous Peoples' Rights, Abingdon: Routledge.

Ryngaert, Cedric (2018): EU Trade Agreements and Human Rights: From Extraterritorial to Territorial Obligations. International Community Law Review 20: S. 374-393.

Rösch, Ricarda (2017): Indigenous and peoples' rights in the African human rights system: situating the Ogiek judgement of the African Court on Human and Peoples' Rights. Verfassung und Recht in Übersee VRÜ 50, S. 242-258.

Sambo Dorough, Dalee (2020): Perspective on Convention 169, its significance to Inuit and some troubling developments. The International Journal of Human Rights 24, 2-3: S. 293-296.

Samson, Colin (2014): Dispossession and Canadian Land Claims: Genocidal Implications of the Innu Nation Land Claim. In: Woolford Andrew/Benvenuto Jeff/Laban Hinton, Alexander (Hrsg.): Colonial Genocide in Indigenous North America, Durham and London: Duke University Press.

Samson, Colin/Gigoux, Carlos (2016): Indigenous Peoples and Colonialism: Global Perspectives, Cambridge/Malden: Polity.

Sanders, Douglas (1998): The Legacy of Deskaheh: Indigenous Peoples as International Actors. In: Cohen, Cynthia Price (Hrsg.): The Human Rights of Indigenous Peoples, Ardsley: Transnational Publishers.

Sanders, Douglas (1991): Collective Rights. Human Rights Quarterly 13, 3: S. 368-386.

Sang, Joseph K. (2011): Kenya: The Ogiek in Mau Forest. Case Study 3, Moreton-in Marsh: Forest Peoples Programme.

Sapignoli, Maria (2018): Indigenous mobilization and activism: The San, the Botswana state and the international community. In: Lennox, Corinne/Short, Damien (Hrsg.): Handbook of Indigenous Peoples' Rights, Abingdon: Routledge.

Saul, Ben (2016): Indigenous Peoples and Human Rights: International and Regional Jurisprudence, London: Hart Publishing.

Scheinin, Martin (2005): What are Indigenous Peoples? In: Ghanea-Hercock, Nazila/Xanthaki, Alexandra (Hrsg.): Minorities, Peoples and Self-Determination: Essays in Honour of Patrick Thornberry, Leiden: Brill, Nijhoff.

Scheinin, Martin/Åhrén, Mattias (2018): Chapter 3. Relationship to Human Rights, and Related International Instruments. In: Hohmann, Jessie/Weller, Marc (Hrsg.): The UN Declaration on the Rights of Indigenous Peoples, Oxford: Oxford University Press.

Schilling-Vacaflor, Almut/Eichler, Jessika (2017): The Shady Side of Consultation and Compensation: 'Divide-and-Rule' Tactics in Bolivia's Extraction Sector. Development and Change 48, 6: S. 1-12.

Schutter de, Olivier (2018): The Formation of a Common Law of Human Rights. In: Bribosia, Emmanuelle/Rorive, Isabelle (Hrsg.) Human Rights Tectonics: Global Dynamics of Integration and Fragmentation, Cambridge/Antwerp/Chicago: intersentia.

Shachar, Ayelet (2001): Multicultural Jurisdictions: Cultural Differences and Women's Rights, Cambridge: Cambridge University Press.

Short, Damien/Lennox, Corinne/Burger, Julian/Hohmann, Jessie (2021): The United Nations Declaration on the Rights of Indigenous Peoples: A Contemporary Evaluation, London: Routledge.

Short, Damien (2010): Cultural Genocide and Indigenous Peoples: a Sociological Approach. The International Journal of Human Rights 14, 6: S. 833-848.

Sieder, Rachel (2018): Indigenous peoples' rights and the law in Latin America. In: Lennox, Corinne/Short, Damien (Hrsg.): Handbook of Indigenous Peoples' Rights, Abingdon: Routledge.

Sieder, Rachel (2015): Indigenous Peoples' Rights and the Law in Latin America. In: Rodrigo Garavito, Cesar (Hrsg.): Law and Society in Latin America: A New Map, Abingdon: Routledge.

Sieder, Rachel/Sierra, María Teresa (2010): Indigenous Women's Access to Justice in Latin America, Chr.. Michelsen Institute Working Paper (2): S. 1-45.

Sikkink, Kathryn (2005): The Transnational Dimension of the Judicialization of Politics in Latin America. In: Sieder, Rachel, Schjolden, Line, and Alan Angell (Hrsg.): The Judicialization of Politics in Latin America, Cham : Palgrave Macmillan.

Smet, Stijn (2017): Introduction – Conflicts of Rights in Theoretical and Comparative Perspective. In: Smet, Stijn/Brems, Eva (Hrsg.): When Human Rights Clash at the European Court of Human Rights, Oxford: Oxford University Press.

Smet, Stijn/Brems, Eva (2017): When Human Rights Clash at the European Court of Human Rights: Conflict or Harmony? Oxford: Oxford University Press.

Smith, Jackson A./Mitchell, Terry L. (2020): Development of an UNDRIP Compliance Assessment Tool: How a Performance Framework Could Improve State Compliance. The International Indigenous Policy Journal 11, 2: S. 1-23.

Smith, Linda Tuhiwai (2012): Decolonising Methodologies: Research and Indigenous Peoples, London: Zed Books.

Solón, Pablo (2017): Alternativas Sistémicas: Vivir Bien, Decrecimiento, Comunes, Ecofeminismo, Derechos de la Madre Tierra y Desglobalización, La Paz: Fundación Solón, Focus on the Global South und Attac France.

Sousa Santos, Boaventura de/Rodríguez-Garavito, César A. (1995): Law and Globalisation from Below: Towards a Cosmopolitan Legality, Cambridge: Cambridge University Press.

Sousa Santos, Boaventura de (1987): Law: A Map of Misreading. Toward a Postmodern Conception of Law. Journal of Law and Society 14, 3: S. 279-302.

Sousa Santos, Boaventura de (2013): Descolonizar el saber, reinventar el poder, Santiago de Chile: LOM ediciones.

Stavenhagen, Rodolfo (2011): How Strong Are the Rights of Indigenous Peoples? Review Essay. Journal of Human Rights 10, S. 414-421.

Stavenhagen, Rodolfo (2007): Report of the Special Rapporteur on the situation of human rights and fundamental freedoms of indigenous people, Implementation of General Assembly Resolution 60/251 of 15 March 2006 entitled "Human Rights Council", Geneva: Human Rights Council.

Stojanović, Nenad (2013): Dialogue sur les quotas: Penser la représentation dans une démocratie multiculturelle, Paris: Presses de Sciences Po.

Stuckert, Ricardo/Gentili, Pablo (2019): Amazonas: vidas en peligro, Ciudad Autónoma de Buenos Aires: CLACSO; Medellín: CEDALC; Rio de Janeiro: Faculdade Latino-americana de Ciências Sociais, FLACSO.

Sut Ra, Yamni and Wiggins, Armstrong A. (2016): Next Steps for the Declaration. American Declaration on the Rights of Indigenous Peoples, Washington DC: Indian Law Resource Center/Centro de Recursos Jurídicos para los Pueblos Indígenas.

Swepston, Lee (2020): Progress through Supervision of Convention No.169. The International Journal of Human Rights 24, 2-3: S. 112-126.

Swepston, Lee (2015): The Foundations of Modern International Law on Indigenous and Tribal Peoples: The Preparatory Documents of the Indigenous and Tribal Peoples Convention, and its Development through Supervision, Leiden & Boston: Brill Nijhoff.

Swepston, Lee (1989): Indigenous and Tribal Peoples and International Law: Recent Developments. Current Anthropology 30, 2: S. 259-264.

Szablowski, David (2010): Operationalising Free, Prior, and Informed Consent in the Extractive Industry Sector? Examining the Challenges of a Negotiated Model of Justice? Canadian Journal of Development Studies/Revue Canadienne d'études du développement 30, 1-2 : 111-130.

Tauli Corpuz, Victoria (2020): Report of the Special Rapporteur on the rights of indigenous peoples, "Mandate impacts in favour of the protection of the rights of indigenous peoples. Observations on consultation processes, Geneva: Human Rights Council.

Tauli Corpuz, Victoria (2019a): Report of the Special Rapporteur on the rights of indigenous peoples, Access to justice in ordinary and indigenous justice system, Geneva: Human Rights Council.

Tauli Corpuz, Victoria (2019b): Report of the Special Rapporteur on the rights of indigenous peoples, Autonomy and Self-governance: report, Geneva: Human Rights Council.

Tauli Corpuz, Victoria (2018): Report of the Special Rapporteur on the rights of indigenous peoples, Attacks and criminalization of indigenous human rights defenders. Availability of prevention and protection measures, Geneva: Human Rights Council.

Tauli Corpuz, Victoria (2017): Report of the Special Rapporteur on the rights of indigenous peoples, Impacts of climate change and climate finance on indigenous peoples' rights, Geneva: Human Rights Council.

Tauli Corpuz, Victoria (2015): Report of the Special Rapporteur on the rights of indigenous peoples, "Rights of indigenous women and girls, Geneva: Human Rights Council.

Taylor, Charles (1994): Multiculturalism, Princeton: Princeton University Press.

Te Aho, Fleur (2020): Treaty Settlements, the UN Declaration and Rights Ritualism in Aotearoa New Zealand. In: Centre for International Governance Innovation (CIGI)

(Hrsg.): UNDRIP Implementation: Comparative Approaches, Indigenous Voices from CANZUS: Special Report. Waterloo: Centre for International Governance Innovation.

Thornberry, Patrick (2013): Indigenous Peoples and Human Rights, Manchester: Manchester University Press.

Tomuschat, Christian (2014): Human Rights: Between Idealism and Realism, Oxford: Oxford University Press.

Tomuschat, Christian (2014, Hrsg.): Chapter 8, From 'Negative' to Positive Duties – The Different 'Generations' of Human Rights. In: Tomuschat, Christian: Human Rights: Between Idealism and Realism, Oxford: Oxford University Press.

Tully, James (2008): Public Philosophy in a New Key. Volume I Democracy and Civic Freedom, Cambridge: Cambridge University Press.

Tully, James (2006): Strange Multiplicity: Constitutionalism in an age of diversity, Cambridge: Cambridge University Press.

UN Global Compact (2013): United Nations Declaration on the Rights of Indigenous Peoples: A Business Reference Guide, New York: United Nations Global Compact Office.

Uprimny, Rodrigo (2011): The Recent Transformation of Constitutional Law in Latin America: Trends and Challenges. Texas Law Review 89: S. 1587-1609.

Vandenbogaerde, Arne (2017): Localising the Human Rights Council: A Case Study of the Declaration on the Rights of Peasants. Journal of Human Rights 16, 2: S. 220-241.

Van der Linde, Morné/Louw, Lirette (2003): Considering the interpretation and implementation of article 24 of the African Charter on Human and Peoples' Rights in light of the SERAC communication. African Human Rights Law Journal 3, S. 167-187.

Vasak, Karel (1977): A 30 Year Struggle: The Sustained Effort to Give the Force of Law to the Universal Declaration of Human Rights. In: UNESCO Courir 3, 11: S. 29 –32.

Venkateswar, Sita/Hughes, Emma (2011): The Politics of Indigeneity: Dialogues and Reflections on Indigenous Activism, London: Zed Books.

Verstichel, Annelies (2005): Recent Developments in the UN Human Rights Committee's Approach to Minorities, with a Focus on Effective Participation. International Journal on Minority and Group Rights 12, 1: 25-41.

Verstichel, Annelies/Alen, André/de Witte, Bruno/Lemmens, Paul (2008): The Framework Convention for the Protection of National Minorities: A Useful Pan-European Instrument? Antwerp: Intesentia.

Viciano Pastor, Roberto/Martínez Dalmau, Rubén (2011): Fundamentos teóricos y prácticos del nuevo constitucionalismo latinomericano. In: Gaceta Constitucional 48, 307.

Viegas e Silva, Marisa (2013): The United Nations Human Rights Council: Six Years on. SUR – International Journal on Human Rights 18: S. 97-113.

Villalba, Unai (2013): Buen Vivir vs Development: a paradigm shift in the Andes? Third World Quarterly, 34, 8: S. 1427-1442.

Vindal Ødegaard, Cecilie/Rivera Andía, Juan Javier (2019) : Indigenous Life Projects and Extractivism: Ethnographies from South America, Cham: Palgrave Macmillan.

Wastell, Sari (2007): Being Swazi, Being Human: Custom, Constitutionalism and Human Rights in an African Polity. In: Goodale, Mark/Merry, Sally Engle (Hrsg.) The Practice of Human Rights: Tracking Law between the Global and the Local, Cambridge: Cambridge University Press.

Watson, Irene (2018): Aboriginal nations, the Australian nation-state and Indigenous international legal traditions. In: Watson, Irene (Hrsg.): Indigenous Peoples as Subjects of International Law, Abingdon: Routledge.

Watson, Irene (2001): One Indigenous Perspective on Human Rights. In: Garkawe, Sam/Kelly, Loretta/Fisher, Warwick (Hrsg.): Indigenous Human Rights. Sydney Institute of Criminology Monograph Series 14

Weller, Marc (2006): The Rights of Minorities: A Commentary on the European Framework Convention for the Protection of National Minorities, Oxford: Oxford University Press.

Westra, Laura (2011): Human Rights: the Commons and the Collective, Vancouver: The University of British Columbia.

Wiessner, Siegfried (1999): Rights and Status of Indigenous Peoples: A Global Comparative and International Legal Analysis. Harvard Human Rights Journal 12, 57: S. 57-128.

Willemsen Diaz, Augusto (2012): How Indigenous Peoples' Rights Reached the UN. In: Charters, Claire/Stavenhagen, Rodolfo (Hrsg.): Making the Declaration Work: The United Nations Declaration on the Rights of Indigenous Peoples, Copenhagen: IWGIA.

Wright, Claire/Tomaselli, Alexandra (2019): The Prior Consultation of Indigenous Peoples in Latin America: Inside the Implementation Gap, Abingdon: Routledge.

Xanthaki, Alexandra (2010): Indigenous Rights and United Nations Standards: Self-Determination, Culture and Land, Cambridge: Cambridge University Press.

Yañez, Nancy (2021): Article 1. In: Eichler, Jessika/Doyle, Cathal/Howard, Seánna (Hrsg.): United Nations Declaration on the Rights of Indigenous Peoples: Article-by-Article Commentary, Baden-Baden: Nomos.

Yellow Horse Brave Heart, Maria/Chase, Josephine/Elkins, Jennifer/Altschul, Deborah B. (2011): Historical Trauma Among Indigenous Peoples of the Americas: Concepts, Research, and Clinical Considerations. Journal of Psychoactive Drugs 43, 4: S. 282-290.

Yrigoyen Fajardo, Raquel Z. (2015): The panorama of pluralist constitutionalism: from multiculturalism to decolonisation. In: Rodrigo Garavito, Cesar (Hrsg.): Law and Society in Latin America: A new map, Abingdon: Routledge.

Yupsanis, Athanasios (2010): ILO Convention No.169 Concerning Indigenous and Tribal Peoples in Independent Countries 1989-2009: An Overview. Nordic Journal of International Law 79: S. 433-456.

Ziegler, Jean/Golay, Christophe/Mahon, Claire/Way, Sally-Anne (2011): The Fight for the Right to Food: Lessons Learned, London: Palgrave MacMillan.

Stichwortverzeichnis

Die Angaben verweisen auf die Seitenzahlen des Buches.

Bereits erschienen in der Reihe STUDIENKURS POLITIKWISSENSCHAFT (ab 2017)

Das Regierungssystem der USA
Von Dr. Michael T. Oswald
3., aktualisierte und erweiterte Auflage, 2021, 322 Seiten, broschiert
ISBN 978-3-8487-6950-6

Demokratie
Von Prof. Dr. Samuel Salzborn
2., aktualisierte und erweiterte Auflage, 2021, 186 Seiten, broschiert
ISBN 978-3-8487-8296-3

Migrationspolitik
Von Prof. Dr. Hannes Schammann und Dr. Danielle Gluns
2021, 274 Seiten, broschiert, ISBN 978-3-8487-4054-3

Chinese Politics
Von Prof. Dr. Dr. Nele Noesselt
2021, ca. 270 Seiten, broschiert, ISBN 978-3-8487-4673-6

Föderalismus
Von Prof. Dr. Roland Sturm
3., umfassend aktualisierte Auflage, 2020, 201 Seiten, broschiert, ISBN 978-3-8487-7786-0

Das politische System der Schweiz
Von Prof. Dr. Adrian Vatter
4., vollständig aktualisierte Auflage, 2020, 592 Seiten, broschiert, ISBN 978-3-8487-6564-5

Rechtsextremismus
Von Prof. Dr. Samuel Salzborn
4., überarbeitete und erweiterte Auflage 2020, 186 S., broschiert, ISBN 978-3-8487-6759-5

Das erste Forschungsprojekt
Von Prof. Dr. Tom Mannewitz
2020, 344 Seiten, broschiert, ISBN 978-3-8487-6760-1

Entscheidungs- und Spieltheorie
Von Prof. Dr. Joachim Behnke
2., durchgesehene und aktualisierte Auflage 2020, 230 S., broschiert, ISBN 978-3-8487-6254-5

Hispanoamerika
Von Prof. Dr. rer. pol. Hartmut Sangmeister
2019, 249 S., broschiert, ISBN 978-3-8487-5102-0

Internationale Politische Ökonomie
Von Prof. Dr. Stefan A. Schirm
4., unveränderte Auflage 2019, 290 S., broschiert, ISBN 978-3-8487-5984-2

Theoretiker der Politik
Von Prof. em. Dr. Frank R. Pfetsch
3. Auflage 2019, 614 S., broschiert, ISBN 978-3-8487-5015-3

Chinesische Politik
Von Prof. Dr. Dr. Nele Noesselt
2., aktualisierte und überarbeitete Auflage 2018, 252 S., broschiert, ISBN 978-3-8487-4238-7

Einführung in die Politikwissenschaft
Von Prof. Dr. Thomas Bernauer, Prof. Dr. Detlef Jahn, Dr. Patrick M. Kuhn und Prof. Dr. Stefanie Walter
4., durchgesehene Auflage 2018, 566 S., broschiert, ISBN 978-3-8487-4872-3

Internationale Sicherheit und Frieden
Von Prof. Dr. Heinz Gärtner
3., erweiterte und aktualisierte Auflage 2018, 338 S., broschiert, ISBN 978-3-8487-4198-4

Methoden der Politikwissenschaft
Von Prof. Dr. Bettina Westle
2. Auflage 2018, 436 S., broschiert, ISBN 978-3-8487-3946-2

Parlamentarismus
Von Prof. Dr. Stefan Marschall
3., aktualisierte Auflage 2018, 265 S., broschiert, ISBN 978-3-8487-5231-7

Weltbilder und Weltordnung
Von Prof. Dr. Gert Krell und Prof. Dr. Peter Schlotter
5., überarbeitete und aktualisierte Auflage 2018, 462 S., broschiert, ISBN 978-3-8487-4183-0

Grundbegriffe der Politik
Von Dr. Martin Schwarz, Prof. Dr. Karl-Heinz Breier und Prof. Dr. Peter Nitschke
2., aktualisierte und erweiterte Auflage 2017, 246 S., broschiert, ISBN 978-3-8487-4197-7

Zeitfracht Medien GmbH
Ferdinand-Jühlke-Straße 7
99095 Erfurt, Deutschland
produktsicherheit@kolibri360.de